미디어고고학이란 무엇인가?

미디어고고학이란 무엇인가?

유시 파리카 지음

권수진 · 김고운 · 박영석 · 심효원 · 정인선 · 정찬철 옮김

현실문화

목 차

일러두기

● 본문에서 옮긴이가 추가한 내용은 대괄호로 묶어 표시했다.

● 원문에서 이탤릭으로 표시된 표현들은 **굵은 글씨**로 표기했다.

● 필요한 경우에 원어를 국문 옆에 병기하되, 인명의 원어는 따로 색인에 병기했다.

● 외국 인명 표기는 국립국어원에서 펴낸 외래어표기법을 원칙으로 하되, 국내에서 널리 사용되는 인명은 관행을 따르기도 했다.

미디어고고학은 어디로 여행을 떠났는가?

미디어고고학은 여행이다. 이 정의는 이 책을 이끌어가는 기조 중 하나이며, 다양한 개념과 분야, 심지어 다른 학문 영역을 거쳐 가는 과정에서 더욱 확실해질 것이 분명하다. 생각이란 제도적 맥락, 교환, 담론, 서류철 등에서 발생한다. 생각은 경계를 가로지르며 전달되는 이메일과 책을 통해, 그리고 개념을 파헤쳐 재배치하고 논의에 부치고 비판하는 독자를 따라 날아다닌다.[1] 물론 이 책 서문에서 미디어고고학을 개념과 방법의 유동적 집합체로 설명해, 미디어고고학이 하나의 학제에 정착하지 않고 미디어와 영화 연구, 미술사와 예술 창작 활동, 그리고 기술의 역사와 과학 사이에서 유랑하고 있음을 보여주고자 한다. 이 한국어판이 직접적인 예시이듯, 미디어고고학은 또한 언어를 가로지르는 여행이기도 하다. 이러한 학

---

1   Mieke Bal, *Traveling Concepts in the Humanities: A Rough Guide* (Toronto: University of Toronto Press, 2002).

문적 여행이 정말 중요하다고 생각하는 데는 다양한 이유가 있다. 분명한 이유 중 하나는 새로운 개념이 새로운 종류의 토론을 낳고 결과적으로 이렇게 다양한 학문적 언어로 이루어진 분야들을 변화시키는 데 매우 유용하게 작용하기 때문이다. 또 다른 이유로, 새로운 개념은 대세가 될 연구 형식을 촉발하고, 다른 예술 및 연구의 맥락에서 수행되는 실천들에 적당한 명칭까지도 부여할 수 있기 때문이다.

우리는 종종 아직 이름이 붙여지지 않은 일을 수행할 때가 많다. 학문 작업도 예외는 아니다. 사실 미디어고고학이 그러하다. 미디어고고학은 미디어 역사와 같은, 하지만 정확하게 그런 것이 아닌 어떤 무엇이다. 미디어고고학은 미디어 이론의 일부로 볼 수 있지만, 전적으로 그렇지도 않다. 이는 과학과 기술에 대한 문화사적 설명이지만, 예술가들이 실천으로 옮기는 그 무엇이기도 하다. 물론 미디어고고학은 전통적인 커뮤니케이션 연구보다는 예술과 기술의 역사에 더 근접한다. 어떤 경우에는 시간과 시간성의 본질에 대한 철학적 주장이 펼쳐지기도 한다. 미디어고고학의 어떤 개념들은 젠더 연구와 공명하기까지 한다. 이러한 예로서 젠더 연구, 미술사, 영화 연구가 한데 어우러진 줄리아나 브루노의 『감정의 아틀라스 Atlas of Emotion』를 떠올려본다.[2]

존 더럼 피터스는 영미권 미디어 연구가 독일 미디어 이론, 그리고 이것의 사촌격인 캐나다의 맥클루언 및 이니스와는 어떠한

---

2   Giuliana Bruno, *Atlas of Emotion* (London: Verso, 2002/2018).

측면에서 차이가 있는지 설명하고자 미디어고고학의 정의를 명료하게 설명한 바 있다. 미디어고고학이 독일 미디어 이론German media theory이라고 명명된 것과 꼭 맞아떨어지는 일대일의 대응 관계를 이룬다고 볼 수는 없다. 하지만 이로부터 시작하면 확실히 유용한 통찰을 얻을 수 있다. 피터스의 설명은 이렇다.[3] 미디어 연구와 커뮤니케이션 연구라 하면 대체로 그렇게 가르치는 대로 텍스트 해석(예를 들어, 재현 분석), 사회와 시청자 연구 그리고 제도적, 정치경제학적 연구 등이 암묵적으로 주요 연구 방법론과 연구 주제로 간주된다. 그 나름의 합당한 이유로 이러한 경향은 국제적으로 미디어 연구의 주축으로 자리 잡아왔다.[4] 하지만 미디어고고학을 이끈 힘은 미디어를 기술로 간주하고, 미디어의 물질성과 시간성을 다루는 다른 성향의 연구 방법론과 주제였다. 어떤 물질들이 종이와 LCD 스크린의 전자 반응과 같은 미디어를 구성하고 있는가? 인쇄술과 표기체계 기술 때문에 어떤 정치학이 등장했는가? 미디어 기술이 제국주의와 식민지 아카이브에서, 그리고 태생적으로 제도적인 형태의 권력에서 단지 무기가 아닌 그 이상의 어떤 역할을 했는

3   John Durham Peters, 'Strange Sympathies: Horizons of German and American Media Theory', *Electronic Book Review*, 4 June 2009, http://www.electronicbookreview.com/thread/criticalecologies/myopic. [옮긴이] 이 논문은 국내 학술지 『언론과 사회』에도 게재되었다. John Durham Peters, 「Strange Sympathies: Horizons of German and American Media Theory─기묘한 공감: 미국과 독일에서의 미디어이론의 지평」, 『언론과 사회』, 15(3) (2007): 131~152.

4   Barbara Maria Stafford and Frances Terpak, *Devices of Wonder: From the World in a Box to Images on a Screen* (Los Angeles: Getty Publications, 2001).

가? 물질적이고 기술적이고 정치적이며 게다가 미학적인 이러한 맥락 등이 어떻게 미디어고고학에서 결부되는가? 미디어고고학이 프랑크푸르트학파의 마르크스주의 분석과 영국 문화 연구의 개념과 어떠한 점에서 다른지는 미디어고고학이 채택한 다양한 방법론과 주제에서 확연하게 나타난다. 이에 더해, 여기서 미디어라 함은 단지 인쇄 미디어 및 신문을 비롯해 라디오, 텔레비전에서 인터넷과 디지털 커뮤니케이션에 이르는 이미 존재하는 미디어만을 지칭하지 않는다. 우리는 오히려 이러한 목록에 들지 못하는 모든 종류의 미디어를 주로 다룰 것이다. 이러한 기술이 오락적 용도, 정보 전달의 용도 이외에 어떻게 사용될 수 있는지 살펴보고자 한다. 이러한 예로서 놀람과 속임수용 시청각 미디어로서의 마술의 역사를 들 수 있으며,[5] 포장용 상자와 물류 및 배송을 탐구하는 연구 역시 같은 예가 될 수 있다.[6] 이에 더해 또 다른 사례를 들면, 오늘날 디지털 정보 소통체계와는 완전히 다른 것으로서 알고리듬에 대한 오래되고 신비한 역사를 떠올려볼 수 있다.

미디어고고학과, 사회과학적으로 미디어과 커뮤니케이션을 탐구하는 방식 사이의 명백한 차이점은 무엇이 미디어 기술의 변화를 추동하느냐에 대한 나름의 우선순위에서 비롯된다. 미디어고고학의 우선순위는 정치경제, 정당의 정치권력 혹은 활동적인 관객이

5   Alexander Klose, *The Container Principle: How a Box Changes the Way We Think* (Cambridge, MA: The MIT Press, 2015).

6   David Link, *Archaeology of Algorithmic Artefacts* (Minneapolis: Univocal, 2016).

아니라, 그 외의 다른 영향력을 미치는 집합체에 있다. 프리드리히 키틀러의 전쟁에 대한 몰두가 극단적이지만 조금이나마 두 영역 사이의 차이를 대변한다. 키틀러의 입장을 보면, 미디어는 군사적 목적으로 등장해 그 안에서 본래의 용도를 찾게 되며, 일상에서도 감시나 첩보라는 군사적 목적에서 연장된 용도로 사용될 뿐이다(에바 호른의 첩보 활동, 근대 문학에 대한 훌륭한 연구가 가장 적절한 관련 사례).[7] 하룬 파로키의 가동하는 이미지operational images에 대한 작업처럼, 예술 프로젝트들이 제시하는 개념은 시각문화를 미디어고고학적 방식으로 접근할 수 있는 또 다른 예다. 파로키의 작품에서 미디어는 이른바 콘텐츠를 만드는 엔터테인먼트 기술 미디어가 아닌, 식민주의 역사에서 현대의 보안 시스템에 이르기까지 오늘날 군사 환경과 뒤따라 등장한 민간 환경의 핵심을 차지하는 목표물 설정과 감시 작전을 수행하는 기술이다.

필자의 관점에서 보면, 토머스 엘새서가 제시한 미디어의 S/M 도착S/M perversions 개념이 이러한 미디어 연구의 '다른' 측면을 가장 잘 집약해서 보여준다. 엘새서의 농담조 표현이 성적 도착의 세계를 지칭하는 것은 물론 절대 아니다. 이는 여러분이 지금 손에 들고 있는 이 책이 상세히 보여주고자 하는 다각적인 관심사의 중심에 있는 주제 전체를 가리킨다고 할 수 있다. 영화 기술에 대한 엘새서의 분석과 해석을 들여다보면, S/M은 "과학Science과 의학

---

[7]   Eva Horn, *The Secret War: Treason, Espionage and Modern Fiction*, trans. Geoffrey Winthrop-Young (Chicago: Northwestern University Press, 2013).

Medicine, 감시Surveillance와 군사Military, 감각운동협응Sensory-Motor coordination"[8]과 더불어 이미지에 대한 인류의 태도를 휴대폰 문화가 어떻게 변화시켰는지 보여주는 'GMS'와 'MMS' 기술을 가리킨다. 따라서 엔터테인먼트 산업 바깥에서의 이미지와 미디어 세상은 민간 영역에서 매우 풍부히 다루어진 재현 형식만큼이나 중요해진다. 물론 지금까지 분명히 인지해 왔듯이, S/M은 결코 어떤 방식으로든 분리되지 않고, 시각과 소리, 즉 오늘날의 디지털 데이터를 포함한 시청각적 미디어와 기술적 기반시설을 관리하고, 계획하고, 목표로 설정하고, 작전용으로 사용하고, 종종 무기화를 목적하는 등과 같은 일련의 광대한 작업을 일구어왔다.

미디어고고학, 또는 미디어를 발굴하고 분석하는 등의 고고학적 실천은 단일한 방법론 또는 심지어 단일한 이론이 아니라, 복합적이고 다양한 교집합의 관심과 접근법으로 이루어진 분야다. 이 책은 이러한 방법론, 개념, 이론을 이야기하려는 시도다. 조금 더 기술 중심적인 접근에서는 기술에 대한 독해에 치중한다. 어떤 경우는 미디어 역사에서 잊히고 간과된 행적에 몰두하기도 하고, 동시대 문화의 미디어 기술적 조건을 탐색할 때도 있다. 물질적인 미디어가 아닌 실제로 존재하는 기술로 환원 불가능한 상상적 미디어에 관한 연구도 해당된다. 그러나 이 모두는 시간과 역사에 대해,

---

8   Thomas Elsaesser, 'Early Film History and Multi-Media: An Archaeology of Possible Futures', in *New Media, Old Media: A History and Theory Reader*, edited by Wendy Hui Kyong Chun and Thomas Keenan (New York: Routledge, 2006), 17.

어떻게 동시대 문화가 역사의 결을 거슬러 독해되는지에 대해, 그리고 역사란 단지 이미 동의된 참고 문헌의 집합체가 아니라, 현재에 대해 흥미진진한 질문을 하는 형식인지에 관해 매우 흥미로운 질문을 던진다. 그러나 역사와 고고학은 서로 다른 구석이 있다. 미디어고고학은 단순히 미디어의 역사인 것은 아니다. 크누트 에벨링의 말처럼, "고고학은 기원부터 현재까지 세지 않고, 현재라는 끝에서부터 과거로 거슬러가며 계산한다."[9] 역사와 고고학은 시간과 물질성에 대해 두 개의 대안적 관계에 있다. 에벨링이 지적하는 바에 따르면, 역사가 교과서나 서사로 제시되는 반면에, 고고학은 남겨진 모든 물질적인 것으로 이루어진다. 다시 말해 [고고학은] 인문학에서 우리가 탐구하는 사물의 존재 조건과 시간적 층위를 구성하는 역사 교과서와 서사를 제외한 모든 것에 관한 이야기다. "과거에 대한 이러한 고고학적 성찰은 마치 검은 그림자처럼 역사의 사각지대를 모두 제거하려는 목적으로 역사적 사유를 동반한다. 이러한 폭로의 노력은 공식적인 역사와는 계통이 다르다. 고고학에 비하면, 역사는 교과서일 뿐, 실제 자취도 잔해도 아니다. 출판된 공식적 문서, 즉 세계에 대한 교과서식 설명이 정말로 어떤 이야기를 할 수는 있기나 한가? 어쩌면 사물의 세계, 물질문화와 물질적 자취는 완전히 다른 세계에 있는 게 아닐까?"[10] 물론 자취와 잔해를 강조하는

9   Knut Ebeling, 'The Art of Searching: On 'Wild Archaeologies' from Kant to Kittler', *The Nordic Journal of Aesthetics* 51 (2016): 10.
10 같은 글, 9. 토굴지나 잔해에 관한 더 풍부한 견해는 다음 책을 참조할 것. Shannon Mattern, *Code+Clay, Data+Dirt: Five Thousand Years of Urban Media* (Minneapolis:

이러한 시적인 공식화를 먼지 쌓인 물질을 향한 낭만주의로 오인해서는 안 된다. 이것은 정말로 중요하다. 하지만 우리가 상기해야 할 미디어고고학의 심층부에는 하나의 인식론적 태도가 있다. 모든 것이 문자의 형식으로 전달되지는 않으며, 근대 기술 세계의 시간성은 다른 형식, 즉 다른 미디어 속에도 각인되어 있다는 점이다. 이러한 이유로 '기원'에서 시작하는 단순한 이야기가 아닌 다른 방식의 탐구가 필요하다.

따라서 직설적으로 말해 미디어고고학은 단지 낡고 낡은 기술, 지나간 시간, 향수 어린 물건에 대한 이야기가 아니다. 미디어고고학은 기술적인 기반시설에서 이를 유지하는 담론에 이르기까지 동시대 미디어 문화의 제반 영역에 존재하는 시간의 전의轉義, tropes를 상세히 분석하려는 시도다. 말하자면 미디어고고학은 시간을 다루는 이론이자 방법론이다. 이 책에서 언급하는 몇몇의 미디어고고학 이론가가 시간을 다루는 관점을 보면 이 점이 명확하게 드러난다. 예컨대 에르키 후타모는 되풀이되는 미디어 문화를 일컬어 '토포이topoi'라 했는데, 후타모의 이러한 순환적 방법론이 가장 분명한 예다. 지그프리트 칠린스키는 미디어, 예술, 기술의 심원한 시간deep time을 제시했는데, 이는 일반적인 미디어의 역사를 수천 년에 달하는 대안적 역사로 확대하는 방법론이라 할 수 있다. 볼프강 에른스트의 미시 시간성microtemporalities과 토머스 엘새서가 미셸 푸코를 동시대 영화와 미디어의 맥락에 끌어들여 연속과 불연속이 서로 얼

University of Minnesota Press, 2017).

마나 결속되어 있는지를 이해하고자 한 접근도 같은 예다. 구식화 obsolescence의 문제는 역사에 대한 전통적인 물음만큼이나 중요하다. '새로운' 기술로 이루어진 동시대 문화만큼이나 쇠퇴의 미학 역시도 미디어 문화의 미래를 숙고하는 데 중요하다. 그 결과로 기술과 미디어에 대한 색다른 이해가 출현한다.

시간과 역사의 관점에서 보면 미디어고고학은 이 용어가 사용되기 시작했을 때보다 더 오래된 역사가 있다. 이 분야에 관한 대부분의 역사는 1980년대부터 등장하기 시작했으며, 초기영화 및 영화의 전사 시대pre-cinema 문화를 탐구하는 데 몰두한 신영화사new film history, 그리고 미디어 이론을 인문학 분야의 일부로 편입시킨 프리드리히 키틀러 같은 학자의 저작 등으로 대변된다. "아카이브 강박관념Archival Obsession"[11]이라 표현할 수 있는, 미디어학과 인문학에 등장했던 고고학에 대한 이 같은 초기 시기의 연구는 20세기를 살아갔던 수집가이자 이론가이자 역사가였던 매우 흥미로운 이들이 앞서 개척한 분야다. 이들의 작업은 융합적인 연구였으며, 이후 '미디어고고학' 서사의 일부분으로 간주될 것이었다. 이러한 이유에서 발터 벤야민 또는 지그프리트 기디온을 이 분야의 선구자로 꼽을 수 있겠다. 물론 고고학이라는 용어는 1960년대 이후 미셸 푸코의 이론적 작업에서 지금과 같은 의미로 사용되기 시작했다. 하지만 크누트 에벨링은 심지어 시작점을 더 확장해서 이를 칸

---

11   Bernhard Siegert, 'Cultural Techniques: Or the End of the Intellectual Postwar Era in German Media Theory', *Theory, Culture & Society* 30(6) (November, 2013): 51.

트에서 프로이트를 거쳐 키틀러까지 200년에 이르는 "야생의 고고학wild archaeology"이라고 일컫기도 한다.

이러한 이유에서 이 분야는 단지 20세기(대체로 유럽) 문화 이론의 후유증만이 아니라, 지리학적, 시간적으로 더 거대한 규모로 이해해야 한다. 미디어고고학이라는 이름을 사용하는 여러 사례 연구가 그러했듯이, 변종학variantology 작업(칠린스키가 이 용어를 사용해 시작됨)에 동참할 필요가 있다. 총서로 출간된 관련 저작물은 보편적인 서구적 스펙트럼 바깥에서의 예술과 기술에 대한 대안적 역사라는 기치 아래 미디어고고학적 정신을 개진해 왔다. 남아메리카에서 중동, 지중해에서 중국과 극동 지역에 이르는 지역에 관한 다양한 사례와 장치, 담론 등을 총망라하는 이 저작들은 새로운 지리적 맥락을 찾는 미디어고고학의 잠재력을 보여주는 본보기라는 점에서 중요하다. 다시 말해 멀리 있는 것만이 아니라 가까이 있는 것에도 우리는 주목해야 한다. 말하자면, 주류 바깥에는 어떤 대안적인 미디어 아카이브와, 어떤 종류의 기술에 대한 서사와 물질이 있는지, 이미 상당히 연구가 이루어진 서구적 관점 바깥에는 또 어떤 상상이 일어나는지 탐구해야 한다. 그리고 이러한 아카이브 작업이 미디어고고학의 논점과 개념을 어떻게 변화시킬 수 있을지, 이를테면 수집 작업, 즉 오늘날의 제도화된 작업의 관점에서 보면 미디어고고학 실험실media archaeology labs [12]이라 부를 수 있는 연구 목

---

12 실험실과 연구용 수집은 미디어고고학 작업을 지속하는 중요한 방법이다. 예를 들어, 콜로라도 보울더의 미디어고고학 실험실(Media Archaeology Labs in Boulder,

적의 수집이 이론적 연구와 아카이브 연구를 얼마나 더 확장할 수 있는지, 미디어고고학 그리고 그 개념과 방법론이 어떻게 기술과 인문학을 학문적 제도권 안에서 새롭게 바라볼 수 있는 길이 될 수 있을지 물어야 한다.

우리는 항상 이론의 상황적 속성을 주시해야 한다. 이는 페미니즘 이론이 남긴 위대한 유산 중 하나다.[13] 위치와 상황을 항시 고려하면서도, 우리는 여정과 변화를 그려나가야 한다. 점이나 경로 대신, 깊이 파낸 구덩이 대신에, 시간과 지리적 거리를 가로질러 연락을 전달하는 우편 체계가 우리가 들여다보아야 하는 대상이다. 따라서 이 책은 대안적 계보 또는 지형을 통해 도달하게 될 변화를 겨냥해 설정된 좌표와 경로, 개념 및 요구되는 개방성을 제공하려는 시도다. 바꾸어 말하면, 시작으로의 귀환이다. 그렇기에 미디어고고학은 여행이며, 개념의 변화는 끝나지 않는다.

유시 파리카

윈체스터에서 2019년 2월

Colorado), 몬트리올 콘코디아 대학교 부설 리지듀얼 미디어 디팟(Residual Media Depot), 빌켄트 대학교 부설 안카라 미디어고고학 실험실(Ankara Media Archaeology Bilkent University), 마지막으로 베를린 훔볼트 대학교 부설 미디어고고학 푼두스(Media Archaeological Fundus)가 있다. 이곳은 정확히 말해 아카이브나 도서관은 아니지만, 동시대 맥락에서 미디어 기술의 과거를 직접 만져보면서 연구 작업을 지속할 수 있는 제도적 기반시설의 대표적 예다.

13 Donna Haraway, 'Situated Knowledges: The Science Question in Feminism and the Privilege of Partial Perspective', *Feminist Studies*, 14(3) (Autumn, 1988): 575-599.

감사의 글

책은 어떻게 생겨나는가? 같은 기관에 있든, 다른 네트워크를 통해 알게 되었든, 많은 훌륭한 동료가 있고, 주제에 맞든 맞지 않든 여러 대화가 있으며, 눈과 머리로, 게다가 내장gut으로 흡수한 것들이 있다. 책에는 수많은 말이 필요하고, 또 수많은 말이 삭제되기도 한다. 어떤 말들은 소리내어 말해지기도 하고, 어떤 말들은 다시는 열어보지 않을 파일 속에 묻히기도 한다. 많은 것이 잊히고, 어떤 것들은 지나치게 강조되기도 한다. 그리고 결국 이렇게 책 맨 앞에 들어가는 긴 감사의 목록에 이른다.

우선 자금 지원 및 도움을 주신 분과 기관에 감사의 마음을 전하고 싶다. 제도적으로 이 작업에 시간을 쏟을 수 있도록 보장해준 앵글리아 러스킨 대학교의 연구년 기금과 [런던]과학박물관The Science Museum의 단기 펠로십 프로그램, 그리고 알렉산더 폰 훔볼트 재단Alexander von Humbolt Foundation에 감사드린다. 나는 지금까지 앵글리아 러스킨 대학교에서부터, 런던과학박물관, 훔볼트 대학교 미디어학과, 그리고 지금 내가 속해 있는 윈체스터 예술대학 등 다양한 기관에서 연구하는 즐거움을 만끽해 왔다. 이 모든 기관에 감사의 마음을 전한다. 또한 현재 방문 연구자로 머물며 새로운 제도적, 지리적 환경에서 미디어고고학 연구를 수행할 수 있도록 지원해 준 프라하국립예술영화학교FAMU에도 감사를 드린다.

기관은 벽, 방, 일과, 절차, 규약, 암호, 인수인계, 서류 작업 등으로 구성되지만, 벽이 없는 경우도 있다. 갈리카Gallica, 인터넷 아카이브archive.org, 구글북스, 베를린 막스 플랑크 연구소의 '삶을 실험하다Experimentalization of Life' 연구 프로젝트에 관한 가상 실험실 Virtual Laboratory 등에 보관된 자료는 내게 매우 유용했다.

또한 여러 곳에서 강연을 했는데, 미디어고고학에 관한 강연을 할 수 있도록 기회를 마련해 준 드몽포르 대학교, 베드퍼드셔 대학교, 웨인 주립대학교, 위스콘신-밀워키 대학교, 베를린 훔볼트 대학교, 앵글리아 러스킨 대학교, 말뫼 대학교 등에 진정 어린 감사의 마음을 전한다.

하지만 기관과 내게 생기를 불어넣어준 존재는 무엇보다도 사람이었다. 너무 많은 사람에게 신세를 졌다. 심지어 이 감사의 표현을 어디서부터 해야 맞는지 모르겠지만 일단 무작정 시작해 본다. 볼프강 에른스트, 파시 발리아호, 밀라 티아이넨, 티무 타이라, 숀 큐빗, 더그 칸, 신타로 미야자키, 파울 파이겔펠트, 크리스티나 바그트, 리나 프랑케, 게브하르트 젱밀러, 조이 벨로프, 다비드 링크, 이언 베넷, 완다 스트라우벤, 아르네키엘 비크하겐, 에이빈 뢰소크, 트론드 룬데모, 가넷 허츠, 알렉스 갤러웨이, 에드윈 커렌스, 마이클 디터, 데이비드 베리, 로빈 보스트, 매슈 커셴바움, 서배스천 프랭클린, 야코 수오미넨, 니나 벤하르트, 폴 캐플랜, 섀넌 매턴, 브렌던 하월, 티나 켄달에게 감사의 마음을 표한다. 덧붙여, 헤아릴 수 없이 많은 트위터 친구가 보내준 응답과 의견, 링크 등은 더할 나위 없이 유용했다. 이 원고의 심사위원들이 전해준 의견 역시 큰 도움이 되었다.

특히 이전 공동 프로젝트인 『미디어고고학Media Archaeology: Approaches, Applications, Implications』의 작업을 함께 한 에르키 후타모 교수께 감사의 말을 전한다. 여러분이 지금 들고 있는 책 속에 실현돼 있는 이루 말할 수 없이 많은 영감과 각종 단상은 이 앤솔러지 작업 과정에서 얻을 수 있었다.

이 책과 관련해 환상적인 보조 연구원들에게 많은 빚을 졌다. 캠브리지에서는 카롤리나 크라비에츠, 베를린에서는 마티아스 반호프에게서 많은 도움을 받았다. 또한 베를린의 미디어고고학 푼두스Media Archaeology Fundus의 소장품과 시설을 사용할 수 있도록 도와준 세바스티안 되링에게도 고마움을 전한다.

또한 폴리티 출판사의 훌륭한 편집팀에 있는 안드레아 드루간과 로런 멀홀랜드 등에게노 감사의 마음을 전하고 싶다.

미디어고고학은 단지 아카이브, 지하실, 강의실, 심지어 대학에서만 진행되지는 않는다. 이 책이 나오기까지 런던, 베를린, 캠브리지 등의 작업 공간 역시 커다란 역할을 했다. 알함라 카페Al-Hamra café, 오스발트Osswald 카페, 그리고 그 외 수많은 공원도 그러했다(그중 내게 가장 아름다운 곳은 영원히 폴크스파르크 프리드리히 샤인 공원Volkspark Friedrichshain일 것이다).

마지막으로 한국에서 미디어고고학 총서 프로젝트를 기획하고, 그 일환으로 이 책이 한국어로 출판될 수 있도록 세심한 부분까지 신경 써준 정찬철 교수와 그의 동료들께 각별한 고마움을 전하며, 이 자리를 빌려 현실문화연구 출판사에도 감사의 마음을 전한다.

이 책의 5장은 에르키 후타모가 함께 편집하여 2011년도에 출판한 『미디어고고학』에 이미 실린 바 있다. 이 책에는 내용이 다소 수정되어 실렸다. 이 원고를 다시 사용할 수 있도록 허가해 준 캘리포니아 대학교 출판부에 감사의 마음을 보낸다.

런던에서

2019

1
서론
오래됨과 새로움의 지도 제작법

스팀펑크steam punk라는 하위문화는 우리 시대 첨단기술 문화의 한복판에서 현재 퍼지고 있는 거대하고 총체적인 문화적 욕망의 요체라고 할 수 있다. 스팀펑크 스타일은 빅토리아 시대, 21세기의 주제, 강력한 DIY 정신이 한데 섞인, 화려한 19세기풍 의복에서 기이한 발명품에 이르기까지 다양한 형태로 표출된다고는 하지만, 스팀펑크는 코르셋을 입고 야곱의 사다리를 자기 손으로 제작하는 일과 같이 광적인 과학 실험을 즐기는 별난 사람들의 스타일 그 이상의 것이다. 『스팀펑크 매거진Steampunk Magazine』은 "패션, 음악, 오용된 기술, 혼돈 및 허구에 관한 삽지"라고 스스로를 초학제적인 정신 자세로 설명한다.[1] 이 잡지는 온갖 종류의 관심사와 취미 활동, 그리고 기술에 대한 지적 호기심이 뒤섞여 있으며, 그 호기심은 오래된 기술을

---

1   스팀펑크 매거진: www.steampunkmagazine.com

구식의 시시한 것으로 바라보는 단순한 선형적 진보의 신화로 과학과 기술에 접근하는, 흔히 보는 승화된 방식과는 전혀 어울리지 않는다.

사이버펑크 공상과학소설의 파생물인 스팀펑크(1990년에 출간된 소설 『차분 기관The Difference Engine』과 다양한 문학 작품 및 컴퓨터 게임에 바치는 일종의 경의)는 빅토리아 시대 증기기관의 기계 세계를 새롭게 상상해 왔다. 이 시대는 근대 기술 문화의 탄생을 알린 시기이기도 하다. 뿐만 아니라 펑크 정신의 하나인 팅커링tinkering, 브리콜라주bricolage, 괴짜 과학mad science,[2] 실험적 기술 등에 대한 심취, 그리고 그러한 세계가 제공하는 경이의 방curiosity cabinet[3]에 대한 매혹이 특징이었다. 실제로 스팀펑크는 여러 세계를 동시에 아우른다. 소프트웨어 및 하드웨어 문화에서 오늘날 펑크풍 DIY 방식의 일부인 오픈 소스 및 해커 문화의 정신을, 과거 집약적 기술화에 대한 강렬한 역사적 호기심과 실제 생산 과정에 대한 폭넓은 참여를 결합하면서 말이다.[4] 스팀펑크는 기술 진보를 위한 보

2   [편집자] '괴짜 과학mad science'은 역사적으로는 19세기 산업혁명 이후에 과학에 대한 경외와 불안이 혼재된 실천으로, 기계/몸/감각을 전복하는 대담한 상상력으로 지식과 권력, 윤리와 기술 사이의 경계를 넘나든다. 스팀펑크와의 관계에서는 19세기 기술의 판타지적 복원, 쓸모없는 기계에 대한 집착, '실패한 실험', '미완성 발명' 등에 대한 문화적 열정으로 표출된다. 주물, 주괘(鑄掛), 결합 또는 조작의 뜻을 내포한 'tinkering'은 발음 그대로 '팅커링'으로 옮긴다.

3   [편집자] '경이의 방'(cabinet of curiosities, 독일어로 Wunderkammer)은 16 - 17세기 유럽에서 자연물, 기계 장치, 예술품 등을 체계적 분류 없이 함께 전시하던 초기 수집 공간을 가리킨다. 서로 이질적인 사물들이 병치되는 이러한 전시 방식은 오늘날 미디어고고학에서 비선형적이고 다층적인 미디어 역사를 설명하는 하나의 모델로 자주 인용된다.

4   다음을 참조. Mark Ward, 'Steampunks gather for Great Exhibition'. *BBC News* (30

편적 모델을 만들어내기보다는 대안적 실험, 기발한 아이디어, 주류에서 벗어난 전례 없는 경로를 발굴하는 데 관심을 둔다.[5]

또한 스팀펑크는 새로운 것과 오래된 것을 대등하게 생각하고 미학, 정치 및 기타 비판적 탐구 분야를 통해 미디어, 기술 및 과학에 대한 열정을 키우는 미디어고고학 정신을 탁월하게 상징한다. 비록 포스트모던적 향수에 젖거나 점점 더 폐쇄적인 블랙박스 소비자 미디어 풍경mediascapes 한가운데서 잃어버린 것들을 기념하는 위험이 있을지라도,[6] 스팀펑크가 표방하는 가치는 활동적인 수선공tinkerer의 정신이다. 스팀펑크의 DIY 정신과 비슷한 방식으로, 미디어고고학은 과학, 기술 그리고 미디어 자본주의의 탄생이라는 측면에서 19세기를 열정적으로 근대성의 주춧돌로 주목해 왔다. 미디어고고학은 과거를 발굴해 현재와 미래를 이해하는 데 관심을 기울여 왔다. 하지만 미디어고고학은 역사적 서사를 기록하는 데만 관심을 두지는 않는다. 미디어고고학은 이론적으로 상당히 정통해, 최근의 문화 이론적 논의에 개방적이고, 또한 일련의 역사 방법론을 차용해 왔듯 영화 연구와 미디어아트에서도 기꺼이 그렇게 한다.

March 2010), http://news.bbc.co.uk/1/hi/technology/8593305.stm. 오늘날 문화 속의 스팀펑크를 소개하는 책으로는 바우저와 크록살을 참조. Rachel A. Bowser and Brian Croxall (2010) 'Introduction: Industrial Evolution' Steampunk special issue of *Neo-Victorian Studies* 3(1), http://neovictorianstudies.com/, accessed 8 Sept. 2011.

5   철학자 질 들뢰즈(Gilles Deleuze)와 펠릭스 가타리(Félix Guattari)는 실험적이고, 횡단적이며, '왕립과학(royal science)'에 저항하는 '유목과학과 소수과학(nomadic, minor science)'이라는 인식론적 개념을 제시했다.

6   Fredric Jameson, 'Nostalgia for the Present', *South Atlantic Quarterly* 88(2) (1989): 517-37.

미디어고고학은 결코 순수한 학문적 분투로 그치지 않았다. 그것은 1980년대와 1990년대의 초기 단계부터 이미 미디어 예술가들이 '새로운 미디어'의 새로움이 무엇인지를 조사하려는 목적으로 과거의 미디어에서 주제, 발상, 영감을 활용할 수 있었던 분야였다.

이 책의 제목은 "미디어고고학이란 무엇인가?"로, 디지털 문화 연구에서 미디어고고학적 방법의 잠재력을 정교하게 설명하고자 한다. 따라서 이 책은 디지털 문화에 **대한** 고고학이 아니다. 우리는 제2차 세계대전 이후의 컴퓨팅 문화, 소프트웨어와 디자인, 소프트웨어 생산의 제도화와 상업화 및 오픈소스, 네트워크 문화 등장 이면의 군산복합체, 새로운 생산 양식에 내재적으로 연결된 창작 노동과 작업의 형성, 오픈소스에서 등장한 대안적 미디어, 하드웨어 해킹과 서킷 벤딩[7]에 관여하는 핵티비스트hactivist에 대한 더 많은 비판적 고고학이 **필요하다.** 그러나 이 책에서는 전적으로 이러한 주제에만 초점을 맞추지는 않는다.[8] 대신, 이 책에서는 동시대 문

---

7   [옮긴이] 서킷 벤딩(Circuit Bending)이란 전자장치의 회로(circuit)를 분해해 스위치나 분압기 같은 다른 전자 부품을 납땜으로 덧붙여 새로운 악기나 소리 재생기로 개조하는 것을 말한다. 서킷 벤딩은 현대음악에서 '노이즈 음악(noise music)'의 일부분으로도 알려져 있다.

8   소프트웨어의 고고학에 대해서는 다음 책을 참조할 것. Casey Alt, 'How Object-Orientation Made Computers a Medium' in *Media Archaeology: Approaches, Applications, Implications*, ed. Erkki Huhtamo and Jussi Parikka (Berkeley, CA: University of California Press, 2011), 278–301; Noah Wardrip-Fruin, 'Digital Media Archaeology: Interpreting Computational Processes' in *Media Archaeology: Approaches, Applications, Implications*, 278-301; Lev Manovich, *The Language of New Media* (Cambridge, MA: The MIT Press, 2001): [국역본] 레프 마노비치, 『뉴미디어의 언어』, 서정신 옮김(커뮤니케이션북스, 2014).

화에서 **미디어를 고고학적으로 사유하는 방법**에 대한 통찰을 제공하고, 이를 수행하는 방법에 대한 지침을 제공하는 다양한 이론, 방법 및 아이디어를 지도화한다. 나는 미디어고고학이 [오늘날의] 새로운 미디어 문화를 과거의 새로운 미디어에 대한 통찰을 통해 탐구하는 방법이라고 소개할 것이다. 잊힌 것, 기이한 것, 불분명한 장치와 실천, 발명품에 대체로 중점을 둘 것이다. 또한 이 책에서 주장하듯이, 미디어고고학은 미디어 문화에서의 기억 체제와 창작 실천을 분석하는 이론적, 예술적 방법이기도 하다. 미디어고고학은 미디어 문화란 퇴적되고 겹겹이 쌓인 것, 즉 과거가 갑자기 새롭게 발견되고 새로운 기술이 점점 더 빠르게 구식이 될 수도 있는 시간과 물질성의 주름fold 같은 것으로 본다.

미디어고고학이 새것보다 옛것이 더 좋게 보이고, 슈퍼 8mm와 8비트 사운드가 향수뿐 아니라 재유행의 대상이기도 하고, 복고 문화는 고화질 스크린 기술과 초고속 광대역 통신만큼이나 자연스럽게 디지털 문화 풍경의 일부가 되는 보다 광범위한 문화적 상황에 얼마나 잘 어울리는지는 쉽게 이해할 수 있다. 테크닉스1200 레코드판 턴테이블(1972-2010)과 소니 워크맨(1978-2010)의 단종 같은 미디이의 죽음에 대한 애도가 이루어지기도 한다. 마그네틱 테이프부터 다양한 크기의 플로피디스크에 이르기까지 사라진 포맷을 보존하는 애호가들도 있다. 1990년대 초반의 게임 같은 어밴던웨어abandonware는 인터넷에서 좀비와 같은 삶을 살고 있다. 미디어를 소비하는 실천 역시 복고적 경향을 보인다. 이를테면 최근 런던에 등장한 레코드판 감상 클럽에서는 레코드판에 담긴 전곡이 거의 종교적 명상에 가까울 정도로 복고적인 방식으로 끊김 없이 흘러나온다.[9] 이러한 현상은 부분적으로는 개인용 컴퓨터, 게임, 휴대용 기기, 워크맨, 1970년대와 1980년대 전자제품과 함께 성장한 첫 세대인 현재의 젊은 소비 중산층(현재 30-40대)이 젊은 시절의 그 같은 대중문화에 대해 갖고 있는 개인적 애착으로 설명할 수 있다. 〈동키콩Donkey Kong〉, 〈팩맨Pac Man〉, 〈테트리스Tetris〉는 여전히 상당수의 마음속(과 손)에 특별한 자리를 차지하고 있으며, 카세트와 같은 일부 재사용 미디어 및 커뮤니티는 인터넷, 스마트폰 그리고 아이패드를 통해 새 생명을 얻기도 한다.[10] 디자이너 가엔 코가 테트리스에서 영감을 받아 제작한 가구 타트리스Tat-ris는 정동적 향수affective nostalgia를 발산한다. 이는 흡사 낡은 음악 기술을 다루는 것인지 새로운 음악 기술인지 전혀 분간이 가지 않는 모디파이드 토이 오케스트라Modified Toy Orchestra(www.modifiedtoyochestra.com)의 서킷 벤딩 작업을 통해 음악을 재구성한 것에 견줄 만하다.

뉴미디어가 올드미디어를 재매개한다는 주장[11]은 때때로 신구의

---

9 'Are Record Clubs the New Book Clubs?' *BBC News* (18 January 2011), www.bbc.co.uk/news/magazine-12209143. 2000년에 설립된 분실포맷보존협회(Lost Format Preservation Society)에 관해서는, 다음 웹사이트 참조. www.experimentaljetset.nl/archive/lostformats.html.

10 Florian Cramer, 'A Kind Rewind, The Rebirth of Cassette Tape Music', *Neural* 35 (2010): 17-19; Jaakko Suominen, 'The Past as the Future? Nostalgia and Retrogaming in *Digital Culture' Fibreculture* 11 (2008), http://journal.fibreculture.org/issue11/issue11_suominen.html.

11 Jay David Bolter and Richard Grusin, *Remediation. Understanding New Media* (Cambridge, MA: The MIT Press, 1999). [국역본] 제이 데이비드 볼터·리처드 그루

개념이 불분명해지는 이러한 문화적 상황을 직관적으로 이해할 수 있는 방법인 것 같다. 뉴미디어가 다가와 우리의 사용자 습관을 천천히 바꿀지 모르지만, 올드미디어는 결코 우리 곁을 떠나지 않는다. 올드미디어는 새로운 용도, 맥락, 적응을 찾아가면서 지속적으로 재매개되고 재조명된다. 브루스 스털링 같은 작가들이 말하는 '죽은 미디어dead media' 중에서 많은 죽은 미디어가 사실상 좀비 미디어Zombie-media, 즉 새로운 맥락, 새로운 손, 새로운 스크린과 기계에서 사후 세계를 찾은 산주검이라는 것이 분명해졌다. 속도와 시간성이 인간의 지각 능력을 뛰어넘는다는 말로 자주 묘사되는 전 지구적 정보 문화에서 과거에 매료되는 일이 일어나고 있다.

이렇게 보면 이 책은 아마도 미디어고고학을 구체적으로 디지털 미디어 문화의 이론과 방법론으로 다루는 미디어 문화의 산주검, 좀비들의 책일 것이다. 이 책은 미디어고고학 및 학문적, 미디어 아트적 관심에 대한 관련 분야 내 중요한 논쟁의 개요를 제공한다. 이와 더불어 올드미디어 및 뉴미디어의 역학뿐 아니라, 기억문화의 미디어화mediatization[12]를 이해하기 위한 일련의 이론, 방법 및 방법론으로 미디어고고학을 발전시킬 수 있는 몇몇 새로운 방향을 제시한다. 이 책에서는 뉴미디어와 올드미디어를 대등한 관계로 바라보고, 때로는 모순되고 경쟁적인 다양한 미디어고고학적 조사에 관

신, 『재매개』, 이재현 옮김(커뮤니케이션북스, 2006).

12 [옮긴이] 커뮤니케이션 연구 및 미디어 연구에서 미디어화는 미디어가 정치적 의사소통 과정과 담론뿐 아니라 이러한 의사소통이 벌어지는 사회까지도 규정한다는 이론이다. 다음 논문 참고. 박홍원, 「정치의 미디어화」, 『언론정보연구』, 55권 2호(2018), 9~21.

그림 1.1

2010년 마케팅 전략에 사용된 복고풍 인터넷(Vintage Internet). 맥시미디어 빈티지(Maximidia Vintage) 광고. 이 자료는 MOMA 프로파간다(Propaganda)의 허락을 받아 사용함.

한 논의로 확장한다. 미디어를 고고학적으로 사유하려면 어디서 출발해야 하는가? '정통' 역사학자가 그러하듯, 과거의 미디어에서 시작해야 할까? 아니면, '정통' 디지털 문화 분석가를 따라 미디어 장치, 소프트웨어, 플랫폼, 네트워크, 소셜미디어, 플라스마 스크린 등으로 이루어진 현재의 우리 자신의 세계에서 시작해야 하는 걸까? 이 책의 제안은 과거와 현재가 얽혀 있는 그 중간 지점에서 출발하고, 이 결정이 현대 미디어 문화에 대한 모든 분석에 가져오는 복잡성을 받아들이는 것이다. 이러한 맥락에서 이 책은 과거와 미래, 과거-미래와 미래-과거, 그리고 미디어고고학의 병렬적인 주변 경로[13]에 관한 책이다. 이 책은 이러한 유형의 미디어 이론과 방법론이 등장한 주요 맥락을 지도화하는 동시에 디지털 문화, 기억, 기술적 미디어technical media[14]에 관한 새로운 질문과 관련하여 스스로를 지속적으로 갱신해야 한다고 주장한다.

미디어고고학의 다중 배경

미디어고고학은 다양한 분야에서 자라났다. 미셸 푸코의 권력과 지

---

13 [편집자] "미디어고고학의 병렬적인 주변 경로"란 미디어고고학의 핵심 논의와 직접 연결되지는 않지만, 그 주변에서 함께 영향을 주고받는 다양한 연구 분야, 실천, 개념을 가리키는 표현으로, 해커 문화와 DIY 기술 연구, 미디어아트의 역사적 재해석 작업, 디지털 문화와 기억 연구, 복고 문화와 소비자 문화 연구 등이 이에 해당한다.

14 [편집자] 'technical media'와 'technological media'를 구분하고자 'technical media'를 '기술적 미디어'로, 'technological media'는 '기술 미디어'로 번역했다.

식의 고고학에 관한 연구, 발터 벤야민의 근대성 잔해에 대한 초기의 발굴 작업, 1980년대의 신영화사, 그리고 기술적 미디어 문화의 층층이 쌓인 '무의식'인 과거의 도움으로 디지털 문화 및 소프트웨어 문화를 이해하고자 했던 1990년대 이후 다양한 연구가 여기에 포함된다. 하지만 미디어고고학은 그 자체로서 더 새로워져야 한다. 완다 스트라우벤의 책이 출간될 예정(2012)이지만, 지금까지 『미디어고고학』 이외에,[15] 이론적 작업을 요약하고 핵심 논쟁을 지도화하는 작업조차 누락되어 있다. 그러나 미디어고고학의 다중 역사들을 지도화하는 이러한 중대한 임무뿐만 아니라, 미디어고고학을 비판적 미디어 연구를 위한 방법론으로 발전시키고 아카이브 기관과 매우 긴밀히 연결해 고찰하는 작업이 필요하다. 이 책의 후반부에서 다룰 내용 중 하나는 철학과 문화 이론이 밟았던 전철을 따라[16] 미디어 연구에서 아카이브가 차지하는 중심 역할을 개괄적으로 설명하는 것이다.

하지만 이러한 이론과 방법 전체의 구심점에 해당하는 주제, 즉 미디어고고학 연구의 몇몇 요점을 파악할 필요가 있다. 에르키 후타모, 지그프리트 칠린스키, 토머스 엘새서, 프리드리히 키틀러, 앤 프리드버그, 톰 거닝, 레프 마노비치, 로랑 마노니 등의 다양한

---

15 Erkki Huhtamo and Jussi Parikka, 'Introduction: An Archaeology of Media Archaeology' in *Media Archaeology. Approaches, Applications, Implications*, 1-21.

16 예를 들면, 다음 책을 볼 것. Jacques Derrida, *Archive Fever. A Freudian Impression*, trans. Eric Prenowitz (Chicago: University of Chicago Press, 1996); Georges Didi-Huberman and Knut Ebeling, *Das Archiv brennt* (Berlin: Kadmos, 2007).

이론가와, 발터 벤야민, 지그프리트 기디온, 아비 바르부르크, 마셜 매클루언 등과 같은 앞선 세대의 이론가들이 명확하게 설명하듯이, 미디어의 과거와 현재가 대등한 관계에서 나오는 이 미디어고고학적 울림은 다양성으로 특징지어졌다.

전통적으로는 미셸 푸코와 프리드리히 키틀러, 이 두 이론가가 두드러졌다. 지식과 문화의 고고학에 푸코가 공헌한 바는 고고학을 **존재**existence**의 조건**을 발굴하는 방법론으로 강조한 점이다. 여기서 고고학은 어떻게 해서 특정한 대상, 진술, 담론이, 또는 미디어고고학의 경우라면 미디어 장치apparatus 또는 사용 습관이 어떤 문화적 상황에서 왜 생겨나고 채택되고 유지될 수 있는지에 대한 배경 이유를 파헤치는 것을 뜻한다. 키틀러는 푸코의 발상에 기초해 이러한 고고학적 작업을 보다 더 미디어 기술적으로 이해할 것을 요구했다. 즉 그러한 [푸코식] 존재의 조건은 담론적이고 제도적일 뿐만 아니라, 미디어 네트워크 및 과학적 발견과도 관련 있다는 것이다. 키틀러는 푸코가 책과 문서 아카이브를 읽었던 방식으로 기술적 미디어를 보고자 했다. 문화적 실천과 담론이 어떻게 생겨나고, 어떤 특정한 환경에서 그것들이 가능한지 분석했던 푸코의 방식대로 미디어 기술을 읽기 시작한다면 어떨까? 물론 이러한 고고학적 물음은 푸코가 나중에 '계보학genealogy'이라고 부르기 시작한 것과 밀접한 관련이 있다. 여기서 푸코의 강조점은 당대의 역사 분석에 깔린 '혈통'에 문제를 제기하고 기원을 비판하는 것이었다. 이는 무시된 계보와 역사의 사소한 특징, 즉 여성, 성도착자, 광기의 역사에 대한 대항 역사를 찾고자 하는 수많은 연구를 촉발했다. 이와 마찬가지로 미디어고고학으로 조율된 많은 연구는 주류 미디어 역사에 대한 대항 역사를 써왔고, 우리가 오늘날의 디지털 세계를 구성하는 미디어 문화 상황에 어떻게 이르게 되었는지를 이해하기 위한 대안적 방법론을 찾는 데 몰두한다. 푸코와 마찬가지로 미디어고고학자들에게 과거를 고고학적으로 발굴하는 것은 현재 우리의 상황을 상세하게 설명하기 위함이다.

미디어고고학 이론에 지대한 영향을 끼친 이론가는 여럿이며, 푸코와 키틀러는 그중 두 명일 뿐이다. 물론 미디어고고학 작업의 중요 문헌들을 묶어 통일성을 부여하는 일은 이 같은 학문적 기획의 중심에 자리하고 있는 이질성heterogeneity을 놓쳐버릴 위험이 있다. 이러한 위협을 염두에 두더라도, 특정 핵심 분야에서는 통일성 부여가 매우 성공적이었다고 주장할 수 있다. 이 책에서는 미디어고고학의 주요 주제와 맥락을 (1) 근대성, (2) 영화, (3) 현재의 역사, (4) 대안 역사로 나누어본다.[17] 이것들에 대한 아래에서의 간략한 설명으로 미디어고고학이 **지금까지 무엇이었는지**를 이해할 수 있는 잠정적인 통찰을 얻을 수 있을 것이다. 이후 각 장에서 이 주제들을 더욱 상세히 다룰 것이며, 논의가 진행될수록 미디어고고학은 **무엇이 되고 있느냐**는 물음으로 향할 것이다.

---

17   스트라우벤은 나와 유사하게 미디어고고학을 다음 세 가지 학제적 분과로 구분한다. (1) 영화 역사/미디어 역사 (2) 미디어아트 (3) 뉴미디어 이론. 이 같은 구분은 부분적으로 이 책에 반영되어 있기도 하며, 이후 장들에서 상세히 다룰 것이다.

(1) 근대성

근대성은 그 자체로 기술적이고 사회적이고 경제적인 요소로 구성된 공정으로서, 다양한 미디어고고학 이론의 중요한 '전환점'이 되어왔다. 이러한 이론들은 20세기 초에 독일 문화 이론가 발터 벤야민이 근대적 도시 환경에서 등장한 새로운 형태의 감각[체험] sensation 및 영화, 사진 및 전화기 등과 같은 미디어 기술을 조사한 연구[18]에서부터 포스트모던에 대한 활발한 논쟁의 관점에서 새로운 미디어 기술, 젠더, 소비주의를 탐구한 앤 프리드버그의 『윈도우 쇼핑Window Shopping』[19] 같은 최근 미디어 이론의 주요 연구에 이르기까지 다양하게 존재한다. 다양한 연구가 모던하다는 것이 무엇을 의미하는지, 새로운 과학적, 기술적 혁신이 이러한 문화적 풍경과, 심지어 보기, 듣기, 생각하기, 느끼기 등의 세계 속 우리의 기본적인 존재 방식에도 어떻게 기여하는지에 대한 물음을 던져왔다.

19세기와 20세기 초기가 주요한 발굴 현장이 되었던 이러한 분석들은 특히 동시대 미디어 경험이나 산업의 중심적인 기반으로 근대성을 규정하려 했다. 이러한 이유에서 근대성은 새로운 역사적 감각이 출현하는 시대로 볼 수 있다. 박물관 같은 제도화된 형

18　Walter Benjamin, *The Work of Art in the Age of Its Technological Reproducibility and Other Writings on Media*, ed. Michael W. Jennings, Brigid Doherty and Thomas Y. Levin (Cambridge, MA: The Belknap Press of Harvard University Press, 2008): [국역본] 발터 벤야민, 『기술복제시대의 예술작품 / 사진의 작은 역사 외』, 최성만 옮김(길, 2007).

19　Anne Friedberg, *Window Shopping. Cinema and the Postmodern* (Berkeley, CA: University of California Press, 1993).

태가 과거(또는 인류학적 식민주의에서처럼 멀리 떨어진 곳, 동물 및 자연사 소장품에서처럼 전혀 다른 생명 세계)에 대한 새로운 존재감을 제공하고, 새로운 기술적, 도시적 환경이 지각의 구조, 시간성 및 기억의 경험을 변화시킬 뿐만 아니라, 신흥 자본주의와 관료주의 형태의 한가운데 있는 새로운 유형의 합리화를 변화시키는 매개체 역할을 하기 때문이다. 벤야민과 프리드버그의 연구 외에도 몇 가지 예를 들면, 관찰과 주의집중attention을 근대적 '주체의 기술techniques of the subject'로 다룬 조너선 크래리의 저작들이 주요 연구로 포함된다.[20] 더 앞선 관점으로는 그러한 변화의 한가운데 있는 돌프 스테른베르거의 『19세기의 파노라마Panorama of the 19th Century』[21]와 지그프리트 기디온의 『기계화가 지휘한다Mechanization Takes Command』[22]를 꼽을 수 있다. 기디온의 책은 노동에서 도살장, 주방용품과 목욕용품에 이르기까지 기계 문화의 탄생을 다루고 있으며, 폴 드마리니스의 말을 빌리면, "문제와 해결책, 그리고 문제가 된 해결책의 자료집"이다.[23] 이 외에도 아비 바르부르크가 아틀라스

---

20 Jonathan Crary, *Techniques of the Observer. On Vision and Modernity in the Nineteenth Century* (Cambridge, MA: The MIT Press, 1990); *Suspensions of Perception. Attention, Spectacle, and Modern Culture* (Cambridge, MA: The MIT Press, 1999); [국역본] 조너선 크래리, 『지각의 정지—주의·스펙터클·근대문화』, 유운성 옮김(문학과지성사, 2023).

21 Dolf Sternberger, *Panorama of the 19th Century*, trans. Joachim Neugroschel (New York: Mole Editions, 1977[1938]).

22 Sigfried Giedion, *Mechanization Takes Command* (Minneapolis: Univ Of Minnesota Press, 2014[1948]).

23 Paul DeMarinis, *Buried in Noise*, ed. Ingrid Beirer, Sabine Himmelsbach and Carsten Seiffarth (Heidelberg and Berlin: Kehrer, 2010), 211.

므네모시네Atlas-Mnemosyne 프로젝트로 새로운 형태의 시각성을 문화사적으로 개괄한 작업 및 이미지의 배열configurations에 관한 그의 전반적인 조사 작업 같은 미술사 연구를 지적할 수 있다.[24] 스테른베르거와 기디온, 바르부르크는 모두 근대성과 새롭게 태동한 기술 미디어 문화를 탐구한 동시대 초기 이론가의 좋은 예다.

실제로 야코프 부르크하르트 같은 초창기 미술사학자 및 문화사학자가 바르부르크에게 어떤 영향을 미쳤는지, 그리고 초기의 이러한 '이미지학image science' 분야가 에르빈 파노프스키 같은 미술사학자의 정전을 통해 1980년대와 1990년대 예술과 미디어의 역사 담론에 얼마나 영향을 끼쳤는지는 이미 잘 알려져 있다는 점에 주목할 필요가 있다. 따라서 예를 들어 레프 마노비치가 1920년대 소비에트 영화감독에 각별히 관심을 갖고 초기 아방가르드와 오늘날 디지털 미학 사이의 역사적 관련성을 주장하는 것은 그렇게 놀라운 일이 아니다. 몽타주 형식이라든지 모호이너지, 로드첸코, 베르토프 같은 예술가들이 제창한 1920년대 신시각New Vision 운동의 원칙은 컴퓨터 기반 이미지와 예술 실천의 핵심에 함축적으로 내재해 있음을 발견할 수 있다. 또 다른 맥락에서 보면, 프리드리히 키틀러 같은 주요 이론가에게 근대성뿐만 아니라, 역사 발전의 기술-예술적 절합techno-artistic articulation인 모더니즘도 말하자면 우리에게 기술적 미디어 문화의 어휘를 제공해 주는 핵심적인 역할을 해

---

24   Philippe-Alain Michaud, *Aby Warburg and the Image in Motion*, trans. Sophie Hawkes (Cambridge, MA: The MIT Press, 2007)를 참고하라.

왔다. 근대성/모더니즘의 이러한 존재감은 "기술 미디어에서 데이터 저장, 전송, 계산"을 다루는 키틀러의 '현재의 고고학archaeology of the present'에서 명백히 나타난다.[25]

(2) 영화

영화는 근대성을 이루는 핵심 기술로서 늘 미디어고고학 이론의 중심을 차지해 왔다. [영화라는] 매체의 '고고학'에 대한 발상은 C. W. 세람의 『영화의 고고학Archaeology of the Cinema』(1965)이라는 책의 제목에서 이미 등장했다. 세람은 고고학(학제와 용어의 본래적 의미에서)에 관한 다양한 저술로 익히 알려져 있기도 하지만, 히틀러 시대에 독일 선전부대에 참여한 전력으로도 악명이 높다. 세람이 고고학 분과에서 영화 고고학으로 도약을 이루었지만 그의 방법론은 지극히 선형적이었으며, 비록 영화의 전사 시대pre-cinematic 기술을 지도화하긴 했지만 1895년 이후 등장한 '정통' 영화 형식의 탄생에 주된 관심을 두었다. 현대 영화 이론은 대부분 1970년대, 특히 1980년대 이후 등장한 영화 연구의 신영화사 물결에서 출발했다. 신영화사는 초기영화early cinema, 이와 관련된 스크린과 관람 기술 및 실천에 대한 새로운 관점을 정립했다. 이러한 관점은 다음 두 가지에서 비롯되었다. 첫째, 아카이브 작업과 새로운 영화 및

---

25 Friedrich A. Kittler, *Discourse Networks 1800/1900*, trans. Michael Metteer, with Chris Cullens (Stanford, CA: Stanford University Press, 1990), 369: [국역본] 프리드리히 키틀러, 『기록시스템 1800·1900』, 윤원화 옮김(문학동네, 2015).

자료의 발견(예컨대 1900년에서 1906년 사이에 제작된 영화 상당 수가 영화학자들로 구성된 관객을 대상으로 상영되었던, 1978년 에 브라이튼에서 개최된 제34회 국제필름아카이브연맹International Federation of Film Archives[26] 학회는 현재는 고전적인 사례로 자주 언급된다). 둘째, 관객성, 권력, 젠더에 관한 영화 이론. 예컨대 멀비[27] 와 장루이 보드리, 장루이 코몰리, 크리스티앙 메츠의 정신분석학에 기반한 영화와 이데올로기 장치에 관한 이론이 그러했다. 이론과 새로운 역사 작업이라는 이 두 흐름은 초기부터 서로 매우 밀접하게 연관돼 있었다. 초기영화와 감각[체험]의 특정한 형태라는 그 독특한 역할에 관한 많은 연구가 톰 거닝의 작업과 '어트랙션attraction' 개념을 기반으로 등장했다. 1986년에 발표한 「어트랙션 시네마: 초기영화, 관객, 아방가르드The Cinema of Attractions: Early Film, Its Spectator and the Avant-Garde」에서 거닝은 이 초기영화 개념과 그 핵심 요소를 클로즈업, 슬로모션, 역모션, 대체substitution, 다중 노출 등과 같은 '영화적 조작'을 활용해 비서사적이고 전시적인 이미지의 특성으로 설명했다.[28] 거닝과 그와 관련된 관점들은 새로운 아카

26   www.fiafnet.org

27   Laura Mulvy, 'Visual Pleasure and Narrative Cinema', *Screen* 16(3) (1975): 6-18: [국역본] 로라 멀비, 「시각적 쾌락과 내러티브 영화」, 서인숙 옮김, 유지나·변재란 엮음, 『페미니즘/영화/여성』(여성사, 1993), 50-73.

28   Tom Gunning, 'The Cinema of Attractions. Early Film, Its Spectator and the Avant-Garde' in *Early Cinema. Space, Frame, Narrative*, ed. Thomas Elsaesser with Adam Barker (London: BFI Publishing, 1990), 56-62.

이브 자료의 직접적인 결과로, 영화 전사 시대의 장치와 맥락 역시 진지하게 다뤄져야 한다는 생각을 확립했다. 이러한 장치와 맥락은 영화라는 본 무대를 위한 '준비 작업'만이 아니라, 그 자체로 주목 받을 가치가 있다는 것이다.[29]

이러한 이유에서 학자들은 20세기의 주요 미디어 산업이자 미학인 영화와 텔레비전을 광범한 시각 정보와 미디어풍경mediascapes의 종막終幕이 아닌 막간으로 논의하기 시작했다.[30] 이미지 제작 기술과 관람 기술의 다양성을 지도화하는 데 많은 강조점이 주어졌고, 카메라 옵스큐라에서 매직 랜턴에 이르는 프로젝트, 그리고 18세기와 19세기에 걸친 시각문화의 실질적인 폭발 현상 등도 주목을 받았다. 판타스마고리아, 파노라마, 다게레오타이프, 소마트로프thaumatropes, 안오소스코프anorthoscopes, 페나키스토스코프phenakistoscopes, 프락시노스코프praxinoscopes, 뮤토스코프mutoscopes, 스테레오스코프stereoscopes 등의 기술이 그것이다. 로랑 마노니의 "영화의 고고학Archaeology of the Cinema"이라는 부제를 달고 있는 책『빛과 그림자의 위대한 예술The Great Art of Light and Shadow』(2000) 같은 방대한 역사 연구의 시각에서 볼 때, 영화와

---

29   거닝에 대한 비판적 접근에 대해서는 다음을 볼 것. Charles Musser, 'A Cinema of Contemplation, A Cinema of Discernment: Spectatorship, Intertextuality and Attractions in the 1890s' in *The Cinema of Attractions Reloaded*, ed. Wanda Strauven (Amsterdam: Amsterdam University Press, 2006); 'Rethinking Early Cinema: Cinema of Attractions and Narrativity' in *The Cinema of Attractions Reloaded*.

30   Siegfried Zielinski, *Audiovisions. Cinema and Television as Entr'actes in History*, trans. Gloria Custance (Amsterdam: Amsterdam University Press, 1999).

사진같이 아주 잘 알려진 주요 발명품조차도 갑자기 단지 혁신의 여러 흐름 중 하나로 여기게 되었다.

이 연구 맥락에서 영화학자들은 이러한 영화 기술을 미래에 올 것—적어도 70년대 '뉴 할리우드New Hollywood'의 등장 이전까지 표준으로 여겨졌던 영화 서사film fiction에 대한 고전적 할리우드 형식—의 '원시적primitive' 형태로만 보는 것이 아니라, 영화 경험, 미디어 풍경, 산업의 대안적 실천으로 강조하기 시작했다. 1970년대에 폭넓게 논의된 관객성 개념, 그리고 이후 권력 및 이데올로기의 장에서 [영화] 장치와 그 역할에 관한 이론들이 역사화되었다. 감각[체험]과 지각의 양식들이 다수의 비선형적인 역사 전체를 아우르는 분석적 관점에 통합되었다. 영화가 단절이라는 관점이 아니라, 목적론적 관점에 의해 끊임없이 억압되어 온, 주류 영화 형식의 다양한 **타자들**others을 통해 분석되어야 했다.[31]

토머스 엘새서가 지적한 바와 같이,[32] 신영화사의 핵심에 자리한 미디어고고학적 정신은 또한 디지털 문화 연구를 위한 연장통에 포함되며, 그에 따라 융합과 디지털에 관한 현재의 논의는 초기영화와 영화의 전사 시대 시각문화에 대한 이해가 더욱 깊어짐에 따라 너욱 복삽해질 수도 있다. 엘새서가 '미디어고고학으로서의 신영화사'라는 통찰력 있는 맥락화로 설명하듯, 디지털로의 전환은 그 자

---

31 André Gaudreault, 'From "Primitive Cinema" to "Kine-Attractography"' in *The Cinema of Attractions Reloaded*; Siegfried Zielinski, 같은 책.

32 Thomas Elsaesser, 'The New Film History as Media Archaeology', *CINéMAS*, 14(2-3) (2004).

체로 인식론적 변화가 되어 단절과 연속성, 상호매체적intermedia 관계와 병렬적 역사들을 탐구하는 데 활용될 수 있다. 디지털이라는 렌즈를 통해 우리는 올드미디어를 새롭게 바라보기 시작한다. 마찬가지로, 앨세서가 열거하듯, 보드빌, 파노라마, 디오라마, 스테레오스코픽 가정용 오락기기, 헤일스 투어스Hale's Tours와 세계 박람회 같은 19세기 시각문화의 다양한 세계는 균질화의 위험성(예를 들어, 통합을 미디어 진화의 유일한 원동력으로 간주하는 신화)을 상기시켜주는 좋은 사례다.[33] 이것들은 또한 연결과 단절이 나타나는 다양한 방식을 보여주며, 감각[체험] 양식으로서의 '어트랙션' 같은 몇몇 특징이 초기영화에서 컴퓨터 게임 문화, 3D에 대한 재활성화된 관심, 기타 스펙터클에 이르기까지 매체 전반에 걸쳐 어떻게 작동하는지를 가리킨다.

(3) 현재의 역사

미디어고고학적 연구는 시청각적인 것과 (영화적인 것 이전과 이후의) 영화적인 것, 대안적인 경로와 초학제적 지식 체계를 위한 방법론 등을 강조해 왔지만, 사실 미디어고고학적 연구는 푸코의 고고학이 그러하듯 암시적이든 명시적이든 항상 현재에 관한 고고학이라는 사상을 채택했다. 다시 말해 대상, 담론과 실천에서 우리 현재의 순간은 무엇이며, 어떻게 이것을 현실로 인식하게 되었는가? 1980년대와 1990년대 디지털 문화의 '새로움'을 둘러싼 흥분은 다

---

33   Thomas Elsaesser, 같은 글, 80.

양한 방식으로 맥락화되었고, 그 결과 새로운 미디어가 '새로운' 것으로 여겨지는 방식을 복잡하게 만들었다. 따라서 캐럴린 마빈의 연구 같은 경우,[34] 선형적 진보의 신화를 거부하고, 낡은 기술 역시 한때는 새로운 것이었음을 지적했다. 그리하여 전신, 전화, 전기와 빛을, 19세기에 새로움이라는 아우라에 스며든 미디어 현상으로 연구했다. 이들은 또한 이 새로운 미디어가 사회적 연결, 전문 지식과 전문성, 그리고 일상생활의 일부로 통합된 새로운 첨단기술 스펙터클을 재구성하는 광범한 과정의 일부였음을 연구했다. 새로움이란 항상 매우 상대적인 개념이며, '속도, 용량, 성능' 등의 기술적 특성에 초점을 맞추는 것은 전문가와 아마추어, 내부자와 외부자, 사용자와 비사용자 등과 같이 관객 사이에서 협상된 결과로 기술적 효용성을 동원하는 사회적 이슈에 비해 부차적인 것이다.[35] 사실 최근에 출간된 『새로운 미디어, 1740–1915New Media, 1740–1915』[36]의 제목에서 볼 수 있듯이, 새로운 미디어와 새로운 기술은 이미 19세기에도 있었고, 더 일찍 있었던 것으로 볼 수 있다.

새로움의 상대성은 가장 영향력 있다고 할 수 있는 두 명의 미디어고고학자가 수행한 연구의 출발점이었다. 서로 다소 상이한 방

---

34 Carolyn Marvin, *When Old Technologies Were New. Thinking about Electric Communication in the Late Nineteenth Century* (Oxford: Oxford University Press, 1988).

35 같은 책, 4.

36 Lisa Gitelman and Geoffrey B. Pingree (eds.), *New Media, 1740–1915* (Cambridge, MA: The MIT Press, 2003).

향에서 출발해 미디어고고학이라는 개념에 이른 에르키 후타모와 지그프리트 칠린스키의 저작들은 이 연구 분야의 형성을 상징적으로 보여준다. 둘 다 새로움의 시간적 구조를 다시 생각하고, 다양한 역사적 장치를 통해 **새로움이란 무엇이며**, 현재와 미래의 미디어를 탐구하는 데 역사적 지식을 어떻게 통합해야 하는지에 대한 질문을 개시하는 데 중요한 역할을 했다.

후타모의 연구는 대부분 토포이(topoi. topos의 복수형)라는 개념을 중심으로 이루어졌다. 토포이란 반복되는 미디어 문화의 주제, 주기적 현상, 담론의 순환을 의미한다. 문화사적 훈련과 실증주의적이고 연대기적인 역사 쓰기에 대한 1980년대의 비판에서 출발해 미디어고고학 이론에 도달한다. 후타모는 미디어고고학을 '다층적 구성체multi-layered construction'로서 역사를 이해하는 방법의 일환으로 지도화한다. 이 접근법은 미디어 관련 작업에서 거닝, 칠린스키, 마빈, 아비탈 로넬, 수전 J. 더글러스, 린 스피겔, 세실리아 티키, 윌리엄 바디 등이 초기부터 개진해 왔다.[37] 후타모는 토포이라는 핵심 개념을 예상치 못한 방향, 즉 고전학자인 에른스트 로베르트 쿠르티우스가 1948년에 출간한 역사 연구서 『유럽 문학과 라틴 중세Europäishe Literatur und lateinisches Mittelalter』에서 차용해, 1990년대의 가상현실 열풍에 국한되지 않은 몰입형 환경에 관한 담론처럼 보다 일반적인 문화 현상으로서든, 또는 마케팅에서와 같은 보

---

37 Erkki Huhtamo, 'From Kaleidoscomaniac to Cybernerd: Notes Toward an Archaeology of Media', *Leonardo* 30(3) (1997): 221.

다 전술적인 활용으로서든, 빈번commonplaces이라는 개념, 즉 앞서 언급한 반복적으로 등장하는 모티프를 통해 자신만의 미디어고고학 이론을 펼친다.

[미디어 문화 현상을] 주기적인 것으로 사유하는 것은 새로운 것이 지닌 헤게모니를 비판하기 위한 미디어고고학적 전략의 하나였다. 지그프리트 칠린스키는 이 강제적 새로움을, 자신이 오늘날 우리 자본주의적 조건들의 미디어 정신병psychopathia medialis[38]이라고 명명한 것과 연결시켰다.[39] 그의 방안은 예술과 미디어 환경의 이질성heterogeneity을 변종학variantology이라는 개념으로 촉진하는 것이다. 칠린스키가 이른바 미디어고고학을 듣기, 보기, 감각 일반의 방식인 미디어의 심원한 시간deep time에 대한 연구로 발전시킨 것은 시간과 역사를 개선과 더 좋은 것을 향해 나아가는 직선으로 보아야 한다고 요구하는 패권적 선형성에서 벗어나, 대안적 시간성을 발전시키는 또 다른 방법이다. 이러한 선형적인 관점에서 볼 때 과거는 단지 잃어버린 현재일 뿐이다. 이와 달리 칠린스키는 미디어에서 더 고생물학적인paleontological 시간, 다시 말해 '신성한 계획을 따르지 않는' 발전의 시간을 지지하며, "미디어의 역사는 원시적 장치에서 복삽한 장치로의 필연적이고 예상 가능한 발전의 산물이

38 [옮긴이] '미디어 정신병(psychopathia medialis)'은 칠린스키가 엔터테인먼트로 이해되는 자본주의 미디어 문화를 특징짓는 미디어 관행과 담론을 동질화하려는 충동을 가리키고자 주조한 용어로, 이것이 모든 미디어 역사적 상황과 사건의 복잡성을 은폐한다고 본다.

39 Siegfried Zielinski, *Audiovisions. Cinema and Television as Entr'actes in History*.

아니다"라고 주장한다.[40]

　미디어의 역동적이고 복잡한 역사와 문화에 관한 이러한 생각들이 마찬가지로 현재의 미디어 환경을 사고하는 방식에서 핵심을 차지하고 있음을 알 수 있다. 이는 미디어고고학적 작업과 창의성 정신이 곧장 창작 실천으로 연결된 장소라고 할 수 있는 예술기관과 페스티벌에 칠린스키, 후타모 같은 많은 인물이 참여하고 있다는 사실에서 분명히 드러난다. 칠린스키의 말에 따르면, "[미디어의 심원한 시간 연구의] 목표는 이질성에 열중하고 이질성으로 가득한 미디어고고학적 기록에 담긴 역동적인 순간들을 발굴하는 것이며, 그럼으로써 이렇게 현재의 다양한 순간과 긴장 관계를 형성하고, 그것들을 상대화하며, 더 결정적인 것으로 만드는 데 있다."[41]

　이와 유사한 사고방식을 추구하는 여러 예술가가 있다. 폴 드 마리니스, 조이 벨로프, 버니 루벨, 후지하타 마사키, 캐서린 리처즈, 게브하르트 젱뮐러, 쥘리앵 메르, 다비드 링크 등은 실천적이고 예술적인 수단으로 어떻게 미디어고고학을 수행할지 모색하고, 시간성을 다시 기록하는 데 열정적으로 관심을 보였던 창의적인 참여자였다. 이들과 같은 초기 선구자들 외에도, 가넷 허츠, 신타로 미야자키, 세라 앵글리스, 알렉산더 콜코우스키, 로사 멘크만, 브렌던 하월, 마틴 하우스, 엘리자베스 스캐든, 그리고 오버헤드 프로젝터

40　Siegfried Zielinski, *Deep Time of the Media. Toward an Archaeology of Hearing and Seeing by Technical Means*, trans. Gloria Custance (Cambridge, MA: The MIT Press, 2006), 7.

41　같은 책, 11.

예술Art of the Overhead Projector 연속 행사를 기획했던 예술가-큐레이터인 크리스토퍼 간징과 린다 힐플링 등의 예술가와 실천가에 대해 알게 되고 만난 경험이 이 책에, 그리고 여기서 미디어고고학을 표현하는 방식에 영향을 미쳤다.

(4) 대안 역사

이제 분명해진 것은 미디어고고학이 현재의 역사를 서술하는 동시에 **대안적인** 현재, 과거, 미래도 모색한다는 점이다. 영화에 대한 새로운 이론과 역사의 맥락에서 미디어고고학에 영향을 미친 핵심 아이디어 중 하나는 토머스 엘새서가 노엘 버치에게서 차용한 것으로, 바로 "[역사가] 다르게 될 수도 있었다"라는 생각이다.[42] 영화와 시네마에 대한 꼼꼼한 평가가 영화의 역사만 되는 것은 아니다. 그것은 주류의 의미로 이해된 영화가, 이를테면 19세기 중후반의 시(청)각문화를 형성했던 다양한 줄기와 흐름, 발상 등에서 나온 가능성의 한 결과에 지나지 않는 시청각 문화의 역사이기도 하다. 이러한 견해는 (미디어) 문화의 변천을 단순한 기원이나 목적론적이고 미리 결정된 방식으로 이해하는 것을 문제시한 푸코의 계보학적 방법론을 떠올리게 한다.

　미디어고고학적 관점은 영화의 전사 시대 기술과 실천을 현재의 우리 시각과 미디어 분야를 재고할 수 있는 하나의 자원으로 보는 것을 뜻한다. 여기에는 비주류의 기술적 장치 및 미디어적 장치

42　Thomas Elsaesser, 같은 글, 81.

에 대한 세밀한 연구가, 그리고 새로운 종류의 계보학을 통해 동시
대 기술을 점점 더 개방적으로 탐구하는 작업이 포함된다. 이러한
계보학은 특히 디지털 기술의 새로움에 열광했던 1980년대와 1990
년대 이후에 더욱 중요한 과제가 되었는데, 당시 디지털 기술은 다
양한 정책과 마케팅 그리고 공적 담론에서 필연적인 진보와 참신함
으로 제시되었기 때문이다. 1990년대의 새로운 정보 자본주의에 관
한 담론은, 새로움, 융합, 상호작용, 몰입, 가상성, 물질성 등과 같은
담론에서 볼 때, 새로운 것이 오래된 것과 결속되어 있는 첨단 미디
어의 다양한 계보학으로부터 도전을 받았다.[43] 미디어고고학은 디
지털 문화의 전략적 망각에 도전하는 데 적극적으로 개입했다.

　이러한 의미에서 [미디어고고학적] 영감의 원천은 푸코의 지식
의 고고학이라기보다는 계보학 이론의 정신에 있다. 신문화사[44]는
이전에는 간과된 주제(여성, 아동, 성소수자, 신체 등)의 재현, 구성,
실천, 역사를 기술하는 데로 관심을 돌리고 있었으며, 푸코의 계보

43　예를 들어 다음 책을 볼 것. Lev Manovich, *The Language of New Media* (Cambridge,
　　MA: The MIT Press, 2001); Oliver Grau, *Virtual Art. From Illusion to Immersion*,
　　trans. Gloria Custance (Cambridge, MA: The MIT Press, 2003); James Lyons and
　　John Plunkett (eds.), *Multimedia Histories. From the Magic Lantern to the Internet*
　　(Exeter: University of Exeter Press, 2007); Erkki Huhtamo, 'From Kaleidoscomaniac
　　to Cybernerd: Notes Toward an Archaeology of Media', *Leonardo* 30(3) (1997), 221-4;
　　Erkki Huhtamo, *Illusions in Motion: Media Archaeology of the Moving Panorama and
　　Related Spectacles* (Cambridge, MA: The MIT Press, 2013); Lauren Rabinovitz and
　　Abraham Geil (eds.), *Memory Bytes. History, Technology, and Digital Culture* (Durham:
　　Duke University Press, 2004).

44　Peter Burke, *What Is Cultural History?* (Cambridge: Polity, 2004).

학은 단일한 기원이 존재한다는 관념을 피해 역사적으로 사유하는 방법에 대한 이론적 절합articulation 작업의 하나였다. 푸코의 말을 인용하자면,[45] 그것은 역사에서 이질성을 보전하고,

> 우리에게 계속 존재하거나 가치가 있는 것들을 낳은 우연한 사건, 미세한 편차, 또는 반대로 완전한 반전, 실수, 잘못된 평가, 오류가 있는 계산을 식별하는 문제다. 즉 그것은 진리나 존재는 우리가 알고 있는 것과 우리의 현 모습의 근원에 있는 것이 아니라, 사건들의 외부에 있음을 발견하는 것이다.

사실 미디어고고학적 연구에는 주류 바깥의 미디어 문화를 이해하려는 새로운 방법론에 대한 관심과 요구가 내포되어 있다. 또한 미디어고고학은 미디어 연구를 엔터테인먼트 미디어 분석 너머로 확장했다. 따라서 대안적 역사의 관점에서 또 다른 중요한 흐름은 미디어 역사 연구의 수평적 확장이었다. 엘세서가 요약한 바에 따르면, 그것은 영화와 미디어의 도착된 S/M 역사에 대한 관심으로, 여기서 영화와 미디어의 S/M 역사는 결코 성적 도착을 의미하는 것이 아니라, **인식론석 도착**epistemological perversions, 즉 미디어 문화의 혁신과 응용에 관한 비주류적 접근을 뜻한다.[46] 엘세서의 주장

---

45   Michel Foucault, 'Nietzsche, Genealogy, History' in *Aesthetics. Essential Works of Foucault 1954–1984, Vol. II*, ed. James D. Faubion (London: Penguin, 1998), 374.

46   Thomas Elsaesser, 'Early Film History and Multi-Media: An Archaeology of Possible Futures?' in *New Media, Old Media. A History and Theory Reader*, ed. Wendy Hui

을 부연하면, 영화와 미디어의 S/M 도착에는 과학Science과 의학
Medicine, 감시Surveillance와 군사Military, 감각운동협응Sensory-Motor
coordination, 그리고 영화와 시각적인 것의 새로운 형식을 확대하는
모바일 통신 문화와 관련된 GMS와 MMS가 포함된다.[47] 미디어 문
화에 대한 대안 역사를 예술/과학/기술의 모호한 경계에서 찾고자
하는 이러한 방법론의 당당할 정도로 초학제적인 본성이 바로 미디
어고고학의 특징이다.

미디어고고학—제2막

앞서 개괄한 주제들은 결코 총마라한 것이 아니며, 명시적으로 미
디어고고학이라는 이름을 달지 않더라도 그 정신에 부합하는 작업

Kyong Chun and Thomas Keenan (New York: Routledge, 2006), 17.

47 우리는 미디어고고학적으로 바라볼 수 있는 다음과 같은 영역의 저작들을 무수히
    찾을 수 있다. 시각문화의 일부인 과학과 의학적 실천(Cartwright), 장구한 도시 이
    동성의 계보학인 이동통신 미디어(Parikka and Suominen), 미디어 문화의 동인으로
    서의 전쟁(Kittler) 그리고 레이첼 메인스의 '오르가즘의 기술들'에 관한 책(Maines)
    을 예로 들 수 있다. Lisa Cartwright, *Screening the Body: Tracing Medicine's Visual
    Culture* (Minneapolis: University of Minnesota Press, 1995); Jussi Parikka and Jaakko
    Suominen, 'Victorian Snakes? Towards a Cultural History of Mobile Games and the
    Experience of Movement', *Game Studies* 6 (December, 2006), http://gamestudies.
    org/0601/articles/parikka_ suominen, 2011년 11월 27일 접속; Friedrich A. Kittler,
    Gramophone, Film, Typewriter, trans. Geoffrey Winthrop-Young and Michael Wutz
    (Stanford, CA: Stanford University Press, 1999); [국역본] 프리드리히 키틀러, 『축
    음기, 영화, 타자기』, 김남시 · 유현주 옮김(문학과지성사, 2019); Rachel P. Maines,
    The Technology of Orgasm: 'Hysteria', the Vibrator, and Women's Sexual Satisfaction
    (Baltimore, MD: Johns Hopkins University Press, 1999).

들은 방대하다.[48] 따라서 나는 이 책이 근간을 두고 있는 작업과 맥락을 관통하는 몇 가지 개념만 보여주려 했다. 그렇다고 해서 이 책의 의도가 미디어고고학의 옛 주제와 '이미 지나간' 주제를 개괄만 하는 것은 아니다. 오히려 미디어고고학의 방법과 이론, 연구 정신을 과거와 현재의 미디어 문화를 대등한 관계에서 탐구하는, 여전히 신선하고 흥미진진한 방법으로 어떻게 사용하고 재사용하고, 리믹스하며, 재구성할 수 있는지를 명확히 밝히는 데 있다. 미디어고고학에 관한 새로운 이론과 실천적 발상의 기틀을 다지기 위한 제2막이 필요하다.

이 책에서 나는 예술과 기술이 어떻게 문화 이론과 연관되어 작동하는지에 대한 통찰을 진전시켜, 역사와 실천, 이론을 매시업 mash-up으로 한데 풍부하게 섞어 설명하고자 한다. 미디어아트의 역사가 예술적 창작이든 기술적 창작이든 이러한 실천적 실험실을 정교화하는 제도, 실천, 발상 등에 관심을 보여온 것과 유사한 의미에서—과학과 기술, 예술 간 협업의 역사는 유구하며, 이러한 협업은 미디어아트 역사 관련 학회와 출판물이 역점을 두는 바다[49]—나는 서킷 벤딩을 하듯이 개념들을 비틀고 실험하고 개방하는 일종의 **개념 실험실**concept labs의 필요성을 절실하게 제안한다. 마찬가지로, 이러한 실험실 외에도 미디어고고학이 진행되는 핵심 장소가 어디인

---

48 미디어고고학에 대한 더 포괄적인 소개는 후타모와 파리카의 2011년 책을 보기 바란다. 이 책의 서론은 후타모와의 초창기 협업으로 완성된 독창적인 작업들에 일정 부분 토대를 두고 있다.

49 www.mediaarthistory.org.

지 물을 수 있다. 한 가지 분명한 대답은 아카이브다. 이곳은 근대성과 국가 장치의 탄생과 밀접하게 연관된 역사들의 중요한 제도적 저장소이지만, 오늘날 아카이브는 역사, 기억, 권력의 **장소**라기보다는 역동적이고 시간적인 네트워크, 소프트웨어 환경, 기억의 사회적 플랫폼으로, 나아가서 리믹스의 공간으로 재정립되고 있다. 아카이브는 디지털 미디어 문화를 이해하는 매우 핵심적인 개념이 되고 있으며, 그것의 실천은 미디어고고학 맥락에서도 연구할 가치가 있다. 이는 미디어고고학을 디지털 소프트웨어 문화의 핵심 저장소인 아카이브와 밀접하게 연결하고, 그 의제를 통해 미디어 연구의 아이디어를 디지털 시대의 문화유산과 관련된 비학술적 핵심 기관과 밀접하게 연결한다는 것을 의미한다. 이러한 의미에서 이것은 **디지털 인문학**Digital Humanities에 관한 최근의 관심과도 밀접한 관련이 있다.[50]

따라서 나는 미디어고고학을 역사적으로 접근하면서도 여행하는 이론travelling theory, 유동하는 개념, 변화하는 제도적 제휴를 통해 접근하고자 한다. 이것은 미케 발의 말을 느슨하게 차용한 것으로,[51] 미디어고고학이 미디어 연구, 미디어아트, 영화 연구, 역사 등의 학문 분과와 예술기관 및 실천 사이에서 역사적으로 어떻게

---

50 미디어고고학에 관련해 아카이브와 개념 실험실 사이에는 흥미로운 실험들이 등장한다. 예를 들어, 훔볼트 대학교 미디어고고학 푼두스와 미국의 로리 에머슨(Lori Emerson)의 고고학 미디어 랩(Archaeological Media Lab)이 있다. 미디어고고학적 주제들을 다루는 다양한 온라인 프로젝트들이 있다. 대표적인 예는 텔레네시아(www.telenesia.com)다.

51 Bal, Mieke, *Travelling Concepts in the Humanities* (Toronto: Toronto University Press, 2002).

자리 잡았는지를 말해준다. 실제로 미디어고고학은 지금까지 단일한 제도적 정착지를 찾은 적이 없다. 유목주의의 낭만화를 피하는 것도 중요하지만, 개념 창조와 지식 교환의 역동성을 증진한다는 의미에서 이것은 오히려 장점이 될 수 있다. 미디어고고학은 유동하는 개념들에 기초한 여행하는 학문이다. 미디어고고학의 여행에 뛰어든 이 책은 지도책이다. 즉, 이 책은 미디어고고학을 지도화하고, 그렇게 해서 동시대 디지털 문화에서 미디어고고학과 역사, 미디어 이론의 위치를 이해하고 디지털 문화를 미디어고고학적으로 이해할 수 있는 방법을 고안한다.

지도 그리기 작업의 목적은 디지털 문화에서 시간과 역사의 위치를 새롭게 사유하는 것이다. 이는 기억을 인간의 기억 능력, 회상이나 정신적 외상으로 바라보는 설명으로 회귀하는 것이 아니라, 기억이 부분적으로는 기술적 미디어의 이슈가 되는 네트워크에 대한 미디어기술적media-technologically 이해에 초점을 맞추는 것을 의미한다. 기술적 미디어 이슈는 볼프강 에른스트, 그리고 어느 정도는 프리드리히 키틀러 같은 독일 미디어 이론가들이 강조한 논제다. 실제로 미디어고고학자들은 이를테면 소비자 소프트웨어 및 하드웨어의 층위, 그리고 와이파이, 블루투스, UMTS, EDGE, HSPA, GMS, GPS 통신을 에워싸고 있는 전자기 스펙트럼의 층위를 드러내는 기술적 현재에 대한 고고학[52]을 통해서든, 아니면 죽은 미디어

---

[52] 베를린의 알고리듬믹스 인스티튜트의 작업은 최근 미디어고고학 흐름의 예술/핵티비스트 정신을 상징한다(www.algorhymics.com; http:sonictheory.com/?p=300).

를 DIY 정신과 방법[53]으로 재목적화repurposing하고, 미디어고고학을 예술적 방법론으로 활용하여 이를 텍스트 조사에서 물질문화로 옮겨가든 간에, 점점 더 비시각적 미디어에 관심을 돌리고 있다.

구조

이 책은 기존 미디어고고학 이론과 연구, 실천과 관련하여 새로운 방향과 아이디어를 상세히 다루는 7개 장으로 구성되어 있다. 각 장은 영화에서 소프트웨어, 상상적 미디어의 계보학에서 유물론적 미디어 이론까지 미디어고고학의 핵심 연구 분야를 상세히 다룰 것이다. 이에 더해 아카이브와 창작 실천에 관한 장이 포함되어 있어, 미디어고고학이 문화유산 기관의 아카이빙 작업과 어떻게 관련되며, 과거가 창작 실천과 어떻게 연관되는지를 다룬다. 창작 실천에서는 과거가 참신한 아이디어의 자원이 되기 때문이다.

　각 장의 순서는 미디어고고학이 발전해 온 방식을 느슨하게 따른다. 전반부 장은 과거 몇 년 동안 좀 더 명확하게 정립되고 연구된 연구 방향에 관한 것이다. 예를 들어 영화 연구 중심의 미디어고고학, 상상적 미디어와 독일 미디어 이론이 이에 해당한다. 후반부 장에서는 아카이브에 관한 미디어 이론과, 예술적 방법으로서의 미디어고고학 같은 다소 도외시되어온 주제들을 다룬다. 물론 미디어

53　캘리포니아에서 활동하는 예술가이자 저술가인 가넷 허츠의 콘셉트랩(Conceptlab, www.conceptlab.com)을 참조할 것.

고고학적 예술을 다루는 글이 지금까지 전무했다고 말하면 지나친 과장이다. 여기서는 주로 새로운 견해를 살펴볼 것이며, 더불어 최근의 소프트웨어에 기초한 예술작품을 조명한다. 결론에서는 미디어고고학의 물질성과 시간성에 관한 정치학을 상세히 논한다.

다음 2장에서는 미디어고고학이 등장한 영화 연구의 맥락에 할애된다. 신영화사, 1980년대 이후 영화 연구에서 진행된 미디어고고학에 관한 논의, 그리고 미디어 역사와 관련해 비시각적이고 정동 및 다중 양식multimodal 기반의 아이디어로 전환되고 있는 현상을 논의하는 이 장에서는 미디어의 과거가 예를 들어 게임 같은 동시대 미디어 문화와 어떻게 얽혀 있는지를 역사적, 이론적으로 이해한다. 따라서 이 장은 더 넓은 미디어고고학적 지도 그리기를 위해 알고리듬 기반의 디지털 문화의 체제가 중요하다는 점을 지적한다. 여기에서는 감각의 문화적, 역사적 본성에 대한 아이디어를 탐구한다. 이 장에서 도출되는 핵심 개념 중 하나는 토머스 엘새서가 제안한 바 있는 미디어고고학을 위한 방법론인 '인식론적 파열epistemic rupture'이다.

3장 「상상적 미디어: 기이한 사물들의 지도 그리기」에서는 상상된 미디어에 관한 담론을 활용한다. 상상적 미디어 연구는 미디어고고학적 담론의 필수 요소로, 실제로 존재하는 기술 이외의 중요한 발상과 맥락을 찾으려는 흐름을 상징적으로 나타냈다. 또한 이 연구는 문화사적 관점에서 중요한 초자연적 세계와 다른 세계의 체제로 확장하는 한편, 기술적technical 근대성에서 상상된 미디어를 매우 물질적으로 해석해야 한다는 주장을 제시한다.

4장에서는 이 같은 유물론적 흐름을 계속 이어간다. 여기서는 미디어고고학에 끼친 독일의 중요한 영향을 소개한다. 특히 프리드리히 키틀러의 1980년대 이후 작업은 독일어권 및 영미권 미디어 이론 분파들에 지대한 영향을 미쳐왔다. 키틀러의 브랜드인 '미디어 유물론media materialism'은 베른하르트 지게르트, 클라우스 피아스, 코르넬리아 비스만, 볼프강 하겐, 그리고 이에 더해 훔볼트 대학교 미디어학과 교수인 볼프강 에른스트 같은 여러 사상가와도 연관되어 있다. 에른스트는 특히 푸코의 견해를 계승하여 자신의 작업을 '미디어고고학'이라고 주장했다.

5장에서는 소음을 중점적으로 다루며 미디어 역사의 대안적 독해를 제공한다. 이 장에서는 미디어고고학이 경험적 물질을 어떻게 연구 대상으로 삼는지를 보여주는 사례 연구를 제공하고, 미디어 역사에 대안적 관점을 제공할 수 있는 아이디어들을 실제로 자세히 다룬다. 통신 미디어를 비소통, 교란, 소음의 관점에서 본다면 어떠할까? 우리는 통신의 이면을, 배제되었거나 비정상적인 것으로 간주되어온 것들을 미디어고고학적으로 발굴하는 작업으로 바라볼 필요가 있다. 이를 통해 우리는 비소통, 스팸, 소음, 간섭과 차단을, 전신에서 인터넷까지의 기술적 미디어 문화의 정치성과 전술을 이해하기 위한 중요한 방법으로 지도화할 수 있다.

수많은 미디어고고학적 기록이 아카이브에 의존하지만, 아카이브는 미디어고고학자들에게 이론화되지 않은 주제였다. 이 같은 이유에서, 6장에서는 이 중대한 철학적, 실천적 맥락을 어떻게 소프트웨어 문화의 일부로 재고해야 하는지를 지도화한다. 이를 통해 에른스트의 이론 같은 몇몇 미디어고고학 이론이 소프트웨어 연구, 예를 들어 웬디 희경 전의 작업[54]이나 매슈 G. 커셴바움의 이론[55]과 얼마나 가까운지 살펴보며, 우리의 기억 체계가 역동적이고 변화하며 과정적인 소프트웨어 플랫폼에 내재되어 있다는 것이 무엇을 뜻하는지 상세히 다루고자 한다.

7장은 창작 실천을, 그리고 미디어고고학이 예술적 방법론으로 사용되어온 방식을 살펴본다. 또한 이러한 이론들을 미디어 문화 디자인에 어떻게 활용할 수 있는지를 탐구하는 일환으로, 이 장은 이론적 아이디어와 실제 프로젝트들을 살펴볼 것이고, 이에 더해 낡은 미디어의 기술 혁신과 문화를 기반으로 작업해 온 오늘날의 주요 예술가와 가졌던 인터뷰를 소개할 것이다.

결론 장에서는 요약에 덧붙여 미디어고고학의 방법론이 디지털 문화에 대한 초학제적 접근임을 짧게 상술하고자 한다. 이를 통해 미디어고고학은 초역사적인 것, 비선형적인 것, 유목적인 것에 대한 분석으로 소개된다. 따라서 미디어고고학은 미디어 문화를 역사적을 탐구할 '뿐' 아니라, 다음과 같은 근본적인 질문을 제기하기도 한다. 미디어 이론으로 우리는 무엇을 **하는가**?

이 책이 농시대 이론에서 미디어고고학 이론과 실천 논의를 소개하는 동시에 이어가는 역할을 하도록 기획된 까닭에, 각 장은 해

54   Wendy Hui Kyong Chun, *Programmed Visions. Software and Memory* (Cambridge, MA: The MIT Press, 2011).

55   Matthew G. Kirschenbaum, *Mechanisms. New Media and the Forensic Imagination* (Cambridge, MA: The MIT Press, 2008).

당 논의의 요점을 전달하는 요약으로 마무리한다. 각 장의 요약은 교육적 기능이 있지만, 또한 추가적 논의와 독해를 위한 발판 역할을 하며, 디지털로 가득한 일상 문화에 대한 미디어고고학적 발굴 작업이 불타오르기를 희망한다. 또한 '더 읽을 거리'에는 관심 있는 독자와 학생이 조금 더 깊은 이해를 도모할 수 있도록 각 장별로 관련된 중요 논문, 책, 선집, 인터넷 링크를 덧붙였다. 가장 추천할 만한 논문 모음집은 앞서 언급한 바 있는 『미디어고고학』이다.

미디어고고학의 기본적인 질문은 푸코가 제시한 것처럼 다음과 같이 간단한 것으로 볼 수 있다. 우리의 삶과 함께하는 이런 사물, 저런 진술, 이런 담론, 다중 미디어(매개된) 실천multiple media(ted) practices의 존재 조건은 무엇인가? 이러한 물음은 정치적이고, 미학적이고, 경제적이고, 기술적이며, 과학적이고, 또 그 이상이다. 우리는 이러한 측면 중 어느 하나라도 배제하려는 시도를 거부해야 한다.

2
감각의 미디어고고학
오디오비주얼, 정동, 알고리듬

미디어고고학 연구는 영화 이론과 신영화사에서 많은 영감의 자양분을 받아왔다. 신영화사는 1980년대 이후 이른바 역사학에서 신역사주의 및 신문화사와 나란히 등장했던 흐름으로, 영화사를 이론에 결부시켜 바라보는 방법론을 취했다. 신영화사는 특히 근대 세계의 경험, 기억, 미학, 정치학을 구성하는 핵심으로, 영화적인 것the cinematic의 중요성을 이해하고 확장할 수 있는 견해를 역사적으로, 개념적으로 풍부하게 발전시킬 수 있는 흐름이었다. 그러한 이론적 전략은 미디어고고학 연구와 밀접히 연루된 영화 이론가라 힐 수 있는 토머스 엘새서, 톰 거닝, 앤 프리드버그 등과 완다 스트라우벤, 미카엘 베델 등 신진 학자의 연구 영역에서 두드러졌다. 스트라우벤이 최근 수년간의 연구를 언급하며 입증해 주듯이,[1] 영화가 '언제', '어디서', '무엇'이었고 '지금은 어떠한가'라는 물

---

1   Wanda Strauven, 'Media Archaeology: Where Film History, Media Art and

음은 영화적인 것의 끊임없는 시간적, 제도적, 공간적, 실험적 변위 displacements에 관한 사유를 구성해 온 방식이 되었다. 영화는 영화사를 거치면서 지속적으로 형식을 바꾸었다. 이러한 견해는 다른 미디어 기술에도 적용할 수 있다. 미디어는 단지 우리 세계만 바꾸지 않는다. 미디어의 세계도 끊임없이 변화한다. 더욱이 초기영화 연구에서 시작된 이러한 질문은 실제로 다른 미디어 기술에 대해서도 동일하게 요구하는 탁월한 기폭제가 된다.

본론에서는 영화학 분야에 일찍이 시도되었던 미디어고고학을 집중적으로 조명하고, 미디어고고학은 대단히 다중 감각적이며 multisensorial 상호매체적인 연구 방법론으로 발전될 가능성이 상당히 크다는 주장을 펼치고자 한다. 예를 들어, 신영화사의 흐름에서 사운드와 초기영화에 쏟아졌던 열정적인 관심이 이를 분명하게 대변한다.[2] 나는 이론과 역사를 병렬로 놓은 채 영화적인 것을 사유하는 방식과 연결되는 주제들을 추적해 나갈 것이며, 우리가 어떻게 다음과 같은 개념으로, 즉 경험과 사건의 관점에서 미디어 역사

New Media (Can) Meet' in *Preserving and Exhibiting Media Art: Challenges and Perspectives*, ed. Julia Noordegraaf, Cosetta Saba, Barbara Le Maître and Vinzenz Hediger (Amsterdam: Amsterdam University Press, 2013).

2   Richard Abel & Rick Altman (eds.), *The Sounds of Early Cinema* (Bloomington: Indiana University Press, 2001); Friedrich A. Kittler, *Gramophone, Film, Typewriter*, trans. Geoffrey Winthrop-Young and Michael Wutz (Stanford, CA: Stanford University Press, 1999); 비주얼 사운드에 대한 고고학에 관해서는 다음 문헌 참조. Thomas Y. Levin, '"Tones from out of Nowhere": Rudolf Pfenninger and the Archaeology of Synthetic Sound', *Grey Room* 12 (2003), 32-79; Strauven, 앞의 글.

를 발전시킬 수 있는지 고찰하고자 한다.[3] 이것은 미디어 문화의 주체(관객, 관람자, 사용자, 게이머)를 역사적인 방식으로 연구한다는 뜻이다. 이러한 접근은 또한 역사적이며 복잡한 감각[체험]sensation의 형식에 대한 이해를 낳기 마련이다. 즉 우리가 눈을 통해서만이 아니라 손과 귀, 폭넓게 보면 신체의 정동을 기록하는 기관들을 통해 미디어에 접근한다는 점을 이해하는 데 많은 도움을 줄 것이다.[4] 이 장은 신영화사와 관련된 몇몇 주제로 시작하지만, 단지 그러한 입장을 설명하는 데 그치지는 않을 것이다.

미디어고고학은 우리의 감각이 미디어의 맥락에서 어떻게 설명되는가를 분석하기에 훌륭한 방법론이라는 점이 이 장의 주된 관점이다. 말하자면 감각[체험]의 양식 자체는 역사적으로 구조화된다는 것이다. 독일 학자인 발터 벤야민은 일찍이 제2차 세계대전 이전에 이 같은 사유를 보여주었던 선구자라 할 수 있다. 과거와 미디어 역사는 현재 새롭게 부상하는 미디어 풍경을 이해하는 데 중재자 역할을 수행할 뿐만 아니라 새로운 이해로 가는 길목이 될 수 있다. 지나치게 진부한 말처럼 들리지만, 우리는 과거를 통해 배운다. 이것은 미디어의 진화가 어떻게 전개되는지에 대한 보편적 진리의 관점에서 그렇다는 게 아니라, 미디어의 과거를 디자인과 사유

---

3   Thomas Elsaesser, 'The New Film History as Media Archaeology', *CINéMAS*, 14 (2–3) (2004): 109.

4   Wanda Strauven, 'The Observer's Dilemma. To Touch or Not to Touch' in *Media Archaeology. Approaches, Applications, Implications*, ed. Erkki Huhtamo and Jussi Parikka (Berkeley, CA: University of California Press, 2011), 148–63.

의 연장통으로, 즉 일종의 저장소로 바라본다는 말이다. 빈번히 인용되는 마셜 매클루언의 주장 중 하나를 보자. 그것에 따르면, 우리는 후사경의 시점을 통해 현재에 접근한다. 여기에는 과거를 미래의 향방을 위한 아카이브로 본다는 생각이 이미 내포되어 있다.[5] 만약 우리가 일반적으로 미디어 이론을, 우리의 인지 능력 및 정동 능력에 미디어 기술이 미치는 막대한 영향을 개념화하고 비판적으로 움직이도록 돕는 중요한 조언자로 받아들인다면, 우리는 현재의 미디어 환경이 제기하는 난제가 무엇인지 파악하려는 노력을 멈춰서는 안 된다.

이런 의미에서 보면 우리는 터치스크린과 시각을 넘어선 인터페이싱 시대의 새로운 촉지적haptic 인터페이스 양식이 어떻게 감각 능력을 재조직하고, 피부와 접촉에 반응하고, 움직임 및 목소리(키넥트Kinect, 플레이스테이션 모션컨트롤러PlayStation®Move 등)를 감지하는지 설명할 것을 요구받을 수밖에 없다. 이러한 새로운 촉지적 양식 때문에 우리는 주시할 뿐만 아니라 되돌아볼 수도 있다(안면 인식 및 모션 캡처 기술 등). 또한 분산된 환경이 감각과 미디어 사

---

5   좀 더 일반적으로 이 생각은 재매개 개념(Bolter and Grusin)과 매끄럽게 연결될 수 있으며, 나아가 알렉산더 갤러웨이가 미디어를 인터페이스와 층위 모델(layer model)로 요약한 것과 연결된다. 이렇듯 매클루언에 기반한 관점에서 (미디어) 역사는 교환, 차용, 재사용 관계의 시스템으로 층위화되고, 결과적으로는 공간화된다. Jay David Bolter and Richard Grusin, *Remediation. Understanding New Media* (Cambridge, MA: The MIT Press, 1999). [국역본] 제이 데이비드 볼터·리처드 그루신, 『재매개』, 이재현 옮김(커뮤니케이션북스, 2006); Alexander R. Galloway, 'The Unworkable Interface', *New Literary History* 39 (2009): 936.

이의 관계를 지금까지와는 다른 새로운 방식으로 개념화하도록 요구한다는 점도 간과해서는 안 된다.[6] 실제로 증강현실, RFID(무선인식), 유비쿼터스 미디어가 등장하면서 독립된 실체로서의 인터페이스는 소멸되어 사물 세계의 일부분으로 흡수되었다. 소프트웨어 문화는 동시대 미디어 영역과 역사, 그리고 우리의 인지 능력과 지각 능력이 우리를 측정하고 반응하고 조사하는 '스마트 환경'에 맞도록 새롭게 훈련되는 방식을 이해하는 데 새로운 도전을 불러일으킨다.[7] 미디어가 변하면 우리는 미래만이 아니라 과거 또한 새로운 방식으로 사고해야 한다.

방법론적 지침: 이론과 역사의 뒤얽힘

시각적인 것은 사진에서 영화에 이르기까지 오랜 동안 근대성을 특징짓는 기술의 위상을 확고히 지켜왔다. 자주 인용되는 벤야민의 「기술복제 시대의 예술작품」이 1930년대에 발표되기 이전부터 단일한 기술적 장치만이 아니라 복제에 관한 담론, 엔터테인먼트와 과학 영역에서의 이미지 생성 기술의 기능을 다루는 논의가 활발히 등장했다. 벤야민의 요점은 1900년경에 복제가 단지 하나의 특정한

---

6 관련 사례로, 컴퓨터 그래픽 환경에서 촉지적이고 일체형의 디스플레이 디자인에 대한 선구적 연구 및 냄새, 맛과 관련된 디스플레이 장치 논의는 서덜랜드(Sutherland, 1965)를 참조하기 바람.

7 N. Katherine Hayles, 'Traumas of Code' in *Critical Digital Studies. A Reader*, ed. Arthur Kroker and Marilouise Kroker (Toronto: University of Toronto Press, 2008), 27–28.

재생산 기술만이 아니라 하나의 기법으로서 어떻게 "예술의 기법에
서 독자적 지위를 획득했는가?"를 보여주는 데 있었다.[8] 실제로 '이
미지학Bildwissenschaften'이 출현한 계기이기도 했지만, 복제를 통해
일상에서 새롭게 현존하게 된 이미지는 뵐플린과 이후 파노프스키
같은 미술사가, 그리고 일찍이 1881년에 「병원성 유기체에 대한 연
구Zur Untersuchung von pathogenen Organismen」에서 "어떤 환경에서는
미생물 사진이 [대상] 그 자체보다 더 중요할 수 있다"[9]라고 서술한
로베르트 코흐 같은 과학자 사이에서 많은 관심을 유발했다.

보기/시각화이자 재생산 매체인 기술적technical 이미지와 그 기
능은 인식론적 영향력이 크다. 예컨대 영화 자체는 "근대성의 인류
학"을 대변한다는 식으로, 새로운 미디어를 통해 우리는 세계를 새
로운 방식으로 바라보기 시작했다.[10] 이는 장뤼크 고다르의 〈영화의
역사(들)Histoire(s) du Cinema〉(1988-1998)와 구스타프 도이치의 〈영화
란Film ist〉(1998) 같은 미디어고고학적 작품에 잘 나타난다. 도이치
의 스크린 작품은 아카이브 자료를 (재)활용하여 인간과 동물의 시
간에 따른 운동을 생리학적으로 측정하는 방식에서 운동하는 몸
을 실시간으로 지도화하는 레이더 스크린까지의 변화를 보여주고,

8   Walter Benjamin, *The Work of Art in the Age of Its Technological Reproduci-bility and Other Writings on Media*, ed. Michael W. Jennings, Brigid Doherty and Thomas Y. Levin (Cambridge, MA: The Belknap Press of Harvard University Press, 2008), 21.

9   Horst Bredekamp, 'A Neglected Tradition? Art History as Bildwissenschaft', *Critical Inquiry* 29 (Spring, 2003): 420 재인용.

10   Pasi Väliaho, *Mapping the Moving Image. Gesture, Thought and Cinema Circa 1900* (Amsterdam: Amsterdam University Press, 2010), 9.

과학적이며 군사적인 영역에서 시작된 하나의 기술이 스릴과 감정을 다루는 대중 엔터테인먼트이자 문화 산업의 새로운 형식이 되는 과정을 보여주어 영화를 과학적인 근대 기술로 매우 잘 축약해서 보여준다.

이러한 인식론적 관점에서 보면, (움직이는) 오디오비주얼 문화를 강조한 것이 결국 미디어고고학적 방법론으로 변화했다고도 말할 수 있다. 엘새서는 디지털화 같은 미디어 변화가 영화의 종말 그 자체는 아니라는 입장을 취해 영화학 방법론을 미디어고고학의 한 가지 지침으로 변화시킨다.[11] 즉 디지털화는 **필름**의 광화학적 물질 기반이 알고리듬(디지털 이미지와 디지털 영화)으로 전환되는 변곡점에 해당하기는 하지만, 더 중요한 점은 디지털화가 미디어 기술의 총체적 스펙트럼을 어떻게 바라보는가에 영향을 미치는 **인식론적 파열**epistemological rupture이라는 것이다. 기술이라기보다는 복잡한 디스포지티프dispositif이자 사유를 위한 도구에 더 가까운 문화적 에피스테메episteme는 이런 식으로 미디어 기술의 프리즘을 통해서만 보이게 된다. 따라서 그러한 '파열'은 "우리가 영화사와 영화 이론을 어떻게 바라보고 있는지를 반추할 수 있도록 하는 영도zero degree와도 같다."[12] 다시 말해, 디지털성과 디지털 문화는 '발견

---

11   Thomas Elsaesser, 'Afterword: Digital Cinema and the Apparatus: Archaeologies, Epistemologies, Ontologies' in *Cinema and Technology. Cultures; Theories, Practices*, ed. Bruce Bennett, Marc Furstenau and Adrian Mackenzie (Basingstoke: Palgrave Macmillan, 2008).

12   Thomas Elsaesser, 같은 글, 232. 이에 적합한 사례는 폴 드마리니스의 작품 〈초기 미

적 장치heuristic device'가 되거나 멀티미디어 환경과 미디어 역사를 새로운 방식으로 총체적으로 사고하는 데 중심이 된다. 엘새서에게 영화는 앞서 언급한 영화사의 S/M 도착 현상을 재고하는 도구이며, 이런 맥락에서 우리는 다양한 개념과 방법론을 미디어고고학적으로 짝짓는 데 영화 역사가 유용함을 인정할 수밖에 없다. 엘새서는 무빙 이미지와 영화의 전사 시대의 실천(포노그래프, 라디오 전파, 전자기장, 아인슈타인의 이론과 같은 새로운 과학 이론, 항공 기술, 계산기와 컴퓨터의 역사, 폭넓은 맥락의 합리화, 측정과 기계화 등) 사이의 상호 접속을 지적하려는 의도로 영화사를 사용한다. 그래서 엘새서의 지식에 대한 미디어고고학적 관심의 상당 부분은 미디어 장치와 "계보도와 그것의 맥락에서 누락되었거나 억압되고 버려졌다"[13]라고 조심스럽게 지칭할 수 있는 대상을 겨냥한다.

미디어의 근대성에 대한 엘새서의 고고학 이론은 철저히 감각에 내재된 것으로, 우리는 신체를 통해 생각한다는 푸코(와 프리드리히 니체)의 계보학 개념을 핵심으로 따른다. 여기서 신체는 출현과 **계승**descent, 그 외 다른 유형의 계보학적 힘의 작동을 세길 수

디어가 영화관에 가다(Early Media Goes to Movies)>(2008)이다. 이 설치 작품은 장뤼크 고다르의 1967년 영화 〈주말(Week-End)〉을 다양한 방식으로 재활용한다. 지속 시간이 긴 세 개의 쇼트가 파노라마로, 에티엔쥘 마레의 작품을 연상시키는 늘려진 시간 스트립으로 재현되고 재사유되며, 사운드트랙은 "광학적 사운드 패턴"으로 시각화된다(DeMarinis, 2010: 189). 더구나 이 설치 작품에서 리메이크된 쇼트들은 파노라마와 핍홀, 3D 입체 장치를 거치며 순환된다. 이 작품의 제목 자체에 영화에서 (멀티)미디어로의 발전의 선형적 역사를 전복하려는 의도가 담겨 있다.

13 Thomas Elsaesser, 같은 글, 233.

있는 기록inscription의 표면이다. "계승은 신체에 부착된다. 그것은 신경계, 체질, 소화기관에 새겨진다. 그것은 호흡곤란, 부적절한 식습관, 조상들이 저지른 실수의 결과로 쇠약해져 가누지 못하는 신체로 나타난다."[14] 문화 이론은 신체를 근대의 생명정치적 통치의 대상으로, 즉 젠더화되고 민족적이며ethnic 살아 있는 행위성agency 으로 규명해 왔다. 미디어 이론도 유사하게 전개될 수 있는데, 지각과 감각[체험], 그 외 신체가 부여받은 다른 형태의 능력으로 보았을 때 신체는 이미 애초부터 뿌리 깊이 미디어라는 구상이다.

사실 신체로의 전회는 전혀 새롭지 않다. 하지만 신체가 체현 embodiment, 감각, 그리고 감각의 미디어 기술적 조건에 대한 복잡한 역사적 해석과 뒤얽힌 방식이 미디어고고학을 유용한 방법론으로 차별화하는 요소다. 앨새서의 설명에 따르면, 이는 감각에 대한 이론적/역사적 관심으로 이어지는 까닭에, 우리는 눈의 우위성에 의문을 제기하게 된다. 이러한 발굴 작업은 우리의 인식론적 틀에서의 '파열'이라는 발상에서 시작해 그것에 대한 질문을 제기한다.[15] 디지털은 전적으로 감각[체험]의 새로운 단계인가? 우리는 눈과 보기의 우위 너머로 나아가고 있는가? 감각에 대한 이러한 이해

14　Michel Foucault, 'Nietzsche, Genealogy, History' in *Aesthetics. Essential Works of Foucault 1954~1984*, Vol. II, ed. James D. Faubion (London: Penguin, 1998), 375: [옮긴이] 국역본의 번역을 수정하여 옮김. 푸코의 「니체, 계보학, 역사」의 국역본은 이광래의 저서에 부록으로 수록돼 있다. 이광래, 『미셸 푸코: 狂氣의 역사에서 性의 역사까지』(민음사, 1989), 339.

15　Thomas Elsaesser, 같은 글, 239.

는 디지털이 그 자체로 "시각적인 것의 문턱threshold of the visible"[16]을 넘어서 얼마나 비감각적이고 수학적인지 깨달을 때 비로소 재구성될 수 있다.

　더욱이 미디어고고학은 이론 그 자체의 시간화temporalization를 가능하게 한다. 미디어고고학은 미디어 역사와 미디어 이론을 밀접히 연관된 것으로 읽어낸다.『영화 이론: 감각을 통해 본 입문 Film Theory: An Introduction Through the Senses』에서 엘새서와 하게너의 관점에서 미디어고고학은 촉각, 신경/뇌, 듣기라는 폭넓은 감각 체제를 영화 이론의 일부분으로 결합시키는 방법이 된다. 우리의 관점에서 보면, 미디어고고학이 미디어 역사에 대한 문화적 분석 방법론을 발전시킬 수 있다는 점을 더 강조할 수 있다. 즉 미디어고고학을, 장치를 사건과 경험으로서 조사하고 연구하는 방법론으로, 또는 달리 말하면, "텍스트, 작품 또는 작가와 같은 습관적인 분류와 범주를 위기에 빠뜨릴 수 있는"[17] 이론적으로 재사유된 계보학으로 미디어고고학을 발전시킬 수 있다. 여기에 장르, 장치, 기술, 미디어, 그리고 현재 혹은 미래와 구분되는 과거 등을 추가할 수 있다.

어트랙션과 상호매체적 관계

나의 요점은 이렇다. 신영화사에서의 몇몇 미디어고고학의 기원은

16　같은 글.

17　Thomas Elsaesser, 'The New Film History as Media Archaeology': 89, 109.

최근의 미디어 이론과 미디어 디자인에서 중요하게 간주되는 촉각 기반의, 촉지 기반의haptic-based, 분산 인지 기반의 혹은 정동 기반의 개념 등을 연구하는 토대가 될 수 있다. 그러나 광학적 지각 양식에서 촉지적 양식으로의 변화가 새로운 미학 형식인 디지털 문화의 출현과 함께 일어났다고 단순히 가정하지 않으려 한다. 대신 감각 양식과 관련된 기술적 변화를 이해할 수 있는 조금 더 복잡하고 다중 시간적인multitemporal 방식을 찾고자 한다. 실제로 1980년대 이후 어트랙션 영화를 둘러싼 전반적인 논쟁은 이러한 접근의 상징적 발걸음이라 할 수 있다. 그 이유는 초기영화와 영화의 전사 시대가 영화의 특수한 숨은 본질이자 눈의 체제로서만이 아니라 그 자체로 의미 있는 감각과 미학의 논리로서 탐구되었기 때문이다. 정확히 이때부터 어트랙션 영화에 관한 논쟁은 내레이션과 보여주기, 혹은 앙드레 고드로가 제안한 개념인 **실연**monstration 간의 차이, 달리 말하면 재현과 현시presentation의 차이에 중심을 두고 의미 있게 전개되었다.[18] 논의의 쟁점은 관객이 내러티브보다 스펙터클한 이미지 상황image-situation에 더 몰입하게 된다는, **놀람의**astonished 체현에 기반한 현시의 양식이었다. 또는 좀 더 정확히 말하면,[19] 이는 동

18 Wanda Strauven, 'Introduction to an Attractive Concept' in *The Cinema of Attractions Reloaded*, ed. Wanda Strauven (Amsterdam: Amsterdam University Press, 2008), 14-15.

19 Tom Gunning, 'An Aesthetic of Astonishment: Early Film and the (In) Credulous Spectator' in *Viewing Positions. Ways of Seeing Film*, ed. Linda Williams (New Brunswick, NJ: Rutgers University Press, 1995).

적인 운동movement moving을 묘사할 수 있는 기술 장치에 대한 매혹이었지, 19세기 미학이 촉진한 심리학적 내러티브라는 의미의 몰입은 결코 아니었다. 이 논의는 제2차 세계대전 이전에 지그프리트 크라카우어와 벤야민이 분석한 광범한 도시화와 미디어 문화의 탄생과정에 딱 어울렸다.

그러므로 핵심은 감각하는 신체, 즉 시각과 사운드에 유혹당하는 다중 감각적 신체다. 거닝의 작업, 더 넓게는 포스트브라이튼 post-Brighton [20]의 맥락에서 출현한 다양한 이론은 초기영화에 새로운 시각성을 제시했을 뿐 아니라, IMAX 같은 대형 스크린, 새로운 디지털 스크린 기술, 가상현실 그리고 비디오 게임과 전자 미디어의 촉각성 등의 뉴미디어 스펙터클에 관심을 지닌 신진 이론가 세대에게 '어트랙션'을 하나의 중요한 개념으로 소개했다. 이러한 맥락에서 후기 자본주의의 주된 특징인 '주목 경제attention economy'가 출현하면서 곧 널리 논의되는 가운데 다양한 고예산 액션 블록버스터가 성행했던 1980년대와 1990년대 특수효과 영화 시기를 언급할 필요가 있다. [21] 스펙터클은 영화적 효과가 우리의 감각 세계를 어떻

---

20 만약 1978 브라이튼 학술대회가 신영화사 출현의 자원이 된다는 점에서 중대한 사건이었다면, 우리는 베르너 네케스(Werner Nekes)의 아카이브, 빌 더글러스(Bill Douglas)의 아카이브, 피터 주얼(Peter Jewel)의 아카이브, 윌리엄 & 존 반스(William and John Barnes)의 아카이브 등에 있는 영화의 전사 시대의 장치와 도구로 이뤄진 다양한 수집품의 중요성을 강조하지 않을 수 없다. 그러한 수집품을 통해 영화의 역사뿐만 아니라 미디어아트와 엔지니어링 사이의 핵심적 연결망을 구성하는 사물과 하드웨어의 역사까지도 확장된다(Christie, 2007). 에르키 후타모 같은 미디어고고학자는 실제로 현역으로 활동하는 수집가이기도 하다.

21 Thomas Elsaesser, 'Early Film History and Multi-Media: An Archaeology of Possible

게 조절하는지 상세히 보여주기 위한 목적에서 관객이 체현한 감각 세계를 탐구할 수 있는 핵심 수단으로 간주되었다.[22]

그러나 초기영화를 둘러싼 복잡한 정치경제학을 지적한 일련의 학자가 거닝의 주장에 대한 반증을 제시한 것처럼,[23] 어트랙션이라는 개념의 매력 자체도 신중한 검토를 받아야 한다. 바로 이러한 경고의 맥락에서 미디어 역사와의 개념적 결속을 신중히 발전시키면, 미디어 문화에 관해 도외시된 경로와 새로운 구상을 정교하게 발전시킬 수 있다.

어트랙션 개념이 초기영화를 이해하는 방식으로 적합한지 여부에 관한 위와 같은 논쟁과는 별개로, 이 개념은 다양한 관점을 낳는 촉매제로 여겨질 수 있다. 그중 하나를 제시하면, 스크린과 무빙 이미지의 어트랙션 미학은 감각을 어떻게 포획하는지와 관련되어 있다. 이와 관련하여 다수의 영화가 종종 사례로 언급된다. 소위 '시골뜨기 영화rube films'로 불리는, 에디슨의 조시 아저씨 모험 시리즈의 하나인 〈영화관의 조시 아저씨Uncle Josh at the Moving Picture Show〉(1902)가 가장 유명하다. 비록 그 이전 작품으로 영국인 로버트 폴의 〈시골 사람의 첫 활동사진 관람The Countryman's First Sight of the Animated Pictures〉(1901)이 있지만 말이다. 다른 초기의 예로, 단순히

Futures?' in *New Media, Old Media. A History and Theory Reader*, ed. Wendy Hui Kyong Chun and Thomas Keenan (New York: Routledge, 2006), 207-209.

22 Scott Bukatman, 'The Ultimate Trip: Special Effects and Kaleidoscopic Perception', *Iris* 25 (1998), 79.

23 Thomas Elsaesser, 같은 글, 210 참조.

역에 도착하는 기차뿐만 아니라 관객을 위협했던 기차(비록 역사가들이 그 같은 경악스러운 반응의 증거를 찾은 일은 거의 없었지만)를 기록한 뤼미에르 형제의 영화 또는 〈코끼리 톱시의 전기 사형Electrocuting an Elephant〉(1903)[24]의 사례도 적합하다. 어트랙션은 과거의 새로운 스크린 기반 미디어의 일부일 뿐만 아니라, 역설적으로 전근대적인 방식으로 피부와 내장에 들러붙는 다양한 신체 감각을 포착하도록 설계된 새로운 엔터테인먼트 세계의 출현으로도 볼 수 있다. 거닝의 주장에 따르면, 어트랙션 개념은 현실과 매개된 환영 간의 관계를 설명할 수 있다.[25]

세계에 대한 우리의 지식이 허약한 탓에 시각적 환영의 힘 앞에서 느끼는 이러한 아찔한 경험은 쾌락과 불안의 혼합물을 낳는다. 새로운 어트랙션 미학을 발견한 대중예술의 조달자들이 그것에 센세이션과 스릴이라 이름 붙였다. 돌진하는 기차는 단순히 공포라는 부정적 체험만 생산하는 데 그치지 않고, 스릴이라는 특별히 근대적인 엔터테인먼트 형식을 생산한다. 이 스릴은 오늘날 놀이공원에서 볼 수 있듯이 근대 산업기술에 의해 안전이 보장된 채 가속과 추락이 결합된 느낌을 생산하는 놀이기구(가령 롤러코스터)로 체현된다. 코니 아일랜드의 어트랙션인 '개구리 열

---

24 Wanda Strauven, 'The Observer's Dilemma. To Touch or Not to Touch', 156–157 참조.
25 Tom Gunning, 'An Aesthetic of Astonishment: Early Film and the (In) Credulous Spectator', 122.

차'는 문자 그대로 〈기차의 도착The Arrival of a Train〉에 담긴 짜 릿함을 구현한다. 두 개의 전기 관람차는 무려 40명이나 되는 사 람을 태우고 충돌이 불가피한 경로를 따라 서로를 향해 최고 속 도로 접근하도록 설정되어 있다. 충돌 바로 직전에야 관람차 한 대 가 휘어진 철로를 따라 상승해 다른 관람차 위를 스쳐 지나간다.

자본주의 엔터테인먼트 산업의 정동 형식인 기술복제와 대량 생산 된 '스릴'의 초창기 형식들과 관련해 이러한 지각이 보여주는 것은 다양한 미디어 사이의 관계이며, 또한 미디어 기술 효과가 어트랙션 의 형태로 스릴과 정동적 상태를 재생산하는 환경으로 확장되었다 는 점이다. 그러므로 어트랙션은 특정한 스크린 이벤트에만 국한되 는 것이 아니라, 복합적이고 상호매체적 국면에 해당한다. 이 국면에 서 초기의 엔터테인먼트 실천, 시네마토그래프라는 스크린 미디어 의 출현, 사회적 상황, 자본주의 레저 산업의 새로운 양식, 단순히 시각으로 환원될 수 없는 신체의 정동이 함께 엮이기 때문이다. 이 는 바로 후타모가 18세기와 19세기 대중문화인 버라이어티 퍼포먼 스 쇼에서 기인한 어트랙션의 미학과 사회적 본질을 지적하면서 강 조했던 시섬이기도 하다.[26]

앤 프리드버그의 『윈도우 쇼핑Window Shopping』은 말하자면 미 디어 경계를 넘어서는 개념을 횡단적으로 사용해 "영화 출현에 대

26　Erkki Huhtamo, 'Elements of Screenology: Toward an Archaeology of the Screen', *ICONICS: International Studies of the Modern Image* 7 (2004).

그림 2.1
1904년 블랙풀Blackpool의 맥심 고정 플라잉 머신The Maxim Captive Flying Machines. 본래는 스피드 문화와 장기gut를 위한 엔터테인먼트의 일환이었다. 지금도 여전히 존재하지만 기업의 후원을 받는 스펙터클의 일환으로 굳어졌으며, 그 아우라는 디지털 문화의 다른 기술적 스펙터클 양식들 탓에 급격히 줄어들었다. 위키피디아 커먼즈, John Phillips235

한 해석의 역사적 초점을 넓히는 데"[27] 목표를 둔 이와 같은 영화 분석의 '확장판'에 대한 일종의 동의였다. 프리드버그가 사용한 '이동mobilized'과 '가상virtual'이라는 개념은 디스플레이(쇼핑), (부동성/무빙 이미지에 대한 신체와 감각의 훈련으로서의) 영화, 외부 세계를 인지적으로 숙달하는 실천으로서의 관광이라는 병렬적 실천들을 주목한, 정확히 교차횡단적 도구였다. 프리드버그는 포스트모더니즘의 경험에 근간해 이론적 평행선을 그리지만, 이를 무빙 이미지 문화 출현의 일부로 자리매김함으로써 이론/미디어 역사의 병렬주의parallelism에 새로운 풍미를 더해, 결국 시각vision의 실천에 관한 새로운 전형을 제공한다. 실제로 "공간적, 시간적 이동성"[28]을 전달하는 것은 스크린 자체라기보다는 아케이드와 백화점, 전시장 같은 디자인된 환경과 실천이다. 프리드버그는 라캉의 어휘에 상당히 깊게 뿌리 내리고 있지만, 이는 여전히 '응시gaze' 개념이 우위에 있는 그러한 시각 건축술에서 기인한 결과였다. 응시는 젠더화되고 동원되고mobilized 움직이며, (논의의 목적으로 매체 개념을 프리드버그의 작업에 담긴 흥미로운 함의의 하나인 상품 진열장으로까지 확장하면) 상호매체적 관계를 탐구하는 개념이 된다. 그렇지만 응시는 여전히 바라봄의 성좌constellation의 일부로 남아 있다.

좀 더 구체적으로 말하면, 프리드버그는 뤼스 이리가레가 제

---

27 Anne Friedberg, *Window Shopping. Cinema and the Postmodern* (Berkeley, CA: University of California Press, 1993), 3.

28 같은 책, 12.

안하는 바와 같이 일정 부분 '포스트모던' 철학에서 유래한 주체성인 영화적인 근대적 주체성에 대한 '건축학적' 분석을 보여준다. 프리드버그는 공장, 정신병원, 병원 같은 기관에서 벌어지는 감시 watching의 시각적 관계를 조직화하는 모델인 푸코의 (제러미 벤담에게서 차용한) 판옵티콘 개념에서 한 걸음 더 나아가, 근대성을 파노라마와 디오라마 같은 성좌에서 보이는 응시의 동원mobilization of the gaze으로 분석했는데, 이러한 분석은 미디어 기술 맥락에서도 그대로 유지된다. 프리드버그가 보기에 파노라마는 1792년에 등장한 이후로 "도시 거주자를 시골 지역으로 데려가고 과거를 현재로 이송해 가상적인 시공간의 이동성"[29]을 제공했다.[30] 그러므로 파노라마의 커다란 화폭은 새롭게 등장하는 도시적 경험 혹은 환영 산업illusion industry의 일부로, 이는 런던과 파리처럼 성장하는 도시의 특징이었지만 그것은 또 다른 형태의 도시 경험인, 관람자가 쇼의 얼어붙은 관객이 되는 디오라마와는 본질적으로 달랐다.

그럼에도 프리드버그가 중요시한 부분은 응시가 가상적인 것, 즉 1990년대 디지털 열풍 이전, 보다 더 "부동적이고immobile 수동적인"[31] 가상현실의 위치에서 작동한 이미지에 내재했다는 점이다. 실제로 여기서 주목할 만한 점은 미디어 기술을 장기적인 관점에서 역사화할 뿐만 아니라, 문화 이론과 철학도 역사화하는(특히 **미디어**

---

29   같은 책, 22.
30   파노라마에 대한 매우 상세한 고고학적 연구로는 후타모(2012)를 참고하기 바람.
31   Anne Friedberg, 같은 책, 28.

가 이 분야들을 역사화하는) 프리드버그의 방법론이다. 눈과 시각, 탈체현disembodiment에 대한 이리가레와 보드리, 드 세르토의 해석이 프리드버그에게서는 도시 환경에서 일어나는 미디어 기술적 근대성과 이러한 미디어 기술적 실천을 통해 파악되는 근대적 주체화를 이해하고자 하는 방법론의 일부를 구성한다.[32] "미디어가 우리의 상황을 결정한다"(그리고 미디어는 이미 우리 머릿속에, 이해하고 쓰는 우리의 능력 속에, 우리의 이론적 개념과 기억 등의 내부에 있다)는 키틀러의 주장[33]만큼 도발적이지는 않겠지만, 그럼에도 이러한 미디어고고학적 관점은 인간의 신체가 근대화 과정의 일환으로 훈련되는 폭넓은 상호매체적 장場을 상세히 설명해 준다. 칠린스키는 영화적인(그리고 텔레비전적인) 것을 하나의 특수한 기술에만 결부하는 것을 거부하고 다양한 시청각 기술을 가로지르는 연결점을 모색하는 '오디오비전audiovisions'이라는 횡단적 개념으로 대체했다. 방법론적으로 보면, 이것은 "오디오비주얼적인 것이 건축, 교통, 과학, 기술, 일과 시간의 조직, 전통적인 평민과 부르주아 문화, 또는 아방가르드 같은 다른 전문가적 담론 및 사회의 부분적인 실천praxes과 중첩"[34]되는 문화사적 변화를 수반한다.

그럼에도 미디어 환경에서 주체성의 고고학을 다루는 프리드

---

32 같은 책, 33.

33 Friedrich A. Kittler, *Gramophone, Film, Typewriter*, trans. Geoffrey Winthrop-Young and Michael Wutz (Stanford, CA: Stanford University Press, 1999), xxxix.

34 Siegfried Zielinski, *Audiovisions. Cinema and Television as Entr'actes in History*, trans. Gloria Custance (Amsterdam: Amsterdam University Press, 1999), 19.

버그를 비롯한 다수의 초기 연구자는 무의식적으로 자신들의 학문적 개념을 특정 방식으로 탑재한 채 시각성과 영화라는 지평에서 출발한다. 대신에 만약 우리가 오늘날 미디어의 계보학을 이와는 다르게 시작하겠다면, 아마도 게임(촉각성, 피부와 제스처)이나 (인간의 신체를 현상학적으로 감지하는) 몰입형 또는 알고리듬형 미디어와 함께, 미디어 경험의 중대한 특징인 이동성과 운동감각, 공감각(인간-컴퓨터 인터페이스HCI 디자인에 대한 초기의 고찰 사례)[35]에서,[36] 혹은 우선적으로 응시보다는 **정동**affect이라는 공감각적이고 생리학적인 보다 광범한 층위에 내재된 감각의 우위성을 개념화하는 것에서 출발해야 할 것이다.

우선 게임부터 이야기해 보자. 점점 더 많은 학문에서 게임을 중심으로 미디어 역사에 접근하기를 주장한다. 어트랙션을 영화의 전사 시대의 게임처럼 보이는 장난감에까지 확장한 뒬라크와 고드로의 작업이 촉매제였다.[37] 페나키스토스코프phenakistoscopes 같은 미디어에서 서사성은 선형적 형태로 존재하지 않았다. 단순한 제스처의 루프 구조는 단지는 "동일한 것의 영원한 회귀"만 보장했지만,

---

35 인간-컴퓨터 인터페이스(HCI) 디자인 고안 등과 같은 초기 사례는 다음 책 참조. Ivan Sutherland, 'The Ultimate Display', *Proceedings of IFIP Congress* (1965); Ivan Sutherland, 'A Head-Mounted Three Dimensional Display' AFIPS '68 (Fall, Part I): *Proceedings of the December 9-11, 1968, Fall Joint Computer Conference, Part I* (1968).

36 Wanda Strauven, 'The Observer's Dilemma. To Touch or Not to Touch.'

37 Nicolas Dulac and André Gaudreault, 'Circularity and Repetition at the Heart of the Attraction: Optical Toys and the Emergence of New Cultural Series' in *The Cinema of Attractions Reloaded*.

그래서 그것은 전상호작용적pre-interactive 어트랙션으로 기능했다.[38]
디지털 이전pre-digital 상호작용의 실천들을 지도화하는 것은 촉각성
이 단지 영화의 전단계로만 바라볼 수 없는 그러한 장난감의 주요
한 특징을 구성한다는 점을 강조하는 데 매우 유용하다. 예컨대 후
타모가 지적하듯, 무토스코프mutoscopes처럼 손으로 작동하는 시각
장치와 복합적인 게임 장치는 관람객에게 "작동 속도를 조절할 수
있고 어느 순간이든지 흥미로운 프레임(아마도 반라의 여성)을 관
찰하기 위해 흐름을 중단시킬 수 있는"[39] 통제권을 주었다.

그러한 기계들에서는 눈과 시각으로 단순화할 수 없는, 신체
에 대한 공감각이 맞물려 돌아간다. 인간의 기계에 대한 핵심적 견
본(또는 모형)이자 도구로서 손에 매혹된 19세기의 흐름[40]은 공장
과 사무실의 새로운 기계적 작업 환경을 보완해 등장한 레저 장치
들에서 보다 더 실용적인 방향으로 발전되었다.[41] 조이 벨로프 같
은 미디어고고학 예술가는 이러한 모티프를 디지털의 맥락에서 재
창조했다. 벨로프는 매직 랜턴과 조이트로프Zoetropes, 수동 프로

---

38 같은 글, 230-233.

39 Erkki Huhtamo, 'Slots of Fun, Slots of Trouble: An Archaeology of Arcade Gaming'
    in *Handbook of Computer Game Studies*, ed. Joost Raessens and Jeffrey H. Goldstein
    (Cambridge, MA: The MIT Press, 2005), 9. 후타모(2005: 11)는 무토스코프의 성적인
    함의와 이 장치를 상상적 자위 기계로 분석한 린다 윌리엄스의 연구를 지적한다.

40 Ernst Kapp, *Grundlinien einer Philosophie der Technik: Zur Entstehungs-geschichte
    der Cultur aus neuen Gesichtspunkten* (Braunschweig: Druck und verlag von George
    Westermann, 1877): [국역본] 에른스트 카프, 『기술철학 개요: 새로운 관점에서 본 문
    화 생성사』, 조창오 옮김(그린비, 2021).

41 Erkki Huhtamo, 같은 글.

그림 2.2

접는 방식의 스테레오스코프stereoscope, c.1870. 19세기의 손에 기반을 둔 보기 문화의 상징적 사례. 영국 엑세터 대학교 빌 더글러스 센터Bill Douglas Centre의 허락을 받음.

젝터로까지 관심을 확장해, 이 장치를 "아주 작고 불안정하며, 특히 무엇보다도 상호 작용하는 이미지를 만들어내는 퀵타임 무비 포맷Quicktime movies의 비밀스런 역사"로 설명했다. 벨로프에 따르면, "이 장치들은 상호작용성interativity이 새로운 현상이 아니라는 것, 19세기 무빙 이미지 제작에서도 필수적인 것이었음을 상기시킨다."[42] 이러한 시각에서 우리는 이른바 상호작용성이라는 새로움에 대해, 나아가 우리의 신체가 미디어 기술에 의해 어떻게 활성화되고 영향받는지 폭넓게 이해할 수 있다.

생리학적 신체: 어트렉션의 정동과 두께

미디어고고학이 영화적 근대성 내에서 미디어의 변화를 이해하는 역사적 방법론으로 어떻게 발전했는지 개괄하면서 이 장을 시작했다. 이제 우리는 방향을 바꿔 정동을 강조하는 쪽으로 나아가려 한다. 이는 정동이 미디어 문화 연구에 또 다른 관점을 제공하고 우리의 논의를 신영화사를 넘어서 미디어 이론의 최근 논쟁거리인 체현과 연동시키기 때문이다. 정동은 과연 미디어고고학에 어떤 함의를 지니는가?

정동은 지난 몇 년 동안 미디어 연구 및 문화 연구에서 관심을 끈 중요한 주제였다. 이 개념은 미디어와 경험에 관한 다양한 해

---

[42]   Zoe Beloff, 'An Ersatz of Life: The Dream Life of Technology' in *New Screen Media. Cinema/Art/Narrative*, ed. Martien Rieser and Andrea Zapp (London: BFI, 2002), 288.

석에서 확인되었듯이 눈과 응시의 우위성에서 벗어나, 그리고 다른
문화 연구의 방법론 대부분이 추구했던 의미와 재현에 대한 강조에
서 모두 벗어나 다르게 접근할 수 있는 길을 제시했다. 리처드 그루
신 같은 미디어 학자들은 대니얼 스턴과 실번 톰킨스 등의 다양한
임상 연구에 기반해, 미디어를 재현이라는 틀 바깥에서 사유하는
한 방식으로 정동에 주목해 왔다. 말하자면 대뇌 피질 바깥의 신체
에 수반되는 물질적 매개 과정으로 정동에 주목해 왔다.[43] 이는 정
동이 느낌이나 감정과 뒤섞인 것이 아니라 다중 감각적이고 운동감
각적인(움직이는), 의식 이전의pre-conscious[44] 역량과 임계thresholds로
구성된 물질적 층위를 다루는 것을 의미한다.[45] 미디어는 커뮤니케
이션 연구에서 말하는 효과effects에 관한 것일 뿐 아니라 정동에 관
한 것이기도 하다. 지금까지 이러한 정동 연구는 객체 이전의pre-object

43 Richard Grusin, *Premediation* (Basingstoke: Palgrave MacMillan, 2010). 다음 책도
    참조. John Protevi, *Political Affect: Connecting the Social and the Somatic* (Minneapolis:
    University of Minnesota Press, 2009).

44 [편집자] 정동 이론에서의 pre-conscious는 프로이트 심리학에서 기억과 언어 중심
    으로 말하는 정신분석학적 전의식(preconscious)과 구분할 필요가 있다. 전의식이 지
    금 당장은 의식하지 못하지만, 쉽게 의식으로 떠올릴 수 있는 기억이나 내용들을 가
    리킨다면, pre-conscious는 의식되기 전이지만 무의식적으로 작동하는 신체적, 감각적
    반응을 가리킨다. 다음 문헌을 참고할 것. Brian Massumi, 'The Autonomy of Affect,'
    Cultural Critique No. 31 (Autumn, 1995): 83-109.

45 그루신이 사용하는 정동 개념은 초기 스크린의 기술적 근대성의 핵심적인 정동 양식
    인 정신분산(distraction), 네트워크 문화 작업의 경험과 시간 감각[체험]의 양식인 예
    견(anticipation)에 관한 논평가인 벤야민이 도시 경험에서 군중과 정신분산의 감각을
    우리가 얼마나 영화적 스펙터클과 연루되어 있는지와 관련해 다루었던 것처럼, 그루
    신(2010: 128)은 오늘날 신체는 사회적 온라인 미디어를 특징짓는 예견이라는 정동적
    상태로 인해 미디어와 전과 다른 관계를 맺는다고 주장한다.

감각[체험] 영역에 특별한 관심을 보여왔으며, 마크 B. N. 핸슨에 따르면 이 영역은 현상학적 신체와 그것의 능력을 실제로 부팅하고 bootstrapping 토대가 되는 차원을 이룬다.[46] 핸슨은 바로 촉각, 피부, 특히 원초적 감각인 촉각 전 단계infratactile를 통해 감각의 분화가 발생한다고 본다. 눈-손의 짝이 일상생활을 위한 컴퓨터 인터페이스의 발전에서 필수적인 것이었지만,[47] 핸슨은 경험적 좌표를 재편하는 가상적 환경으로 사유를 확장하여 시각의 우위성에도 질문을 던진다.[48]

핸슨은 단지 기술성technicity과의 우발적이지만은 않은 내재적 관계를 통해 신체와 체현, 감각[체험]을 사고하는 전통 전체에 대한 관심을 일깨웠다. 앙드레 르로아구랑에서 질베르 시몽동의 인류학 이론에 이르기까지, 이러한 전통은 항상 외부 세계를 통해 분절된 감각[체험] 양식의 전개에 관한 철두철미 다층적인 관점을 제공한다. 이는 다시 말해 우리의 감각[체험]을 내부와 외부로 구분해서 이해하지 않고, 외견상 분리된 것으로 보이는 내부와 외부 사이의 경계에 놓인 개별화 과정으로 이해하는 관점이다.[49] 그러므로 외

---

46   Mark B. N. Hansen, *Bodies in Code: Interfaces with Digital Media* (New York: Routledge, 2006), 71.

47   Wanda Strauven, 같은 글.

48   Mark B. N. Hansen, 81.

49   흥미롭게도, 물론 이러한 관점은 19세기에 나타난 미디어 이론의 초기 형태를 추적할 수 있는 인류학적 기법과 모종의 특정한 관계가 있다. 인간 신체라는 물질에 대한 생리학적 관심을 보여준 에른스트 카프(Ernst Kapp)의 선구적 작업은 그의 『기술철학 요강(Grundlinien einer Philosophie der Technik: Zur Entstehungsgeschichte der Cultur aus neuen Gesichtspunkten)』(1877)에서 설명된다. 카프에게서 이 관계는 뒤집

부는 실제로는 외부가 아니며, 우리의 감각[체험], 지각, 정서의 능력에 영향을 미치는 일종의 주름fold이다.

실제로 미디어아트의 아이디어와 프로젝트는 미디어를 이해하는 방법의 일환으로서의 정동에 관해 중요한 통찰을 촉진하는 데 도움을 주었다고 하지만, 동시에 정동 체제의 무질서한 물질성에 대한 이해의 상당한 부분이 19세기의 생리학, 실험심리학, 그리고 지각 능력이 신체의 깊은 층위에 내재한다고 보았던 다양한 과학적, 실험적 측정 결과에서 비롯되었다고도 이해할 수 있다.[50] 다시 말해, 이렇듯 정동 개념에는 미디어고고학적 측면이 있다. 새로운 실험실 환경과 **타키스토스코프**tachistoscope 같은 특수 기계 장치를 활용한 실험심리학의 정밀한 연구, 에티엔쥘 마레 같은 과학적인 '영화'의 선구자들이 개발한, 시간에 따른 운동을 기록하는 방법은 동

혀 있었다. 말하자면, 인간의 내적 역량은 미디어 기술을 위한 모델을 제공한다. 눈은 카메라 옵스큐라 같은 발명품의 아키텍처[시스템 설계 방식]를 제공하고, 기계적 증기 머신은 근육의 힘을 모방하며, 전신 네트워크와 같은 배급 시스템은 신경기관을 모델로 둔다. 카프의 연구는 매클루언의 미디어 역사를 위한 이론적이고 고고학적이며 시적인 접근의 선행 작업이었다.

50   종종 미디어고고학 연구자들은 자신들의 연구가 생리학과는 반대로 지각과 감각의 문화적 본성을 지도화하는 작업이라고 강조하는 경향이 있다. Erkki Huhtamo, 'Twin-Touch-Test-Redux: Media Archaeological Approach to Art, Interactivity, and Tactility' in *Media Art Histories*, ed. Oliver Grau (Cambridge, MA: The MIT Press, 2007), 72–74; Oliver Grau, 'Remember the Phantasmagoria! Illusion Politics of the Eighteenth Century and its Multimedial Afterlife' in *MediaArtHistories*, ed. Oliver Grau (Cambridge, MA: The MIT Press, 2007), 140 참조. 그러나 나는 이러한 대립 구도를 정반대로 끌고 갈 필요가 있다고 본다. 이 둘을 서로 구분하지 않고(혹은 무엇 하나를 더 우선시하는), 생리학적인 것은 이미 온전히 문화적인 것으로 보고 문화적인 것은 생리학적으로 내재된 것으로 보는 그러한 이론적 틀과 방법론이 필요하다. 그 사례로 슈미겐(2002)과 크래리(1999), 키틀러(1999)의 저작을 보기 바란다.

물 존재의 감각적, 정동적 역량의 임계점을, 그리고 이러한 정동적 몸에 내장된 영화적 지각을 이해하는 토대를 구성한다고 말할 수 있는 것을 지도화하려는 시도였다.[51] 영화적인 것은 동물 신체의 시간과 운동을 과학적으로 측정하는 작업에서 그 기원의 하나가 시작됐으며, 이것은 미디어적인 신체의 생명정치로 정교화될 수 있다. 즉 살아 있는 신체의 통치는 근대성의 정치적 척도의 중심에 자리하는 방식이다. 또한 이것은 훨씬 더 많이 미디어 분석 분야로 인정받는 "지각 과정의 역사"[52]가 생명정치와 공통의 기반을 갖고 있음을 뜻한다.

그러므로 달리 말하면 미디어 이론에서 말하는 '신체의 기술학technics of the body'—우리 신체의 역량은 언제나 기술적으로 조건화된다는 주장—은 지각 과정에 대한 미디어고고학적 탐구로도 발견할 수 있다. 이 탐구에서 다음 두 가지를 모두 발견할 수 있다. (A) 보다 더 확장된 정동적 신체에 대한 관심(여기서 정동은 의식

---

51 Pasi Väliaho, *Mapping the Moving Image. Gesture, Thought and Cinema Circa 1900*, 53-63. 우리는 여기에서 엘리자베스 윌슨의 신경학적 몸에 대한 연구와 동일선상에 있는 함의를 엿볼 수 있다. 몸을 의미작용의 표면으로 읽는 것만이 아니라 근육의 역량, 내부 장기, 생물리학(biophysics), 미세생리학(microphysiologies)과 관련되는 생물학적 몸의 비(非)의미화에 대해 이야기할 수 있도록 문화 이론을 만드는 것이다. Elizabeth A. Wilson, *Psychosomatic: Feminism and the Neurological Body* (Durham and London: Duke University Press, 2004), 8. 윌슨의 연구는 다음과 같은 질문으로 미디어 이론에 자극을 준다. 미디어 이론과 역사에서 정신신체적(psychosomatic) 몸이란 무엇인가, 그리고 어떻게 미디어고고학은 역사적으로 발전하는 테마로서 어트랙션과 감각[체험], 미디어의 관계망에 대한 분석을 수행할 수 있는가?

52 Sean Cubitt, *The Cinema Effect* (Cambridge, MA: The MIT Press, 2004), 66.

이전의 것, 생리학적인 것으로 이해된다), (B) 시각 매체 및 기타 미디어 기술의 발달에 신체가 결부되는 양상. 정동은 직접적으로 감정emotion으로 환원되어서는 안 되며, 그 대신 다양한 종류의 신체가 맺는 관계 속에서 나타나는, 체현되고 내장적이고viceral 의식 이전의 관계적인 조율 상태를 가리킨다는 점을 지속적으로 강조하는 것이 중요하다.

미술사학자 조너선 크래리의 '감각[체험]의 기술성technicity'은 관객성과 어트랙션을 둘러싸고 형성된 학문적 담론을 보완하는 것으로, 크래리는 감각[체험]에 관한 지식이 그것이 일어나는 기술적 배치assemblage와 결코 분리될 수 없다는 단계로까지 그 개념을 끌고 간다. 그렇게 되면 인식론과 미학 모두 미디어 문화에 의해 조건지어진다. 크래리가 '관찰자observer'라고 명명한 것은 주체성의 한 형태로, 사회적 맥락과 기술적 맥락을 모두 포함하는 다양한 제도적 관계의 결과이며, 보다 구체적으로는 광학 장치들의 결과인데, 그것은 "그 장치들이 암시하는 재현의 모델을 위한 것이라기보다는 개인의 신체에 직접 작용하는 지식과 권력의 장소"[53]이기에 분석의 대상인 것이다.

크래리가 스펙터클의 역사적 조건에 대한 분석에서 (명시적으로 어트랙션의 개념에 대한 것이 아니라 기 드보르를 참조해) 확립

---

[53]   Jonathan Crary, *Techniques of the Observer. On Vision and Modernity in the Nineteenth Century* (Cambridge, MA: The MIT Press, 1990), 7. [옮긴이] 이 책의 인용문은 국역본 번역을 일부 수정해 옮겼다. [국역본] 조나단 크래리, 『관찰자의 기술: 19세기의 시각과 근대성』, 21.

한 것은 감각 간의 관계에 대한 문제 제기였다. 크래리는 다음과 같이 주장한다. 촉각과 촉지성haptics은 "17세기와 18세기의 고전적 시각 이론"의 관점에서는 상당한 가치가 있었다. 하지만 감각의 보다 더 복잡한 분화와, "촉각성과 지각된 공간과의 주관적 관계에서 구현된 지시성의 네트워크에서 눈이 해방"[54]되는 일이 "새로운 시각 대상"과의 관계에서뿐만 아니라, 관찰자를 소비자이자 과학적인 실증 연구의 대상으로 이해하는 과정에서 발생한다. 예를 들어, 미디어 엔터테인먼트의 관객인 열렬한 소비자는 스크린 속 사건에 주의를 집중하는 동안, 과학자와 마케팅 전문가는 오로지 관람자가 스크린에 대해 보이는 행동과 정동적 반응을 추적하는 데만 몰두했다. 주의집중attention과 관련된 19세기의 견해에서 우리는 정동 마케팅과 뉴로마케팅neuromarketing의 초기 흔적을 찾을 수 있을까?

크래리에 따르면, 카메라 옵스큐라는 물리 광학의 핵심 모델이자 구체적인 기술적, 문화적 장치로 오랫동안 존속했는데, 그는 카메라 옵스큐라 모델의 자리 변동displacement를 지도화해[55] 신체를 **두께**thickness의 차원에서 포괄적으로 이해하는 과정에서 '눈의 담론적 해방'이 어떻게 이루어지는지 상세히 보여준다. 카메라 옵스큐라에 내한 그의 상조가 항상 풍부한 실증적 자료에 부합한지 여부는 논쟁의 여지가 있지만, 크래리의 도발적인 주장은 면밀히 고려해 볼 가치가 있다. 방법론적으로 "이것은 좀 더 불분명한 다른 실

---

54   같은 책, 19: [국역본] 38-39.
55   같은 책, 29: [국역본] 49.

천과 담론에서도 구체화되는 관찰자의 문제로, 이 관찰자의 광대한 유산은 20세기 이미지와 스펙터클의 모든 산업이 될 것이다."[56] 실제로 크래리가 추구하는 것은 푸코와 들뢰즈의 개념을 미디어 기술적으로 재사유하는 상징적 예시로 보인다. 이것은 또한 엘새서가 영화 역사를 S/M 도착으로 확장하고, 19세기 감각의 과학에서 어트랙션/스펙터클의 출현을 지도화하는 미디어고고학 방법론의 작업과 거의 일맥상통한다. 이른바 "눈과 지각의 영화화"[57]라고 부를 수 있는 현상은 [당시의] 실제 오락용 장난감과 실천에서부터 자본주의적 상품화의 출현, 그리고 과학 실험실과 헤르만 폰 헬름홀츠의 시각 및 음조tone에 관한 저술[58] 같은 연구에 이르기까지 광범한 영역에서 일어나고 있었다.

카메라 옵스큐라가 관찰자/개인을 "명목상 자유로운 주권적 개인이자, 준가정적quasi-domestic 공간에 갇혀 공적인 외부 세계와 단절된 개인화된 주체"[59]로 설정하는 내면성interiority의 형이상학이라는 광범한 체제의 일환으로 작동했던 반면, 신체성corporeal이라는 새로운 주체성 형식의 출현은 내부와 외부의 존재론적 근접성을 다루는 이론적 주제와 밀접히 맞물린다. 크래리는 역사적 조건, 즉 일종의 고고학으로 접근할 수 있는 감각[체험]의 다양한 양태

---

56 같은 책, 150: [국역본] 223.

57 Siegfried Zielinski, *Audiovisions. Cinema and Television as Entr'actes in History*, 48.

58 Hermann von Helmholtz, *Handbuch der physiologischen Optik* (Leipzig: L. Voss, 1867).

59 Jonathan Crary, 39: [국역본] 67.

modality에 대한 역사적 연구를 제공한다. 그는 근대성의 핵심 양태로 시각에만 초점을 맞추는 대신, 시각, 청각, 촉각 등의 감각 사이의 역사적 관계를 통해 신체의 양태를 설정하고, 그러한 신체의 역량이 "연속적인 운동을 시뮬레이션하기 위한 기계적 시각과 기술techniques"—이것들은 모두 "대중문화 재구성의 초기 단계에서 중심 요소"였다—을 통해 어떻게 19세기 후반과 20세기 초반에 구체화되는지에 대한 더 넓은 맥락에서 신체의 양태를 설정한다.[60] 그러나 이러한 관점에서 볼 때 근대 대중(매체)문화는 재현된 이미지에서, 또는 재현 대상에 초점을 둔 응시에서 출발하는 것이 아니라, 주의집중과 운동, 그리고 눈 못지않게 장기gut까지도 자극하는 광범한 신체적 감각[체험]의 과정에서 출발한다. 실제로 '심리적 퇴행psychological regression'은 임상 연구에서뿐 아니라, 숨겨진 연속성을 확립했던 엔터테인먼트 산업의 핵심 요소로서, 대중문화의 초기 형식에서 신흥 영화적 어트랙션에 이르기까지 지속적인 주제였던 것으로 보인다.

> 1880년대 후반부터 박람회장 및 이와 관련된 공간에서 대관람차, 롤러코스터, 미끄럼틀, 공중곡예 같은 새로운 운동감각적 체험이 포함되기 시작했다. 예컨대 회전목마의 사례처럼, '통제된' 환경에서 운동발생적인dynamogenic 신체적 감각[체험]을 자극하는 경험은 [과거의] 축제carnival 에너지를 단편적이고 기계적으로

---

60   같은 책, 5.

회복하는 것이었다. 두말할 필요 없이, 그 후 15년 동안 또 다른 운동학적kinematic 형태의 시각적 매혹이 자리 잡은 곳은 박람회 장이라는 이 동일한 사회적 지형 위였다. 영화는 서커스 같은 전 근대적인 형식들의 잔존물을 급진적으로 대체하게 될 것이지만, 또한 스스로를 퇴행과 환상의 다양한 양식을 위한 하나의 관련된 '거점enclave'으로 강력하게 구성하기도 할 것이다.[61]

요컨대 만약 어트랙션이라는 개념이 아카이브 연구에서 등장해 영화학 담론 속으로 흘러 들어가면서, 근대성의 정동, 충격, 동요를 경험한 역사화된 관객이라는 개념으로 관심을 재변경하는 데 핵심 수단이었다면, 그다음 단계의 충동은 어트랙션 개념을 스크린에서 신체 깊숙한 내장의 광범한 운동감각적 쾌락으로 확장했다.[62] 그러므로 이론적 개념들과 아카이브 연구는 미디어 어트랙션과 스펙터클 내에서 신체의 경험과 지식의 인식론적 조건에 대한 관심을 확장하는 하나의 [이론적] 회로 안에서 작동한다고 말할 수 있다. 더

61 Jonathan Crary, *Suspensions of Perception. Attention, Spectacle, and Modern Culture* (Cambridge, MA: The MIT Press, 1999), 238: [국역본] 『지각의 정지―주의·스펙터클·근대문화』, 386.

62 운동과 초기영화 사이의 운동감각적 관계를 보여주는 훌륭한 사례는, 로렌 라비노비츠가 "영화 그 이상의 것(more than the movies)"이라 표현한, '팬텀라이드(phantom rides)'이다(Lauren Rabinovitz, 2004). 이것은 신체를 움직이는 다양한 영화적 형식의 레퍼토리 중 하나이다. 해당 사례로 〈하버스트로 터널(The Haverstraw Tunnel)〉(1897), 또는 발리아호의 주장처럼(2010: 60), 소용돌이 속에 놓인 신체에 대한 지각을 급진적으로 변경시키는 에디슨 영화사의 〈바다의 폭풍(The Storm at Sea)〉(1900)이 있다.

욱이 몇몇 연구 결과를 통해 알 수 있듯이,[63] 생리학적인 것은 단순히 은유로 환원되어서는 안 된다. 예를 들어 내장과 다른 것, 즉 고유수용성proprioception[64](운동감각) 사이의 관계는 실제로 체현의 미디어고고학에서 새로운 초점으로 다뤄질 수 있다.

감각 이후: 소프트웨어 문화

미디어고고학에서 인식론적 경계는 발견적 도구로 활용할 수 있다. 토마스 앨새서는 이러한 인식을 신영화사에서 얻은 가르침의 하나로 종합했는데, 이는 푸코의 고고학적이며 계보학적인 저술과 결합해 오래된 미디어를 통해 새로운 미디어를, 그리고 그 반대의 경우에 대해서도 어떻게 사고할 것인지에 대한 지침을 제공해 준다. 이러한 의미에서 근대성의 감각 양식을 탐구하는 사례는, 특히 어트랙션 개념과 관련된 거닝과 다른 학자들의 연구 덕택에 (오디오)비주얼을 지향하는 미디어 문화 연구에서 핵심 주제였다. 미디어 기술은 각양각색의 방식으로 근대적 지각 양식의 조건으로 상세히 분석되어 왔다. 또한 어트랙션 개념 및 이와 관련된 논쟁은 디지털

---

63 예컨대 Elizabeth A. Wilson, *Psychosomatic: Feminism and the Neurological Body* (Durham and London: Duke University Press, 2004); Jonathan Crary, *Techniques of the Observer. On Vision and Modernity in the Nineteenth Century*; Jonathan Crary, *Suspensions of Perception. Attention, Spectacle, and Modern Culture.*

64 [편집자] proprioception은 자신의 몸의 위치와 움직임을 스스로 인지하는 감각, 이를테면 운동감각을 말한다.

문화에 접근하는 하나의 핵심 맥락을 제공했다. 말하자면 영화의 출현과 오늘날의 디지털의 출현은 모두 새로운 매체에 의해 추동된 정동적이고 다중 양상적이고multimodal 강도 높은 경험으로 이루어진 광범한 문화 속에 내재되어 있다는 것이다. 하지만 앞서 살펴보았듯, 근대성이 상호매체적이고 건축학적으로 형성된 다른 것들과의 관계에서 영화적인 것의 논리를 상세히 밝혀내는 다양한 연구 작업도 있었다. 예를 들어, 앞서 언급한 크래리의 저술은 스펙터클의 탄생을 생리학적 차원에 자리매김하는 데 중요한 역할을 했다. 그것은 19세기 이후 시각적인 것이 신체의 두께 일부로만 이해되었다는 점과, 살과 더 많이 관련 있고, 보다 더 신경에 과민하며, 보다 내장적인visceral 방식의 미디어와 감각[체험]의 개념이 동시대 미디어 문화를 이해하는 데 중요한 인식론적 조건을 제공한다는 점을 지적한다는 점에서 그렇다.[65] 물론 이를 강조하는 이가 크래리만은 아니다. 예컨대 키틀러는 기술적 미디어 문화의 기록체계 discourse network를 이해하려면 영화 같은 미디어 기술을 **정신공학** psychotechnics(이 개념에 대해서는 4장을 참조)으로 볼 필요가 있다고 단호히 주장했다.[66] 흥미롭게도 키틀러는 크래리가 충분히 급진

---

65   19세기 생활과학(life sciences)에 관한 훌륭한 온라인 자료로, 특히 독일어로 된 연구인 막스 플랑크 협회(Max Planck Institute)의 플랫폼 관련 연구 프로젝트 '가상 실험실(The Virtual Laboratory)'을 참조하기 바람(http://vlp.mpiwg-berlin.mpg.de/index_html 접속일: 2011.11.23).

66   Friedrich A. Kittler, *Optical Media*, trans. Anthony Enns (Cambridge: Polity, 2010): [국역본] 프리드리히 키틀러, 『광학적 미디어: 1999년 베를린 강의: 예술, 기술, 전쟁』, 윤원화 옮김(현실문화연구, 2011).

적이지 않고 인간 신체에만 너무 초점을 맞추었다고 주장한다. 키틀러는 인간 존재의 신체와 감각의 역사에 초점을 맞추는 대신, 기술적 미디어를 이해한다는 것은 생리학의 문제일 뿐 아니라 물질성의 문제라고 주장한다. 실제로 기하학적 광학은 더는 인간 지각자에게 초점을 맞추지 않는 무언가로 대체되었는데, 그곳에서는 빛이 언제나 "인간의 신체와 눈을 통해서"만 굴절되지는 않는다.[67]

이 암호 같은 주장이 뜻하는 바가 무엇인가? 키틀러는 생리학 대신에, 근대 과학이 인간 감각의 자극을 측정하는 방식을 수량화하는 기초 이론인 수학과 물리학에 관심을 돌렸다. '어트랙션'을 형성하는 감각은 수량으로 측정될 수 있으며, 수량화는 기술적 미디어와 이후 디지털 미디어를 통해 감각신경중추sensorium의 기술화 technologization를 가능케 하는 토대가 된다. 키틀러에 따르면, 우리는 미디어 기술을 만들고 우리 지각의 조건을 형성하는 과학적 배경과 과학 이론을 더 깊게 파고들 필요가 있다. 수학자 장바티스트 조제프 드 푸리에의 푸리에 변환Fourier transform에 대한 키틀러의 관심은 (음악과 같은) 문화 기술cultural techniques[68]을 분해하고 코

---

67 같은 책, 148: [국역본] 228.

68 [편집자] 독일의 미디어 이론가인 베른하르트 지게르트에 따르면, '문화 기술'은 읽기, 쓰기, 셈하기, 이미지 제작과 같은 자기 지시적인 상징적 실천으로만 구성되지는 않는다. 문화 기술은 항해, 제도, 음식에서 과거와 새로운 미디어의 기호-신호 구별 (sign-signal distinction), 인류학적 차이의 재현, 트롱프뢰유(trompe-l'oeils), 격자, 사용역(register), 문(doors)에 대한 연구에 이르기까지 다양하다. 지게르트의 *Cultural Techniques: Grids, Filters, Doors, and Other Articulations of the Real* (2015)는 문화 기술의 개념을 다루는 대표적인 저작이다.

드화해서 수정 가능한 소프트웨어 세계로 바꾸는 논리의 수학적 뿌리를 찾고자 하는 그의 시도를 잘 보여주는 사례다. 이 같은 과학적 기법은 아날로그적인 것(사운드 같은 연속적인 파동 함수)을 이산적인discrete 것(예컨대 디지털)으로 변환하기 위한 토대를 이룬다. 키틀러는 기술적 미디어의 관점에서 이미지와 감각[체험]의 계보학에 관심이 있었다. 그리고 엄밀해지려면 동물의 몸에서 일어나는 자극과 반응의 수량화로 시작할 필요가 있고, 그 결과 심리학보다는 물리학과 수학으로 이어지게 된다. 실제로 영화적인 것the cinematic에서 시작하면, 우리가 촉지적이고 게임 같은 것에서 시작할 경우에 접근할 수 없는 미디어 조건의 계보학에 이르게 된다. 마찬가지로 알고리듬에서 시작하게 되면 근대성과 얽혀 있는 감각 및 감각[체험], 미디어적인 것을 이해하는 방식을 재배열할 수 있는 새로운 탐구 체계가 열릴 것이다.

미디어고고학적 방법에 대한 엘새서식 어휘로 보면, 이것은 디지털과 더불어 우리는 어떻게 "시각적인 것의 바로 그 문턱 threshold"[69]에 위치하게 되느냐는 문제다. 디지털 영화와 네트워크 시대의 새로운 배급 형식뿐만 아니라, 영화를 가시 기계a machine of the visible(과거에 코몰리가 용어화한 것처럼)로 보는 개념이 어떻게 사라지는가의 문제다. 이미지는 수량화할 수 있는 비트와 알고리듬으로 전환되고 소프트웨어 문화의 일부가 된다. 우리가 보는 (그리

---

69 Thomas Elsaesser, 'Afterword: Digital Cinema and the Apparatus: Archaeologies, Epistemologies, Ontologies', 239.

고 듣는) 것은 그 자체로 감각[체험]을 벗어나는 것처럼 보이는 것의 총체적 층위, 가령 소프트웨어의 수학[적 논리]에 따라 조건화된다.[70] 일부 미디어고고학자가 현대 미디어 문화, 영화적인 것, 어트랙션 등을 이해하기 위해서는 이것들이 생리학적 신체와 어떤 관계 속에서 조건화되는지 살펴야 한다고 주장해 왔다면, 소프트웨어 이미지에 대한 이 새로운 이해는 수학적 이해 없이는 스펙터클과 어트랙션을 이해할 수 없다고 주장하는 것으로 보인다. 이렇게 보면, 앞서 언급한 기술적 무의식technological non-conscious은 인간 신체와 관련된 것만이 아니다. 그것은 동시대 미디어 문화의 전산적 computational 전제들에 대한 복합적인 지식까지도 포함된다.

기술적 맥락과 수학으로 논의를 귀결시킨다면, 키틀러는 픽셀 중심의 이미지에 대해 이 이미지에는 현상학적 특질(즉, 우리는 어떻게 이 이미지를 이미지로 지각하는가)이 존재함에도, 기본적으로 시각성의 다른 양식들, 특히 광학과는 완전히 다르다고 주장한다.[71] 컴퓨터 그래픽은 인접 픽셀 집합pixel-neighbourhoods으로 구성된 좌표 공간으로, 모든 픽셀은 빨간색, 녹색, 파란색(세 가지 원색으로 된 RGB 컬러 모델) 각각의 명도가 혼합된 것이다. 그러므로 이미지 조삭 기법은 화학 기반의 이미지와는 다른 층위에 있는 픽셀 조작으

70 Wendy Hui Kyong Chun, 'On Software, or the Persistence of Visual Knowledge', *Grey Room* 18 (Winter, 2004): 26–51; Wendy Hui Kyong Chun, *Programmed Visions. Software and Memory* (Cambridge, MA: The MIT Press, 2011).

71 Friedrich A. Kittler, 'Computer Graphics: A Semi-Technical Introduction', trans. Sara Ogger *Grey Room* 2 (Winter, 2001).

로 작동한다. 이를테면 포토샵 문화에서 쉽게 활용되는 이미지 조작 기법이 그 예다. 포토샵 문화에서 이미지 조작 기법은 (페이스북에서 업로드하기 전에 이미지를 수정하는) 아마추어 용도의 객체를 만들기 위해, 혹은 [인터넷 기반 가상세계 게임인] 세컨드 라이프Second Life의 소규모 경제 활동에서 판매를 목적으로 객체를 만들기 위해, 또는 마노비치가 영화의 전사 시대의 애니메이션 실천과 이미지를 회화적으로 그리는 방식의 회귀라고 주장하는 상업 용도의 전문적인 이미지를 제작하기 위해[72] 쓰인다. 물론 이 경우 회화는 상당히 부적절한 은유다. 우리는 화가의 몸짓, 손, 캔버스 위에다 색상을 활용하는 행위에서 이미 너무 멀어졌기 때문이다. 지금 우리는 그리드grid로 나뉜 픽셀 공간에서 색상 명도를 코딩하고 인코딩하는 문화 속에 있다. 이는 이미지 제작 소프트웨어에서 스크린의 성능에 이르기까지, 그리고 그 사이에 존재하는 온갖 종류의 무수한 압축 및 전송용 프로토콜 등의 다양한 층위에 따라 조건화된다. 이것이 바로 코덱 문화codec culture[73]다.

---

[72] Lev Manovich, *The Language of New Media* (Cambridge, MA: The MIT Press, 2001).

[73] [편집자] codec은 compression/decompression 또는 coder/decoder의 합성어로, 아날로그나 디지털 데이터를 압축하고 복원하는 알고리듬을 말한다. 1990년대 후반 mp3, jpeg 등이 널리 보급되고 2000년대 이르러 유튜브를 비롯한 스트리밍 플랫폼 등이 디지털 데이터를 실시간으로 압축해 전송하고 있다. 코덱 문화란 보는 것, 듣는 것, 감각하는 것이 더는 감각 그 자체가 아니라, 인코딩되고 압축되고 스트리밍되고 전송 가능한 상태로 전개되는 기술적 과정에서 유통되고 조작되는 문화를 말한다. 키틀러나 에른스트, 마노비치 같은 미디어 이론가들은 이런 변화를 단순한 기술 진보가 아니라, 감각[체험] 구조와 문화 생산 자체의 재편으로 본다. 코덱 문화에 대한 미디어 고고학적 연구로는 다음 책을 참고. Adrian Mackenzie, 'Codecs' in *Software Studies:*

더구나 이미지는 레이트레이싱raytracing과 라디오시티radiosity 같은 역사적 기법들을 통해 우리 인간이 볼 수 있게 만들어졌지만, 수학적 영역에서는 결국 함수다. 이때 광학의 기본 '물질substance'이 자 시각문화의 장구하게 '심원한 시간deep time'에 해당하는 미디어 문화적 현상의 기본 '물질'인 빛은 그 자체로 미적분의 특별한 사례 가 된다(키틀러에 따르면, 레이트레이싱은 객체 사이의 광선에 대 한 미분 계산이고, 라디오시티 계산은 적분 계산과 관련된다.[74] 이 미지는 래스터raster 스크린(지금 내 해상도는 1280×800이다) 좌측 상단의 좌표(0,0)에서 시작하는 픽셀들의 혼합된 결과물이다. 이 공 간은 가시성의 공간일 뿐만 아니라 추적 가능성의 공간이기도 하 며(이미지의 어떤 미세한 지점도 정확하게 식별할 수 있다), 그렇기 에 감시surveillance라는 주제와 연결된다. 숀 큐빗은 어떻게 감시 사 회(공간적 매핑)와 데이터베이스 경제(엑셀 시트부터 데이터베이스 의 관리까지)의 패러다임이 그러한 그리드에 내재하는지, 그리고 어 떻게 이 계보학이 헨리 폭스탤벗의 초기 사진 실험에서부터 거리를 뛰어넘는 무선 이미지 전송과 이미지 스캐닝으로, LCD 스크린과 플라스마 스크린에 사용되는 가스의 생태적-물질적ecological-material 영 향으로까지 확상하는지 보여준다.[75]

a Lexicon, ed. Matthew Fuller (Cambridge, MA: The MIT Press, 2006), 48-54; Marek Jancovic, *A Media Epigraphy of Video Compression: Reading Traces of Decay* (Cham, Switzerland: Palgrave Macmillan, 2023).

74 Friedrich A. Kittler, 같은 글: 42.

75 앵글리아 러스킨 대학교 트러스트의 '정체성과 안전(Identity, Security)' 세미나

미디어고고학은 19세기 미디어 문화와의 새로운 관계를 여는 방법론이기도 하지만, 어느 순간부터는 갑자기 소프트웨어(그리고 하드웨어) 연구처럼 들리기 시작했다. 기본적으로 이러한 접근은, 비록 항상 분명하게 미디어고고학이라 명명할 수 없을지라도, 우리가 미디어 특정적일media-specific 필요가 있음을 제안한다. 즉 미디어가 하는 일을 진정으로 이해하려면 우리 문화에서 전송, 처리, 저장의 양식 각각이 갖는 특수성을 이해해야 한다는 것이다. 그러나 디지털 문화 장치의 계보는 그 실제 장치가 만들어지는 것보다 훨씬 일찍, 예컨대 초창기 물리학이나 수학에서 시작되었을 수도 있다. 그리고 그 계보는 **단지** 디지털 미디어 기술에만 관련되어 있는 것은 아니다. 수량화, 표준화, 화폐라는 더 큰 테마의 일부인 미디어 문화의 이 수적, 수학적numerical mathematical[76] 토대에 대한 질문은 다양한 방식으로 추적될 수 있다. 크래리가 주의집중을 새로운 작업 체제, 미디어 문화적 대상의 자본주의적 소비와의 관계에서 지도화한 방식과 유사하게, 우리는 화폐에서 소비자 상품인 이미지/미디어 문화적 대상, 최초로 토머스 A. 에디슨 같은 발명가-기업가

(2009.9.10.)에서 발표된 숀 큐빗의 「래스터 스크린과 데이터베이스 경제(The Raster Screen and the Database Economy)」 원고를 참고함(http://barney.inspire.anglia.ac.uk/inspire_j/ds1.html, 접속일: 2011.11.23). 19세기 후반 이미지 전송 기술 개발에 관한 적합한 사례로는 L. H. 로드(L. H. Lowd)가 만든 이미지 전송 목적의 그리드화와 코드화(gridification and codification) 시스템을 참고함(Bellet, 1896).

76   [편집자] 여기서 numerical은 숫자 단위로 나타낼 수 있는 수치화, 계량화를 뜻하는데 반해, mathematical은 측정 단위, 규격, 코드화, 통일된 인터페이스 등의 표준화나 수학적 모델 위에서 작동하는 기호 체계인 화폐처럼 수학적 추상화 프로세스를 의미한다.

가 개별적인 사건과 단위로 포장해 판매 가능한 소비재[77]로 결국에 바꾼 정동에 이르기까지 기호 체계 전반에 걸친 표준화의 관계들을 관찰할 수 있다.[78] 우리는 신체를 관리 가능한 단위로 이상화하는 이 과정[79]을 다음과 같은 장치들이 상품 형식의 창출과 관련된 동일한 에피스테메episteme로서 연결되는 주요한 특징 중 하나로 볼 수 있다. 즉 이미지 기술이, 편지와 글쓰기의 근대적 표준화인 타자기, 찰스 배비지의 계산 기계calculating machines와 튜링머신, 다양한 오락기기 및 사무용 장비와 연결된다는 것이다.[80] 미디어의 선형적 역사 대신, 우리는 뒤얽힌 병렬과 연결이 출현하는 것을 본다. 영국 수학자 앨런 튜링이 1930년대에 고안한 범용기계universal machine는 존재하는 어떤 기계든 논리적으로 모방하도록 프로그램될 수 있는데, 이것은 예컨대 카를 마르크스를 포함한 학자들이 자본주의 경제가 형성하는 하나의 대들보라 주장했던 교환가치의 보편성 개념에 상응하는 기술로 볼 수 있다. 크래리는 사진과 화폐 사이의 병렬적 연결, 즉 "가치평가와 욕망의 단일한 글로벌 네트워크 내에서 모든 주체를 묶고 결합하는 총체화 시스템"을 보여주고자 했다.[81] 이와 유사하게, 자카드의 자동 직조기looms 같은 노동 과정의 자동화,

---

77   [편집자] 예를 들어 축음기(phonograph)와 키네토스코프(kinetoscope).

78   Jonathan Crary, *Suspensions of Perception. Attention, Spectacle, and Modern Culture* (Cambridge, MA: The MIT Press, 1999), 31-2.

79   Friedrich A. Kittler, 같은 글.

80   Charlie Gere, *Digital Culture* (London: Reaktion, 2002): [국역본] 찰리 기어, 『디지털 문화—튜링에서 네오까지』, 임산 옮김(루비박스, 2006).

81   같은 책, 33에서 인용: [국역본] 44.

배비지의 차분기관Difference Engine과 해석기관Analytic Engine 구상에 따른 지적 활동의 자동화는 "점점 더 방대해지는 정보량의 처리"에 대한 수요의 증가와 긴밀하게 연결되어 있었다.[82] 재화와 화폐, 그에 더해 정보(전신은 19세기 정보기술의 발전에서 핵심 역할을 했다)의 순환은 자본주의의 중추로서 상호매체적 연결을 새롭게 형성하는 데 결정적이었다.[83]

이미지 기술의 고고학 및 이와 관계된 제2차 세계대전 이후 소프트웨어 문화의 관점에서 보면, 미디어에 대한 점점 더 확장되고 있는 해석은 새로운 도전과 연구 기회를 제시한다. 증기 시기의 컴퓨터 기계, 네트워크 기술과 체계는 19세기 후반의 전신 시스템을 나타내기 위해 톰 스탠디지가 고안한 용어인 '빅토리아 인터넷Victorian Internet' 시대에도 이미 존재했고,[84] 그것은 장기적인 연속성과 단절에 관심을 둔 미디어 이론가에게 일종의 지도학이 되었다. 그러나 소프트웨어와 하드웨어 문화가 출현한 지 50년이 된 지난 시기에 대해서는 아직 더 철저한 작업이 기다리고 있다. 거닝의 어트랙션 개념이 초기영화 문화를 새로운 디지털 기술의 어트랙션을 이해하기 위한 참조점으로 만든 방식은 아마도 크래리가 이미 암시

---

82 같은 책, 25: [국역본] 33.

83 같은 책, 32: [국역본] 43-44. 연습 삼아서 아마존 메커니컬 터크(Amazon Mechanical Turk)(https://www.mturk.com)의 노동 크라우드소싱 플랫폼을 노동의 수량화와 분배에 대한 이와 같은 고고학적 분석의 대상으로 고려해봄 직하다.

84 Tom Standage, *The Victorian Internet* (London: Phoenix, 1999): [국역본] 톰 스탠디지, 『19세기 인터넷 텔레그래프 이야기』, 조용철 옮김(한울, 2001).

했던 것, 즉 스펙터클의 고고학으로 확장될 수 있을 것이다. 이것은 내장형 소프트웨어 기반의 포스트포드주의 문화의 출현에 대한 연결 고리를, 그리고 어떻게 그러한 과정과 실천이 미디어 관계의 광범한 네트워크의 일부로 포함될 수 있는지에 대한 연결 고리를 제공해 줄 수 있을 것이다.

우리 동시대 문화를 규정하는 것은 미디어가 알고리듬에 따라 계산되고 처리된다는 점이다. 컴퓨터와 미디어는 병합된다. 이 둘은 우리가 과거 미디어 문화를 바라보는 방식을 바꾸고, 미디어 자체가 출현하는 것에 대한 새로운 종류의 고고학과 역사가 쓰여야 한다고 요구한다. 달리 말하자면, 언제 그리고 어떻게 "계산이 미디어가 되었는가"[85]라는 케이시 알트의 질문은 알고리듬 문화로의 전환의 모든 부분을 포괄하며, 어떻게 '코드'의 고고학이 구체적인 실천과 존재론, 인식론을 살펴볼 수 있도록 충분히 특정적인 것이 되어야 하느냐 하는 문제를 포괄한다. 이에 대한 사례로 PDP1 컴퓨터 게임인 〈스페이스 워!Spacewar!〉(1962)에서 앨런 케이의 프로그래밍 환경인 '스몰토크Smalltalk'(1972)에 이르는 객체 지향적 프로그래밍을 들 수 있다. 알고리듬 문화로의 전환 시기는 시각 매체 문화의 계산 및 네이터가 사각의 위상학적 관계로 연결된 소프트웨어 객체의 환경을 통해 이해되었던 첫 시대다. 그러므로 이제 관심은 인간의 감

---

85 Casey Alt, 'How Object-Orientation Made Computers a Medium' in *Media Archaeology. Approaches, Applications, Implications*, ed. Erkki Huhtamo and Jussi Parikka (Berkeley, CA: University of California Press, 2011).

각신경중추가 미디어를 통해 감지하는 감각이 아니라, 소프트웨어 객체와 프로세스, 하드웨어, 네트워크 사이의 관계로 집중된다.

따라서 고고학적 발굴은 이중의 과제를 향해 나아간다고 말할 수 있다. 1980년대 신영화사에 뿌리를 두고 시각적인 것, 어트랙션 미디어 산업, 영화적인 것에 대한 후속 연구 사이의 관계 설정을 강조하며 등장한 이와 같은 새로운 소프트웨어 문화 고고학이 요구하는 것은 다음과 같다.

(1) 미디어가 언제나 상호매체적 관계 내에서 형성된 계보학, 그리고 감각[체험]의 조건(이것은 가령 근대의 영화적 경험의 일환으로서 공감각을 강조한 초기의 영화 이론에서 이미 상당 부분 알았던 것이다)으로 구성된 계보학.[86]

(2) 더 기술적인 의미의 미디어의 고고학. 기계의 작동(소프트웨어, 하드웨어, 네트워크)에 내재된 현재의 조건을 드러내기 위해 스크린 내부를 파헤치는 작업. 키틀러 같은 이론가들은 물리학 등의 과학 분야를 많이 강조한다. 일상의 소프트웨어 객체는 그러므로 다양한 방식으로 층위화된다. 이것들[소프트웨어 객체]은 역사를 갖지만, 또한 그것들이 각광받는 방식을 조건 짓는 기술적 의미에서, 그리고

---

86 Wanda Strauven, 'Futurist Images For Your Ear: Or, How to Listen to Visual Poetry, Painting, and Silent Cinema', *New Review of Film and Television Studies* 7(3) (September, 2009).

권력, 통치, 경제, 그리고 인간과 비인간non-human 사이 연결 통로[매개]로 기능하는 방식을 조건 짓는 기술적 의미에서 겹겹이 층을 이룬다. 고고학에 대한 이러한 이중 구속과 이중의 이해는 이 책 전체에 걸쳐 상세히 다뤄질 것이다.

우리는 앞으로 물질과 디지털의 미디어고고학을 더욱 심화할 예정이다. 다음 장에서는 미디어 연구를 수행하는 특별한 방식으로서 상상적 미디어 연구를 들여다본다. 이것은 어떻게 미디어고고학이 존재하지 않았던 미디어와 기술을 연구 대상으로 삼을 수 있는지와 관련되며, 또한 미디어 역사에서 억압되고 무시되고 잊힌 목소리로부터 새로운 역사들[이야기들]을 상상하는 것과 관련된다. 그것은 미디어 역사에서 도착적 행동을 찾는 것, 즉 미디어의 역사적 진보에 관한 우리의 합리화되고 표준화된 이미지에 항상 부합하지는 않는 이야기와 발상을 찾기 위해서다. 또한 다음 장에서는 일반적으로 '미디어'로 불리는 대상의 바깥을 사유해, '매체medium' 개념을 아주 놀라운 방향으로 확장하고자 한다.

요약

미디어고고학은 신영화사, 그리고 더 광범위하게는 초기영화와 영화의 전사 시대의 관점에서 영화 문화를 재사유하는 시도와 밀접히 관련된다. 1980년대 이후 그러한 관점은 디지털 미디어 문화의 출현과 연결되었으며, 어트랙션, 촉각성, 정동 등으로 미디어에 개념적으로 접근하고, 그 외의 근대 시각문화의 영향을 물질적이고 심지어 생리학적 방식으로 이해하는 방식을 드러내는 데 활용돼왔다. 영화학에서 유래한 미디어고고학은 미디어의 역사를 처음부터 다시 쓰는 관점을 가지고 새로운 미디어 문화적 맥락으로 관심을 돌렸다. 소프트웨어 혹은 실시간 컴퓨터 문화의 인간-컴퓨터 인터페이싱HCI 같은 양상들은 역사적 단절을 통해서가 아니라 디지털 문화의 과거에서 새로운 물질적 양상을 발견하는 인식론적 가능성을 통해 그러한 변화를 파악할 수 있는 새로운 용어를 요구한다.

더 읽을거리

2. 감각의 미디어고고학: 오디오비주얼, 정동, 알고리듬

Elsaesser, Thomas, 'The New Film History as Media Archaeology', *CINéMAS*, 14(2-3) (2004): 71-117.

Elsaesser, Thomas, 'Afterword: Digital Cinema and the Apparatus: Archaeologies, Epistemologies, Ontologies' in *Cinema and Technology. Cultures, Theories, Practices*, ed. Bruce Bennett, Marc Furstenau and Adrian Mackenzie (Basingstoke: Palgrave Macmillan, 2008), 226-240.

Huhtamo, Erkki and Parikka, Jussi (eds.). *Media Archaeology. Approaches, Applications, Implications* (Berkeley, CA: University of California Press, 2011).

Strauven, Wanda (ed.), *The Cinema of Attractions Reloaded* (Amsterdam: Amsterdam University Press, 2008).

Strauven, Wanda, 'Media Archaeology: Where Film History, Media Art and New Media (Can) Meet' in *Preserving and Exhibiting Media Art: Challenges and Perspectives*, ed. Julia Noordegraaf, Cosetta Saba, Barbara Le Maître and Vinzenz Hediger (Amsterdam: Amsterdam University Press, 2013).

3
상상적 미디어
기이한 사물들의 지도 그리기

2010 트랜스미디알레Transmediale에 전시된 게브하르트 젱밀러의 〈병렬 이미지A Parallel Image〉 주변을 걷는 것은 그 자체로 일종의 미디어고고학을 위한 실습이었다. 방문객은 전선과 스크린으로 이루어진 기이하고 어수선한 발광 장치와 마주하게 되는데, 이는 우리가 미디어에 기대하는 모습, 즉 기능적이고 보기 좋게 포장된 대부분의 직사각형 (플라스틱) 형태—그것이 텔레비전, 모니터, 일반적인 스크린, 컴퓨터, 휴대폰이든 또는 예를 들어 스테레오 시스템이든 간에—와는 거리가 먼 것으로, 성공하지 못한 기술의 무모한 꿈을 정확하게 보여주었다. 〈병렬 이미지〉는 낡은 미디어와 새로운 미디어를 병렬적으로 사유/실행하는 것만이 아니라, 선형적인 미디어역사 너머의 가능한 과거와 미래를 상상하는 미디어고고학적 흐름과 직접적인 연관이 있었다. 이 작품은 상상적 미디어와 텔레비전 기술의 역사에 대한 담론적 틀을 탐구했지만, 이는 매우 물질적인 방식으로 이루어졌으며, 대안적 디자인으로도 상상한 것이었다.

그림 3.1
게브하르트 젱뮐러의 〈병렬 이미지〉(2009). ⓒ Gebhard Sengmüller

젱뮐러는 시각 데이터를 전송하는 장치를 제작했는데, 이는 시각장을 이산적인 요소들discrete elements[1]로 분해한 뒤 이를 수신 측에 직렬로 하나씩 전송하는 방식이 아니라, 말 그대로 매우 어수선한 병렬 이미지 전송 방법을 채택한 것이다. 이 장치에서는 모든 픽셀 요소가 약 2,500개의 케이블을 통해 수신 측으로 '직접' 병렬로 전송되며, 이러한 발상은 전신 시스템을 병렬 전송 방식으로 재작업한 폴 드마리니스의 설치 작품 〈메신저The Messenger〉(1988)와 유사하다. 〈병렬 이미지〉는 1880년에 프랑스인 모리스 르블랑이 일찍이 정식화해 보편적으로 채택된 전송 방식과는 완전히 다르다. 르블랑의 방식은 전송하기 전에 이미지를 여러 줄로 쪼개고 빛을 전자 신호로 전환해야 한다. 그런 다음 수신 측에서 수신기를 통해 다시 이 전자 흐름을 이미지로 전환하는 것이었다. 이 같은 직렬 이미지 신호 전송 아이디어는 닙코 원반Nipkow disc의 개발과, 그로부터 수십 년 후인 1926년에 존 로지 베어드의 초기 실험들을 거쳐 발전하면서 이미지 전송의 표준 방식으로 자리 잡았다. 이렇게 이미지를 줄로 나누고 시간을 동기화하는 방식은 멀리 떨어진 곳에서 영상을 수신하는 데 가장 핵심이 되는 요소였다.[2]

젱뮐러는 주류의 발상에서 벗어난 (실용성은 전혀 없지만 미디

---

1   [편집자] '이산'은 '연속적인(continuous)' 신호를 독립적인 단위로 분해해 처리하는 방식을 뜻한다. 이 문맥에서 문제로 삼고 있는 것은 이산화 자체라기보다, 그러한 요소들을 직렬로 전송하고 재조립하는 표준적 미디어 기술의 논리이며, 젱뮐러의 장치는 이를 병렬 전송으로 전도한다.

2   게브하르트 젱뮐러의 〈병렬 이미지〉 카탈로그(www.gebseng.com) 참조.

어고고학적으로는 매우 흥미로운) 자신의 아이디어를 하나의 장치 apparatus로 설명한다.

[이 장치는] '카메라 측'의 모든 픽셀이 '모니터 측'의 모든 픽셀에 가능한 한 기술적으로 가장 단순한 방식으로 연결한다. 이 아이디어를 논리적으로 밀고 나가면, 전송 측의 격자로 배열된 2,500개의 광전도체가 수신 측의 2,500개 소형 전구에 2,500개의 구리선으로 픽셀 대 픽셀로 연결된 터무니없는 시스템에 이르게 된다. 그리고 거기에 각각의 '마이크로 단위의 이미지 전송'에 사용되는 전기를 공급하는 전선들이 추가되었다.[3]

이 장치는 구성 요소들의 수량으로 짐작할 수 있듯이 규모 면에서는 초창기 대형 컴퓨터나 전화 교환 센터와 훨씬 더 닮아 있다. 이 작업의 정신은 미디어고고학적 예술 작업에서 볼 수 있는 경이의 방curiosity cabinet 양식을 상징적으로 보여준다. 이는 어쩌면 젬뮐러의 초기 작업 〈바이닐비디오VinylVideo〉(1998)와 유사한 방식, 즉 아날로그 TV 신호를 LP 레코드 포맷에 기록해, 상업적 영역 밖에서 새로운 미디어와 재상상된 과거 미디어 사이를 가로지르는 기술적 해법의 도출 작업과 유사한 방식뿐만 아니라, 여러 다른 방식에서도 마찬가지다.

<hr>

[3]   같은 글.

• 〈병렬 이미지〉는 상상적 미디어에 관한 몇 가지 아이디어를 보여준다. 즉 존재하지 않거나, 꾸며낸fabulated 것이거나, 그 시점에는 대량 생산하기에는 비현실적이라고 여겨졌거나, 혹은 단순히 어느 시점에 사라지고 소멸된 미디어들에 대한 것이 그것이다.[4] 〈병렬 이미지〉는 미디어 문화에 '만약'이라는 시각을 제시하며, 미디어의 기술적 혁신들에 대한 가정을 이해하기 위한 자원으로서 대안적 역사들과 관계 맺는다. 특정한 디자인, 기술적 해결책, 미디어 사용 습관에 관한 가정들은 왜 유지되고 그 외의 것들은 사라지는가? 만약에 동시대 미디어 문화가 라이프니츠식의 모든 가능 세계possible worlds[5] 중 최선의 것이 아니라면 어떻게 될까? 그리고 다른 한편으로, 지그프리트 칠린스키가 『오디오 비전Audiovisions: Cinema and Television as Entr'actes in History』과 『미디어의 심원한 시간Deep Time of Media』에서 주장했듯

---

4   Siegfried Zielinski, 'Modelling Media for Ignatius Loyola. A Case Study on Athanasius Kircher's World of Apparatus between the Imaginary and the Real' in *Book of Imaginary Media. Excavating the Dream of the Ultimate Communication Medium*, ed. Eric Kluitenberg (Amsterdam and Rotterdam: Debalie and NAi Publishers, 2006), 30.

5   [편집자] '가능 세계'란 라이프니츠가 제시한 형이상학적 개념으로, 그는 신이 무한히 많은 가능 세계를 이성적으로 사유하고 있으며, 그중 가장 완전하고 논리적 모순이 없는 세계를 창조했다고 보았다. 우리가 살고 있는 이 현실 세계는 바로 신이 선택한 모든 가능 세계 중 최선의 세계라는 낙관적인 결론에 이르는데, 이는 라이프니츠 철학에서 흔히 '형이상학적 낙관주의'로 불린다. 다음 자료 참고. 박제철, 「라이프니츠 철학의 결정론적 성격: 가능세계와 개체의 통세계적 동일성」, 『철학』 제98집(2009): 81-107; 고트프리트 빌헬름 라이프니츠, 『형이상학 논고』, 윤선구 옮김(아카넷, 2010).

이,[6] 미디어 문화적 대상들을 단지 균일화된 미디어 정신병 psychopathia medialis으로 조종하는 것만이 목적인 마케팅과 기타 담론에서 수사적으로 주장하는 것만큼이나 미디어 문화에 독특한 새로움이 없다면 어떻게 될까?

• 그러나 이 작품은 단지 담론적 발굴 작업에 그치지 않고, 공간적으로 존재하는 기계적 설치물을 기획하고 구축하고 실현하는 작업에 참여한다. 다시 말해 이 작품은 미디어 고고학적 구상을 실행에 옮긴다. 이는 1990년대 초에 복원된 찰스 배비지의 차분기관 2호와 다소 흡사한데, 차분기관 2호는 그때까지 자금이 부족한 탓에 도면과 다이어그램으로만 남아 있었다. 이와 같은 경향은 런던과학박물관London Science Museum에서 진행된 배비지 복원 작업처럼 전략적으로 컴퓨팅의 역사를 (재)생산하려는 중요한 국책 프로젝트들뿐 아니라, 실험적 의미에서 기술적 미디어 문화와 관계 맺는 것에서도 점차 뚜렷해지고 있다. 이는 아래에서, 특히 미디어고고학적 예술을 다루는 장에서 더 논의할 주제이기도 하다. 다시 말해 미디어 비판은 단지 어떤 것을 말하는 것에 그치는 것이 아니라, 디자인과 물질성에 관한 것이기도 하다. 소위 결을 거슬러 대안적인 방식으로 비판을 **수행**

---

6   Siegfried Zielinski, *Deep Time of the Media. Toward an Archaeology of Hearing and Seeing by Technical Means*, trans. Gloria Custance (Cambridge, MA: The MIT Press), 8.

하는 것이다.[7] 미디어고고학적 작업은 이러한 물질적 존재를 통해 관객/사용자/시청자를 상상적인 것과 새로운 관계에 놓이게 하며, 이로써 우리는 새로운 것이든 오래된 것이든, 상상의 것이든 실재하는 것이든, 미디어의 현존과 창의적으로 관계 맺게 된다.

이 장은 상상적 미디어 연구에 대한 탐사로, 불가능한 것, 실행 불가능한 대안적 미디어 역사의 편린들, 공식적인 미디어 역사에서 대개 제외되는 영역에서의 커뮤니케이션, 미디어의 변종학을 개념화하는 데까지 확장된다. 또한 마지막 부분에서는 상상적 미디어의 물질적 정의를 간략하게 다룰 것이다. 다시 말해 상상적 미디어는 일반적으로 미디어 연구 교과서에서 찾아볼 수 있는 주제가 아니다. 그것은 때로는 발명가나 공상과학 작가의 마음속에만 존재하는, 꿈과 악몽의 재료인 미디어다. 스팀펑크 소설에서처럼 과거는 (재)상상될 수도 있다. 상상적 미디어에 대한 아이디어는 다양한 방면에서 온다. 나는 이 장에서 '상상적인 것'을 그 안에 담긴 의미로 사용하지 않을 것이다. 기술에서 상상적인 것은 예술적 창작에서 과학적 맥락으로 이농하는 어떤 것이다. 설령 그것이 과학으로 설명할 수 없는 것에 대한 담론에서 담론적으로 기술될지라도 말이다.

---

7   Geert Lovink, *My First Recession: Critical Internet Culture in Transition* (Rotterdam: V2_NAi Publishers, 2003), 11.

불가능한 것의 아카이브

미디어고고학 분야에서 상상적 미디어 연구의 역할을 파악하기는 꽤 어렵다. 이는 두 연구 분야 사이에 친밀한 관계가 있는지에 대한 의문 때문이 아니라, 그 관계가 너무 밀접해서 다루는 주제들이 매우 쉽게 융합될 수 있기 때문이다. 따라서 상상적 미디어 연구의 대부분이 미디어고고학적으로 추동되어 왔다고 말할 수 있지만, 미디어고고학이 상상적 미디어 연구로 환원될 수 있는 것은 아니다. 게다가 한때 상상적이었던 것이 나중에 실제 현실의 일부가 되었을 수도 있다. 1900년경 발명의 근대 세계를 살았던 작가이자 언론인이었던 헨리 애덤스의 말에 따르면, 그 시기의 혁신 속도는 상상력과 인간의 감각을 앞질렀고, 세계 역사에서 단지 몇 개의 선례만 찾을 수 있는 것이었다.

> 불가능한 일들이 더는 장애물이 되지 못했다. 인간의 삶은 불가능한 것들을 먹고 풍요로워졌다. 여섯 살이 되기 전에 소년은 다음 네 가지 불가능한 일이 실현되는 것을 보았다. 대양증기선, 철도, 전신, 다게레오타이프다. 그는 이 중 어떤 것이 다른 것보다 가장 서둘러 등장했는지는 결코 알 수 없었다. 소년은 미국의 석탄 생산량이 무無에서 3억 톤 이상으로 증가한 것을 지켜보았다.[8]

---

8   Henry Adams, ch. 34, *The Education of Henry Adams*, Project Gutenberg, www.

이것은 과학이 오컬트occult와 초감각의 세계로 경험되던 시대였고, 얼마 전만 해도 상상의 것으로 여겨지던 엑스레이, 전자파, 전기 등이 현실이 되었다. 이러한 '기계의 전시관'[9]은 사람들에게 이러한 발명들을 기계 문화에서 지각과 시간 감각을 재구성하는 중대한 문턱으로 바라보게 했다.[10] 따라서 쓰기와 시청각적 방식으로 미래를 상상하는 것은 예컨대 컴퓨팅의 미래를 구상하는 데서 매우 중요했다. 예를 들어 1967년에 BBC1에서 단편 클립 〈미래 세계Tomorrow's World〉의 가정용 컴퓨터 단말기를 소개하는 부분이 그러하다. 이 클립은 컴퓨터가 온라인 달력, 은행 계좌 인터페이스, 그리고 아이들을 위한 교육자 역할을 하며, 쉽게 사용할 수 있는 타자기 모델의 입력 인터페이스를 갖춘 미래를 예측했다.[11] 돌이켜보면, 상상력은 항상 상상적이거나 불가능한 것으로만 보이지는 않는다.

상상적 미디어가 예측 미디어는 아니다. 하지만 발명, 상상력, 그리고 과학 기반의 근대 미디어 문화의 등장 사이에는 과학적 관

gutenberg.org/ebooks/2044, 2011년 11월 27일 접속 (originally published by the Massachusetts Historical Society, 1918/2000).

9   [편집자] 19세기 후반부터 20세기 초에 걸쳐 파리 만국박람회 등에서 대규모로 조성된 기술 및 산업 전시 공간을 가리킨다. 특히 1889년 파리 만국박람회에 세워진 '기계 전시장(Galerie des Machines)'은 증기기관, 발전기 등 거대한 기계 장치들을 집약적으로 전시해, 기술이 지각과 시각 감각을 재구성하는 힘으로 작동한다는 인상을 대중에게 각인시켰다.

10   David Tomas, *Beyond the Image Machine. A History of Visual Technologies* (London: Continuum, 2004).

11   www.bbc.co.uk/archive.

점으로는 전부 설명되지 않는 매우 체계적인 관계가 있는 듯하다.[12]
마찬가지로 상상적 미디어와 미디어고고학은 종종 망각된, 그래서
오늘날에는 마치 새로운 것처럼 보이는 것에도 관심을 보인다. 적절
한 예로 19세기 프랑스에서 등장한 '테아트로폰theatrophone'을 들
수 있는데, 이것은 전화를 이용해 뉴스와 오락을 전달하는 방식이
었다.[13] 영국에서는 1890년대부터 1920년대까지 이와 비슷한 서비
스인 '일렉트로폰Electrophone'이 있었으며, 헝가리에는 '텔레폰 히르

---

12 19세기는 가브리엘 타르드(Gabriel Tarde)가 그의 신기한 미시사회학에서 주창했던
    것처럼, 특별한 제도적 실천 형식으로서, 사회적 삶의 방식으로서 발명되었던 발명의
    발명(키틀러가 고안한 용어로, 토머스 에디슨을 언급하며 말했듯이) 시대라고 할 수
    있다(Kittler, 2010: 127). 타르드는 모방과 [생각의] 전염에 기초한 발명 개념을 제시
    하며, 미시적 수준일지라도 사회적 상호관계를 매우 중시했다. 이러한 관점에서 개체
    발생의 실제로서 발명 개념이 등장한다(Tarde, 1890). 발명의 발명은 과학적 그리고
    기술적 발상들을 상업적 결과들로 변화시키는 실천의 체계에 관련되어 있다. 에디슨
    이 협업과 실험실 환경을 소리, 영상, 그리고 원거리통신 기술들의 혁신과 관련지어
    체계화한 것은 미디어 문화의 실험실화가 진행되고 있었음에 대한 적절한 예였다. 사
    실 에디슨의 미디어 기술에서부터 인간 지각의 측정 관련 실험심리학 실험실 그리고
    살페트리에르 병원에 이르기까지, 근대성은 관찰과 창조의 특별한 장소로서 이 실험
    실의 탄생 자체였다. 이러한 발명의 논리학은 과장된, 상상적 미디어들로 이어졌다. 예
    를 들어, 레몽 루셀의 소설『로쿠스 솔루스(Locus Solus)』에 등장하는 주인공 마르시
    알 칸트렐의 '다양한 생식 노동(various fertile labours)'을 위한 로쿠스 솔루스 정원 실
    험실이 그 대표적 예다. 이곳은 가장 기괴한 상상적 미디어의 발명품을 위한 장소였다
    (Roussell, 2008: 3). 이에 더해, 19세기 말 이미 자연과학의 세기라고 명명된 이 시기
    동안 지식의 전파를 위해 베를린에 설립된 뉴 우라니아(New Urania)와 같은 대중 과
    학 교육[기관]을 예로 들 수 있다(Bendt, 1896). 연구와 실험 속에서 기술적 상상 과
    정의 체계는 니콜라 테슬라처럼 19세기에 이미 유명인으로서의 명성을 누린 별난 과
    학자라는 미디어 문화적 현상과 연결되었다. 다음 자료 참조. Thomas Commerford
    Martin, 'Nikola Tesla', *Century Magazine* (New York) 47 (February 1894), in Tesla,
    1961: 6–10.
13 G. Mareschal, 'Le théatrophone', *La Nature* 20(2) (1892).

몬도Telefon Hirmondo'가 있었다.[14] 이러한 방식의 전화기 사용은 사라졌으며, 방송이 그 자리를 대체했다. 지금의 관점에서 보면, 그것들은 특이하고 상상적인 것으로 보인다.

이러한 의미에서 나는 이 장에서 상상된 미디어imagined media라는 개념이 어떻게 미디어의 역사를 재사유하는 데 연결되고, '실제actual' 미디어와 '상상된imagined' 미디어의 개념을 복잡하게 만들 수 있는지, 그리고 이러한 범주 아래에서 어떤 작업들이 이루어졌는지 논하고자 한다. 더불어 '상상된'이라는 후자의 용어가 라캉주의 정신분석학적 의미로 통상 사용되는 용법을 넘어 훨씬 더 많은 가능성을 어떻게 제공하는지도 다룰 것이다. 실제로 아래에서 다루는 바와 같이, 미디어가 점점 더 객체에 기반하지 않는다는 의미에서 전혀 실재하지 않은 미디어media-not-quite-real라는 개념은 근대 미디어에 관한 광범위한 주제들과 관련된다. 대신 비고체형non-solid인 미디어는 방송과 오늘날 모바일 문화의 탄생에 매우 핵심적이었던 전자기장의 경우와 같이 직접적인 지각을 벗어난다. 어쩌면 상상적 미디어 연구는 이 같은 새로운 미디어 영역과 우리가 직관적으로 미디어로 간주하는(그리고 학부 과정의 미디어 연구에 포함되는) 것들로 이루어진 정상적인 체크리스트 밖의 미디어를 논의하기 위한 약칭이지 않을까? 그러므로 이 장에서는 미디어 문화 속의 기이함weirdness과 비선형적 과거들을 기리고, 그 기이함을 방법

---

14 'The 19th Century Iphone', *BBC News* 17 May 2010, http://news.bbc.co.uk/2/hi/technology/8668311.stm

론적 지침으로 삼아, (푸코의 방식[15]을 미디어 맥락에 적용해) 우리가 당연하게 여겨온 주류 미디어의 더 길들여진 형태들의 전제들을 탐색하고자 한다.

에릭 클루이텐버르흐는 2004년에 암스테르담 데발리 센터 Debalie Centre에서 상상적 미디어에 관한 매우 중요한 미디어고고학 심포지엄과 페스티벌을 조직했는데, 여기서 그는 그 개념에 관한 방대하고 중요한 설명을 제공한다. 클루이텐버르흐는 이 개념을 욕망 생산의 폭넓은 사회적 장과 연결하고, 상상된 놀이가 **실제** 미디어를 맥락화하는 데 수행하는 역할과 연관 짓는다.[16] 상상적 미디어는 상상력의 훈련에 그치지 않고, 기술 문화를 둘러싸고 있는 방대한 무의식으로 향하는 진입점으로서 매우 중요하기 때문에, 이 개념은 기술적 배치technological assemblage가 어떻게 매개에 대한 희망과 욕망, 그리고 상상 속에 내재되는지를 볼 수 있는 방법이 된다. 그러한 이유에서 이 개념은 미디어 연구에서의 문화 연구가 지닌 몇몇 방법론적 전제를 공유하는데, 그중 하나는 기술적 가능성이 더 넓은 사회적 장에서만 효력을 갖게 된다는 점을 분석하려 했던 레이먼드 윌리엄스의 작업이다.[17] 따라서 클루이텐버르흐의 말을 의역하

15   Michel Foucault, *Discipline and Punish. The Birth of the Prison*, trans. Alan Sheridan (New York: Vintage Books, 1995): [국역본] 미셸 푸코, 『감시와 처벌: 감옥의 역사』, 오생근 옮김(나남, 2003).

16   Eric Kluitenberg, 'On the Archaeology of Imaginary Media' in *Media Archaeology. Approaches, Applications, Implications*, ed. Erkki Huhtamo and Jussi Parikka (Berkeley, CA: University of California Press, 2011), 48-69.

17   Raymond Williams, *Television. Technology and Cultural Form* (London and New York:

면, 상상적 미디어는 '단지' 상상에만 그치지 않는다.

대개 이러한 상상에 포함된 기대들이란 실제 미디어 기계가 실행할 수 있는 것을 훨씬 뛰어넘는다. 하지만 실제 미디어 기계들 자체도 불가능한 욕망에 시달리는데, 이러한 욕망은 기계 설계자들이 부여하거나 대중이 기계들을 인식하는 방식에서 기계들에 투사한 것이다. 상상적 미디어 기계와 실제 미디어 기계 사이의 넘나듦은 그 의미화 측면에서 거의 매끄럽게 일어날 수 있다. 따라서 상상적 미디어의 상상들은 순수하게 상상된 미디어 기계와 실제로 실현된 미디어 기계들 사이를 끊임없이 드나든다. 불가능한 욕망들은 결코 완전히 실현되거나 충족될 수 없기 때문에, 상상적 미디어는 장치(실현된 미디어 기계)의 영역과 그것들에 관한 '역사들'의 영역을 넘어선다. 불가능한 욕망은 기술적 상상과 실제 기술적 발전 사이의 경계를 흐릿하게 만드는 매우 복잡한 의미화와 투지의 장을 명료하게 보여준다.[18]

만약 우리가 상상적 미디어를 결핍에, 그리고 불가능한 미디어의 토대인 욕망의 불가능성에 기반한다고 보는 라캉식의 관점을 따른다면, 우리는 그러한 기계들과 그 작동의 간계machinations[19]가 어떻게

Routledge Classics, 2003[1974]).

18 Eric Kluitenberg, 같은 글, 48.

19 [옮긴이] machinations는 물리적 자동화나 기계적 전환을 뜻하는 mechanization과 구분되는 개념으로, 여기서는 주체성을 구성하는 매체적, 기호적 흐름들의 구성 작용

미디어 문화에서 주체성의 모델로 보이는 통일성과 합리성을 산출하는 데 결정적인 역할을 하는지 분석하고자 할 것이다. 라캉에게 상상계는 예를 들면 신생아가 체현하는 파편화된 흐름들의 원초적 상태에서 통일된 주체를 만드는 데 핵심적인 단계다. 말하자면 상상계는 주체-대상의 관계를 유지하는 필수적인 환영으로 작동한다. 상상계는 아무 통일성이 없을지도 모를 곳에 통일성을 부여하며, 이는 동시대 미디어 기술 담론이 기약하는 꿈의 세계들을 분석하는 좋은 방법이 될 수 있다. 그러한 담론들이 사회관계에서의 역할(수많은 모바일 미디어 담론에서처럼 시공간을 가로질러 항상 연결되어 있다는 것) 측면에서든, 아니면 끝없는 만족의 원천으로서의 역할(미디어의 **조이스틱적**joy-stick 속성, 주문형on-demand의 포스트방송 문화에서 꿈의 콘텐츠를 즉각적으로 전달받는 것) 측면에서든 말이다. 클루이텐버르흐의 주장에 따르면,[20] 상상적 미디어는 공동체와 연결성에 대한 이상과 밀접한 관련이 있는 것으로 보일 수 있으며, 이는 신화와 유사한 논리를 통해 작동한다. 즉 커뮤니케이션 사회에서 가치, 이상, 열망에 대한 이데올로기적 지지를 제공하는 일종의 자연화naturalization 과정이다.

하지만 나는 상상적 미디어 개념이 비非라캉적 관점에서도 개진될 수 있다고 본다. 미디어고고학 같은 역사 방법론에 더 가까이

을 말한다. 라캉은 이 용어를 담론에 갇힌 주체를 설명하기 위해 사용한다. 다음 책 참고. 자크 라캉, 『세미나: 프로이트의 기술론』, 맹정현 옮김(새물결, 2016), 92-95.
20   같은 글, 11-12.

접근해 보면, 우리는 이것과 푸코의 고고학 사이의 관계를 지도화할 수 있다. 푸코의 확장된 아카이브 개념, 즉 단순한 문서 보관을 위한 공간적 장소가 아닌, 무엇이 말해질 수 있는가에 대한 담론 규칙과 조건을 아우르는 개념으로 확장해 보면, 이는 상상적 미디어 방법론을 발전시키는 데 굉장히 적절한 방식이 될 수 있다. 결국 상상적 미디어에 대한 질문은 이렇다. 무엇이 상상될 수 있으며, 어떤 역사적, 사회적, 정치적 조건 아래에서 상상될 수 있는가? 근대적 사고와 동시대 문화에서 미디어에 대한 상상들의 조건은 무엇이며, 반대로 상상은 우리가 실제 기술을 바라보는 방식을 어떻게 조건 짓는가?

상상적인 것에 관심을 보이는 미디어고고학자들은 불가능한 것에 관심을 보이는 것만큼이나 실재하는 것에 관심을 갖게 마련이다. 클루이텐버르흐가 개괄한 것처럼, [물론] 우리는 그와는 다른 입장에서, 그리고 상상적 미디어고고학을 푸코와 분리시키려는 그와는 다른 입장을 취하겠지만,[21] 불가능한 것들의 아카이브에 대한 몇 가지 필수적인 단서를 푸코에게서 찾을 수 있다.[22] 『지식의 고고학L'Archéologie du savoir』과 푸코의 다른 저작들은 진실과 허구를 가르는 선통석인 체계 밖에서 지식의 조건을 탐구할 수 있는 방법론을 제공했고, 그 결과 어떤 종류의 사유와 실천, 담론이 유지되고,

---

21 같은 글.
22 Michel Foucault, *The Archaeology of Knowledge* (London and New York: Routledge, 2002); [국역본] 미셸 푸코, 『지식의 고고학』, 이정우 옮김(민음사, 2000).

어떤 것들은 무의미한 것으로 폐기되는지에 대한 보다 더 횡단적이고 초학제적인 통찰을 제시했다. 따라서 이러한 지식 조건에 대한 분석은 예를 들어 역사학, 심리학, 사회학 등의 표준적인 학제 바깥에 있는 공간을 점유하면서, 지식의 대상이 담론적 실천에서 항상 일시적으로 안정화되는 과정을 통해 지식의 지위를 획득한다는 점에 주목한다. 대상은 담론에 앞서지 않는다. 다시 말해 담론은 대상을 인식론적 지식의 대상으로 구성하며, 따라서 "특정 시기 동안 대상의 출현을 가능하게 한다."[23] 이는 말하자면 사물에서 대상으로의 이행이며,[24] 대상은 항상 체계적으로 규제되는 관계 속에서 공식화되고, 안정화되며, 종종 과학적인 지식의 일부가 되기 시작한다. 그리고 이러한 담론적 관계들은 무엇보다도 문화적 실천을 통해 유지된다.

물론 클루이텐버르흐는 미디어고고학이 예컨대 영화의 전사 시대의 기술들에 대한 다양한 탐구에서 장치apparatus를 페티시화해 왔으며, 푸코 자신은 담론 뒤에 있는 대상에는 관심이 없었다고 상기시킨다.[25] 하지만 나는 외견상의 이러한 모순이 푸코식 고고학이 동원되는 방식에 대한 오해라고 생각한다. 아카이브의 물질성은 대상과 진술을 서로 뗄 수 없는 근접 관계에 놓는 규제되고 담론적인 계열화discursive serialization의 일부다. 하지만 고고학적 분석

---

23   같은 책, 36.
24   같은 책, 52.
25   Eric Kluitenberg, 같은 글.

은 물질적 현존을 지니지 않은 것처럼 보이는 것들을 지도화할 수 있는데, 이런 것들이 푸코에게는 공간적-시간적으로 배속할 필요가 없는 제도에 항상 얽혀 있다.[26] 들뢰즈는 푸코의 고고학 방법론을 시청각 아카이브라 일컬었는데,[27] 이는 그것이 말할 수 있는 것과 볼 수 있는 것이 어떻게 표출되고 또 가능케 되는지를 명료하게 설명할 수 있기 때문이었다. 아카이브는 반드시 실제로 존재하는 사물을 다루는 것은 아닐지라도 완벽히 미디어적이며, 완전히 현실적이다.

무엇보다도 아카이브에 대한 개념은 **무언가가** 지식의 대상으로 **존재한다**는 단순한 사실에 관심을 둔다.[28] 이 무언가는 기록되고 저장되고 유지되고, 하나의 증상으로 계열series에 삽입되어 의학적 상태에 관한 더 광대한 지식 네트워크의 일부가 되거나, 우리의 경우처럼, 미디어 기술이 예술과 과학을 가로지르는 지식 체제를 창출하는 데 참여한다. 미디어 역시 인식론적 기계다.『지식의 고고학』을 바탕으로 푸코의 아카이브 개념과 고고학적 방법론의 핵심 사항을 요약하면 다음과 같다.[29]

- 고고학은 기념비석이다. 다시 말해 고고학은 담론의 뒤편에

26   Michel Foucault, 같은 책, 116.

27   Gilles Deleuze, *Foucault*, trans. Seán Hand (London: Continuum, 2006), 43. [국역본] 질 들뢰즈,『푸코』, 권영숙, 조형근 옮김(새길아카데미, 2012).

28   Michel Foucault, *The Archaeology of Knowledge*, 124.

29   같은 책, 155-156.

있는 것을 보려 하지 않으며, 담론 외부의 무언가를 참조해 해석하려 하지 않는다. 고고학은 기념물과 같이 무엇인가 존재한다는 사실에 집중한다.

- 고고학은 담론의 특수성specificity에 집중하며, 연속성과 전환transition을 확립하려 하지 않는다.
- 고고학은 학문 분야와, 예컨대 전작oeuvres과 같은 일반적인 지식의 바깥에서 작동한다.
- 고고학과 그것의 아카이브 개념은 비밀스러운 기원이든 명백한 기원이든 간에, 기원이 아니라 실천들을 다시 쓰고 담론-대상의 체계적인 기술을 다시 쓰는 작업에 관심을 둔다.

이렇게 푸코의 초기 저작에 등장하는 개념들을 구체적으로 되짚는 이유는 이를 통해 상상적 미디어를 기술적 미디어 문화의 일부로 생각하고, 발명에 관한 (심지어는 허구화된) 제도와 관련된 담론뿐 아니라, 미디어-문화적 관심을 실재하는 미디어에서 상상된 미디어 혹은 부재하는 미디어로 확장하는 데 연결할 수 있기 때문이다. 이후 6장에서 거론하겠지만, 푸코의 고고학 개념은 미디어 연구에서 아카이브의 중심성을 되찾는 몇몇 흐름에 도움이 된다.[30]

상상적 지식에 대한 이 같은 고고학적 접근은 상이한 지식 체

---

30 Wolfgang Ernst, *M.edium F.oucault. Weimarer Vorlesungen Über Archive, Archäologie, Monumente und Medien* (Weimar: VDG, 2000); 'Media Archaeography: Method and Machine versus History and Narrative of Media' in *Media Archaeology. Approaches, Applications, Implications*, 239–255.

제들이 있음을 인정한다. 우리가 지금 상상된 미디어로 인식하는 것들은 현재 과학적 지식으로 여겨지는 것과 다양한 관계를 맺는 더 넓은 형이상학적 세계관과 사물 및 아이디어 시스템의 일부로 다루어졌을 수 있다. 잠바티스타 델라 포르타에서부터 아타나시우스 키르허 같은 예수회의 광범한 네트워크에 이르기까지, 자연 마법natural magic(그리고 인간이 만든 인공 마법artificial magic) 같은 것이 그것이다.

클루이텐버르흐에게 상상적 미디어는 신성神性과의 소통에 대한 분석을 가능하게 한다.[31] 예를 들어 하인리히 주조가 쓴 『지혜의 시계Horologium Sapientiae』(1339)에서는 시계의 계산적 규칙성이 신과의 관계를 동기화했다. 또한 상상적 미디어는 영매들이 죽은 이들과 소통하는 관습과 기술적 미디어가 융합되었던 19세기처럼 영혼과의 소통에 대한 분석도 가능하게 한다. 이는 심지어 토머스 A. 에디슨이 사후 세계와 접속하는 기계에 관심을 보였던 것뿐만 아니라,[32] (현대 공상과학의 인기 주제인) 타임머신이나 순간

31 Eric Kluitenberg, 같은 글.

32 Jeffrey Sconce, *Haunted Media. Electronic Presence from Telegraphy to Television* (Durham and London: Duke University Press, 2000); 'Mr. Edison's "Life Units": Hundred Trillion in Human Body May Scatter After Death – Machine to Register Them', *New York Times* (23 Jan. 1921). 이에 대한 매우 상세한 예는 알베르트 폰 슈렌크노칭(Albert von Schrenck-Notzing) 남작이 쓴 『형체구현 현상(Materialisations-Phänomene)』(1914)이다. 이 책은 영매(medium) 에바 C.의 사례 분석을 통해 영매라는 매체에 관한 주요 내용을 사진 등의 미디어 기술과 직접 연관해, 그리고 발리아호(2010)와 크래리(1999)가 분석한 몽유병과 정신생리 장애 같은 현상을 통한 영화와 간접적으로 연관해 다루고 있다. '매체성(mediumship)'은 그 자체로 일종의 통신의 실

이동 장치(《스타 트렉Star Trek》에서처럼) 같은 상상적 미디어로까지 확장된다. 미디어고고학 예술가 폴 드마리니스는 2002년 퍼포먼스 〈토치 송Torch Song〉을 일컬어 "단파 라디오 실시간 송신, 에디슨 실린더 녹음, 화염 스피커, 압력 화염 오실로스코프manometric flame oscilloscopes 등 다양한 고대 및 '불가능한' 오디오 미디어가 죽은 독재자들의 목소리와 함께 라디오 영매술radiophonic séance을 수행한 배치물assemlage"이라고 표현한다.[33] 이러한 예시에 더해, 상상적 미디어를 주제로 한 피터 블레그바드의 시청각적 사색이 있다.[34] 이 작품에서 상상적 미디어는 어떤 고정된 시공간적 좌표를 가지지 않으며, 물리적으로 감각될 필요도 없지만, 담론적 대상의 일관성을 통해 기술될 수 있다. 이 경우 담론적 대상은 상상적인 것이다. 클루이텐버르흐가 강조하듯이, 이 경우에도 상상적 미디어를 [도나 해러웨이의] 상황적 지식situated knowledges의 방법론과 관련 짓고, "이러한 상상들이 내재된 물질적 실천의 네트워크를 밝혀내기 위해" 상상들을 특정한 역사적, 담론적 상황에서 정확히 찾아내는 과

천이며, 이는 슈렌크노칭이 기록과 측정에 관한 과학과 장치에 깊게 관련된 사변적인 미래적 실천으로 제시한 것이기도 하다. 슈렌크노칭의 사례와 영매 에바 C.의 미디어 고고학적 재구성 작업으로 벨로프의 설치 작품 〈에바 C.가 구현한 형체의 표의조형성(The Ideoplastic of Materialization of Eva C.)〉(2004)을 볼 것(www.zoebeloff.com/eva).

33 Paul DeMarinis, *Buried in Noise*, ed. Ingrid Beirer, Sabine Himmelsbach and Carsten Seiffarth (Heidelberg and Berlin: Kehrer, 2010), 204.

34 Peter Blegvad, 'On Imaginary Media' in *Book of Imaginary Media. Excavating the Dream of the Ultimate Communication Medium on the attached DVD of Imaginary Media* (Amsterdam and Rotterdam: Debalie and NAi Publishers, 2006).

업이 남아 있다.[35]

변종학과 상상적 과거 및 미래

수많은 기이한 사례에서 우리는 어떻게 상상적 미디어 영역을 보다 더 일관성 있게 만들 수 있을까? 이 접근법의 핵심 옹호자 가운데 한 명은 베를린을 기반으로 활동하는 지그프리트 칠린스키 교수다. 그는 이를 미디어고고학이라고 부르기도 하지만, 미디어의 **반고고 학**an-archaeology이라고 부르기도 했다. 칠린스키의 목적은 이 같은 연구 프로그램의 발전을 위한 방법론적, 윤리적 지침들을 제안하는 것이다. 실제로 그의 미디어의 변종학variantology of media 이 제안하는 것은 정확히 무엇이 미디어로 간주될 수 있는지에 대한 우리의 이해를 확장하는 것이며, 이로써 상상적 미디어가 어떻게 미디어 연구와 미디어 실천에 유용하면서도 급진적인 개념으로 여겨질 수 있는지에 대한 통찰을 제공하는 것을 목표로 한다.

칠린스키는 상상적 미디어에 관한 구분을 다음과 같이 제시한다.

- 시대착오적 미디어와 기계. 시대를 벗어나 있는 것으로, "발

---

35 Eric Kluitenberg, 같은 글, 55. [옮긴이] 클루이텐버르흐는 헤러웨이의 상황적 지식이라는 용어를 사용하지 않았지만, 맥락적으로 그것과 유사하게 말했다. 이를 파리카가 축약하는 과정에서 '상황적 지식'이라는 용어를 사용한 것으로 해석했다. 헤러웨이의 상황적 지식에 관해서는 다음 책의 「9장 상황적 지식: 페미니즘에서 과학의 문제와 부분적 시점의 특권」을 보기 바람. 도나 J. 헤러웨이, 『영장류, 사이보그, 그리고 여자: 자연의 재발명』, 황희선, 임옥희 옮김(아르떼, 2023).

그림 3.2

알베르 로비다(Albert Robida)의 소설 『20세기(Le vingtième siècle)』(1883)에서 상상된 미래. 일상 생활에 파고든 환상적인 미디어 장치들로 포위된 미래다. 하늘까지 포함해 도시 공간의 곳곳에 원거리 통신, 상상의 운송 장치, 새로운 형태의 영상 장치, 감시와 관측, 상품 판촉, 그리고 상표가 침윤해 있다.

명되기 수 세기 전이나 수 세기 이후에야 기술적, 미디어적
실천에서 실현된 미디어."

- 개념적 미디어와 기계. 실제 세계에서는 실현 가능성을 벗
  어난 것으로, 스케치, 모델링, 다이어그램으로는 남아 있지
  만 실제로는 탄생하지 못한 미디어.
- 불가능한 미디어와 기계. "초기 디자인과 초안을 보면 실제
  로 만들어질 수 없음이 분명하지만, 그것의 함축적 의미가
  사실상의factual 미디어 세계에 영향을 미치는 미디어."[36]

위의 각 구분에 해당하는 예는 칠린스키가 직접 집필하고 편집한
방대한 변종학들에서 찾을 수 있다.[37] 아니면 발터 벤야민이 1930
년대에 그의 라디오 방송극 〈리히텐베르크Lichtenberg〉에서 소개했
던 스펙트로폰spectrophone, 팔라모니움parlamonium, 오네이로스코
프oneiroscope 같은 달 미디어 장치moon media apparatus에서도 찾아
볼 수 있다.[38] 예술과 과학의 역사에서 기이한 발명품과 터무니없는

---

36 Siegfried Zielinski, 'Modelling Media for Ignatius Loyola. A Case Study on Athanasius
    Kircher's World of Apparatus between the Imaginary and the Real', 30.
37 이 프로젝트와 관련 책들 그리고 '변종학/미디어의 고고학' 프로젝트에 참여한
    학자와 연구기관에 관한 더 상세한 정보는 다음 웹사이트를 참고할 것. http://
    variantology.com/eva
38 이 연극에서 달 거주인들은 지구에 대한 분석 자료를 기반으로 일종의 지구연구협회
    를 구성하고 선진 미디어 기술을 이용해 연구를 진행했다. "지구연구협회의 기술 장
    비는 세 가지 세트로 구성되었다. 이들은 커피 분쇄기만큼이나 사용하기 편리했다. 첫
    째는 스펙트로폰이다. 이 장비를 통해 지구에서 일어나는 모든 것을 볼 수 있고 들을
    수 있다. 두 번째는 팔라모니움이다. 이 장비는 전체의 화음에 길들여진 달 거주민에

구상들은 끝없이 나온다. 상상적 미디어는 예수회 신부 아타나시우스 키르허의 다양한 발명품 같은 신학적 영역과, 1900년경의 편집증적 정신분열증 환자들의 망상 속에 존재하는 듯하며, **수학자들의 제도판과 공상과학 작가들** 사이에 거주하고 있는 듯하다. 칠린스키가 변종학이라는 개념과 맺고 있는 관계는 푸코식 방식으로 '최초의 것들'을 회피하고, 우리의 미디어(에 대한) 이해를 정상화하고 길들이려는, 앞서 언급한 미디어 정신병에 저항하는 미디어 연구의 방법론이자 이론으로서 중요한 기능을 수행한다. 1990년대 이후 '미디어', 특히 디지털 미디어가 새로운 자본주의 경제의 주요한 환상 대상fantasy object이 되면서, 칠린스키는 경제 주도적이고 협소한 미디어 기술들의 그러한 전유 방식에 저항하는 데 중요한 목표를 두고 있는 것으로 보인다.

칠린스키는 '변종학'이라는 개념에 기초해, 발명의 실천들을 발굴하는 작업의 일환으로 미디어고고학적 방법론이 필요하다고 역설한다. 『미디어의 심원한 시간』에서 그는 선형적인 진보의 시간을 거부하는 지구의 심원한 시간에 관한 사유들과 관련지어 변종학을 개괄하며 논의를 시작한다. 그리고 고생물학자 스티븐 제이 굴드를 미디어 이론가로 변모시킴으로써, 진화론적 사다리처럼 고등 단계에서 하등 단계로 진보하는 존재를 확증하는 데 사용되는 담론들

게 지구 거주민의 지루한 대화를 음악으로 옮겨준다. 마지막은 오네이로스코프이다. 이 장비를 이용해 지구인들의 꿈을 들여다볼 수 있다. 달 세계에 널리 퍼진 정신분석에 관한 관심 때문에 이는 매우 중요하다"(Benjamin, 1992: 38).

(이미지, 은유, 도상학 등)을 미디어고고학으로 전환된 고생물학으
로 대체시킨다.

의당 따라야 할 흐름이나 지배적 미디어, 불가피한 소실점[종착
점]들을 찾기보다는 개별적인 변이들을 발견할 수 있어야 한다.
아마도 우리는 역사적인 청사진에서 단절이나 전환점을 발견하
게 될 것이며, 이는 현재 확고하게 정립된 것들이 낳은 미로를 탐
색하는 데 유용한 아이디어를 제공할 것이다. 더 장기적인 관점
에서 본다면, 개별적인 반고고학적 연구의 집합체가 미디어에 대
한 변종학을 구성해야 한다.[39]

실험성과 이질성을 찬미하는 이러한 칠린스키의 요청은 상상적 미
디어의 핵심에 조금 더 능동적인 의미로, 말하자면 대안적인 미래
를 상상할 가능성을 되살릴 수 있도록 미디어와 그 역사를 상상하
는 것의 핵심에 놓여 있다. 말하자면 '상자 바깥에서' 미디어를 사
유하고, 조금 더 복잡하고 새로운 방식으로 시간을 사유할 수 있는
가능성을 확장하는 변종학의 혁신적이고 비판적인 면면들을 만들
어가려는 노력의 일환으로, 나는 칠린스키의 이론적-방법론적 연
구의 몇몇 모순점을 지적하고자 한다. 한편으로 그는 자신을 지그

---

39 Siegfried Zielinski, *Deep Time of the Media. Toward an Archaeology of Hearing and
    Seeing by Technical Means,* trans. Gloria Custance (Cambridge, MA: The MIT Press,
    2006), 7.

프리트 기디온의 '익명의 역사'와 생산적으로 연결시키는 방식으로 기술이 본질적으로 비인간적inhuman이라고 주장하지만,[40] 그의 이러한 방법론은 곧장 영웅들을 찬양하고 "인물과 그들의 작업"을 방법론적 중심에 두는 방향으로 전환된다. 칠린스키는 엠페도클레스에서 잠바티스타 델라 포르타, 로버트 플러드, 아타나시우스 키르허, 요한 빌헬름 리터, 알렉세이 가스테프에 이르는 광범한 사례 연구를 통해 발명의 거점에 대한 보다 광범한 지리적 영역들을 조명하고, 이로써 미디어고고학의 지정학을 사유하는 데 중요한 단서를 제공할 수 있다. (덧붙여 언급하자면, 미디어고고학은 오랫동안, 예를 들어 대부분의 아시아 지역의 미디어 문화사뿐만 아니라 남미, 아프리카, 호주 선주민, 아랍 세계를 간과해 왔다).[41] 그러나 지정학적으로 진보적일지라도, 젠더의 관점에서 본다면 여기서 제시된 역

40   같은 책, 6.
41   칠린스키(같은 책: 261~262)는 [다음과 같이 이 책의] 결론에서 이 같은 지리학적 분포를 지적하고, 탈식민주의 연구 의제의 중요성을 강조한다. "다소 지나치게 단순화해서 말하자면, 근대 미디어 세계의 구성에 대한 철학적 그리고 실천적 토대들은 모두 근원적으로 극동 지역에서, 특히 고대 중국 문화, 유럽의 남쪽 및 남서쪽의 소도시 등을 포함한 소아시아, 그리스, 아랍 등의 지중해 인근 지역에서 유래한다." 이렇게 본다면, 칠린스키는 유랑하는 이론으로서 그리고 방법론의 집합체로서 미디어고고학에 대한 또 하나의 주된 맥락을 실증한다고 볼 수 있다. 다시 말해, 최근에 '미디어 문화'라고 불리는 것을 구성하는 지식과 견해가 어떻게 아랍과 아시아 지역에서 소비자 중심 문화의 탄생지로서의 유럽 그리고 미국으로 이동한 것들인지를 보여준다. 칠린스키가 성취한 또 하나의 임무는 유럽이라는 개념의 비균질화이며 지나치게 지배적인 용어인 '유럽중심주의'의 암묵적 해체였다. 동유럽 미디어 문화는 유럽을 재사유하는 데 인상적인 통찰을 제공한다. 미디어고고학에 관한 탈식민주의 논의에 대해서는 다음을 참조. Kusahara(2011), Nadarajan(2007), Marks(2010), Zielinski and Fürlus(2010).

사는 사실 남성 영웅들의 역사이며, '여성 영웅들'에 대한 짧은 언급은 실질적인 논의로 이어지지 않는다. 이를 호의적으로 독해해 본다면, 이러한 영웅들이 발명, 실험의 더 넓은 미디어 전략을 이해하기 위한 진입점이자, 듣기와 보기의 관계를 이해하는 방식에 대한 들뢰즈적 접근 방식으로 더 깊고, 항상 더 모호한 아이디어와 전인격적pre-personal[42] 힘들을 발굴하는 진입점이라고 말할 것이다. 하지만 동시에 회의적인 평가라면, 자신이 '낭만주의자'[43]라는 칠린스키의 [자기] 변호는 영감을 구할 수 있는 확실한 방법론적 기반을 제공하는 측면에서는 부적절하다고 주장할 것이다.

이러한 이유로, 칠린스키를 조이 벨로프의 미디어고고학과 연결해 읽어보는 일은 매우 흥미롭다. 조이 벨로프는 미디어고고학을 글보다는 스크린과 설치 기반 예술 프로젝트로 실행해 왔기 때문이다. 사용된 미디어에 차이가 있지만, 벨로프는 상상적 미디어에 대한 유사한 요청에, 또는 아카이브 자료와 과거 미디어를 저장소로 활용해 재상상된 미디어에 대한 유사한 요청에 참여한다. 벨로프는 이를 (벤야민을 연상시키는 표현으로) "기술이 꿈꾸는 삶(기술은 무엇인가 혹은 무엇이었는가가 아니라, 사람들이 그러하기를

---

42 [편집자] '전인격적(pre-personal)'이라는 말은 들뢰즈와 가타리의 사유에서 반복적으로 등장하는 중요한 개념적 층위로, 인격이나 자아가 형성되기 이전의 감응적, 정동적 차원을 가리킨다. 이는 개인적 의식이나 통일된 주체 이전에 작동하는 감각과 강도의 흐름, 곧 주체화 이전의 비개체적 잠재성의 장을 뜻한다. 다음 문헌을 참고. C. Colwell, 'Deleuze and the Prepersonal', *Philosophy Today* 41 (1997): 18-23.

43 Siegfried Zielinski, 같은 책, 34.

믿었거나 욕망했던 것)"이라고 설명한다.[44] 이 과업은 단순한 담론적 발굴이 아니라 그녀가 영화 장치의 다중성multiplicity이라고 일컬었던 것을 복원하기 위해 과거와 미래를 재상상하는 것이다. 즉, 이러한 다중성의 아카이브를 통해 소위 '뉴미디어'라고 부르는 시대에 '새로운 시각 언어들'을 개발하는 것이다. 그 좋은 예가 벨로프의 데이터 기반 파노라마식 CD-ROM 작품 〈너머Beyond〉(1997)다. 이 작품은 퀵타임Quicktime과 같이 초기 미디어의 미성숙한 불완전함과, 이들 미디어에 영감이 되었던 파편화된 초기의 영화 문화 사이의 유사점을 정교하게 다루는 작업으로, 근대성의 징후인 고고학적 논리를 상세히 보여준다.[45] 따라서 〈너머〉와 그녀의 이후 작품들에서 불완전함, 어설픔, 투박함은 매끄러움을 거부하기 위한 핵심 요소가 되고, 미디어가 작동하는 물질적 배치material assemblages가—광범위한 욕망과 꿈의 네트워크에 내재된 장치들—전면에 내세워졌다.[46] 이러한 방식으로 상상적 미디어는 라캉적 의미[의 상상계]와는 반대가 된다. 상상적인 것이 우리 꿈의 세계를 한데 묶는 매끄러운 통일체가 아니기 때문이다. 상상적 미디어는 반라캉주의가 된다. 상상적인 것은 실제로 해체가 아닌 과장의 방식을 통해 꿈

44 Zoe Beloff, 'An Ersatz of Life: The Dream Life of Technology' in *New Screen Media. Cinema/Art/Narrative*, ed. Martien Rieser and Andrea Zapp (London: BFI, 2002), 287.

45 Steven Shaviro, 'Future Past: *Zoe Beloff's* Beyond', *ARTBYTE*, 1(3) (1998).

46 Zoe Beloff, 'Towards Spectral Cinema' in *Book of Imaginary Media. Excavating the Dream of the Ultimate Communication Medium*, ed. Eric Kluitenberg (Amsterdam and Rotterdam: Debalie and NAi Publishers, 2006), 215,

의 세계를 산산조각 낸다.[47]

그러나 벨로프가 "기술, 몸, 정신"의 비판적 고고학에 대한 예리한 감각을, 근대성을 특징짓는 "환상적인 혼성체"[48]로서 보여주는 지점은 〈너머〉와 〈어디 어디 거기 거기 어디Where Where There There Where〉 이후의 작업에서다. 이 작품들 이후에, 벨로프는 근대 미디어 기술들의 등장에 얽힌 여성 신체의 고고학뿐만 아니라, 정신 건강 기관의 고고학 및 정신분석 제도의 고고학을 다룬다. 그녀의 3D 16mm 영화 〈매력적인 오거스틴Charming Augustine〉은 1870년대 파리의 유명한 살페트리에르 병원에 수감되었던 오거스틴이라는 환자의 사례를 통해 여성 히스테리와 그것이 영화의 출현과 맺는 관계의 미디어 역사를 다룬다. 또한 이 영화는 여성의 히스테리적 신체—오거스틴의 경우 상당한 연극성을 띤 전前영화적 스타덤의 아우라에 둘러싸여 있었다—가 벨로프에게 영화와 정신 간 연결 고리뿐 아니라, 여성 신체를 조사 대상으로 포획하고 전시하는 행위를 탐구하도록 어떻게 동기를 제공하는지를 다룬다. 기술과 환각 간의 유사한 연결 고리는 또 다른 의학 역사의 사례에 기초한 작품 〈나탈리야 양의 심리 영향 기계The Influencing Machine of Miss Natalija〉에서 포착된다. 빅토르 타우스크가 1919년에 다룬 사례 연구를 떠올리게 하는 이 작품에서 한 젊은 여성은 베를린에서 멀리 떨어진 곳에서 전기적 힘을 받았다고 주장한다. 이 설치 작품

47   같은 글, 232.
48   같은 글, 236,

그림 3.3
조이 벨로프의 〈에바 C.가 구현한 형체의 표의조형성(The Ideoplastic of Materialization of Eva C.)〉의 한 장면 © Zoe Beloff

은 입체경 다이어그램을 전시하는데, 사용자/관람자는 사례 연구와 주제적으로 관련된 다양한 이미지를 볼 수 있을 뿐만 아니라, 독일 가정에서 찍은 영상 자료, 의학 및 기술 관련 영화, 짧은 음성 클립 등 같은 1920년대와 1930년대의 목소리, 영상, 전자기적 흔적에 둘러싸이게 된다.[49] 이에 더해 사용자/관람자는 이 과거 미디어 시대에서 온, 마음속을 꿰뚫어보는 기이한 '심리 영향 기계influencing machines'[50]에 붙들리는데, 이 기계는 정동 경제affect economy의 초기 전조이자, 이 사례 직후 나치 독일이 동원한 정치적 심리 영향 [기술]의 전조를 제공했다. 상상된 미디어, 죽은 자와의 교신, 초자연적으로 정신에 영향을 미치는 것과 같은 이러한 프로젝트에서, 벨로프는 젠더적 함의를 깊이 자각하고 있었으며, 이러한 젠더적 함의 속에서 근대 미디어는 뚜렷한 형태를 갖추게 되었다. 즉, 수동적으로 간주되었던 여성 신체는 메시지를 수신하는 완벽한 매체로 인식되었다.[51]

---

49 이 설치 작품에 대한 더 자세한 설명은 다음을 참조. www.zoebeloff.com/influencing/. 〈매력적인 오거스틴〉 작품은 다음을 참조. www.zoebeloff/pages/augustine.html

50 [편집자] '심리 영향 기계(Beeinflussungsapparat)'는 정신분석학자 빅토르 타우스크가 1919년 정신분열증 환자의 망상 연구에서 사용한 용어로, 환자들은 외부의 복잡한 기계 장치가 자신들의 생각과 감정을 원격으로 조종한다고 믿었다. 미디어 이론에서 이 개념은 당시의 첨단 미디어 기술이 개인의 주체성에 침투해 이를 조종할 수 있다는 근대적 공포의 은유적 장치로 이해된다. 다음 문헌을 참고. Victor Tausk, 'On the Origin of the Influencing Machine in Schizophrenia' (1919), *Psychoanalysis Quarterly* 2 (1933): 519-556.

51 영매 엘리자베스 데스페랑스(Elizabeth D'Espérance)에 관한 벨로프의 3D 영화 작품 〈그림자 땅, 혹은 저승에서 온 빛(Shadow Land Or Light From the Other Side)〉을 볼 것. 이 작품에서 벨로프는 근대 미디어와 여성의 신체에 대한 관심을 가상적인 것과

따라서 상상적 미디어와 과거 및 미래의 꿈들을 어떻게 다룰 것인가에 관한 이러한 다양한 사례를 지도화하는 측면에서 볼 때, 칠린스키의 변종학은 비표준화된 실험적 실천들을 정교하게 설명하는 토대를 제공하며, 이는 미디어 비판을 위한 하나의 지침이 된다. 즉 우리는 과거의 실천과 상상의 세계를 지도화함으로써 동시대 및 다가올 미디어 세계들을 위한 대안들을 부각시킬 수 있다. 하지만 바로 벨로프의 예술에서는 이와 유사한 아이디어가 신체의 역사와 기술의 역사를 얽어매는, 젠더 인지적인gender-aware 창작 실천의 맥락으로 구현된다. 또한 우리는 칠린스키에게서 상상적 미디어와 고고학에 관한 시학을 엿볼 수 있다.[52] 앞서 보았듯, 이는 정치적으로 중요한 매체 특정적medium-specific 비평을 제공할 수 있다. 하지만 바로 이러한 시학, 즉 상상적 미디어와 함께 꿈꾸는 행위야말로 벨로프의 작품들이 칠린스키 이론의 맹점을 드러내고 보완적인 접근 방식을 제시할 수 있도록 해주는 것이다.

칠린스키의 방법론은 예술, 기술, 과학의 세계에서 좀 더 비정통적인 경로들을 따라, 우리가 상상하는 미디어 세계를 만들어내는 그러한 실천들에 대한 일종의 고생물학으로 향한다. 그러나 벨로프가 근대 미디어 환상들에 대해 초점을 다르게 두는 접근 방식은, 다음에 보겠지만, 상상적 미디어 연구의 새로운 측면을 이해하

기술적인 것의 덧없음(ephemerality)에 대한 광범위한 탐구로 관심을 확대했다. [옮긴이] 이 작품 역시 벨로프의 홈페이지에서 볼 수 있다. https://www.zoebeloff.com/pages/shadowland.html

52   Siegfried Zielinski, 같은 책, 258.

도록 이끈다. 벨로프의 생각을 원용하면, 기술은 그 자체로 정신적 구성물에 내재되어 있거나, 꿈과 욕망의 광대한 집합체 안에서 구성되지만, "동시에 기술들은 우리 사유의 경계를 규정한다."[53] 이 경계 설정은 더 나아가 상상적 미디어에 대한 보다 덜 시적인 해석과 연관된 것으로 정의될 수 있다. 키틀러가 물질론적material 미디어 이론을 세우기 위해 편집증적 정신분열증 환자들의 환각적 아이디어를 사용한 방식과 유사하게, 우리는 아마도 상상적 미디어에 대한 조금 더 물질론적인 정의를 마련할 수도 있을 것이다. 상상적인 것의 물질성을 상세하게 설명하는 것이 내가 상상적 미디어에 관한 논의에 기여하고자 하는 바다.

비인간적 미디어

벨로프의 작업은 주로 여성 신체를 영매로 사용해 죽은 자와 소통하는 내세netherworlds뿐 아니라 유령들에 포괄적인 관심을 갖는다. '상상적 미디어'라고 이름 붙일 수 있는 연구의 대부분은 특히 19세기와 20세기 초의 죽음, 유령, 심령 소통의 주제와, 예를 들어 외계인과의 소통 같은 다른 세상과의 소통에 집중해 왔다. 이러한 의미에서 제프리 스콘스의 『유령 미디어Haunted Media』는 외견상 과학적으로 합리적인 근대성의 이면을 밀도 있게 보여주었으며, 스크린, 방송, 전기통신에 수반되는 '환상적인 것fantastic'을 탐구한다. 스콘

---

53   Zoe Beloff, 'An Ersatz of Life: The Dream Life of Technology', 291.

스는 자신이 유령 미디어의 문화사 또는 근대 미디어 기술에 유령처럼 출몰하는 현존감이라고 묘사한 것에서 반복해 발생하는 문화적 서사와 장르에 대한 후타모의 '토포이topoi' 분석과 유사한 방법으로 다음 세 종류의 '되풀이되는 허구recurring fictions'를 제시한다. (1) 탈신체화 및 육체 이탈, (2) 순간 이동 또는 전기적인 어떤 다른 세상electronic elsewhere,[54] (3) "미디어 기술의 의인화."[55] 스콘스의 주장에 따르면, 이 분류가 직접적으로 "미디어 시대"의 "심원한 구조"나 "기원적 신화소mythemes"가 되지는 않지만,[56] 역사적으로 특정한 담론으로 진입하는 입구로서 면밀히 해석될 필요는 있다. 그럼에도 스콘스는 전신과 방송의 새로운 기술들이 심령적 힘, 젠더 관계, 새로운 기술에 관한 가정들을 다루는 더 큰 기록체계에 어떻게 내재되어 있는지를 탐구함으로써 디지털 문화에 관한 정교한 계보까지도 보여줄 수 있었다. 실제로 반¥생명적 파괴 행위자인 웜worm이나 바이러스 같은 비인간 행위자가 유령처럼 출몰하는 듯 보이는 동시대 미디어 영역에서 알 수 있듯, 19세기의 상상적인 것과, 이를테면 1910년대와 1920년대 이후 방송 시대의 상상적인 것은 죽은 자, 부재하는 자, 외계인을 유선 혹은 무선 전송의 대양 같은 파동

---

54 [편집자] electronic elsewhere라는 용어는 제프리 스콘스가 19세기 말부터 20세기 초에 걸쳐 등장한 전신, 전화, 라디오, 그리고 이후의 텔레비전 및 디지털 통신이 만들어낸 새로운 공간 경험을 일컫기 위해 고안한 표현으로, 현실 사회를 환영적으로 옮겨놓은 세상이라 말할 수 있으며, 전기적 미디어를 통해 공간을 초월하여 다른 차원이나 장소에 현전할 수 있다는 문화적 상상 및 기술적 잠재력을 의미한다.

55 Jeffrey Sconce, *Haunted Media. Electronic Presence from Telegraphy to Television*, 8–9.

56 같은 책, 10.

위에서 상상했던 것은 그리 놀랄 만한 일이 아니다.

1903년에 코끼리 톱시Topsy의 전기사형을 잔인하게 담은 유명 영화 〈코끼리 톱시의 전기사형Electrocuting the Elephant〉(1903)이 상영되기 훨씬 오래전부터 전기 현상은 스펙터클의 전형이었다. 1748년, 장앙투안 놀레는 신체에 전기가 통한다는 것을 실증하기 위해 왕실 근위병들에게 실험을 했으며, 나중에는 수도자들에게도 같은 실험을 했다. 이 실험은 이후 경련을 일으키는 개구리 다리에 대한 루이지 갈바니의 실험으로 이어졌으며, 다시 그의 조카 조반니 알디니가 죽은 범죄자의 신체와 절단된 사지를 전선으로 연결해 보여준 훨씬 더 스펙터클한 묘기로 이어졌고, 이후 니콜라 테슬라가 조수인 클레멘스(마크 트웨인)의 몸을 통해 흐르는 전류로 전등을 밝히는 실험으로 반복되기도 했다.[57] 테슬라의 실험과 같은 19세

57　같은 책, 31; John Joseph Fahie, *A History of Electric Telegraphy, to the Year 1837* (London: E. &F. N. Spon, 1884), 59; Thomas Commerford Martin," Tesla's Oscillator and Other Inventions," *Century Magazine* (New York), 49 (April 1895). *Tesla* (1961): 27–29에서 재인용. 놀레의 1749년 책 『전기현상의 특별한 원인에 관한 연구(Recherches sur les causes particulières des phénomènes électriques)』를 읽어보면 라이덴 병(Leyden jar)에 관한 당대의 열망 그리고 몸들(유기물과 무기물 모누)의 서로 간의 전기를 통한 소통과 전기의 전달에 관한 다양한 물질적 특성과 관련된 놀레의 지속적인 실험들에 대한 깊은 이해를 얻을 수 있다. 콜로라도 스프링스(Colorado Springs)에 위치한 테슬라의 실험실에서 테슬라가 수행한 것들에 담긴 이와 유사한 열정들은 대중 및 전문가용 서적을 통해 널리 소개되었다. 테슬라 코일(Tesla coil)은 전기의 힘에 대한 매우 경이로운 실증이었다. 이는 당대에 등장한 새로운 물질로 이루어진 신세계였다. 즉, 우리가 어떻게 접근해서 미디어고고학에 대해 생각해야 하는지에 대한 암시들이 없었던 것은 아니다. 다음 참조. Samuel Cohen, 'Lightning Made to Order', *The Electrical Experiement* (New York) 474 (16 November 1916). *Tesla* (1961): 93–94에서 재인용.

기 말의 이러한 쇼맨십은 화성으로부터 설명할 수 없는 신호를 수신했다는 1899년의 그의 초기 보고서에서 이미 다른 세계에 닿아 있었다. 이는 20세기 초 수십 년간의 유사한 보고서들로 뒷받침되기도 했다.

'유령' 목소리를 수신하는 것이 방송 기술과 전파의 일부이기도 했지만, 이것들[유령들]은 과학적 미디어에 출몰했던 외계인, 죽은 자 또는 다른 섬뜩한 형태의 소통에 대한 추측으로 담론적으로 계속 변형되어갔다. 이는 앞서 언급했던 타우스크의 1920년대 심리영향 기계와 궤를 같이하는 현상으로, 이러한 현상은 비록 신경증과 정신병의 언어로 전달되었을지라도 권력과 새로운 미디어 기술을 고찰하는 지표로 읽을 수 있다[58] 하지만 정신병의 언어로 번역되어 나타난 것은 새로운 미디어 기술로 생겨나는 완전히 새로운 감각의 영역들을 파악하려는 시도라고 주장할 수도 있다. 요컨대 상상적으로 보이는 것, 환각으로 나타난 것, 의학의 역사, 광인들의 사례 연구, 소설 문학, 환상적인 저 너머 세계와의 소통에 관한 이야기들을 통해 방법론적으로 추적 가능한 것은 실제로 기술적 미디어가 비인간적 미디어였다는 사실을 가리키는 지표인 것이다.

실제로 제프리 스콘스가 20세기 초의 D. P. 슈레버의 유명한 정신분열증 회고록에 대한 키틀러의 독해를 소환해 강조하듯, 이러한 과대망상적 서사들은 녹음과 통신망이라는 새로운 기술의 복사

---

[58] Jeffrey Sconce, 'On the Origins of the Origins of the Influencing Machine' in *Media Archaeology. Approaches, Applications, Implications*, 70-94.

판이었다. 슈레버는 꼼꼼한 수도사처럼 자신의 모든 생각과 행동을 일일이 기록하는 천상의 필경사가 있다고 확신했다.[59] 키틀러 같은 이론가들에게 이는 개인의 병리 상태에 대한 언급이기보다는, 오히려 축음기가 이미 입증했듯, (거의) 모든 것을 기록하는 기술적 미디어 시대에 특별히 해당되는 편집증적 망상을 의미하는 지표였다. 따라서 신경에 영향을 미치는 광선이라는 상상적 '미디어', 환각, 망상은, 키틀러의 분석에 따르면, 1900년경 신체에 대한 새로운 정신분석적 이해로 이어지는 연결 고리를 사유하는 하나의 방식일 뿐아니라, 신경생리학과, 파편적 조각들만 생산하고 저장하는 새로운 형태의 기술적 미디어가[60] 정신을 이해하는 새로운 수단으로 자리 잡았던, 이른바 1900년의 기록체계를 상징하는 것이기도 하다.[61]

새로운 미디어는 정신을 지배하는 미디어로서 끊임없이 상상되었다. 이 망상적 측면은 기술적 미디어가 일상 언어와 통상적인 이해로 쉽게 번역되지 않을 때 생겨나는 편집증적인 정신분열적 과장일 뿐이다. 슈레버는 자신의 내면적 사고가 완전히 문자화되는 세계를 상상하는데(혹은 그 속에서 살고 있는데), 이[문자화]는 스콘

---

59   Daniel-Paul Schreber, *Memoirs of My Nervous Illness*, trans. Ida Macalpine and Richard A. Hunter (London: W. M. Dawson &Sons, 1903/55): [국역본] 다니엘 파울 슈레버, 『한 신경병자의 회상록』, 김남시 옮김(자음과 모음, 2010).

60   같은 책, 172: [국역본] 188-89.

61   Friedrich A. Kittler, *Discourse Networks 1800/1900*, trans. Michael Metteer, with Chris Cullens (Stanford, CA: Stanford University Press), 290-299: [국역본] 프리드리히 키틀러, 『기록시스템 1800·1900』, 윤원화 옮김(문학동네, 2015), 506-23; Jeffrey Sconce, 같은 글.

스의 말대로, 일종의 미디어 시스템을 나타낸다.[62]

> [슈레버는] 하나의 '신경' 모델을 제시했는데, 이는 에너지 전송과
> 전기통신 순환에 대한 과도기적 이해와는 상충되는 관계를 보여
> 준다. 슈레버의 『회고록Memoirs』에는 '신경'을 자주 분절된 네트
> 워크로 제시하며, 이는 전기 전송을 위한 전도성의 가느다란 줄
> 기와 같은 신경계의 친숙한 이미지를 연상시킨다. 슈레버는 신체
> 의 신경 조직을 (기억과 영혼을 담는) 저장소인 동시에, 진동하는
> 힘에 민감하게 반응하는 형이상학적 안테나로 간주했다("나는
> 나의 내부 신경체계에 직접 투사되는 빛과 소리의 감각을 광선을
> 통해 수신하며, 이를 수신하기 위해 외부 감각기관인 시각과 청
> 각은 필요하지 않다").

키틀러는 의미 바깥의 것들, 즉 의미 있는 언어뿐만 아니라, 신체의
모든 소음, 모든 별난 행동, 실수, 머뭇거림, 한숨, 앓는 소리를 기록
하는 이 능력을 사진술이라는 기술적 미디어가 제공하고 목소리의
영역에서는 축음기가 제공하는 것으로 보았다.[63] 키틀러는 라캉의
정신 삼분법 구조 아이디어를 미디어 역사의 일부로 번역하면서,
축음기와 같은 기술적 미디어는 실재계를 기록하지, 상징계 심지어
상상계도 기록하지 않는다고 말한다. 키틀러의 주장대로, 정신병자

62 Jeffrey Sconce, 같은 글, 77.
63 Friedrich A. Kittler, 같은 책.

의 신체나 유령에 대한 끈질긴 관심은 사실 기술적 미디어가 기입기계inscription-machines로 작동하고 있으며, 인간의 몸은 더 광범한 기록체계의 중계 지점에 지나지 않음을 보여주는 데 있었다. 이같이 물질론적 관점에서 보면, 근대성의 광기 어리고 비현실적인 기이한 신체는 환영이 아닌 기록체계의 물질론적 논리 구조의 일부인 것이다.

어떤 면에서 슬라보예 지젝이 공포영화를 분석할 때 사용하는 방법론적 교훈을 적용해 볼 수 있다.[64] 지젝은 히치콕의 〈새The Birds〉에서 새와 같은 공포의 요소를 제거하면 사회관계가 드러나며, 지젝의 정신분석학적 공식에 따르면, 이는 오이디푸스적 관계다. 이를 동일하게 상상적 미디어에 적용해 보자. 상상적인 것을 제거하고, 환상적이고 딴 세상의 일로 간주된 것들을 제거하면 무엇이 드러나는지 보자. 그것은 사회관계로 이루어진 세상, 통신 네트워크와 새로운 미디어 기술의 세계다. 이는 전기, 전자기장, 그리고 조금 더 후대에는 양자역학 같은 비현상학적 세계들에 이른다는 심원한 과학적 의미에서 보면 모두 비인간적인 것이다. 그러나 이러한 이론화 작업에서 더는 오이디푸스적 관계가 요구되지는 않는다.

과학적으로 구성된 새로운 미디어와 환상에 더 중점을 둔 담론과 실천의 연관 관계는 19세기에 뉴미디어가 등장하게 된 결정적

---

64 Slavoj Žižek, *Looking Awry. An Introduction to Jacques Lacan through Popular Culture* (Cambridge, MA: The MIT Press, 1992), 104-106. [국역본] 슬라보예 지젝, 『삐딱하게 보기』, 김소연 옮김(시각과언어, 1995).

인 맥락이었다.[65] 미국과 영국에는 각각 1880년대에 설립된 학회들, 즉 미국심령연구학회American Society for Psychical Research와 심령연구학회Society for Psychical Researc가 있었다. 이곳에서는 심령론자들이 자연과학자들과 아이디어를 공유했다. 주목해서 볼 점은, 과학으로 설명할 수 없는 것에 관한 담론과 관심은 전자기학이라는 새로운 과학이나 전신 및 기타 장거리 통신 기술과 같은 새로운 기술들과 쉽게 분리될 수 있는 것이 아니라는 사실이다. 존 더럼 피터스는 이렇게 말한다. "미디어를 경유하지 않는 통신을 심오한 형이상학적 관심사와 연결하려는 극단적인 열정에 실소를 금치 못할 수도 있다. 하지만 초기 라디오의 역사는 영혼의 비행, 신체 없는 목소리, 원거리에서의 즉각적인 현존 등에 대한 대담한 상상들과 뗄 수 없는 관계였다. 신체 없는 접속에 대한 꿈들은 대중적 담론뿐 아니라 기술 발명의 결정적인 조건이었다."[66] 이는 음극선관의 발명가이자 뇌와 뇌 사이의 직접적인 소통을 절대적으로 믿었던 윌리엄 크룩스를 통해 입증되었다.[67] 수많은 초기 미디어 선구자가 새로운 기술이 우리의 세계관에 급격한 변화를 유발하기에, 지금까지 견고하고 안정적으로 보였던 세계에 완전히 새로운 좌표계를 요구한다고 생각

65   Jeffrey Sconce, *Haunted Media. Electronic Presence from Telegraphy to Television*;
      Anthony Enns, 'Psychic Radio: Sound Technologies, Ether Bodies and Spiritual
      Vibrations', *The Senses and Society* 3(2) (July, 2008): 137-152.

66   John Durham Peters, *Speaking Into the Air. A History of the Idea of Communication*
      (Chicago and London: University of Chicago Press, 1999), 14.

67   William Crookes, 'Some Possibilities of Electricity', *Fortnightly Review* 51 (February,
      1892), 176.

했다. 1892년에 「전기의 몇 가지 가능성Some Possibilities of Electricity」
에서 크룩스는 이렇게 쓴다.

> 우리는 빛이 우리에게 미치는 것보다 더 긴 에테르의 진동이 과
> 연 끊임없이 작동할 것인지 아닌지에 대해 여태껏 의문을 가져본
> 적이 없었다. 그러나 영국의 로지와 독일의 헤르츠의 연구로 밝혀
> 졌듯, 수천 마일에서부터 몇 피트에 이르는 파장을 가진 무한한
> 범위의 전기적 광선 또는 에테르의 진동이 존재한다. 바로 여기서
> 새롭고 놀라운 세계가 우리에게 펼쳐지는데, 지능을 송수신하는
> 일이 가능하지 않다고 여기는 것이 쉽지 않은 그런 세상이다.

크룩스는 전기 진동이 벽을 뚫고 고체를 관통한다고 쓰면서, 이 새
로운 매체에 대해 대중들을 교육하려고 한다. 이뿐 아니라, 그는 사
람들이 진입하고 있던 포스트현상학적post-phenomenological 세계
를 암시적인 방식으로 개괄한다. 즉 우리는 끊임없이 "에테르 진동"
에 둘러싸여 있는데, 헨리 애덤스가 이미 언급했듯이, 이는 "우리를
진동과 광선으로 휘감는" 새로운 세계로 묘사된다. 그에 따르면, 이
는 "초삼사석인 오컬트이며, 마력馬力으로는 표현할 수 없는" 세상이
다.[68] 이는 근력과 물질 조작을 기반으로 한 산업기술의 세계에서

---

68 Henry Adams, *The Education of Henry Adams*, Project Gutenberg, www.gutenberg.
    org/ebooks/2044, 2011년 11월 27일 접속 (originally published by the Massachusetts
    Historical Society, 1918/2000).

통신, 신호 처리, 보이지 않는 광선에 기반하는 '비물질 노동'과 '인지 자본주의'로 이행하는 첫 신호들이었다. 이 보이지 않는 광선은 광인들뿐만 아니라, 라디오 쇼, 텔레비전 시트콤, 그리고 훗날 소셜 미디어 문화의 모바일 통신들에 주파수를 맞추는 평범한 사람들을 연결했다.

다시 말해 세기말은 발명뿐만 아니라, 그것이 가져온 완전히 새로운 세계라는 측면에서 급속한 변화로 표현되었다.

> 이 7년 사이에 인간은 옛 세계와는 공통된 측정 척도조차 없는 새로운 우주로 옮겨갔다. 인간은 초감각적인 세계로 진입했으며, 그곳에서 그는 자신의 감각으로는 지각할 수 없고, 어쩌면 자신의 기구로도 지각할 수 없는 움직임들의 우연한 충돌을 통해서만 무언가를 측정할 수 있을 뿐이다. 하지만 이러한 움직임들끼리는 서로를 지각할 수 있고, 바로 그 점에서 척도의 끝에 있는 어떤 알려진 광선에는 감지될 수 있다.[69]

유령, 환시, 초감각성, 새로운 기술에 관한 상상적 미디어를 둘러싼 모든 담론은 과거의 측정 척도—옛 세계의 척도뿐 아니라 인간의 지각 척도도—를 상실한 새로운 세계들을 가리킨다. 그러니 상상적 미디어라는 관점에서 보면 과학과 기술의 새로운 세계는 종종 죽은 자와, 혹은 뇌와 뇌 사이의 에테르적 소통과, 혹은 이러한 은

---

69 같은 책, xxv.

유적 전이를 통해 새로운 것을 이해하려는 시도와 매우 쉽게 연결되는 상상계였다. 그러나 축음기와 음향 녹음이 죽은 자를 불러오고 미디어가 여성 영매를 의미할 수도 있었던 은유들은 도래할 라디오 시대로 나아가는 전환점이자 기술적 미디어로 이행하는 더 광범위한 물질적 네트워크의 일부였다. 유령은 적어도 18세기 말의 로베르송[로베르]의 판타스마고리아 공연 이후로 계속해서 다시 등장하는 소재였다. 이 모든 것이 던지는 질문은 이렇다. 상상적 미디어는 상당 부분 새로운 미디어와 그것의 비인간적 척도를 가리키는 약칭이 아닐까?

신비주의자 칼 두 프렐 같은 독일 작가들에게 오컬티스트occultists는 매클루언이 훗날 예술가에 대해 묘사했던 것과 상당히 비슷한 구석이 있다. 즉 다가올 일을 예술을 통해 알리는 조기 경보 시스템이었다. 두 프렐은 오컬티스트들을 "미래의 기술자"가 배우고 활용할 수 있는 존재로 보았다.[70] 두 프렐의 1899년 책 『자연과학으로서의 마술Die Magie als Naturwissenschaft』은 경험주의자의 주장을 통해 수행된 자연과학에 대한 비판이었다. 즉 다양한 새로운 현상이 인과율 같은 과학의 근간을 이루는 개념들에 의문을 제기했으며, 과학적 세계관으로 설명되지 않는 공백들이 있음을 드러냈다.[71] 당연히 미디어 기술에 대한 이후의 심령주의적 담론들과 여타

---

70 Carl du Prel, *Die Magie als Naturwissenschaft. Erster Teil* (Jena: Kostenoble, 1899), 19.
71 같은 책, 7. 두 프렐의 저작들은 새로운 초월적 통각(apperception) 영역을 지속적으로 발전시키는 것으로서의 진화에 관한 그의 신비한 관점을 결정했던 그의 거대한 세계관의 일부였다. 프렐은 생물학적 발전과 몽유병과 같은 현상이 서로 연관되어 있다

초자연적 담론들은 프란츠 안톤 메스머의 작업, 그리고 메스머주의 mesmerism[72]와 동물 자기력animal magnetism[73]이라는 더 광범한 맥락에서 선례를 찾을 수 있으며, 이[계보]는 두 프렐도 인정했다. 하지만 전신과 같은 미디어 기술이나, 이를테면 엑스레이라는 새로운 시각 기술 같은 미디어 기술과의 연결 고리는 세기말적 추세에서 훨씬 더 분명하게 드러났다. 1920년대 방송의 등장[74]과 타우스크의 심리

고 줄기차게 주장했으며, 특히 후자의 경우는 "감각성의 통로가 탈선된 것"과 깊은 관계가 있다고 보았고, 그가 "미래 생물의 형태"라고 부른 것의 신호로 기능한다고 주장했다(Prel, 1899: xxv). 따라서 우리는 이러한 신비주의자들을 맥스웰 및 그 외 중요한 과학자들에 의해 '미디어' 현상으로 과학적 뒷받침을 갑작스럽게 받았던 자연과 보이지 않는 세계에 대한 더 폭넓은 재개념화의 일부로 보아야 한다. 두 프렐에게 새로운 미디어와 기술은, 벤야민이 사진과 영화를 과학적인 외과의사의 해부용 칼과 같은 비인간적 지각과 깊이를 지닌다고 했던 것을 앞서 예고라도 하듯, 지금 우리가 포스트휴먼이라고 부르게 된 것에 해당한다. 프렐은 이렇게 쓴다. "자연의 일부는 여전히 우리에게 보이지 않은 채로, 우리의 시각 능력 밖에 있다. 이를테면, 현미경으로 보아야만 보이는 세계가 이에 해당한다. 우리의 신체기관과 완전히 무관하기 때문에, 우리에게는 존재하지 않는 것으로 보이는 자연의 세계가 있다."

72 [편집자] 메스머주의는 18세기 말에 프란츠 안톤 메스머가 제안한 이론으로, 인간과 자연을 관통하는 보편적 유체 또는 자기력이 신체와 정신에 작용한다고 보았다. 이는 단순한 치료 기법이나 후대의 최면술로 환원되기보다는, 비가시적 힘, 감응, 매개라는 문제를 둘러싼 근대 초기의 의학적·자연철학적·심령주의적 담론이 교차하는 장을 형성했으며, 이후 미디어 기술을 둘러싼 초자연적 상상력의 중요한 전사(前史)로 기능한다. 다음 자료를 참고. Robert Darton, *Mesmerism and the End of the Enlightenment in France* (Cambridge, MA: Harvard University Press, 2009).

73 [편집자] 동물 자기력은 메스머주의의 핵심 개념으로, 생명체에 작용하는 비가시적 힘의 존재를 가정한 이론이며, 여기서 동물은 생명체 일반을 가리킨다. 애덤 크랩트리(Adam Crabtree)의 다음 책은 18세기 후반부터 19세기 초까지 유럽에서 유행한 '동물자기력' 개념의 발전을 추적하며, 심리치료와 최면의 기원에 미친 영향을 분석한다. Adam Crabtree, *Animal Magnetism, Early Hypnotism, and Physical Research, 1766-1925* (New York, NY: Kraus Intl Pubns, 1988).

74 Stefan Andriopoulos, 'Okkulte und technische Television' in *1929. Beiträge zue*

영향 기계의 개념화 같은 후대 사례 연구의 선례인 두 프렐의 연구
는, 우리가 만약 앞서 이야기한 지젝의 지침을 따른다면, 흥미로운
사례가 된다. 환상적인 것, 초자연적인 것, 상상적인 것을 제거했을
때 과연 무엇이 남는가? 원격 통신의 세계, 전자기장의 세계, 세계의
기반이 되는 존재론으로서의 진동, 그리고 미래 스크린 기술의 환영
들이다. 이 모든 것은 사실 일반적인 물질 어휘로 '사물'이라 불리기
엔 너무 빠르고 너무 작으며 너무 유동적이지만,[75] 여전히 근대 기술
적 미디어 문화의 물질론적 존재론을 정의하는 것들이다.

안드리오폴로스의 설명대로,[76] 사실 상상적인 것과 첨단기술의
이 같은 전개는 서로 맞물려 진행되며, 뇌와 뇌 사이의 상상적 장치
들, 혹은 심지어 죽은 자들의 세계로의 연결 고리는 새로운 커뮤니
케이션 세계에 필수적으로 동반되는 짝이다. 19세기 독일에서 제기
된 미디어의 기원에 관한 이론들, 주로 기술의 주요 모델을 '신체 기
관 투사organ projection'로 보는 에른스트 카프의 논제는 두 프렐 등
에 의해서 신경, 뇌, 그리고 장거리 통신의 비가시적인 공간을 고려
하는 방향으로 발전했다. 여기서 우리는 다시 한번 이러한 상상적
미디어에 대한 물질적 해석을 강조할 수 있다. 근대 미디어와 운송

Archäologie der Medien, ed. Stefan Andriopoulus and Bernhard J. Dotzler (Frankfurt
am Main: Suhrkamp, 2002)31-53; 'Psychic Television', *Critical Inquiry* 31(3) (Spring,
2005).

75   Jane Bennett, *Vibrant Matter. A Political Ecology of Things* (Durham: Duke University
Press, 2010), vii. [국역본] 제인 베넷, 『생동하는 물질』, 문성재(현실문화연구, 2020),
31-53.

76   Stefan Andriopoulos, 'Okkulte und technische Television.'

수단은 시간과 공간의 새로운 배열을 생성했으며,[77] 키틀러[78]와 같은 '미디어 유물론자'들은 "말을 불멸하게 만듦에 따라"[79] 죽은 자의 목소리 역시도 불멸하는 존재가 되어 좀비가 되었다며 줄기차게 유령과 기술적 미디어 사이의 이중 결속을 강조했다. 목소리와 이미지라는 형태로 남겨진 인간의 파편들은 현재 축음기와 같은 저장 미디어를 통해 사후의 삶을 갖게 되었다. "움푹 파인 종이 띠가 작은 기계를 통과하고, 그 기계에서 나오는 소리가 증폭되면, 우리의 증손자들이나 수 세기 후의 후손들이 마치 우리가 거기에 있기라도 한 것처럼 분명하게 우리의 소리를 들을 것이다."[80] 미디어 좀비에 대해 말하자면, 레몽 루셀은 1914년 소설『로쿠스 솔루스Locus Solus』에서 동물 자기력의 힘을 통해 축음기처럼 작동하면서 죽은 사람의 목소리를 내는 당통의 되살아난 머리라는 꾸며낸 이야기에서 더욱더 상상적인 미디어를 구상한다.[81]

존 더럼 피터스는 키틀러의 사유를 확장하면서, 기술적 기록체계에 내재된 소통에 대한 꿈을 강조하고자 설득력 있는 주장을 펼

---

77   Stephen Kern, *The Culture of Time and Space* (Cambridge, MA: Harvard University Press, 2003). [국역본] 스티븐 컨, 『시간과 공간의 문화사 1880~1918』, 박성관 옮김(휴머니스트, 2004).

78   Friedrich A. Kittler, *Gramophone, Film, Typewriter*.

79   *Scientific American* (17 November 1877): 304.

80   같은 글; 목소리의 귀신들린 속성에 대해서는 다음 참조. Mladen Dolar, *A Voice and Nothing More* (Cambridge, MA:The MIT Press, 2006).

81   Raymond Roussel, *Locus Solus*, trans. Rupert Copeland Cunningham (Surrey: Oneworld Classics, (2008 [1914]), 59.

친다. 이러한 네트워크는 당대의 가장 발전된 기술을 통해 천사들의 소통에 대한 고대적 비전을 계속해서 생생하게 유지시켰다. 더 나아가 키틀러는 미디어의 유령성이야말로 소통이 어떻게 인간의 몸에서 벗어났는지에 대한 지표라고 주장했다. 운반, 특히 메시지의 운반이 더는 인간의 속도에 얽매이지 않고 증기와 전기의 도움으로 이동했던 것과 마찬가지로, 시청각적 기호들로 이루어진 단어들 역시 더는 우리의 감각 능력의 현상학에 속박되지 않게 되었다.[82]

이러한 의미에서 유령과 외계인에 대한 이후의 상상적 미디어의 재작업을 기술적 미디어의 조건들에 대한 고고학으로 이해할 수 있을 것이다. 따라서 전자기 영역을 스캔해서 비가시적이지만 완전히 실재하는 진동의 세계를 탐구하는 최근의 여러 미디어 예술 작업은 초심리학적인parapsychological 것에서 첨단기술로 확장하는 새로운 비인격적 인지 체제로 볼 수 있다. 이에 대한 예는 다음과 같다. 딱 어울리는 이름을 가진 고스트랩GhostLab의 2008년 스펙트로토피아Spectrotopia 전시, 전자음성 현상Electronic Voice Phenomena, EVP의 아이디어를 서라운딩 신호 세계들에 대한 기술 조사와 결합한 마이크로 리서치 랩의 탐지 워크숍Micro Research Lab's Detection Workshops, 그리고 비선형적 시간에 관여하는 상상적인 것들을 통해 미디어 역사와 미디어 기술을 재사유하는 조이 벨로프, 에드윈 커렐스, 게브하르트 젱뮐러의 프로젝트 등이 있다.

---

82 John Durham Peters, *Speaking Into the Air. A History of the Idea of Communication* 140.

요약

다양한 갈래의 상상적 미디어 연구를 찾아낼 수 있지만, 대부분은 클루이텐버르흐가 편집한 앤솔러지 『상상적 미디어에 관한 이야기Book of Imaginary Media』 (2011)에 매우 잘 요약되어 있다. 일반적으로 상상적 미디어 연구가 중점을 두는 대상은 다음과 같다.

- 상상되고 존재하지 않지만, 현재의 미디어 문화적 디자인과 논의에 활력을 불어넣을 수 있다는 측면에서 탐구할 가치가 있는 미디어. 이는 미래 미디어 디자인의 청사진을 제공할 수 있는 기이한 발상의 저장고다.
- 미디어와 기술을 둘러싼 꿈같은 세계, 그리고 이것들이 기이한 욕망과 사회적 구성체들과 연관되는 방식(벨로프의 미디어고고학 예술작품이 가장 적절한 예시임).
- 기술적 미디어의 비인간적 측면을 다룰 수 있는 것의 약칭으로서 상상적 미디어. 기술적 미디어들은 비고체적, 비현상학적 세계들(전자기장, 고차 수학, 인간의 이해를 넘어선 속도)을 매개하는 미디어라는 사실, 그리고 그 덧없는 속성 때문에, 기술적 미디어들은 종종 놀라운 것fabulous, 스펙터클한 것의 언어로 묘사된다.

따라서 상상적 미디어는 비인간 기술적 미디어와 단단히 결속되어 있으며, 특히 19세기 초반 이래로 그러했다. 그리고 이러한 상상적 미디어에 대한 유물론적 관념은 칠린스키의 조금 더 시적인 비전과는 다르다. 이 장은 상상적 미디어 연구가 '상상적인 것'을 더는 라캉식(통일된 상상적 신체로 이루어진 꿈의 세계를 제공하는 것)으로 이해하는 것이 아니라 새로운 것을 위한 가능성으로 이해하

고, 미디어를 새롭게, 그리고 기이한 장소, 기괴한 몸속에서 사유하기 위한 시
도였다.

더 읽을거리

3. 상상적 미디어: 기이한 사물들의 지도 그리기

Kluitenberg, Eric, ed. (2006) *Book of Imaginary Media. Excavating the Dream of the Ultimate Communication Medium* (Amsterdam and Rotterdam: Debalie and NAi Publishers).

Peters, John Durham (1999) *Speaking Into the Air. A History of the Idea of Communication* (Chicago and London: University of Chicago Press).

Sconce, Jeffrey (2000) *Haunted Media. Electronic Presence from Telegraphy to Television* (Durham and London: Duke University Press)

Zielinski, Siegfried (2006a) *Deep Time of the Media. Toward an Archaeology of Hearing and Seeing by Technical Means*, trans. Gloria Custance (Cambridge, MA: The MIT Press).

4
미디어 이론과 신유물론

앞 장은 상상적 미디어를 이해하는 유물론적 방식을 요청하는 것으로 마무리되었다. 유령과 초자연적 유령, 그 외 초자연적 현상 등의 다양한 환영적 표현이 실제로는 얼마나 초현상학적인지, 즉 헨리 애덤스가 묘사했던 것처럼 얼마나 초감각적인지, 그리고 그것들은 또 얼마나 인간의 정상적인 감각[체험]sensation을 벗어난 데로 확장하는지 말이다. 이는 미디어학에서 전반적으로 중요한 주제였다. 예를 들어 새로운 인간 소통 형식의 출현을 사회적, 정치적, 역사적 맥락에서 지도화하는 작업에 더해, 블로그를 이전 글쓰기 기술 양식과 연관된 재매개로 보든, 전보에서 페이스북 시대에 이르는 원거리 소통 기술을 살펴보든, 1950년대 교외의 텔레비전 가족부터 온라인 P2P 문화에 이르기까지 인간 공동체에 대한 비전을 보든 간에, 거기에는 현대의 과학 세계를 구성하는 데 필수적인 중요한 비인간적 요소들이 존재한다. 이 장에서는 종종 유물론적 미디어 이론으로, 심지어 하드웨어 이론으로도 불리는 (민족성을 과도히 시사하는 약간 실패한 용어인) 독일 미디어 이론을 통해 미디어고고학 연구가 어떻게 통신 이벤트communication events의 저장과 분배, 처리에 대한 물질론적 존재론과 도전을 정교하게 다루었는지를 분명하게 설명해 물질성이란 주제를 이어갈 것이다. 이 장은 그중에서도 프리드리히 키틀러, 베른하르트 지게르트, 클라우스 피아스, 볼프강 에른스트 등의 저자들을 더 주목한다. 그러나 당연하게도 독일 미디어 이론만이 물질성을 논하는 유일한 이론이 아니기에, 말미에서는 영미권 미디어 연구의 최신 성과와 이 흐름의 몇몇 지점을 연결할 것이다. 따라서 이 장에서 두드러진 핵심 주제는 사물과 물질성, 그리고 매체 특정성이다.

하드(웨어) 이론

미디어고고학은 언제나 과거 미디어 문화의 대상, 장치와 잔재, 즉 과거 미디어 시대의 기념비에 매료되어 왔다. 심지어 양적으로 지나칠 정도로 미디어고고학은 주류 미디어 역사의 대안으로 별난 장치와 영화 전사 시대의 장난감에 경이의 방 유형의 경외감을 보여 왔다. 마셜 매클루언은 건축에서 시계에 이르기까지 각기 다른 공간적이고 시간적인 성좌를 '미디어'로 보고 인식할 수 있는 다양한 방법으로 '미디어' 개념을 확장하는 데 관심을 둔 미디어 이론가 중 한 명이었다. 그 이유 중 한 가지는 미디어 문화의 변화에 관한한 지금의 우리가 겪는 것과 유사한 상황에 그가 상당히 붙박여 있었기 때문이다. 영화(1970년대 확장영화 논의)처럼 외견상 친숙한

그림 4.1

미디어고고학은 다양한 대상과 장치에 주력한다. 이는 보통 원(proto-)영화적인 것에 관한 것들이었지만 점차 녹음 및 소리 복제 같은 다른 형식의 기술적 미디어를 다루는 경우도 늘고 있다. 미디어고고학 이론은 사회적 맥락과 예를 들어 디자인 외에도 저장과 전송 방식에 관한 물질론적 도식 및 기술을 연구하기 위해 그 내부를 들여다보는 데 관심이 있다. © Sebastian Döring

미디어 기술의 수많은 제도적이고 미학적인 맥락을 재고해야 하는 상황이었고, 책과 글쓰기(문예학자였던 매클루언이 가장 좋아했던 주제 중 하나)도 그랬다. 즉 이는 구텐베르크 시대의 [종이]책-사물을 떠나서 지금 우리가 '전자책'을 두고 말하듯이 더 탈중심적이고 분산적이고 이동하는 형태로 바뀌었다는 의미였다. 책은 그저 한 가지 예에 지나지 않을 뿐이다. 미디어 기술의 물질적 기반이 변화하는 중이다. 이러한 상황에서 역사적 관점은 위안이 되는 지지대('변화만큼 영원한 것은 없다')가 될 수도 있지만 변화를 앞당길 수 있는 발상이 될 수도 있다. 이는 친숙한 미디어 기술을 어떻게 새로운 물질적 성좌 속에서, 그리고 미디어의 새로운 사용과 소비, 제도화 양식을 유발하는 방법으로 재고할지에 관한 것이다.

　미디어고고학은 영화의 탄생으로 향하는 길뿐 아니라 다른 경로의 가능성도 보여줄 수 있을 것처럼 보이는 19세기 장치에 역점을 두었다. 2장에서 설명했듯이, 그러한 장치는 추후 장편 극영화의 대규모 관객의 탄생으로 야기된 것보다 더 촉각적이고 개인적이며, 그렇지 않았다면 달라졌을 신체와의 관계를 시사했다. 다시 말해 하드웨어가 중요하다는 것이자[1] 미디어 기술의 물질적 하드웨어 특성에 관한 연구도 그만큼 중요하다는 것인데, 이는 장난감, 도구와 연장 등이 19세기의 사용 양상과 시각문화에 통합되었던 다양한

1　Ian Christie, "Toys, Instruments, Machines", Why the Hardware Matters' in *Multimedia Histories. From the Magic Lantern to the Internet*, ed. James Lyons and John Plunkett (Exeter: University of Exeter Press, 2007).

방식을 얼마나 보여줄 수 있는가라는 차원에서 그러하다. 소비물의 비가시성이 증대하는 디지털 문화에서 하드웨어적 상황을 강조하는 것은 미디어고고학 연구에서 중요한 정치적 임무가 된다. 이러한 비가시성은 이미 영화 장치의 일부분이었지만, 기계 사용이 용이한 시대와 디지털 저작권 관리 소프트웨어 및 플랫폼의 시대에 와서는 미디어 기술 구축에서 더 큰 일부를 차지한다. 그리고 그와 비슷하게, 예를 들어 과거의 하드웨어, 장난감, 자동인형은 대상을 통해 자동화된 공장체계의 탄생을 어떻게 설명할 수 있는지 실증하는 데 다양한 방식으로 사용될 수 있다. 제시카 리스킨이 보캉송 오리 Vaucanson Duck를 계몽주의 사상 및 기술의 핵심 형상물로 보았던 것처럼 말이다.[2] 사실 어느 정도는 이질적 질서와 놀라움의 모델을 통해 미디어와 아카이브를 다시 사유하는 데 초점이 되어 온 것이 단지 경이의 방이나 그와 유사한 것들만은 아니라고 말할 수 있다.[3] 미디어 역사 자체도 그러한 경이의 방이 될 수 있기 때문이다. 문제는, 좋든 나쁘든, 우리가 '왜'라는 단순하면서도 비판적인 질문을 던지기보다는 그저 '호기심 거리' 자체를 위해 호기심을 서술하는 글쓰기에 빠져들 위험이 있다는 점이다. 왜 이 특정 기술이 중요한가, 그리고 미디어 역사 속 이 '호기심 거리'에 대한 연구 이면에 어떤

---

2   Jessica Riskin, 'The Defecating Duck, Or, The Ambigious Origins of Artificial Life', *Critical Inquiry* 20(4) (Summer, 2003).

3   예를 들어 Barbara Maria Stafford and Frances Terpak, *Devices of Wonder. From the World in a Box to Images on a Screen* (Los Angeles: Getty Research Institute Publications, 2001) 참조.

논지가 놓여 있는가 하는 질문을 묻지 않은 채 말이다.

사물은 사물의 정치와 그것이 우리의 세계 구성에 관여하는 방식 때문에 중요하다. 미디어 하드웨어는 설계와 미학, 정치와 비판적 문화 연구 등 다양한 관점에서 중요하게 보일 것이다. '하드웨어 미디어 이론'의 발상과 가장 빈번하게 결부되는 것은 프리드리히 키틀러의 저작과 그의 포스트푸코주의 사상에서 영향을 받은 미디어 역사 관련 학자 집단이다. 키틀러는 소위 '독일 미디어 이론 학파'를 주도했던 인물이다. 독일 미디어 이론 학파는 통일된 학파와는 다르지만, 영미의 관점에서 1960년대 이래 수많은 프랑스 철학이 '프랑스 이론'이나 '프랑스 포스트구조주의'라고 모호하게 범주화되었던 것과 유사하게 그러한 하나의 단일체로 자주 받아들여졌다. 물론 키틀러 외에도 고유한 접근법으로 예술, 물질성, 과학, 미디어 역사를 사유한 다양한 학자가 있고 그들의 저작 중 상당수는 아직 영어로 번역되지 않았다.[4] 바꿔 말하면 '독일'이라는 표지는 일종의 부정확한 이해이며, 키틀러의 연구를 '베를린학파 미디어 이론'과 연관 짓는 것만으로도 수많은 제도적이고 학문적인 세부 내용을 간과하게

---

4   예를 들어 Wolfgang Hagen, *Das Radio. Zur Geschichte und Theorie des Hörfunks – Deutschland/USA* (Minich: Wilhelm Fink, 2005); Claus Pias, *Computer Spiel Welten* (Munich: Diaphanes, 2002); Bernhard Siegert, *Passage des Digitalen. Zeichenpraktiken der neu-zeitlichen Wissenschaften 1500~1900* (Berlin: Brinkmann & Bose, 2003); Siegfried Zielinski, *Deep Time of the Media. Toward an Archaeology of Hearing and Seeing by Technical Means,* trans. Gloria Custance (Cambridge, MA: The MIT Press, 2006) 참조. 키틀러에 대한 비판 및 미디어아트와 근대성의 대안적인 역사적 접근법에 관해서는 다음 책 참조. Dieter Daniels, *Kunst als Sendung. Von der Telegraphic zum Internet* (Munich: C. H. Beck, 2002).

될 것이다. 키틀러만이 그 지역의 유일무이한 미디어 이론가도 아니며 그랬던 적도 없다. 그러나 '독일 미디어 이론' 같은 일반화의 부정확성이 지속되더라도 그의 저작이 그의 문예학 배경에서 자라났기 때문에 국제적 미디어 이론, 특히 영미 미디어 이론이 글쓰기, 저장과 소통 체계를 물질적 네트워크로 간주하는 데 지대한 영향을 받았던 것만큼은 분명하다. 역사적 성좌로서, 특히 기술 체계와 고급 이론을 면밀히 독해하려는 열의가 어우러진 점에서 독일 미디어 이론은 프랑크푸르트학파의 마르크스주의적 미디어 분석에 대한 비판적 대응이었다고 이해할 수 있을 것이다. 또한 이것은 국제적 규모로 본다면, 제프리 윈스럽영이 탁월하게 설명한 대로,[5] 영국의 문화 연구와 차별화하기 위한 욕망이었다고도 볼 수 있다.

가령 윈스럽영은 키틀러를 요헨 회리슈와 함께, 독일의 모든 공식 학파 바깥에서 처음 등장했던 푸코, 데리다, 라캉에 관심을 가진 포스트구조주의 학자 세대의 일원으로 보았다.[6] 그 뒤로는 키틀러 등과 같은 학자들의 영향을 받았던 카셀학파 미디어 이론과 1990년 이후로 매우 유물론적으로 주도된 베를린(훔볼트 대학교)학파의 미디어 이론에 관한 논의가 있었다. 포스트구조주의 철학을 미디어

---

5   Geoffrey Winthrop-Young, 'Cultural Studies and German Media Theory', in *New Cultural Studies: Adventures in Theory*, ed. Gary Hall and Clare Birchall (Edinburgh: Edinburgh University Press, 2006), 88; *Kittler and the Media* (Cambridge: Polity, 2011).

6   Geoffrey Winthrop-Young, *Friedrich Kittler zur Einführung* (Hamburg: Junius, 2005), 34.

이론으로 전환한 이 세대는 금세 학계에서 독창적이고 혁신적인 입지를 만들어냈다. 게다가 이러한 미디어 연구에 개입하는 것은 과학과 기술의 중요성을 강하게 강조하는 것을 포함한다. 또한 이들이 채택한 전문 용어인 문화 과학cultural sciences과 미디어 **과학**media sciences[7]에서 과학wissenschaften이라는 독일어적 용법은 키틀러의 영향을 받은 일부 미디어 이론이 "오로지 풍문으로만 고급 수학을 들은" 문화 **연구**와 거리를 두려는 의도이기도 하다. 이러한 도발은 과학과 기술 중심의 문화 과학과 인간 행위 및 의미 구조 연구 사이의 차이를 보여주며, 문화적 세계의 구성적 본질을 보는 다른 방식을 제시한다. 키틀러 및 그와 같은 학자에게 현대 기술로 세계를 구체적으로 구성하는 것은 바로 수학과 공학이다. 하지만 문화 연구, 프랑크푸르트학파, 그 외 대안적 접근법에 대한 그러한 도발적 비판들은 조야한 일반화인 경우가 많다.[8] 물론 그렇다고 해서 이런 발상들이 도발을 위한 것만은 아니다. 키틀러는 "컴퓨터 프로그래밍을 가르친 최초의 독어독문학의 변절자"[9]로 묘사할 수 있으며, 베를린 훔볼트 대학교 미디어 연구소는 '미디어 연구를 위한 수학' 같은 학부 수업들을 개설했던 몇 안 되는 곳 중의 하나다.

독일의 이러한 특별한 사례와 '구舊유럽'(키틀러의 마음과도 같이) 영미 문화 및 미디어 연구 간의 이 같은 구분은 미디어고고학을

---

7   [옮긴이] Kulturwissenschaft와 Medienwissenschaft.

8   Geoffrey Winthrop-Young, *Kittler and the Media* 참조.

9   같은 책, 74.

이해하는 특정한 방식의 지류가 된다. 공정을 기하고, 더 늦기 전에 지적할 것이 있는데, 키틀러는 자신을 미디어고고학자라고 밝힌 적이 한 번도 없었다는 점이다. 최근에는 또 다른 베를린 훔볼트 대학교 교수인 볼프강 에른스트의 명시적인 미디어고고학 이론과의 차이를 밝혔다.[10] 키틀러는 한 인터뷰의 짧은 대목에서 '비선형 미디어 역사'의 중요성을 간략히 논하며 이것에 동의는 하지만 에른스트의 연구가 자신의 것에서 비롯하지 않았다는 점을 강조했다. 그는 이어 역사를 서사 바깥에서, 그리고 그가 "재귀적인 것the recursive"이라고 부르는 차원에서 생각해야 할 필요성에 대해 말했다. 재귀적인 것은 미디어고고학적 방법론, 심지어 후타모의 주기적이고 되풀이되는 **토포이**와도 분명히 공명한다.[11] 키틀러는 "같은 주제가 일정한 간격으로 반복해서 일어나지만 다른 의미와 결과를 내는" 재귀적 역사의 예시로 사이렌을 언급했다.[12] 그리스 바다의 매혹적인 님프에서 초기 기독교의 괴물, 중세의 인어, 우리가 지금 알고 있는 형태인 19세기의 기술적 용도—즉 가청 역치의 측정과 라디오 개발에 핵심 역할을 차후에 했던, 시끄러운 소리를 발생하는 신호 장치—에

---

10 John Armitage, 'From Discourse Networks to Cultural Mathematics. An Interview with Friedrich A. Kittler', *Theory, Culture & Society* 23(7-8) (2006): 32-33.

11 Erkki Huhtamo, 'From Kaleidoscomaniac to Cybernerd: Notes Toward an Archaeology of Media', *Leonardo* 30(3) (1997); 'Dismantling the Fairy Engine: Media Archaeology as Topos Study' in *Media Archaeology. Approaches, Applications, Implications,* ed. Erkki Huhtamo and Jussi Parikka (Berkeley, CA: University of California Press, 2011).

12 John Armitage, 'From Discourse Networks to Cultural Mathematics. An Interview with Friedrich A. Kittler', 33.

이르기까지 다양한 사이렌이 등장했다는 것이다.[13]

그러나 한 발짝 물러나 왜 그가 그렇게 불리기를 원한 적도 없는데도 가장 영향력 있는 미디어고고학 학자로 언급되는지 그 이유를 알려면 키틀러 이론의 핵심을 먼저 알아보아야 한다. 그다음에는 어떻게 그가 미디어고고학과 가장 크게 결부되는 미디어 이론 및 역사에 관한 글을 쓴 저자이자 우리에게 미디어 역사의 유물론적 통찰을 준 여러 사상가의 추종을 받았으며, 왜 그럴 만한지 묻는 물음으로 돌아갈 것이다. 이러한 관점은 '신유물론'이라 불리는 문화 이론의 광범한 경향 및 영미권 뉴미디어 연구에서 새롭게 등장한 연구 분야(소프트웨어 연구, 플랫폼 연구, 미디어 포렌식)와 광범한 반향을 일으킨다.

키틀러의 개념 '담론 네트워크,'[14] 즉 동일 명칭(본래는 『기록체계 1800 · 1900Aufschreibesysteme 1800/1900』)[15]의 번역에 해당하는 이것은 그 자체로 푸코의 방법론적 입장을 미디어에 적용하는 데로 나아가는 중요한 길목이었다. 키틀러가 행할 수 있었고 인문학 및 미디어 연구에 제시할 수 있었던 것은 다음 두 가지였다. (1) 문학 같은 '올드미디어'를 (해럴드 이니스를 차용해) 정보의 전송과 연

---

13 같은 글, 33.

14 [옮긴이] 이 개념을 다룬 영문판 제목은 *Discourse Networks 1800/1900* (Michael Metteer, Chris Cullens 번역)이다.

15 [옮긴이] 영문판 제목과 동일하게 파리카는 '담론 네트워크(discourse networks)'라는 용어를 사용한다. 그러나 여기서는 개념 일반을 가리킬 때는 원어에 충실한 '기록체계'로, 파리카가 네트워크의 상호작용을 말하는 맥락에서는 '담론 네트워크'로 번역한다.

결, 제도화를 위한 미디어 시스템으로 보는 것. (2) 기술적 미디어 시대의 권력 작동 방식에 대한 통찰을 제공하는 것. 사실 미디어고 고학의 접점이 탄생했던 것은, 기록체계로서의 기술적인 것의 중요성을, 즉 푸코가 말하는 방식에 따르면 고고학적(지식의 조전)이고 계보학적인(역사는 다양하게 신체와 물질에 기록된다는) 이론과 연결해 키틀러가 강조했던 것이 계기였다.

'기록체계' 개념과 1990년에 영어로 번역되었던 이 역작 전체는 문학을 미디어로, 기술적 미디어를 포스트휴먼적 감각[체험]과 행위성의 새로운 체제로 읽는 방법을 내놓았다. 책에서 영화와 컴퓨터 등에 이르는 미디어는 내용이나 사회적 조건으로 환원되는 대신, 어떻게 미디어 기술이 사회관계뿐 아니라 특정 지각 형식과 기억 양식을 제공하는지 설명하는 고찰의 대상이어야 했다. 키틀러는 1800년과 1900년경의 인식론적 단절을 급진적으로 주장함으로써 기술과 '소위 인간so-called humans'인 우리가 긴밀하게 연계하여 변화하는 과정에서 분명한 단절이 특정 해에 일어났다는 식의 역사적 주장을 하려는 것이 아니었다. 그 대신, 미디어의 인식론적 조건을 제시하고자 했다. 그는 지식의 조건에 관한 푸코주의 고고학과, 미디어가 우리의 감각과 인지 능력을 형성하는 방식에 대한 매클루언식의 관심, 사회사보다는 통신물리학에서 기인하는 미디어 역사관을 통합하기를 바랐다.[16] 다시 말해 키틀러는 1990년대 후반

---

16 키틀러의 기본 사상에 대한 탁월한 설명으로 다음 책 참조. Geoffrey Winthrop-Young, *Kittler and the Media*, 2011.

『광학적 미디어Optical Media』강연록에서 밝혔듯이, 1940년대 이후 클로드 섀넌의 통신 이론을, 미디어 작동 방식을 가르치기 위한 기본 틀로 삼았다. 다시 말해 사회적으로 조건화된 의미도 아니고, 재현도 아니고, 미디어에 대한 그 어떤 상상도 아닌 신호의 물리적 전파와 효과적 분배channelling의 통신 행위가 미디어의 핵심을 나타낸다는 것이 키틀러의 주장이다. 그에 따라 통신은 섀넌 모델의 구성 요소, 즉 데이터 소스, 발신자, 신호, 수신기, 수신자를 통해 방법론적으로 이해될 수 있다(그림 5.2 참조). 다시 말하면 이 모델에서 부호화, 신호 처리화, 복호화 과정은 매우 중요한데, 키틀러는 "전통적인 철학이나 문학과는 대조적으로, 섀넌의 모델은 메시지가 어떤 존재에게 이른바 의미나 지시대상을 갖는지 묻는 대신, 통신의 내적 작동 원리를 명확히 밝혀 그 일반성에 도달하려는 목적으로 의미와 지시대상 모두를 무시한다"라는 점을 강조한다.[17] 한편 과학 및 공학에 쏠렸던 관심은 그가 자신의 사상을 비추기 위해 문학 작품(예컨대 토머스 핀천의 작품)을 끌어들이는 데 걸림돌이 되지 않았다. 그것은 그만의 특별한 글쓰기 방식이기도 하다.

　　『기록체계 1800·1900Discourse Networks 1800/1900』은 그 자체로 '소위 인간'을 이해하는 세계의 개막이었다. 이 세계에서 편집증

17　Friedrich A. Kittler, *Optical Media*, trans. Anthony Enns (Cambridge: Polity, 2010), 44: [국역본] 프리드리히 키틀러, 『광학적 미디어: 1999년 베를린 강의』, 윤원화 옮김(현실문화연구, 2011), 72(옮긴이 부분 수정): 다음 책 참고. Friedrich A. Kittler, *Discourse Networks 1800/1900*, trans. Michael Metteer, with Chris Cullens (Stanford, CA: Stanford University Press, 1990), 370: [국역본] 프리드리히 키틀러, 『기록시스템 1800·1900』, 윤원화 옮김(문학동네, 2015), 646-47.

적 조현병 환자인 슈레버 판사(3장 참조)는 기술적 미디어의 훌륭한 상징 역할을 수행했고, 거기서 프리드리히 니체의 선구적인 타자기 사용은 새로운 언어와 자아 체제로 탈바꿈하는 지표가 된다. 키틀러는 기술에 대한 열정과는 별개로 문학 작품과 이야기, 주로 별나고 잊힌 많은 작품을 사용하는 데 거리낌이 없다. 이는 새로운 감각학과 두뇌학, 움직이는 이미지(영화)와 녹음(축음기인 그라모폰과 포노그래프), 글(타자기)이라는 새로운 미디어 기술, 그 기술적 미디어를 도입한 새로운 예술 사이의 복잡한 네트워크에서 주체성이 재편되는 새로운 발화 체제에 대한 분석을 뒷받침하려는 목적에서 그렇다. 따라서 원제 "기록체계"를 직역하지 않은 [영어] 번역본의 '네트워크' 개념은 매우 적절하기까지 하다. 키틀러의 연구는 매클루언과 동일하게 기술결정론이라고 비난받기도 하지만, 예술, 과학과 기술이 공구성적co-constitutive 상호작용으로 결부된 방법론을 더 크게 암시한다는 점에서 뉘앙스의 차이가 있다. 기술이 단순히 예술을 결정하거나 과학이 단순히 기술을 결정하는 것이 아니다. 예술이 아름다움을 창조하고 관조하는 것만도 아니다. 이것들은 모두 미학이 과학 및 기술과 단단히 엮인 역사적 관계의 공결정적co-determining 네트워크 속에서 작동한다.[18] 그런데도 솔직히 말하자면 마지막 순간에 강조되는 것은 주로 과학과 기술이다. 문학과 소설은 그 시대 미디어 기술의 자체적 각인이자 과학과 기술의 핵심 효

---

18 Bernhard Siegert, 'Cacography or Communication? Cultural Techniques in German Media Studies', trans. Geoffrey Winthrop-Young *Grey Room* 29 (Winter, 2008) 참조.

과에 접근하기 위한 방법론적 도구에 가깝다.

키틀러는 『기록체계 1800·1900』의 마지막 부분에서 기록체계의 개념을 정의한다. "기록체계라는 단어는 원래 판사회의 의장 슈레버의 편집증적 인식에 신이 속삭여 넣은 단어이지만, 이 책에서는 임의의 문화에서 유의미한 데이터를 선별·저장·처리하는 기술적이고 제도적인 네트워크를 가리킨다."[19] 따라서 다양한 종류의 행위자agent, 신호signal, 처리process가 등장하고 체계적 관계로 배치되는 것은 제도와 기술 사이의 이러한 연결 고리 때문이다. 말하자면 키틀러의 유물론은 물질substance 기반 이상의 의미가 있다. 그는 후기구조주의적 배경에서 비롯된 주장에 관한 한 완고했다.[20] 즉 우리가 언어를 말하지 않고 언어가 우리를 말한다. 그리고 우리는 우리 자신이 만들지 않은 언어 체계에 참여해야 한다. 그러나 기술적 미디어 시대의 언어는 단순한 자연어가 아니다. 그것은 타자기와 같은 미디어와 그 이후 컴퓨터 소프트웨어 언어에 의해 미디어로 도입된 새로운 기술적 체제이며, 방법론적으로 유사하게 보이겠지만 물리적인 그것은 새로운 감각[체험] 체제를 부과하고, 우리는 기능하는 주체가 되기 위해 우리 자신을 그에 맞추어야 한다. 이 체계에서 우리는 부차적이다. 이는 행위성 외에 권력과도 관련된다. 권력은 더는 푸코의 분석처럼 병원이나 감옥 같은 물리적 공간과 제도 혹은

---

19 Friedrich A. Kittler, *Discourse Networks 1800/1900*, 369: [국역본] 프리드리히 키틀러, 『기록시스템 1800·1900』, 윤원화 옮김(문학동네, 2015), 645(옮긴이 부분 수정).

20 Geoffrey Winthrop-Young and Michael Wutz, 'Translators' Introduction: Friedrich Kittler and Media Discourse Analysis', xx.

언어의 실천을 통해서만 순환되고 복제되지 않는다. 그 대신 그것
은 우리의 기술적 미디어 체계를 이루는 스위치와 전자계산기, 소
프트웨어, 하드웨어, 프로토콜, 회로 등에서도 일어난다.

물질론적 신체의 고고학

키틀러는 기술적 미디어가 기계의 새로운 행위성을 내장하는 방식
을 미디어고고학적으로 신중하게 분석했다는 점에서 중요한 포스
트휴먼 사상가다. 이는 특히 컴퓨터 미디어의, 그리고 미디어와 인
간의 프로그램 가능성programmability을 논할 때 명백해진다. 키틀
러가 괴테 같은 당대 작가가 행하는 메시지의 구조화가 사실상 국
가를 특정 유형의 사회와 가족 구조로 **프로그래밍**한다고 주장할
때, 그 방법론의 관점에서 보면,[21] 낭만주의 시에 대한 이 같은 키틀
러의 접근은 한편으로는 시대착오적이다. 1800년 기록체계 분석에
따르면, 가족 단위는 어린이에게 글쓰기를 교육하는 민족국가 체계
의 일부로서 신체를 움직임과 소리로—그러니까 손글씨라는 글쓰
기 기술에서 유기적으로 이동하는 손의 움직임과, 교육학 담론의
필수적인 부분으로서 학습자에게 자연의 목소리를 거의 전이시켰
던 어머니의 목소리로—전이시키는 통로가 되었다. 괴테 시대(그리
고 그다음 출현한 훔볼트주의 대학 체계)의 핵심어인 'Bildung(교
양, 교육)'은 사실상 손으로 글을 쓰는 미디어 기술을 가르치도록

---

21   같은 글, xxi.

짜인 프로그래밍이라는 것이다.[22] 그래서 바꾸어 말하면 심지어 기술적 미디어의 등장 이전에도 미디어 기술은 글쓰기와 문학처럼 미디어를 사용하는 법을 배워야 했던 방식으로, 그리고 주체 생산에 관한 포스트구조주의적 맥락에서 배움의 과정이 주체를 구성했던 방식으로 우리 안에 있었다는 것이다.

> 1800년 기록시스템[기록체계]은 포노그래프, 그라모폰, 시네마토그래프 없이 구동된다. 오로지 책만이 직렬 데이터를 저장하는 직렬 기억장치serial storage를 제공할 수 있었다. 책은 구텐베르크 때부터 복제 가능성을 획득했다. 하지만 책이 의미와 환상을 전하게 된 것은 신체화된 알파벳 학습이 도입된 다음부터다. 덕분에 복제 가능한 문자들의 집합에 불과했던 책은 스스로 내용을 재생할 수 있게 된다. 파우스트의 서재에 쌓여 있던 문예공화국의 책더미가 누구나 접근할 수 있는 환각제로 변모한다.[23]

심지어 손글씨 같은[24] 외견상 비기술적인 미디어 체제도, 그리고 같은 이유에서 순수예술도 기술적technological이다. 그것은 신체를 통제하고 신체에 특정 패턴과 제도적 관계를 가르치는 기술techniques을 수반하며, 의미를 생산하기보다 신체적 효과 및 정동에 관여하

---

22   Friedrich A. Kittler, *Discourse Networks 1800/1900*, 83–86: [국역본] 프리드리히 키틀러, 『기록시스템 1800 · 1900』, 143–150.

23   같은 책, 117: [국역본] 203(두 번째 문장은 영어 번역본 참조해 옮긴이 수정).

24   Friedrich A. Kittler, *Optical Media*: [국역본] 『광학적 미디어: 1999년 베를린 강의』.

기 때문이다.

강조하자면 키틀러는 이러한 수학적인 비인간 미디어의 상태를 디지털이나 기술적 미디어에만 한정하지 않았다. 한 가지 사례를 들면, 그는 회화라는 아날로그 실천의 역사를 아무리 늦어도 선형 원근법의 등장 이후 시작된, 본래부터 수학적인 것으로 개괄한다. 이는 특히 필리포 브루넬레스키의 작품에서 분명하게 드러나며, 래스터 스크린 이전에 세계를 픽셀화했고 마이크로소프트의 윈도우 운영체제 이전에 창문을 세계관의 창으로 제시했던 레온 바티스타 알베르티의 세계를 모델링하는 기하학적 방식(소위 '알베르티의 창')에 분명하게 나타난다.[25] 게다가 낭만주의 문학을 그 시대의 환각제 LSD로 여겼을 뿐만 아니라 종교개혁자들의 합리적인 미디어 기술인 구텐베르크 인쇄술에 대적하기 위해 시각 미디어가 특정하게 사용된 것에 근거해 17세기 반反종교개혁을 논했던 키틀러에게 미디어의 환각적 양상이란 벗어날 수 없는 문제였다. 예를 들어 키틀러는 반종교개혁과 예수회 교단이 영적 질서와 "감각적 환각"을 결합한 "오감을 압도하는 것"을 목표로 삼았다고 주장한다.[26]

키틀러의 연구는 신유물론적 논의와 일부 연관되고 미디어의 물질성에 관한 용어를 제시할 수 있지만, 그의 신체와 정신, 미디어

---

25 같은 책, 54–62: [국역본] 87–100.; Anne Friedberg, *The Virtual Window. From Alberti to Micro-soft* (Cambridge, MA: The MIT Press, 2006) 참조.

26 Friedrich A. Kittler, 같은 책, 78: [국역본] 120. 바티칸에서 20세기에 이르는 특수효과의 역사에 관해서는 다음 책을 참조. Norman Klein, *The Vatican to Vegas. A History of Special Effects* (New York: The New Press, 2003).

사이 관계 전반에는 라캉주의가 깔려 있다. 특히 초기작인 『기록체계 1800·1900』과 『축음기, 영화, 타자기Gramophone, Film, Typewriter』에서 기술적 미디어의 탄생을 라캉의 정신계 세 요소인 실재계, 상상계, 상징계마다 미디어의 핵심 기술 하나씩 대응시켜 각각의 관점에서 설명한다. 그러므로 이제 거의 고전이 된(키틀러가 미디어 결정주의자라는 비난을 촉발했던) "매체[미디어]가 우리의 상황을 결정한다. (그럼에도 혹은 그렇기 때문에) 그 상황을 자세히 설명할 필요가 있다"[27]라는 구절은 최소한 부분적이라도 라캉식 입장에서 독해되어야 할 것이다. 키틀러는 역사적으로 변화하는 미디어 성좌, 말하자면 미디어 문화의 에피스테메가 어떻게 우리의 생각과 감각[체험], 지각, 기억을, 그리고 환각에 빠지고 심지어 광기를 부리도록 하는 방식을 활성화하고 조정하는지에 관심을 둔다. **라캉 + 미디어 기술** 공식은 1980년대 초에서 1990년대에 키틀러가 정신을 외부와, 특히 미디어 기술과 연결하려고 시도했던 방법론이다. 니체는 초창기부터 키틀러가 참고했던 핵심 대상이었다. 니체의 1882년 2월의 서한에는 "우리의 필기도구가 우리의 사유와 더불어 작업한다"[28]라는 모든 미디어의 원칙이 적혀 있다. 이산적이고 공간화된 기호sign의 특정한 본성이 니체에게는 글쓰기 기술과 사유의 기술이 평행선에 놓인 새로운 시대라는 이산적 미디어의 전체 체제를 따르

---

27   Friedrich A. Kittler, *Gramophone, Film, Typewriter*, xxxix: [국역본] 프리드리히 키틀러, 『축음기, 영화, 타자기』, 유현주·김남시 옮김(문학과지성사, 2019), 7.

28   같은 책, 200에서 재인용. [국역본] 같은 책, 360.

는 글쓰기가 시작했던 지점이다.

그래서 타자기는, 즉 원래 맹인의 글쓰기를 보조하고자 고안되었던 그것은 상징계다. 유한한 기정既定 기호 집합은 그 집합이 변형되도록 열려 있기 때문이다. 영화는 상상계인데, 그것은 정신과 감각-운동senso-motorial 형식 차원에서 제일의 체계다. 키틀러는 그것이 신체의 거울 이미지를 제공한다고 기술한다. 마지막으로 실재계는 일반적으로 우리가 '소음'이라고 명명한 기침, 한숨, 속삭임, 말더듬의 매체인 녹음 기술에 의해 가장 극명히 드러난다. 소음은 소통에서 원치 않은 부분이지만, 항상 우리 신체의 잡음성noisiness으로 인해, 혹은 자체적으로 '쓰레기'를 생산하는 물질인 통신 채널로 인해 슬며시 들어간다.[29] 하지만 키틀러는 이렇게 라캉을 물질적이고 미디어적으로 독해하는 데에서 한층 더 나아간다. 키틀러는 통상적으로 정신분석학적 설명의 지평으로서의 오이디푸스 담론으로 향하는 대신에, 미디어 기술 변화의 차원에서 어떻게 프로이트와 라캉의 실질적인 설명과 이론이 역사화되어야 할지에 관심을 가졌다. 이전 장에서 살펴본 것처럼, 그는 정신병에 대해서도 그렇게 했기 때문에 이 설명 방법에 마음, 정신, 감각운동적 자아 이론을 포함하는 것은 너무나 당연하다. 키틀러의 기록체계로서의 신체의 고고학 및 계보학은 니체처럼 음식과 도덕에, 또는 푸코처럼 감옥과 의료기관의 권력에 관심을 두어서가 아니라, 미디어가 신체에 세긴 것을 보기 위해 동일한 방법을 사용한다.

29   같은 책, 15-16: [국역본] 같은 책, 38-40.

최근 문화 이론은 '인지 자본주의'와 정동 노동을 새로운 자본
주의 체제로 논해 왔다. 이에 따르면 우리의 사고와 소통, 사교 방식
이 가치 창출의 핵심 동력이 되고, 그에 따라 우리는 새로운 형식의
통제 아래 놓인다. 파올로 비르노, 마우리치오 라차라토, 프랑코 '비
포' 베라르디, 티지아나 테라노바 등의 학자는 들뢰즈와 가타리를
포함한 영향력 있는 사상가의 초기 저작에 기초해 이 체제가 정신
을 점유하는 새로운 유형이라고 주장한다. 이는 베르나르 스티글레
르[30]가 정신공학psychotechnology과 '마음의 정치학noopolitics'을 고려
하는 새로운 정치경제학에 대한 요구로 확장했던 것이기도 하다. 키
틀러와 스티글레르 같은 사상가들 사이에는 흥미로운 연관성이 있
고, 후자는 기술을 통한 기억 장치의 자본화와 자본주의 논리에 기
반한 자본 축적 및 가치 창출의 처리 과정 사이의 연결 고리에 관
심을 두었지만, 독일 미디어 이론(특히 키틀러)의 입장은 '인지 자본
주의'의 고고학을 그저 암시하는 데 그친다. 단순화하면, 최근 이 분
야의 정치적이고 철학적인 분석에서 종종 결여된 것은 독일 미디어
이론의 강점인 매체 특정성 및 정확성이다. 그럼에도 누군가는 이러
한 미디어 이론의 기술인식론적 연구의 맥락에서 정치학의 강력한
발화를 목격하는 경우는 많지 않다고 말할 수도 있다. 그러나 정신
과 기술의 결합에 관한 다양하고 복잡하며 때로는 면밀한 분석 글

---

30 Bernard Stiegler, *For a New Critique of Political Economy*, trans. Daniel Ross
(Cambridge: Polity, 2010).

은 현대의 **심리기술**psychotechnics[31]을 권력의 결정적 형식으로 생각하는 방법 또한 제시한다. 다시 말해 미셸 푸코의 작업이 고고학적이고 계보학적인 방법론을 미디어의 맥락으로 확장하는 것을 담지했다면, 생명권력과 생명정치에 대한 그의 저작들 역시 동시대 미디어장의 정치학을 분석하는 데로 확장되어 온 것이다. 그러나 알려져 있듯 키틀러는 이미 정신의 공학적 분석으로 여기에 충분히 기여했던 바 있다.

'심리기술'이라는 용어는 20세기 초반 영화 이론의 선구자 후고 뮌스터베르크, 그리고 영화를 관람자의 무의식에 직접 작용하는 기술로, 즉 기술적으로 움직이는 이미지는 그것를 대면한 영화 관객의 정동과 지각, 정신을 조정한다는 관점에서 유래했다.[32] 영화는 '클로즈업, 플래시백, 플래시포워드, 역쇼트',[33] 그리고 더욱 광범위하게는 시간 역전 기법 같은 방식으로 정신과 두뇌 상태를 조작하는 그런 종류의 실험실이다. 키틀러에게 이러한 점들은 미디어 기술과 소위 '인간'의 심리학과 생리학 사이의 밀접한 연관성을 주장하기

---

31 [편집자] psychotechnics는 20세기 초 산업심리학과 응용심리학의 매락에서 등장한 용어로, 노동과 교육, 소비 영역에서 인간의 주의집중, 기억, 행동, 욕망을 측정하고 조정하고 관리하기 위한 심리적 기법과 기술을 가리킨다. 베르나르 스티글레르는 기존의 psychotechnics에 대한 이러한 개념을 비판적으로 전유하면서, 그것을 가능하게 하는 정신의 기술적 형성 조건을 psychotechnology라는 상위 개념으로 이론화한다. 다음 문헌을 참고. Bernard Stiegler, *Taking Care of Youth and the Generations* (Stanford, CA: Stanford University Press, 2010).

32 Friedrich A. Kittler, *Optical Media*, 175; [국역본] 『광학적 미디어: 1999년 베를린 강의』, 268.

33 같은 책; [국역본] 268-269.

를 가능케 하는 완벽한 예증이었다. 그도 그럴 것이, 뮌스터베르크는 실험심리학의 풍토에서 교육받았고, 미디어 기술의 차원에서 구스타프 페히너, 헤르만 폰 헬름홀츠, 빌렘 분트 같은 19세기 유럽의 주요 과학자와 미국의 심리학자 윌리엄 제임스가 글과 실험으로 개념화했던 것들을 이어갔기 때문이다. 18세기 이래로 칸트 철학이 제안했던 초월적 주체와는 정반대의, 실증적으로 측정된 인간이 실험심리학과 새로운 실험실 환경에서 탄생했다.

이러한 의미에서 19세기 실험 과학의 실천은 키틀러가 기술적 미디어의 고고학을 이해하는 방식에서 대단히 중요하다. 이 관점은 디지털 문화에 대한 분석을 전前디지털의 발전과 연계할 수 있다는 기치를 내건다. 동시대 미디어는 실험심리학 환경은 물론이고 과학적 지식의 미디어이자 수학에서 물리학 실험실에 이르는 면밀한 연구의 산물이다. 앞에서 언급되었듯, 키틀러는 미디어를 분석하는 크래리의 과학과 기술, 예술의 복합적 방법론과 비슷한 방법을 제시했다. 정도의 차이는 있지만, 언어와 소통, 감정, 창의성 같은 외견상 인간의 기본 속성이 실상은 그 생리학적이고 신경학적인 기반과 새로이 부상하는 뇌과학, 실험실에서의 실천, 인간의 신체를 새로운 연구 대상으로 만들었던 그 밖의 측정들이 그려내는 그것의 지형도 사이의 연결 관계 속에 있다는 것이다. 지그문트 프로이트가 정신분석학과 자신의 저작에서 성취한 것이지만, 명확히 담론 네트워크와 동일한 것과 연결되었던, 예를 들어 우리 일상생활의 기본적인 운동motor인 의식에서 무의식과 잠재의식으로의 이행은 과학과 미디어에서도 발생했다. "의식에 앞서 감각적이고 운동적이고 음향학적이고 광학적인 언어중추가 존재하고 이들이 신경망으로 연결되어 정교하게 동작하는데, 이는 마치 타자기의 각 부위가 레버로 연결되어 일사불란하게 돌아가는 것과 같다."[34]

기술적 미디어는 신경과 무의식의 미디어이며 이를 연구했던 선구자는 미디어 이론가란 말이 생기기도 전에 이미 (그리고 매클루언보다 앞선) 미디어 이론가가 되었다. (감각지각의 정신물리학에 관심을 가졌던) 페히너, (인간 신체의 음향적이고 지각적인 임계를 다양하게 연구했던) 헬름홀츠, '세계 내 [우리] 존재'의 신경 기반에 관한 분트의 비슷한 연구, 그 외 저명한 생리학자와 실험주의자들은 한때 '예술'이라고 불렸지만 지금 키틀러에게는 미디어인 것을 탐구했다. 사실 홈볼트 대학 문화기술센터Humboldt University's Centre for Cultural Techniques—혹자는 버밍엄 문화 연구 학파의 경쟁자로 여기고 싶어 할 법한—가 '헤르만폰헬름홀츠센터Hermann von Helmholtz Centre'라 불리는 것은 문화와 미디어 분석학에 대한 베를린의 지향성을 오롯이 상징한다. 물론 이곳이 감각 데이터의 철저한 관리 및 통제를 이렇게 역사적이고 문화적으로 연구했던 유일한 제도적 근거지는 아니다. 기술성technicality 문화의 구축을 이해하기 위해 헬름홀츠와 관련 학자들을 주축으로 삼았던 헤닝 슈미겐 같은 과학사가들의 연구를 그 예로 들 수 있다. 슈미겐의 설명대로,[35]

---

34 Friedrich A. Kittler, *Discourse Networks 1800/1900*, 251: [국역본] 『기록시스템 1800·1900』, 441.

35 Henning Schmidgen, 'Of Frogs and Men: The Origins of Psychophysiological Time Experiments, 1850–1865', *Endeavour* 26 (4) (2002).

헬름홀츠는 반응 횟수—신체가 얼마나 빠르게 신경을 거쳐 뇌로 신호를 전달해 처리하는지—를 정확하게 측정할 수 있는 신경체계로서 신체의 지도화를 개시하는 데 핵심 인물이었으며, 생리학에 대한 관심이 추후 더욱 심리 측정으로 확장되는 데서도 그러했다.

시간, 즉 감각[체험] 기반의 빠름과 느림에 대한 관심은 이 단계의 핵심이자 19세기 이후로 우리가 기술적 미디어 문화 속에서 삶을 영위하는 방식의 기반이었다(특히 사용된 장치들이 그 자체로 일종의 사이보그적 과거에서의 원형적 미디어 기기를 구성했기 때문이다). 미디어고고학에서 대두된 '시간 결정적 관점time critical perspectives'[36]은 우리가 기술적 미디어의 물질성을 시간성으로 이해할 필요가 있다는 사실을 지적한다. 따라서 포노토그래프phonautograph에서 소리굽쇠는 어느 정도의 초당 진동수를 기록하는지,[37] 인간과 동물이 얼마나 빠르게 자극에 반응하는지, 우리가 어떻게 복합자극을 각기 다른 감각으로 동기화하는지, 일종의 감각체계로서의 미디어가 어떻게 자체적으로 동기화하고 합성하는지(일례로 영화처럼 불연속적으로 기록된 상태를 연속적인 움직임으로 만드는 것) 등과 같은 질문들은 시간성의 미디어고고학의 중심에 있다.

독자적인 신경 체계인 영화 같은 포스트휴먼 행위성의 출현과 19세기 과학 및 미디어 사이의 연관성에 대한 키틀러의 관점은 뮌스터베르크를 경유한 기술적 미디어에 대한 설명에 묘사되어 있다.

---

36   Axel Volmar (ed.), *Zeitkritische Medien* (Berlin: Kadmos, 2009).
37   Henning Schmidgen, 같은 글, 144.

바로 일상 그 자체가, 그러니까 직장생활에서부터 여가 시간까지 일상 그 자체가 이미 하나의 실험실이 되어버렸다는 것이다. 소위 인간이라는 것의 (듣고, 말하고, 읽고, 쓰는) 운동성과 감각적 활동을 상상할 수 있는 모든 극단적인 조건 아래에서 측정할 수 있게 된 이후로, 그 어떠한 것도 인간공학적 혁명에 방해가 되지 못했다. 2차 산업혁명은 지식으로 침투한다. 정신공학은 모든 정신적 장치는 기술적인 장치이며 그 반대도 마찬가지라는 이유를 대며 심리학과 매체[미디어] 기술을 접속한다.[38]

신체의 가능성과 임계를 지도화하는 기술은 그 자체로 새로운 교육, 훈련과 미디어 교육학 체제의 진입 지점이 되었다. 이러한 감각 훈련의 강조는 발터 벤야민에게 근대성의 일환이기도 하다. 여기에 대해서는 크래리가 페나키스토스코프와 관련지어 분석했고,[39] 키틀러는 전쟁과 결부해 강조했다.[40]

키틀러는 (조지 버나드 쇼의 희곡 『피그말리온Pygmalion』[1912]의 작중 인물인) 엘리자 두리틀을, 1900년 기록체계 속에서 훈련의 대상이 되는 주체의 완벽한 사례로 논한다. 그 체계에서는 (구술)

38 Friedrich A. Kittler, *Gramophone, Film, Typewriter*, 160: [국역본] 『축음기, 영화, 타자기』, 292~293.

39 Jonathan Crary, *Techniques of the Observer. On Vision and Modernity in the Nineteenth Century* (Cambridge, MA: The MIT Press, 1990), 112: [국역본] 조나단 크래리, 『관찰자의 기술: 19세기의 시각과 근대성』, 171-72.

40 Friedrich A. Kittler, *Gramophone, Film, Typewriter*, 140. [국역본] 『축음기, 영화, 타자기』, 258; Geoffrey Winthrop-Young, *Kittler and the Media*, 132-133 참조.

음성을 캡처하고 되감아 들을 수 있는 [기술적] 가능성이 그 음성 [발화]의 개선을 반복해 연습하기 위한 방법을 마련한다.[41] 그와 비슷하게 키틀러의 관점은 신체의 물질성을 미디어 네트워크의 일부로 보는 완전히 새로운 방식을 제시했다. 이는 노동(예를 들어 1920년대 프랭크 길브레스의 테일러주의)으로, 군사(명백한 훈련 체제이자 전장에서의 병참과 통제, 통신에 사용되는 최첨단 미디어 체제)로, 그리고 당연하게도 미디어의 일상적 의미에서 우리가 미디어 장치 사용 및 상호작용을 위해 훈련되는 방식으로 확장된다. 그것은 하드웨어 및 소프트웨어 사용자 매뉴얼 문화뿐 아니라, 온라인 네트워크의 제한적 사용 정책Acceptable Use Policies에서도 자연스럽게 존재한다. 또 설계에 대한 더 광범한 질문이 그것과 연계될 수 있다. 제록스 팰로알토 랩Xerox Palo Alto Labs, MIT, 유타 대학 같은 주요 기관에서 일했던 더글러스 엥겔바트, 이반 서덜랜드, J. C. R. 리클라이더, 앨런 케이 같은 선구자들 이래로 초창기 인간-컴퓨터 인터페이스HCI 설계와 관련 전산 분야는 전산을 관련 지식이 없는 일반인을 대상으로 한 매체로 만들었다. [전산 분야가] 고속처리 외에도 심볼 및 그래픽 객체를 조작하고 그에 따라 눈(그래픽 사용자 인터페이스 스크린)과 손(키보드, 마우스), 객체 및 처리의 포괄적 총생태계를 꾀하기 시작했던 것이다.[42]

41   Friedrich A. Kittler, 같은 책, 27: [국역본] 57.

42   Casey Alt, 'How Object-Orientation Made Computers a Medium' in *Media Archaeology. Approaches, Applications, Implications*; Charlie Gere, *Digital Culture* (London: Reaktion, 2002) 참조. 여기서 상당 부분은 인공지능에 대한 담론 일부 대

클라우스 피아스는 컴퓨터 게임을 폭넓게 연구하는 과정에서 정신공학을 동시대 소프트웨어 미디어 문화를 고고학적으로 이해하는 수단으로 채택했다. 피아스는 신체가 통제와 질서의 체제에서 동원되는 방식을 지도화한다. 그는 먼저 20세기 초 프랭크 길브레스의 작업/노동 관리work management 맥락에서 우리의 몸짓과 동작이 어떻게 질서화되는지 분석한다. 이어 보수주의 작가 에른스트 윙거의 글을 통해 작업/노동 관리의 논리가 특히 2차 세계대전을 거치면서 전쟁 상황에서의 신체 관리로 확장되는 과정을 독해한다. 마지막으로 전후 HCI 디자인을 통해 컴퓨터 문화의 정신공학 체제가 인간의 행동-지각 패턴을 어떻게 예비했는지를 살핀다. 이러한

신 엥겔바트가 강조했던 증강지능(Augmented Intelligence)으로 정확히 이해할 수 있다. 이는 다양한 장비와 입력/출력 절차로 인간과 기계가 동기화된 새로운 유형의 생태계를 중시한다. 피아스(Pias, 2002: 92-98)는 이러한 인터페이스 발전의 문화를 인간과 비인간 알고리듬 세계의 미세한 교육학적 조정으로 보았다. 엥겔바트가 이끄는 팀은 컴퓨터와 지각체계(새로운 형태의 컴퓨터 디스플레이)를 인지적으로 다루기, 그런 체계들(예컨대 파일)을 사용하기에 더해 동작을 통합시키기에 관심이 있었다 (Engelbart and English, 1968 참조). 또한 웹에서 쉽게 찾을 수 있는 것으로, 1968년 '샌프란시스코 컴퓨터 콘퍼런스'에서의 더글러스 엥겔바트의 유명한 원격 프레젠테이션이 있다. 당시 그는 미래의 컴퓨터로 상호작용하기 위한 핵심 요소를 공개했고 여기에는 마우스, 공유 가능한 협업 온라인 업무 플랫폼이 포함된다. 한 예로 www. dougengelbart.org(2011년 11월 26일 접근)을 참조. 바르디니(Bardini, 2000)는 엥겔바트의 작업을 발전시켰고 컴퓨터 상호작용을 위한 다양한 감각-운동적 인터페이스의 초창기 발전에도 기여했다. 이는 손으로 하는 것을 뛰어넘어 무릎, 허리, 머리도 다양한 실험의 고려 대상이 되었다. Thierry Bardini, *Bootstrapping: Douglas Engelbart, Co-Evolution, and the Origins of Personal Computing* (Stanford: Stanford University Press, 2000), 102, 112-114. 엥겔바트와 HCI(인간-컴퓨터 상호작용)를 신자유주의와 관련해 보았던 웬디 전의 관점을 참조하기 바람. Wendy Hui Kyong Chun, *Programmed Visions. Software and Memory* (Cambridge, MA: The MIT Press, 2011).

체제는 우리가 새롭게 등장한 스크린 기술과 어떻게 상호 작용해야 하는지에 대해 인간을 훈련시키는 역할을 했으며, 나중에는 게임과 같은 소프트웨어를 통해 우리의 데스크톱 환경을 장악하게 된다. 게임처럼 외견상 순수한 소비자 소프트웨어의 역사는, 피아스가 제시한 대로,[43] 과학과 전쟁의 역사, 그리고 키틀러가 미디어 연구와 미디어고고학에 미쳤던 영향에서 직접 파생된 주제인 신체 관리와 결부되어 있다.

이러한 기조에서 핵심 방법론의 지침은 이렇다. 동시대 미디어 기술 문화를 이해하고 싶다면, 오락 미디어로 소비되는 내용 대신, 그것의 과학적이고 군사적인 맥락을 살펴볼 것이다. 가령 전쟁의 차원에서 미디어 역사는 현대의 전쟁사와 융합된다.

1단계: 미국 남북전쟁 이래 청각, 시각, 문자를 위한 저장 기술이 발명되었다. 그라모폰, 영화, 인간-기계 시스템인 타자기가 그것이다. 2단계: 제1차 세계대전 이래 모든 저장된 내용을 전기적으로 전송하는 기술이 발명되었다. 라디오와 텔레비전, 그리고 이들의 비밀스러운 쌍생아들이 그것이다. 3단계: 제2차 세계대전 이래 타자기 블록 문자의 표준 배치도가 계산 가능성computability이라는 기술로 전환되었다. 1936년 계산 가능성에 대한 튜링의 수학

---

43   Claus Pias, *Computer Spiel Welten* (Munich: Diaphanes, 2002); 'The Game Player's Duty: The User as the Gestalt of the Ports' in *Media Archaeology. Approaches, Applications, Implications*.

적 정의에 따라 컴퓨터라는 이름이 붙었다.[44]

이러한 주장은 틀림없이 논란의 여지가 있고 역사적으로도 완전히 정확하지는 않다. 전신에서 전화로, 시각 미디어에서 방송으로 가는 다양한 현대 기술을 떠올려보고 그것과 군사적 맥락에서 연결되는 단 하나의 인과 관계만 발견할 수 있는지 숙고해 보자. 컴퓨터 역사를 튜링의 발명이라는 단일 지점으로 축소하는 것도 애매하다. 그러나 그런 일반화는 이론적 관점을 제시하고, 미디어 역사의 논제를 과학-군사적 제도 및 실험의 광범한 역사 쓰기로 확장하는 길을 분명하게 비춘다.[45]

키틀러의 관점은 일정 부분 군사적인 것뿐 아니라, 섀넌 같은 공학 분야 선구자를 의미론보다 신호 처리에 우선순위를 두는 미디어 이론가로 보고 숙고한 결과로 나온 것이기도 하다. 더군다나 이러한 이론의 실현은 현대 기술적 미디어 단독의 역사적 발전에 배태되어 있으므로 우리에게 현대 미디어에 관한 글을 쓰도록 인도할 수밖에 없다.[46] 다양한 독일 미디어 이론 저작에는 그러한 발전의 반향이 담겨 있으며, 키틀러의 존재론적 포스트휴머니즘이 발현

---

44 Friedrich A. Kittler, 같은 책, 243: [국역본] 431.

45 전쟁과, '훈련과 정신분산'으로서의 미디어와 키틀러의 관계에 대한 총괄적인 설명과 비평으로는 다음 책 참조. Geoffrey Winthrop-Young, 'Drill and Distraction in the Yellow Submarine: On the Dominance of War in Friedrich Kittler's Media Theory', *Critical Inquiry* 28(4) (Summer, 2002): *Kittler and the Media*, 129–143.

46 Nicholas Gane, 'Radical Post-humanism: Friedrich Kittler and the Primacy of Technology', *Theory, Culture & Society* 22(3) (2005): 26–28.

되는 그 지점은 공학과 수학이자, 19세기 문학 해석가들이나 가다머의 현대 해석학이 이해했던 방식으로 해석과 의미를 구했던 모든 해석학적 관점을 넘어서는 시스템 디자인의 우위성이다.[47]

수학적인 미디어 존재론

역설적으로 미디어가 아니라 과학과 군사에서 미디어에 관한 연구를 한다면, 그리고 미디어 사용에 관한 연구를 인간에서 시작하지 않고 다른 무언가로 해야 한다면 어떻게 될까? 키틀러의 미디어 유물론적 고고학은 소통과 기술의 현대적 융합[48]과 그것이 포스트휴먼의 입장을 시작점으로 삼는 정보 유물론에 끼쳤던 영향을 이해하는 단서가 될 수 있다. 베른하르트 지게르트는 소통과 기술의 융합이라는 포스트휴먼적 딜레마에 대해 '표준' 개념의 관점에서 응답했는데, 이는 벌써 키틀러의 그것보다 다소 '부드럽고' 미디어 체계의 더 사회적인 유형처럼 **보인다**. 그러나 키틀러와의 연관성도 분명하다. 지게르트는 인간의 문제를 전략적으로 고려하며, 소통 **체계**, 그중에서도 담론 네트워크 같은 우편 체계에 주목했다. 이 네트워크 속에서 표준화의 실천은 우편 발송의 시작점인 개인the Individual을 능가해 작동했고, 체계the System로 대체되었다. 구체적으로 그 체계

47　유희적인 오토마타를 포함해 섀넌에 관한 최근 독일 미디어 이론 저작으로는 다음 책 참조. Axel Roch, *Claude E. Shannon: Spielzeug, Leben und die geheime Geschichte seiner Theorie der Information* (Berlin: gegenstalt, 2010).

48　Nicholas Gane, 같은 글, 34.

는 사실상 우편 네트워크의 자체 순환을 규정하는 기술 표준을 거쳐서 작동했다.[49] 이러한 (포스트[50])구조주의적 이동에서는 의미가, 의도나 해석이라는 개별적 행위(사람들은 자신의 의지에 따라 체계를 사용한다는 것)에서 비롯된다고 가정하지 않는다. 그보다는 체계가 사용자를 체계의 구조에, 이 경우에는 [체계의] 표준에 종속시킨다고 전제한다. 달리 말하면, 언어만이 유일한 주체화의 체계인 것은 아니다. 기술이나 우편 체계 같은 제도적 네트워크 역시 유사한 방법론적 프리즘을 통해 볼 수 있다는 것이다. 지게르트의 말을 변용하면,[51] 기술이나 표준은 의미에 선행하고 그것을 가능하게 한다. 이는 기술이나 표준이 주체의 존재를 가능하게 하는 방식과 유사하다. 우리는 '우편the post'이라 불리는 체계, 즉 미디어 체계로 인해 우편의 주체로서 존재한다. 구체적으로 이는 우편 체계가 성취한 것이자, 우리가 의외스러운 포스트휴먼 계보학의 관점에서 봤을 때 고고학적 단계로 이해할 수 있는 것이다. 예를 들어 1840년에 페니 우편요금은 (사전)결제를 표준화했고, 우편함은 체계의 입력 절차를 표준화했다. 이어 표준화된 소포가 기정 체계를 거쳐 이동하는 전체 통신 루틴은 발송 및 수취 기간의 엄격한 통제를 보장했을 뿐만 이나라 가능한 공간적 도달 범위도 국내에서 곧 국제적으로 확대되었다. 포스트휴먼은 반드시 사이보그와 사이버공간이라는 디

---

49   Bernhard Siegert, *Relays. Literature as an Epoch of the Postal System*, trans. Kevin Repp (CA: Stanford University Press, 1999), 108.

50   [옮긴이] 여기서 '포스트(post)'는 후기(後期)와 우편의 중의적 표현이다.

51   Bernhard Siegert, 같은 책, 109.

지털 미디어 담론을 경유해 사유되어야 할 필요는 없으며, 디지털 문화를 분석할 때에도 컴퓨터 이전의 훨씬 먼 시간으로 거슬러 올라갈 수 있다. 지게르트가 지적하듯이, 완벽한 포스트휴먼 기계에서 유일하게 없었던 것은 결국에는 일종의 읽기 기계reading machine 였으며, "영국의 모든 서면 소통은 생산에서 직통 물류 및 수신까지 완벽히 표준화되고 기계화되었던 것으로 보인다."[52]

그러니까 달리 말하면 우편으로 보내질 수 있는 것만이 존재한다.[53] 지게르트의 제안 그 자체는 심지어 기술적 미디어 이전의 포스트휴먼을 이해하는 것이지만, 이것은 네트워크 문화를 정의하는 보편적인 특징, 즉 앞서 언급한 **표준**을 통한 주체화와,[54] 알렉산더 갤러웨이가 더 한층 인터넷 특정적 방식으로 동시대의 기술성 통제 체제의 프로토콜적 본성이라고 부르는 것[55]에 기반한 포스트휴먼에 대한 이해이기도 하다. 물론 미디어 문화를 이해하는 방식으로 우편 체계를 필수불가결하다고 여기는 것이 일반적이지는 않지만, 이는 소통 관행에 관한 이러한 미디어 유물론적 사유가 기여할 수 있는 부분이 무엇인지를 표상한다. 즉, 그것은 미디어를 다양한 모습으로 새롭게 보기, 그리고 매개의 처리 과정과 물질성의 핵

---

52 같은 책, 121.

53 같은 책, 119.

54 Matthew Fuller, *Media Ecologies. Materialist Energies in Art and Technoculture* (Cambridge, MA: The MIT Press, 2005), 93–95 참조.

55 Alexander R. Galloway, *Protocol. How Control Exists After Decentralization* (Cambridge, MA: The MIT Press, 2004).

심을 표준화로 정의하는 특징에 중점 두기다. 이는 미디어고고학이 가장 잘 확립한 것으로, 심지어 미디어로 간주하는 것까지 포함하는 근본적 질문들을 재고하고 문제 삼는 것이다.[56]

그러나 기술적 미디어로 포스트휴먼은 더 큰 추진력을 얻는다. 틀림없이 앞의 미디어 이론가들은 이를 '포스트휴먼'이라 지칭하지 않는다. 포스트휴먼은 미국 학계 언어의 발명품에 더 가깝다. 그러나 이론적 관계는 분명하다. 키틀러와 그 외 지게르트 같은 이들이 체계 혹은 제도 우위의 푸코주의적이고 포스트구조주의적인 메시지가 주체를 위치시킨다고 주장했다면, 수학이 핵심인 디지털 미디어로 인해 더 복잡한 양상이 발생한다. 키틀러는 이미 소프트웨어 문화를 다룬 글에서 현재의 고고학으로 이행했는데, 그것은 우리가어떻게 결국 디지털 문화를 맞게 되었는지에 더해, 어떻게 기계가 자체적으로 우리 일상 경험을 조직하는지를 역사적으로 읽는 것이다. 「소프트웨어는 없다There is No Software」(1995)[57] 같은 영향력 있는

---

56 에바 호른(Eva Horn)이 지적했듯, 독일 미디어 이론은 미디어의 고정된 정의에 대한 비판을 통해 수많은 논제를 제시했다. 구체적으로 "문과 거울, 컴퓨터와 축음기, 전기와 신문, 텔레비전과 망원경, 아카이브와 자동차, 물과 공기, 정보와 소음, 숫자와 달력, 이미지, 글쓰기와 목소리"같이 실천 또는 물질로 미디어적 처리 과정의 확장을 말해왔다. Eva Horn, 'Editor's Introduction: There Are No Media', *Grey Room* 29 (Winter, 2008): 7-8. 일례로 지게르트는 심지어 우편함과 같은 대상도 미디어 혹은 미디어 체계의 일부로 취급한다. 미디어와 미디어 체계는 둘 다 구획의 위상에 영향을 주며, 동시에 공간적 제한이 있는 편지 슬롯 개구부를 정보 네트워크의 인터페이스로 바꾸어놓는다. 니체주의의 '즐거운 학문'으로서의 1980년대 미디어고고학 개념에 관해서는 다음 논문 참조. Bernhard Siegert, 'Cacography or Communication? Cultural Techniques in German Media Studies.'

57 Friedrich A. Kittler, "There is no Software," *Ctheory* (18 Oct.), www.ctheory.net.

글들에서 키틀러는 현재 포스트기록체계 1900의 기술적 미디어의 존재론이 디지털—모든 미디어를 디지털 코드로 전환하는 일반 코드 체계general codification system와 정신물리학적 미디어가 이미 수량화할 수 있었던 것의 일반 수치화 및 프로그램 가능성—로 전환되었다고 말한다. 키틀러의 주장을 재기술하면,[58] 컴퓨터는 인터페이스(키보드)와 내용(시청각성)으로 이루어져 있다고 해서 기존의 타자기와 영화 같은 미디어의 단순한 재매개[59]인 것은 아니다. 그것은 데이터 전송과 프로그래밍, 저장의 표준을 새롭게 도입한다.

더 정확히 말하면, 미디어 분석의 새로운 사태는 키틀러의 소프트웨어에 관한 글의 첫 문단에 설명되어 있다.[60] 문자는 이제 인간이 인식할 수 있는 시공간이 아니라 오로지 컴퓨터 메모리에서만 존재하고, 그에 따라 우리는 [글]쓰기writing에 직접 접근할 수 없게 되었다는 것이다. 복잡성과 첨단기술의 요구로 이제 기계의 제작조차도 기술skill과 수작업 같은 오래된 개념으로 이해할 수 없게 되었다. 대신에 그것은 CAD(컴퓨터 지원 설계)를 거쳐서 일어나며, 이는 더 나아가 우리가 살아가는 하드웨어와 소프트웨어 환경의 복잡성을 암시한다. 하나를 제작하려면 [다른] 하나가 필요하다. 그래서 심지어 키틀러는 이 글에서 소프트웨어가 존재하지 않는다고 말

58   Friedrich A. Kittler, *Discourse Networks 1800/1900*, 1–2: [국역본] 『축음기, 영화, 타자기』, 13–16.

59   Jay David Bolter and Richard Grusin, *Remediation. Understanding New Media* (Cambridge, MA: The MIT Press, 1999) 참조.

60   Friedrich A. Kittler, "There is no Software," *Ctheory* (18 Oct.), www.ctheory.net.

했다. 도발적 주장인 이 말은 컴퓨터 내부 구조의 복잡성에서 비롯된 그의 사상의 또 다른 측면을 시사한다. 지금의 글쓰기 기술은 이제 자연어가 아닌 워드프로세서—키틀러의 시대에는 워드퍼펙트 WordPerfect였지만 지금은 그냥 워드Word—같은 소프트웨어 언어 및 프로그램을 거치는 것으로 이해될 수 있다. 그러나 이미 애플리케이션 및 프로그램에 의해 소프트웨어 프로그래밍 언어는 더 추가적인 층위의 운영체제가 필요하다. 키틀러는 이어서 운영체제 자체는 오로지 BIOS(운영체제 안에 내장되어 가장 먼저 특정 하드웨어 설정 전체를 구동하는 부트스트랩 소프트웨어)가 관장하는 기본 입력·출력 작동과의 관계로 이해할 수 있다고 말한다. 즉, "원칙적으로 소프트웨어에서 하드웨어로, 관찰의 고수준에서 저수준으로 내려오는 하강descent은 수십 년 넘게 계속될 수 있다. 모든 코드 작동은 '호출'이나 '복귀' 같은 은유적 기능에도 불구하고 결국 절대적인 로컬 문자열 조작, 즉 유감스럽게도 전압 차이의 기표로 요약된다."

어쩌면 다른 미디어 요소의 '하강'도 비슷하게 분석할 수 있을 것이다. 이를테면 시각문화를 다룬 2장에서의 분석처럼 이미지의 알고리듬적 성좌는 새로운 시각을 필요로 한다. 래스터 스크린은 적색, 녹색과 청색의 명도를 형성해, 그 색들을 인간 지각 체계에 맞춰 좌표 체계로 조립하는 비트맵으로 구성된다. 이러한 맥락으로 보면, 제2차 세계대전 이후 초보적 래스터 스크린의 시각문화에서 이러한 하강의 요소로서 픽셀의 존재를 지도화할 수도 있다.[61] 이는 미디어

---

61   Graham Harwood, 'Pixel' in *Software Studies. A Lexicon*, ed. Matthew Fuller

연구의 논제에서 완전히 새롭고 어려운 대상들―예를 들어 시각과 소리가 인식 가능하도록 시간적으로 채널화하고 구조화하는 비디오 코덱(MPEG-1, MPEG-2, M-PEG4, H.264, DivX, WMW 등에서 몇몇은 H.261이라는 코딩 표준에 기반한다)―이 분석을 요하는 이유가 된다.[62]

그러므로 푸코의 계보학적 방법의 핵심 용어인 '계승descent'을 이해하기 위해 단순히 역사적 계승뿐 아니라 컴퓨터의 인프라 차원에서의 하강을, 그리고 소프트웨어라는 이른바 비물질적인 개념이 어떻게 하드웨어의 철저한 물질적 현실과 이어지는지를 추적해야 한다. 미디어고고학은 시간을 거슬러 올라갈 뿐 아니라 기계 내부로도 들어간다. 과연 우리가 논하는 이것이 '기술결정론적' 관점일지는 비판적 논쟁의 여지가 있지만,[63] 컴퓨터 시대 기록체계가 어느 지점에서 포섭되었는지, 현재 권력이 소프트웨어에서 하드웨어로 순환된다는 사실이 어떻게 시청각 미디어를 통제하는 플랫폼을

(Cambridge, MA: The MIT Press, 2008).

62 Adrian Mackenzie, 'Codecs' in *Software Studies. A Lexicon*, ed. Matthew Fuller (Cambridge, MA: The MIT Press, 2008); Sean Cubitt, 'Making Space', *Senses of Cinema* 57, www.sensesofcinema.com (2011년 11월 27일 접속).

63 기술결정론자로서의 키틀러에 대한 비판은 정당화될 수는 있지만 때로는 너무 단순하게 본다는 문제가 있다. 키틀러는 매클루언의 이론과 쉽게 연계될 수 없고 실질적으로 그의 사상 일부에는 훨씬 큰 '사회적'인 의미가 담겨 있다. 그에 대해 윈스럽영 (2011: 121)은 "누군가를 기술결정론자라고 규정하는 것은 귀여운 강아지의 목을 조르는 일을 즐긴다고 말하는 것과 조금은 같을 수 있다. 그 비열한 악의는 더 이상의 토론을 불필요하게 만든다"라고 말했다. 독일 이론가들의 미디어 결정론적 측면은 많이 강조된 반면에, '문화 기술'과 같이 많은 이론가에게 중요한 개념은 매우 경시되어 왔다. 지게르트(2008) 참조.

생산하는 독점 산업과 불가분의 관계에 있는지, 그 양상에 담긴 중
요한 정치경제적 의미들을 조명하기 위해서는 이 논쟁을 접어둘 수
있을 것이다. 키틀러는 이러한 방법으로 1982년에 80286이 도입된
이래로 인텔 프로세서의 핵심이자 '실제 모드Real Mode'와는 반대
인, 최종 사용자의 프로세서 접근을 차단하는 '보호 모드protected
mode'를 분석하는 데 이른다.[64] 이러한 까다로운 분석에서는 미디
어 기술을 구성하는 고고학의 특성을 취하는 키틀러의 사상의 조
금 더 정치적인 면이 강조되었다고 볼 수 있다. 세상은 언어나 심지
어 소프트웨어 언어를 통한 통제의 환각에 의해서만이 아니라, 하
드웨어에 의해, 게다가 심지어는 안전 모드로 사용자를 기계와 차
단해버리는 독점 논리에 의해, 그리고 인터넷과 이동기기 문화에 관
한 조너선 지트레인의 주장대로,[65] 그래픽 사용자 인터페이스 및 애
플리케이션 문화에 의해 지배된다는 것이다. 애플리케이션 문화에
서 우리는 이제 더는 프로그래밍을 하지 않고 한낱 미디어 사용자/
소비자로 프로그래밍된다.[66]

　　이는 거시적으로 당연히 수학적 미디어 존재론의 문제다. 키틀
러는 데리다식 가정을 넌지시 취해 고대 그리스에서 시작된 서구

64　Friedrich A. Kittler, *Literature, Media, Information Systems*, ed. and intro. John
　　Johnston (Amsterdam: G+B Arts, 1997).

65　Jonathan Zittrain, *The Future of the Internet. And How to Stop It* (London: Penguin
　　Books, 2008).

66　사용자와 프로그래머의 분리에 대한 재고는 다음 논문 참고. Seb Franklin, 'On Game
　　Art, Circuit Bending and Speed running as Counter-Practice:" Hard " and " Soft "
　　Nonexistence', *Ctheory* (6 Feb, 2009), www.ctheory.net/.

형이상학이 어떻게 글쓰기뿐 아니라 수학, 그에 이어 기술을 경시했는지 보여준다.[67] 하지만 수학적 기계, 즉 컴퓨터의 시대에 형상과 질료 같은, 아리스토텔레스에게 물려받은 근본적인 형이상학 개념은 재고해야 하고, 요한 폰 노이만 같은 컴퓨터 선구자가 확립했던 미디어의 존재론은 주목해야 한다. 확실히 정보 기계의 물질성은 난데없는 형상이나 질료가 아니라 **명령, 주소, 데이터**와 관련된 것, 즉 노이만의 컴퓨터 아키텍처로부터 이어져온 기본 구조인 레지스터, 버스busses와 랜덤 액세스 메모리다.[68] 이는 권력의 새로운 아키텍처다. 권력은 기술에 내장되어hardwired 있다.

볼프강 에른스트는 자신의 이론을 미디어고고학의 기치 아래 명확하게 놓았지만 특정한 수학적 유물론을 지속적으로 강조함으로써 미디어 문화사의 서사 연구와 미디어고고학의 차이를 주장했다.[69] 기술적 미디어의 근본적 존재론으로서의 수학은 에른스트가 디지털 미학의 시대에 부활했다고 보는 숫자와 계산에 대한 관심으로 인해 미디어고고학적 방법에서도 계속 이어진다. 수많은 독일 미디어 이론가와 마찬가지로, 그는 자신의 미디어고고학에서 명료한 권력 이론을 제시하지 않고, 미디어의 기술미학techno-aesthetics에

---

67 Friedrich A. Kittler, 'Towards an Ontology of Media', *Theory, Culture & Society* 26(2–3) (2009).

68 같은 글, 30.

69 Wolfgang Ernst, 'Between Real Time and Memory on Demand: Reflections on/of Television', *South Atlantic Quarterly* 101(3) (Summer, 2002); 'Media Archaeography: Method and Machine versus History and Narrative of Media' in *Media Archaeology. Approaches, Applications, Implications.*

초점을 맞추었다. 에른스트는 (서사에서처럼) '말하기'와 계산하기가 하나로 융합된 옛 어원들뿐 아니라 근대 초기의 예술론인 고트홀트 에프라임 레싱의 『라오콘Laokoon』(1766)으로 되돌아가 시간 특정성에 특별한 관심을 기울여야 한다고 제안하는 것 같다. 그는 계산, 연산, 그리고 수학과 미디어 사이의 내재적 관계를 다시 드러내는 처리의 중요성을 파악해, 공간 예술(회화와 조각)과 시간 기반 예술(서사)을 서로 구별한다. 알고리듬 시대에 증대되는 시각화와 그래픽 사용자 인터페이스의 은유들이 선사하는 유혹에도 불구하고 우리는 다시 시간 기반의, 그에 더해 **시간 결정적** 처리time-critical process의 시대에 있다고 에른스트는 주장한다.[70] 따라서 그는 수학과 연산이 기술 및 디지털 미디어의 핵심이라는 깨달음에서 더 나아가 그것들이 시간 결정적 처리 과정이라는 정교한 주장에 이른다. 특히 그것들을 계산 기계나 컴퓨터의 속성인 처리로 이해할 때 그러하다. 시간 결정성은 디지털 기계 같은 것에서 처리 과정성의 내부적이고 창조적인 기능을 지칭한다. 에른스트는 컴퓨터를 계산 기계로 축소하지도, 그것이 미디어 기계가 되었던 방식을 간과하지도 않으면서, 시각, 문자, 소리 현상의 차원에서 제공하는 미디어가 수량화, 그리고 결과적으로 숫자를 기반으로 한다는 점을 주장한다.

70   Wolfgang Ernst, 'Telling versus Counting? A Media Archaeological Point of View', *Intermédialités* 2 (Autumn, 2003): 42–44; Wolfgang Ernst, 'Dis/continuities: Does the Archive Become Metaphorical in Multi-Media Space?' in *New Media, Old Media. A History and Theory Reader*, ed. Wendy Hui Kyong Chun and Thomas Keenan (New York and London: Routledge, 2006) 참조.

'미디어 유물론'에서 미디어고고학이라는 특정 유형을 설명하는 에른스트의 방식은 서사 이론에 대한 직접적인 공격까지는 아니어도 서사가 의미하는 것이 무엇인지 재고하기를 강력히 피력한다. 그는 서사와 '말하기'가 어떻게 자체적인 처리 과정의 **작동**인지, 즉 기술 체계의 일환인 기법technique인지를 지적하기 위해 그것을 문자와 의미 기반의 이해에서 떼어놓았다. 따라서 에른스트의 주장대로,[71] 미디어고고학은 문화사가 아니다. 이 방법론은 예컨대 스티븐 반을 포함한 학자들의 이론과 평행선상에서 발전시켜 볼 수도 있지만, 과거를 되살리기 위한 방법으로 사람, 담론과 서사화 대신 이제 아카이브를 대상으로 삼는다는 점에서 다르다. 또 에른스트는 자신의 주장대로 뉴미디어의 선형적 역사를 여전히 논하는 레프 마노비치 같은 디지털 미디어고고학자와 자신을 차별화한다.[72] 마노비치가 뉴미디어 대상 및 문화의 기본 형태로 데이터베이스를 강조하는 포스트서사적 사고방식에 결정적으로 기여했다는 사실을 추가로 고려할지라도 말이다.[73]

에른스트는, 당연히 벤야민의 영향을 받았지만, 미디어 연구에서 아카이브의 중추적인 위치를 분명하게 주장했던 최초의 학자일

---

71 Wolfgang Ernst, 'Let There Be Irony: Cultural History and Media Archaeology in Parallel Lines', *Art History* 28(5) (November, 2005): 582-603.

72 Geert Lovink and Wolfgang Ernst, 'Archive Rumblings. Interview with German Media Theorist Wolfgang Ernst' (2003). Originally posted on Nettime mailing list, online at http://laudanum.net/geert/files/1060043851/ (2011년 11월 27일 접속) 참조.

73 Lev Manovich, *The Language of New Media* (Cambridge, MA: The MIT Press, 2001), 218-221.

것이다. 아카이브는 모든 언표statement의 조건이고 아카이브는 존재하는 것을 기록한다고 푸코가 이미 주장했던 의미에서 기념비와도 같다. 서사가 아니라 구체적이고 사실에 입각한 대상인 문서를 전달하는 방식으로서의 기록은 시간의 기념비가 되었다. 이는 축음기에 대한 키틀러의 주장처럼 의미 있는 언표 외에도 모든 것을 정확히 기록하는 기술적 미디어로 인해 더욱 복잡해졌다. 철저한 과학적 의미에서 모든 종류의 저장, 즉 기록은 추가적으로 [기록에 소요되는] '시간'과 기록이라는 최초의 사건도 전달하기에 그 자체로 비선형적이다. 이렇게 에른스트가 미디어고고학의 인식론과 방법론으로 취하는 것은 전부 의미 바깥으로 이탈하는 것들이다. "미디어고고학은 과거를 취급할 때 비담론적 요소, 즉 인간 화자가 아니라 기계의 행위성에 집중한다."[74] 이 기술인식론technoepisteme은 기계적 아카이브에서 시작된다. 심지어 이러한 개념화가 그러한 인식론 안에서 정치적 양상을 논의하는 것으로 확장되지 않는다고 해도 말이다. 기술적 미디어 문화의 아카이브에 관한 이러한 의문들은 6장에서 발전시켜 다뤄보기로 한다.

그러므로 여기서는 랩톱 컴퓨터, 데스크톱 컴퓨터, 스마트폰, 유무선 네드워크에서 수학 및 수학의 시간적 처리 과정성이 어떻게 우리에게 새로운 미디어 인식론을 생각하도록 몰아가는지 지적하는 것만으로도 충분하다. 위에서 강조되었듯, '하강'을 새롭게 이

---

74 Wolfgang Ernst, 같은 글, 591; Wolfgang Ernst, 'Media Archaeography: Method and Machine versus History and Narrative of Media.'

해하기는 계보학적이면서 고고학적이다. 미디어고고학의 최신 경향이 기계 **내부** 및 동시대 기술 회로의 시간 결정적 처리를 보기 시작했다는 의미에서 그렇다. 말하자면 미디어고고학은 **덮개 아래**[기계 내부]를 들여다보며 아카이브에 대한 관념을 실제의 기계와 회로로 확장한다. 아마도 이 새로운 유형의 미디어고고학자는 변함없는 하드웨어 애호가이자 명백한 유물론자이겠지만 하드웨어 해킹과 서킷 벤딩으로 고고학적 방법론을 이어나가, 역사적 시간에서 기계 시간(이를테면 네트워크 라우팅 및 채널링, 이더넷 트래픽 리듬, 프로세서 패턴 등)으로 이행한다. 이는 '시간 결정성'에 대한 이론적 관점[75]과 알고리드믹스 인스티튜트Institute for Algorhythmics 같은 미디어아트적/핵티비즘적 방법론 양쪽 모두로 이어진다. 여기서 후자는 7장에서 미디어고고학을 창조적으로 실천하는 방법의 맥락이나, 데이터 '카빙carving'(예를 들어 하드드라이브) 같은 마이크로리서치 랩Microresearch Lab과 마틴 하우스의 '디지털 고고학'적 방법론의 맥락에서 다룰 것이다. 그 대신 이 장의 마지막 부분은 독일 미디어고고학의 일부 주제를 동시대 영미 미디어 연구의 경향과 연계하는 데 주력한다.

뉴미디어 연구: 매체 특정성

이 장의 시작 부분에서 간략히 언급했듯, 최근 몇 년간 문화적

---

75 Axel Volmar (ed.), *Zeitkritische Medien* (Berlin: Kadmos, 2009).

이고 이론적인 논의는 물질matter, 객체, 물질적 처리, 포스트휴먼과 비인간non-human에 대한 관심을 재개했다. 신유물론의 다양한 계열은 역사 발전에서 생산력을 논하는 마르크스주의 정치경제학 유물론으로 환원하지 않고, **운동의 움직임**movement-moving으로 정의되는 동작 중인 신체의 강력한 물질성에 관심을 가진다(그것은 에린 매닝과 브라이언 마수미의 연구에서 분명히 드러난다). 과학과 예술의 협업으로 끌어낸 **추상적 유물론**abstract materialism(예를 들어 루치아나 파리시의 아키텍처와 구현에 관한 글), '사회적인 것과 신체적인 것'의 관계를 물색하는 **정치생리학**(존 프로테비), 무선wireless 경험이라는 급진적 경험주의(에이드리언 매켄지), 마누엘 데란다, 도나 해러웨이, 캐런 버라드의 과학 분야 저작, 로시 브라이도티, 엘리자베스 그로스 등의 유물론적 페미니즘, 그리고 당연하게도 (질 들뢰즈 같은 이론가 겸 철학자에 더해) 브뤼노 라투르처럼 물질성을 재고하는 데 지대한 영향을 주었던 연구[76] 등이 그 일환이다. 물질성으로 전환하는 것은 디지털 문화에서, 그리고 포스트모던 이론이 화폐에서 시뮬레이션 기법에 이르는 새로운 종류의 기호적 우위성에 근거해 문화 현실의 추상성과 비물질성으로 지정했던 것이 야기한 이 지각된 비물질성을 어느 정도 바로잡을 수 있을 것으로 보인다. 그런 식의 사상은 장 보드리야르의 연구에서 가장 잘 나타난다. 확실히 추상성과 탈물질성의 현대적 처리는 현상학적이고 경험

---

76   Jane Bennett, *Vibrant Matter. A Political Ecology of Things* (Durham: Duke University Press, 2010). [국역본] 제인 베넷, 『생동하는 물질』, 문성재 옮김(현실문화연구, 2020).

적인 인간 신체의 위기와 같은 영향을 낳을 것으로, 또 기술적 미디어 시대의 **새로운** 형식의 물질성을 감안하는 다른 언어를 요청할 것으로 사료된다.[77]

이미 우리는 디지털 문화의 가상성에 대한 1990년대의 열광 이후, '디지털 미디어' 개념에서 소프트웨어, 플랫폼, 다양한 계전기와 다중 미디어를 새로이 강조하는 경향의 출현을 목격했다. 따라서 새로운 **매체 특정성**은, 매슈 G. 커센바움의 전자 미디어론에서도 명백히 드러나듯, 다원적 물질성을 더 주의 깊게 보아야 한다는 것을 의미한다. "문헌적/문자적 접근법은 매체 비평이 그동안 간과했던 전자 텍스트성electronic textuality의 양상들, 즉 플랫폼, 인터페이스, 데이터 표준, 파일 포맷과 운영체제, 그리고 코드, 패치와 포트의 버전 및 배포 등에 정확히 집중하기를 촉구한다. **그것은 전자 문자로 이루어졌기 때문이다.**"[78]

그렇기 때문에 디지털 문화의 새로운 인문학 언어를 표방했다는 맥락에서 키틀러와 그외 독일 학파의 '미디어 유물론자들'을 살펴보는 것은 유의미하다. 동시대 다수의 접근법을 키틀러의 영향으

77   Bill Brown, 'Materiality' in *Critical Terms for Media Studies*, ed. W.J.T. Mitchell and Mark B. N. Hansen (Chicago and London: University of Chicago Press, 2010), 49-63. [국역본] 빌 브라운, 「물질성」, 미첼, W. J. T., 핸슨, 마크 B. N. 편저, 『미디어 비평용어』, 최정은 옮김(미진사, 2015), 79-92. [옮긴이] 비물질성은 모더니즘과 포스트모더니즘의 이론적 전통에서 화폐, 상품, 시뮬라크룸 같은 개념에서의 전제였다. 그러나 현재 디지털 미디어의 등장은 과거 미디어(사진, 영화)의 물질성을 재발견하게 만들었고 ('재물질화'), 동시대 학자들은 그 본유의 비물질성에 기반한 소통이 실은 실리콘, 광섬유, 와이어 등의 물리적 대상을 통해 이루어지고 있음을 강조한다.

78   같은 책, 56 (원문 그대로 강조 표시): [국역본] 85-86.

로 일축하는 것이 편파적이고 어리석을 수 있겠지만, 여전히 '키틀러 효과Kittler-effect'를 발전시킬 만한 여지는 있다. 윈스럽영은 그의 신실한 추종자로 이루어진 '키틀러 학파'라는 이념을 비판한다.[79] 그 대신 독일과 전 세계(그는 특히 미국의 커뮤니케이션 연구를 언급한다) 양쪽 모두가 미디어 관련 학술적 논의로 키틀러 효과를 이야기하는 것이 더 흥미로울 것이라고 주장한다. 키틀러의 이론이 포스트구조주의 이론(라캉, 푸코, 어쩌면 들뢰즈도)에 더 견고한 기술적 기반을, 그리고 지금 소통을 이해하는 방식에 급진적 역사관을 제공하는 중요한 벤치마킹 대상이 될 수 있기 때문이다. 딱 한 가지만 벤치마킹한다면 그것은 역사적, 심지어 고고학적 관점으로 미디어의 물질성, 그리고 그중에서도 기술적 미디어의 물질성을 이해하는 방법이라고 말할 수 있겠다. 이러한 키틀러 효과는 영미(특히 영국만이지만) 문화 연구 및 미디어 연구와 거리를 두려는 바람을 왕왕 피력했지만, 일부 새로운 형식의 미디어 연구가 미디어의 물질성이라는 관점에서 키틀러로부터 방향을 잡아 나가는 데서 두드러지게 나타났다. 따라서 여기서 '미디어고고학'과 그 확장된 개념으로 보이는 것은, 더 나은 용어가 요원하지만 지금으로서는 '뉴미디어 연구new media studies'라고 불리는 것과 연관된다. 뉴미디어 연구는 미디어 연구에서 구체성을 띤 소프트웨어와 하드웨어 처리 및 플랫폼의 중요성을 깨닫는 것에서 추동력을 얻는다. 최근 미국에서도 뉴미디어 학자들이 더 급증하는 것은 그들의 연구가 "정보 사회

---

[79]   Geoffrey Winthrop-Young, *Kittler and the Media*, 143-146.

4. 미디어 이론과 신유물론   **201**

에 관한 것이 아니라 그 사회 안에 살고 있는 진짜 기계에 관한 것임"을 말해주는데, 이는 결코 우연이 아니다.[80] 문화 연구 분야에는 버밍엄 문화 연구의 전통에서 벗어난 새로운 문화 연구로의 이행을 다루는 신흥 담론이 존재하는데, 이는 주요한 이론적 집합체와 참고 자료 등이 바디우, 들뢰즈, 지젝, 확실히 키틀러 같은 비교적 최근의 이론가와 포스트휴머니즘, 초국가성, 포스트마르크스주의 같은 주제로 구성되어 있다는 의미다.[81] 그리고 미디어 연구에서 새로운 세대의 주제들도 규명할 수 있다. 물론 여기에는 확실히 키틀러가 포함되겠지만 혹자는 절대적인 매체 특정적 관념군이 미디어고고학과 미디어 생태학에, 그리고 소프트웨어 연구와 플랫폼 연구에 걸쳐 제시되는 중이라고 말할 수도 있을 것이다.

키틀러와 최근 에른스트가 끼친 영향과 더불어 정보 사회의 물질성을 기계를 통해 강조하는 것은 지식의 미디어고고학적 관심을 확장하는 수단이기도 하다. 미디어고고학은 잃어버린 아이디어, 과거의 별난 기술, 시인과 예언자의 상상적 미디어에 관심을 기울이는 것 이상이 되었다. 미디어고고학은 키틀러 효과에 힘입어 기술적 처리의 역사뿐 아니라 기계 내부에서 일어나는 일에 대한 현재의 '고고학'을 탐색하는 방법이 되었다. 그에 따라 미국에 기반을 둔 뉴미디어 연구의 다양한 접근법은 이 특별한 독일 브랜드와의

---

80   Alexander R. Galloway, *Protocol. How Control Exists After Decentralization*, 17.

81   Gary Hall and Clare Birchall (eds.), *New Cultural Studies. Adventures in Theory* (Edinburgh: Edinburgh University Press, 2006).

어감 차이, 즉 독특함에도 불구하고 비슷한 지점들을 공유하며 학제 간 경계를 더욱 흐리는 방향으로 고유의 영향력을 넓히고 있다.

이러한 사상은 커셴바움 같은 학자들의 플랫폼 연구, 소프트웨어 연구와 컴퓨팅 포렌식 인문학의 방향에서, 심지어 웬디 희경 전 같은 학자가 발전시킨 연구에서 명백히 드러난다. 전은 미디어고고학을, 그것과 영미 시각문화 연구와의 관계 위주로 보았고, 자신의 연구를 서로 다른 흐름과 학술적 토론을 매개하는 사이 중간in-between에 위치시켰다. 그의 간결한 설명에 따르면, 시각문화 연구는 "인터페이스, 혹은 인터페이스의 재현을 매체로 다루는"[82] 사용자 중심의 접근법을 대변한다. 반면 미디어고고학은 (전은 이를 키틀러와 에른스트를 축으로 한 베를린 학파로 규명했지만) 어떻게 기계 자체가 스크린과 인터페이스를 위치시키고, 기술적 층위에서 우리에게 시청각이라는 현상학적 경험을 부여하는지에 관심이 있다. 이는 에른스트가 전과 키넌을 언급했던 장에서 강조했던 부분이다.[83] 이러한 구분은 단순화한다는 단점이 있음에도 지적 전통과 토론 사이의 복잡한 상호교환을 이해하는 괜찮은 발견법이다.

사실 미디어고고학의 '덮개 아래' 방법론을 시각문화 연구 패러다임이 어떻게 변화하고 있는지와 연관된다고 보는 것은 생산적이다. 소프트웨어, 프로토콜, 그 외 제어 기술로 시각 매체를 재고

---

82 Wendy Hui Kyong Chun, *Control and Freedom. Power and Paranoia in the Age of Fiber Optics* (Cambridge, MA: The MIT Press, 2006), 17.

83 Wendy Hui Kyong Chun and Thomas Keenan (eds.), *New Media, Old Media. A History and Theory Reader* (New York and London: Routledge, 2006).

하는 것은 에른스트의 연구와의 접점을 확장한 레이포드 귄스의
『편집 클린 버전Edited Clean Version』(2009) 같은 저작의 핵심이다.
귄스는 푸코의 통치성 이론과 들뢰즈의 통제로서의 권력을 재고하
는 연구에서 추동력을 얻었지만 그것을 소프트웨어와 프로토콜 분
석을 통해 구현했다. 다시 말해 푸코에게는 아카이브가 언표와 가
시성이 통제를 유발하는 장소였다면 그다음 수순은, 에른스트 같
은 포스트키틀러 학자도 제안한 바 있듯이, 기계를, 즉 소프트웨어,
하드웨어, 프로토콜과 플랫폼 등을 어떤 무엇의 가시성과 가청성,
그것에 관한 언표를 형성하는 아카이브로 재고하는 것이다. 귄스의
연구, 그리고 다른 방식에서의 플랫폼 연구[84]와 소프트웨어 연구[85]
같은 신흥 미디어 연구 형식은 새로운 매체 특정성을 디지털 미디
어 분석에 적용했다. 귄스는 키틀러의 소프트웨어에 관한 글에 대
한 반향으로 이를 디지털 시대 소비자 제품의 광범한 정치경제학과
효과적으로 결부지었고, 그에 따라 독일 미디어 이론의 결점을 다
룰 수 있었다. 그러므로 미디어 유물론 저작으로 인해 미학을 기술
특정적으로 이해하는 것이 텔레비전 주사선과 그래픽 시스템의 차
원에서, (몬포트와 보고스트의 1970년대와 1980년대 초 게임 플랫
폼 아타리 VCS 분석처럼)[86] 그래픽 렌더링과 메모리 제한의 차원에

---

84   Nick Montfort and Ian Bogost, *Racing The Beam. The Atari Video Computer System* (Cambridge, MA: The MIT Press, 2009).

85   예를 들면 Noah Wardrip-Fruin, *Expressive Processing. Digital Fictions, Computer Games, and Software Studies* (Cambridge, MA: The MIT Press, 2009).

86   Nick Montfort and Ian Bogost, 같은 책.

서, 주기cycle, 처리, 객체로 순환되는 새로운 형태의 시간성과 컴퓨터 속 데이터 세상의 차원에서[87] 가능하게 되었다.

더욱이 이러한 질문은 **존재론**(디지털 미디어를 구성하는 것은 무엇인가? 그것을 정의하는 특징은 무엇인가?)이나 **정치학**(소프트웨어 시대에서 새로운 통제와 지배 형식은 무엇인가?)에 더해 **방법론**(이런 현상을 어떻게 연구할 것인가?)에 관한 것이기도 하다. 워드립프루인이 소프트웨어 연구로 이어가고 있듯, 디지털 미디어의 고고학은 오래된 디지털 미디어의 재현을 읽는 데에만 국한되어서는 안 되며 그것을 정의하는 특징, 즉 가동성operationality과 처리 과정성까지도 다룰 수 있어야 한다.[88] 워드립프루인은 일부 에른스트의 입장에 강하게 공명해, 디지털 미디어 연구의 미래를 이해하는 방법으로서 디지털 미디어고고학에 관해 쓰기도 한다.[89] 우리가 디지털 미디어를 처리 과정으로 보는 이해의 수단을 개발해야 한다는 것이다. "디지털 미디어는 단순한 재현이 아니라 재현을 생성하는 기계"이기 때문이다.

워드립프루인은 미디어고고학이 매체 특정적이어야 한다고 주장한다. 이는 정확히 최근 몇 년 동안 수많은 종류의 유물론이 요구하기 시작했던 것이다. 예를 들어 추상 문화cultures of abstraction에 포섭된 우리가 거하는 이 물질성의 양식들을 다루는 더욱 구체적

---

87   Noah Wardrip-Fruin, 같은 책.

88   Noah Wardrip-Fruin, 'Digital Media Archaeology: Interpreting Computational Processes' in *Media Archaeology. Approaches, Applications, Implications*.

89   같은 글, 302-303.

이고 섬세한 분석 등이 그것이다. 커셴바움의 연구는 키틀러에 일부 기반을 둔 기술 문화 분석과 연계된 새로운 미디어 연구 경향의 또 다른 예증이지만, 이를 정보 기술 시대의 저장, 문화 대상, 처리 과정을 생각하기 위해 관련성을 재발견하는 쪽으로 발전시킨다. 면밀한 읽기를 통해 물질성을 지도화해야 한다고 주장하는 커셴바움의 방법론은 아카이브를 재사유해 미디어고고학적 방법과 결합하는 것을 다루는 5장에서 더 자세하게 논의할 내용이다.

커셴바움은 정보 문화의 이러한 처리 과정에 관한 방법론과 언어를 제안한다. 그것[새로운 방법론과 언어]은 그저 다시 장치를 중시하는 데 선을 긋지만, 여전히 동시대 문화 산물인 문자와 이미지, 소리가 작동하고 저장되는 시간 결정적 처리 과정이라는 특수성을 다룰 수 있도록 하는 정보적 물질성을 시작점으로 삼는다. 따라서 이는 우리 시대 기입 기술이 랜덤 액세스, 신호 처리, 미분과 시간기록학, 용량학, 합리화, 원자화, 동작 의존성motion-dependency, 동시대 메모리 체제의 비휘발성 속성을 (디지털) 인문학적으로 이해하기를 요구한다는 점을 인정한 미디어 연구의 언어를 뜻한다.[90] 어쩌면 디지털 문화에 관한 동시대 미디어고고학은 전통적 아카이브가 아니라 커셴바움이 묘사한 특징일 수도 있는 하드드라이브에서 시작하는 것은 아닐까? 어쩌면 미래의 고고학자는 책과 문서로 가득한 아카이브로 가서 발굴하는 대신, 1980년대에 생산된 개인

---

90 Matthew G. Kirschenbaum, *Mechanisms. New Media and the Forensic Imagination* (Cambridge, MA: The MIT Press, 2008), 89.

용 컴퓨터를 열어 그 회로판을 점검하고 하드드라이브 포렌식 작업을 시작할지도 모른다.

미디어고고학에서 이와 같은 소프트웨어와 하드웨어 연구 활동은 증가하는 추세로 보이며, 늘어나는 관련 연구는 소프트웨어 및 디지털성의 고고학에 주목한다. 이는 비물질적 문화가 아니라, 철저하게 기계, 처리, 그리고 표준, 명령, 주소, 데이터를 통해 이루어진다. 여기서 키틀러와 미디어고고학에서의 '키틀러 효과'에 일정 부분 기여했다고 언급된 것은 현재 미디어 연구에서 새로 등장한 다른 사상에도 동일하게 적용 가능하고, 미디어고고학이 동시대 미디어를 분석하는 여타 광범위한 이론 및 방법론과 어떠한 연관성이 있는지도 보여준다. 6장에서 그에 대한 논의를 이어나갈 것이다.

요약

프리드리히 A. 키틀러는 기술적 미디어의 특정성에 대한 이해를 발전시켰던 1800년·1900년 물질적 기록체계 개념의 핵심 사상가다. 키틀러는 자신을 미디어고고학지라 여기지 않았지만, 그의 연구는 후속 연구 발전에 핵심 개념이 되었다. 최근 베른하르트 지게르트, 볼프강 에른스트, 클라우스 피아스 같은 이론가들이 비슷한 주제와 미디어 유물론의 접근법을 이어나가고 있으며, 그와 비슷한 소프트웨어 연구, 플랫폼 연구 등 다양한 '신유물론' 미디어 연구가 부상하고 있다. 현재 수많은 미디어 연구의 방법론은 우리가 미디어 문화의 텍스트만 분석해서는 안 되고 기계 내부에서 무슨 일이 일어나고 있는지를 다룰 준비가 되어 있어야 한다고 주장한다. 푸코가 도입했던 '계승'의 방법은 역사적 연구에서뿐 아니라 미디어고고학자들이 소프트웨어와 하드웨어의 '덮개 아래'를 보는 기술적 미디어 분석 기법에서도 채택되었다. 이런 관점에서 미디어고고학은 매체 특정성을 주장하는 방법론이다.

더 읽을거리

4. 미디어 이론과 신유물론

Bennett, Jane (2010) *Vibrant Matter. A Political Ecology of Things* (Durham: Duke University Press).

Kittler, Friedrich A. (1999) *Gramophone, Film, Typewriter*, trans. Geoffrey Winthrop-Young and Michael Wutz (Stanford, CA: Stanford University Press).

Kittler, Friedrich A. (2010) *Optical Media*, trans. Anthony Enns (Cambridge: Polity).

Lovink, Geert (2008) 'Whereabouts of German Media Theory' in *Zero Comments* (New York: Routledge), 83~98.

Parikka, Jussi (2011) 'Operative Media Archaeology: Wolfgang Ernst's Materialist Media Diagrammatics' *Theory, Culture & Society* 28(5), 52~74.

Winthrop-Young, Geoffrey (2011) *Kittler and the Media* (Cambridge: Polity).

5
소음과 사고의 지도 그리기

미디어고고학은 미디어 문화에서 변칙적인 것, 말하자면 주류가 아닌 것에 관심을 둔다. **폐허에 대한 것이자 폐허에서 나오는** 그러한 미디어 분석의 중요한 전조로는 폐기물과 잔해, 폐허를 근대성의 더딘 출현을 다층적으로 발굴하기 위한 출발점으로 삼는 벤야민의 문화사 방법론이 있다. 그 자체가 파편[적 사유]의 집합체이기도 했던 벤야민의 미완성 저작 『아케이드 프로젝트Das Passagenwerk』는 상품의 자연사natural history를 이렇게 다층적으로 접근한 상징적 작업이었다.[1] 방법론적으로도 벤야민은 근대의 폐허, 대중문화, 미디어 문화의 출현, 그리고 우리를 둘러싸고 우리의 현실 세계를 구성하는 자본주의에 관한 글을 쓸 때 파편이라는 주제를 택했다. 연극 양식인 독일 바로크 비애극을 다룬 그의 1928년 교수자격 논문

---

[1] Jennifer Gabrys, *Digital Rubbish. A Natural History of Electronics* (Ann Arbor: University of Michigan Press, 2011).

에서, 그리고 그보다 앞선 시기에 진행된 연구들에서 벤야민은 이미 이러한 폐허물 분석이라는 구상을 피력했다. 벤야민은 '알레고리'라는 용어를 단순 비교가 아닌 복합적인 의미로 사용했으며, '폐허'에 관한 한 대목에서는 어떻게 "사물의 영역에서 폐허인 것이 사유의 영역에서는 알레고리"인지를 언급한다.[2]

벤야민은 이 점을 18세기 연극 장르[바로크 비애극]의 맥락에서 상술했던 반면, 우리는 이 점에서 알레고리가 사유 생태계의 일부인 물질문화의 폐허와 묶여 있는 방식에 담긴 미디어고고학적 함의를 본다. 어떤 면에서 알레고리는 미디어고고학 연구와 물질문화의 문화사에서 다음과 같은 주제를 다루고자 시도해 온 방법들을 환히 비춰준다. 우리는 공간 건축물이 그 한 예인 층층이 쌓인 역사적 시간 속에 살고 있지만, 이러한 관점을 미디어 문화의 구조와 폐허로도 확장해 볼 수 있다. 그러면 역사학자 페르낭 브로델이 역사의 다양한 지속[3]이라고 불렀던 것이 나타난다. 장기 지속, 중간 정도의 지속, 사건의 시간이 혼합되고 뒤섞이며, 외견상 동시대적인 것역시 선형적이거나 순환적인 시간 개념과는 맞지 않는 방식으로 과거에 속한다. 이것은 사고방식에도 똑같이 적용된다. 사고방식이 폐허 속에 잔존하기 때문이며, 거기에서 인지적 경험과 정동적 경험이 발생하는 [폐허라는] 층위화된 성좌를 들춰보는 데는 '역사'보

2   Walter Benjamin, *Gesammelte Schriften*, ed. Rolf Tiedemann, Vol. I,1 (Frankfurt: Suhrkamp, 1977), 354.

3   Fernand Braudel, *On History*, trans. Sarah Matthews (London: Weidenfeld and Nicolson, 1980).

다는 '고고학' 개념이 더 적합해 보일 수밖에 없다.[4] 이러한 의미에서 보면, 벤야민이 이해한 '알레고리'는 후타모(순환적 토포이cyclical topoi), 칠린스키(미디어 문화의 소수 계보학인 변종학)가 제안한 미디어고고학의 핵심 개념과, 심지어는 브루스 스털링의 '죽은 미디어' 접근법(상업적 관점에서 더는 존속할 수 없다고 여겨진 미디어 문화의 폐허, 화석을 들여다보는 방식)과 나란히 놓인 개념으로, 이것들과 부분적으로는 경합하면서도 부분적으로는 상호 보완적이다.[5]

이번 장에서는 소음과 교란을, 즉 미디어 문화의 변칙적인 것들을 다루고, 미디어고고학적 분석을 수행하는 방법 중 하나로 일종의 소음의 고고학archaeology of noise을 소개하고자 한다. 이것은 방법론적 적용을 의도한 것으로, 미디어고고학이 도외시된 대상을 어떻게 찾아낼 수 있는지 보여주려는 것이다. 예를 들어, 1990년대 중반에 빌 게이츠 같은 기업가들이 [네트워크] 통신과 마찰 없는 디지털 문화를 한창 찬양하던 중에, 바이러스, 스팸, 사기꾼, 트릭스터tricksters, 피싱 사기꾼scammers 등과 같은 방해 요소는 끊김 없고 제한 없는 연결에 대한 꿈만큼이나 우리의 기술 기반 커뮤니케이션 환

---

4 이것은 지그문트 프로이트가 고고학적 은유를 좋아했던 이유이기도 하지만 토머스 엘새서가 주장하는 것처럼 벤야민과 동시대 사람인 프로이트가 미디어고고학의 또 다른 한 명의 선구자인 이유이기도 하다. Elsaesser, Thomas, 'Freud and the Technical Media. The Enduring Magic of the Wunderblock' in *Media Archaeology. Approaches, Applications, Implications*, ed. Erkki Huhtamo and Jussi Parikka (Berkeley, CA: University of California Press, 2011), 95-115.

5 Alessandro Ludovico, 'Bruce Sterling: The Dead Media Interview,' *Neural* (September, 1998), www.neural.it/english/brucesterlingdeadmedia.htm, 2011년 11월 27일 접속.

그림 5.1
2010년 릴에서 열린 전시 《청각의 호기심(Curiosités
Acoustiques)》에 관한 헬름홀츠의 소리 분석

경의 필수불가결한 일부가 되었다. 음향 기술sonic부터 정보과학에 이르기까지 소음과 연결 부재[끊김/비접속]는 우리 곁에 있으며, 바이러스에서 스팸에 이르기까지 위에 열거한 문화적 실천들은 통신 채널의 '소음'이라는 개념과 수사학적으로 연결되어 있다.[6]

기술적 미디어 문화의 어두운 면을 분석하는 작업에 전례가 없는 것은 아니다. 볼프강 시벨부슈와 폴 비릴리오의 저작들에서 좋은 단초를 찾아볼 수 있다. 시벨부슈에 따르면, 기차의 발명은 우리가 시간과 거리를 이해하고 경험하는 방식을 변화시키는 미디어 기술로도 여겨질 수 있는데, 그것에는 즉시 기차 사고의 가능성이 따랐다. 이는 19세기에 기차 시스템과 기차 운행 방식 전반이 도입되는 방식에서 핵심 현상이었다.[7] 폴 비릴리오는 사고의 우선성과, 기술적 근대성을 규정하는 특징으로 사고의 형태―심지어 그는 사고 박물관 설립을 제안할 정도였다―를 다룬 철학적 글로 잘 알려져 있다.[8] 이

6 [옮긴이] 여기서는 'communication'를 맥락에 따라 '커뮤니케이션'과 '통신'으로 구분해 번역한다. 의미적 측면의 커뮤니케이션과 공학적 측면의 커뮤니케이션으로 구분한다. 커뮤니케이션은 이른바 오늘날 언론정보, 미디어 커뮤니케이션 분야 등 사회학 분야에서 다루는, 미디어를 통한 상호 소통 행위 전반을 가리키는 용어로, 통신은 미디어 내에서 이루어지는 신호의 입력, 생성, 저장, 전달 등의 신호 처리 과정 전반과 관련된 맥락에서 사용한다.

7 Wolfgang Schivelbusch, *The Railway Journey. The Industrialisation of Time and Space in the 19th Century*, 2nd edn (Berkeley, CA: University of California Press, 1986): [번역본] 볼프강 쉬벨부쉬, 『철도 여행의 역사―철도는 시간과 공간을 어떻게 변화시켰는가』, 박진희 옮김(궁리, 1999).

8 Paul Virilio, 'The Museum of Accidents' in *The Paul Virilio Reader,* ed. Steve Redhead (New York: Columbia University Press, 2004).

러한 관점은 컴퓨터 바이러스[9]와 같은 디지털 문화 및 그 전신前身에서 특정 형태의 사고들을 분석할 수 있는 방식과 관련이 있다.[10]

소음 소리

네트워크 통신, 간섭, 그리고 현대 통신 체계의 일부인 의도되지 않은 소음과 의도된 소음의 존재와 관련된 이 장의 주안점으로 들어가기에 앞서, 소음이 기술 문화의 일부로 직관적으로 느껴지는 지점들을 간단히 살펴보자. 즉 우리의 귀와 몸을 울리게 하고 교란하고 고통스럽게 하는 것으로서의 소음 말이다. 미디어 문화 속 소리에 관한 정밀한 분석이 늘면서 소리와 소음의 관계뿐 아니라 소음으로서의 소리를 보다 면밀하게 파악할 수 있게 되었다. 소음에 대한 청각적 접근은 어떻게 우리가 현대 기술적 미디어의 덧없는 물질성에 관한 총체적 이해를 발전시키는 데 음향적 관점을 활용할 수 있을지, 그리고 어떻게 소리가 근대성, 소음, 체화 사이의 연결 관계에 깊은 통찰을 보여주는 통로가 될 수 있는지 다루는 흥미롭

---

9   Jussi Parikka, *Digital Contagions. A Media Archaeology of Computer Viruses* (New York: Peter Lang, 2007).

10 또 하나의 좋은 예는 매슈 풀러와 앤드루 고피가 최근에 제안한 '이블 미디어 연구 (evil media studies)'다. 이는 속임수, 조작 사기에 초점을 맞추고, "자율적 이성과 지식의 이상에 명시적으로든 암시적으로든 견주어봤을 때 악의적 실천에 해당하는 것들의 범주와 형식에 관심을 두는 것이다." Matthew Fuller and Andrew Goffey, 'Evil Media Studies' in *The Spam Book: On Porn, Viruses and Other Anomalous Objects from the Dark Side of Digital Culture*, ed. Jussi Parikka and Tony Sampson (Cresskill: Hampton Press, 2009), 142.

고 중요한 저작들의 등장을 촉발했다. 그런 까닭에 음향 소음sonic noise은 인간의 귀에 청각적 현상 그 이상의 것이 되었으며, 그 자체가 기술적 공간, 도시성, 근대화의 지표가 되었을 뿐 아니라, 전자 문화의 탄생에도 결정적 역할을 했다.[11]

실제로 19세기 녹음 기술은 음악이나 음성에 국한되지 않는 훨씬 더 포괄적인 새로운 소리의 영역을 만들어내는 데 중요한 역할을 했다. 이러한 기술은 녹음된 내용을 시간축으로 조작할 수 있게 했다(되감기, 빨리 감기, 자르기, 복사하기 등은 이제 소리에만 국한되기보다는, 더 광범하게 디지털 문화의 미학을 특징짓는 기술이 되었다). 여기서 축음기 녹음 방식은 음악, 음성, 이해할 수 있는 소리뿐 아니라 몸이 내는 소음이든 미디어 자체에서 나오는 소음이든 관계없이 소음도 새겨 넣었다. 그 결과, 완전히 새로운 비해석적 체제의 사운드스케이프soundscapes와 분석이 펼쳐졌다.[12]

폴 드마리니스는 이 같은 아날로그적 녹음과 소리 다중성sound-multiplicity의 동시 출현이 수많은 기계적 층위에서 어떻게 일어나는지 정교하게 설명한 바 있다. 즉 사람들이 녹음용 미디어의 표면에 담고자 한 의도된 소리 외에도, 또 다른 차원에서 의도하지 않은 환경

11   Emily Thompson, *The Soundscape of Modernity. Architectural Acoustics and the Culture of Listening in America, 1900–1933* (Cambridge, MA: The MIT Press, 2004).

12   Douglas Kahn, *Noise Water Meat. A History of Sound in the Arts* (Cambridge, MA: The MIT Press, 1999), 9–10. 사운드 복제의 기원에 관해서는 다음 책 참고. Jonathan Sterne, *The Audible Past: Cultural Origins of Sound Reproduction* (Durham: Duke University Press, 2003) 참조: [국역본] 조너선 스턴, 『청취의 과거』, 윤원화 옮김(현실문화연구, 2010).

적 소음이 홈 위에서 슬며시 나오는 현상이 일어났고, 여기에 더해,

세 번째 층위는 기계 자체가 삐걱거리고 덜컹거리는 다양한 소리, 톱니바퀴가 회전하는 소리, 강철 스프링이 풀리면서 나는 충격음으로 구성되었다. 네 번째 층위는 이내 공개 발표회에서 등장한 오버더빙overdubbing의 소리로, 이것은 연속해서 데모를 녹음하는 동안 단일한 실린더에 반복 녹음하는 과정에서, 새로운 소리가 이전에 녹음된 기록의 흔적을 완전히 지우지는 못했기 때문이다.[13]

드마리니스는 우리가 "마이크, 높은 신호 대 잡음비 미디어,[14] 방음 녹음실 및 스튜디오 프로토콜[음향 작업 규범 및 절차]"에서 생기는 소음-소리noise-sounds[15]를 제어해 온 미디어고고학 전체를 실현할 수 있다고 제안하는 반면, 현대 사운드 아트의 필수적인 부분인

---

13 Paul DeMarinis, 'Erased Dots and Rotten Dashes, or How to Wire Your Head for a Preservation' in *Media Archaeology. Approaches, Applications, Implications*, ed. Erkki Huhtamo and Jussi Parikka (Berkeley, CA: University of California Press, 2011), 221-222.

14 [옮긴이] 신호 대 잡음비(signal-to-noise-ratio)는 흔히 S/N 혹은 S/N/R로 줄여 쓰는데, 배경 잡음에 대한 신호 강도의 측정 단위다. 즉 높은 신호 대 잡음비 미디어 (high-signal-to-noise-ratio media)란 배경 잡음보다 신호 강도가 높은 미디어를 말한다.

15 [편집자] 일반적으로 noise는 '의미 없는 소리'나 '원하지 않는 소리'로 간주되고, sound는 '의미 있는 소리' 혹은 '의도된 소리'로 여겨진다. 하지만 "noise-sounds"라는 표현은 이 이분법을 넘어, 소음과 소리 사이의 경계가 불분명하거나, 서로 얽혀 있는 음향 현상을 가리킨다. 여기에는 신체에서 발생하는 잡음, 매체의 기계적 진동, 스크래치, 주변 환경의 우발적 소리 등도 포함된다. 이러한 개념은 현대 사운드 아트나 매체 이론에서 청각적 경험의 물질성과 의미 이전의 감각성을 탐구하는 데 중요한 역할을 한다.

소음과 스크래치를 의도적으로 만들어낼 수 있는 전술도 언급한다. 다시 말해, 키틀러가 광범하게 분석한 것처럼 축음기는 인간이 하는 말에 내재된 의미뿐 아니라, 속삭임, 몸이 내는 소음, 의사소통의 '여분extras', 곧 입을 열 때마다 나는 소리까지 효과적으로 잡아냈다. 존 케이지는 〈4분 33초4'33"〉에서 관객들에게 그들 자신의 몸과 주변 환경에서 발생하는 귀에 거슬리는 소리를 듣게 했는데, 이보다 훨씬 더 오래 전에 이미 몸의 흔적까지도 기술적으로 녹음하는 작업이 그 자체에서 의미와 의도성을 지워버렸던 것이다. 『축음기, 영화, 타자기Gramophone, Film, Typewriter』의 번역자인 제프리 윈스럽영과 마이클 우츠의 설명대로,[16] 바로 이 점이 우리가 바로 앞 장에서 다루었던 키틀러적 우주론의 유물론적 존재론materialist ontology의 일부를 이룬다.[17]

소음의 재평가와 관련되어 있기도 했지만, 미래파와 같은 전위주의자들은, 루이지 루솔로의 〈소음 예술Art of Noise〉(1913)에서 가장 뚜렷하게 드러난 소음에 대한 미래주의적 기약을 찬미하는 방식으로, 소음 체제를 근대성의 소리로, 즉 공장과 도시의 움직임, 진

---

16 Geoffrey Winthrop-Young and Michael Wutz, 'Translators' Introduction: Friedrich Kittler and Media Discourse Analysis' in Friedrich A. Kittler, *Gramophone, Film, Typewriter* (Stanford, CA: Stanford University Press), xi–xxxviii.

17 미학적 관점에서 보면 적어도 19세기 중반에 헤르만 폰 헬름홀츠의 영향력 있는 연구와 글에서 이러한 아이디어들을 역추적하는 것은 가능하다. 헬름홀츠는 미학 개념이 의식적인 의미와 판단에서 신경과 몸에 영향을 주는 것으로 전환되는 데 중요한 역할을 했다. Wolfgang Hagen, 'Busoni's Invention: Phantasmagoria and Errancies in Times of Medial Transition' in *Artists as Inventors, Inventors as Artists*, ed. Dieter Daniels and Barbara U. Schmidt (Ostfildern: Hantje Cantz, 2008), 93–95 참조.

보의 문화에 수반되는 사운드트랙으로 규정했다. 루솔로가 지적한 바에 따르면, 우리는 현대 생활의 불가결한 일부인 다양한 소음을 인정하고 세심하게 분류하고 이해할 필요, 즉 총체적인 소음의 과학을 필요로 한다는 것이다. 더글러스 칸의 말을 빌려 말하면, "문제는 소음이 결코 단순히 소리가 아니며, 소음으로 인해 어딘가 가려진 소리 역시 단순한 소리가 아니라는 점이다. 즉 소음은 소음에 대한 관념이기도 하다. 그 관념은 성미가 급하고, 폭력적이고, 관습에 거스르고, 저항적이고, 과장되고, 과학적이고, 생성적이고, 우주론적인 것일 수 있다."[18] 소음의 다중성과 지식의 대상으로서의 소음을 새롭게 해석하는 데 핵심이 된 것은 실제로 축음기 외부에서 이루어진 기입inscription과 녹음 기술의 창조였다. 예를 들어, 소리를 시각적으로 기입하는 방법은 이러한 의미에서 보면 어느 부분이 유용하고 그렇지 않은지, 또는 어느 것이 포함되어야 하고 걸러져야 하는가와 같이, 소리와 소음을 분류하려는 선별적 임무와 밀접하게 연관되어 있다. 어떤 면에서 우리는 기입의 방법이 트라우토니움Trautonium, 스페로폰Sphaerophon, 아데로폰Atherophone, 테레민Theremin과 같은 소리 특유의 새로운 기술의 등장뿐 아니라 1920년대 라슬로 모호이너지의 것과 같은 예술적 담론들로 인해 착안된 개념, 즉 소리에 필요했던 매체 특정성을 찾을 수 있는 길이 되

---

18   Douglas Kahn, *Noise Water Meat. A History of Sound in the Arts* (Cambridge, MA: The MIT Press, 1999); Thomas Y. Levin, ' "Tones from out of Nowhere": Rudolf Pfenninger and the Archaeology of Synthetic Sound', *Grey Room* 12 (Summer, 2003), 32–79.

었는지도 볼 수 있다.[19] 그렇다면 소리가 지닌 기술적 형성물로서의 특유의 가능성이란 무엇인가?

따라서 소음에 관한 쟁점은 단순히 원치 않는 요소라는 인식을 넘어, 소리를 이해하는 방식뿐 아니라 소리에 대한 지식이 문화적으로 형성되는 방식에서, 심지어 소리 고문과 같은 암울한 실천에서조차 매우 결정적인 요인이라는 인식으로 확장되었다. 소리와 음향 기술은 정말로 다양한 문화적 형성물에 필수적이다. 그것은 데이터 패턴의 음향화sonification가 등장하면서, 지금에서야 새로운 것처럼 보이지만 실제로는 이미 19세기 과학 문화의 일부였던 지식 생산에서부터,[20] 컴퓨터 문화가 출현하는 데 필수 요소를 이룬 소리에 이르기까지 다양한 문화적 형성물에 필수적이다. 헤라르트 알베르츠 같은 역사학자들은 컴퓨터가 내는 리듬과 소리를 통해 컴퓨터 프로세스를 이해하는 것이 2차 세계대전 직후 초기 메인 프레임 컴퓨팅 문화에서 명령어 처리 과정을 추적하거나 비정상적 작동과 문제점을 감지하는 데 얼마나 상징적 역할을 해냈는지 설득력 있게 보여주었다.[21] 컴퓨터는 소리를 처리한다process. 훈련되지 않은 귀에는 소음으로 들렸던 것이 1950년대 IBM 중앙컴퓨터 수리공

19 Thomas Y. Levin, 같은 글. 45.

20 Axel Volmar, 'Listening to the Body Electric. Electrophysiology and the Telephone in the Late 19th Century', *The Virtual Laboratory* (2010), online essay at http://vlp. mpiwg-berlin.mpg.de/references?id=art76, 2011년 11월 27일 접속.

21 Gerard Alberts, 'Die Körperlichkeit des Rechnens oder Warum die Rechenautomaten Lautsprecher hatten', Presentation, Humboldt University, Berlin, 8 Dec. 2010.

같은 사람에게는 패턴과 신호로 가득 차 있었다. 다음 절에서는 보다 더 정보학 중심의 관점으로 이동해, 공식적으로 소음이 무엇인지를 짚어가고자 한다.

소음의 우위

키틀러를 비롯한 여러 미디어 이론가가 현대 미디어 문화의 '기원적 사건'으로 20세기 중반의 클로드 섀넌과 워런 위버가 개발한 통신 및 소음 모델을 강조하는데, 그 방식에는 물질론적 미디어 이론의 의미에서 보면 어딘가 독일적인 것이 배어 있다고 말하지 않을 수 없다. 소음과 소음 저감 과정의 도식을 기술적으로 공식화한 이것은 기술 통신 시대에 신호 전송 및 미디어의 참신성을 설명하려는 의도에서 반복적으로 호출되는 참고 자료 역할을 한다.

　1940년대에 섀넌은 송신자, 수신자와 채널만이 아닌 소음까지도 통신 시스템의 구성 요소로 공식화한 기술적 통신의 정식 모델을 제시했다. 섀넌의 1948년 논문 「수학적 통신 이론The Mathematical Theory of Communication」에 기술적 맥락으로 설명되어 있듯이, 통신 시스템은 정의상 소음 시스템이다. 이 논문은 진공관 시대의 통신 이론에 대한 오랜 관심의 [극히 일부에 지나지 않는] 마지막 단계였을 뿐이었다. 섀넌은 이 새로운 통신 이론을 "무엇보다도 채널 내의 소음 효과"를 고려해 설계했다.[22]

22　Claude E. Shannon and Warren Weaver, *The Mathematical Theory of Communication*

일반 통신 시스템에 대한 섀넌의 유명한 도식은 이 점을 잘 설명한다. 비록 소음이 외부에서 들어와 의사소통 행위를 매개하는 힘에 침입하는 것으로 여겨짐에도 소음은 여전히 그 시스템의 필수 불가결한 요소로 도식화되어 있다. 따라서 소음은 순수한 소음으로 의사소통 행위 외부에 존재하는 것이 아니라, 도식의 틀 **내부에서** [하나의 구성 요소로서] 특정한 지위를 부여받는다. 이러한 의미에서 보면, 개념적으로 소음은 기표작용signifying, 즉 의미 있는 기호Sign가 아니라, 정의를 내리자면, **신호**Signal를 다루는 현대 통신 시스템의 [특정한 작동] 양태modality다. 이와 같이 신호에 초점을 둔 커뮤니케이션 모델은 진공관을 이용한 음성 통신의 초기 선구적 작업에서 비롯되었다.[23] 즉 커뮤니케이션을 이와 같이 이해하는 방식은 인간 중심적인 것이라기보다는 과학적이고 공학적인 것이었다. 기술적 미디어 기계와 채널이 먼저 신호를 전송하면, 이 신호는 우리 인간이 해석하고 거론하고 논의할 수 있는 기호가 된다.

악셀 로흐는 섀넌의 논문들에 대한 면밀한 아카이브 작업을 통해 수학적 통신 이론의 탄생과 제2차 세계대전 당시 전쟁터의 대

(Urbana, IL: University of Illinois Press, 1949), 3: [국역본] 클로드 섀넌·워런 위버, 『수학적 커뮤니케이션 이론』, 백영민 옮김(커뮤니케이션북스, 2016), 3. [옮긴이] 국문 번역본은 'communication'을 맥락적 구분 없이 모두 커뮤니케이션으로 옮겼다. 섀넌은 이것을 메세지의 의미론적 소통이 아닌, 메세지의 신호화와 송신 등 수학 및 공학적 차원으로 접근하기 때문에 '통신'으로 옮기는 것이 국내 학계의 실정에 맞다. 단, 위버는 의미론적 차원까지 포괄해 이 용어를 사용한다.

23 David A. Mindell, *Between Human and Machine. Feedback, Control, and Computing before Cybernetics* (Baltimore, MD, and London: Johns Hopkins University Press, 2002), 111–112.

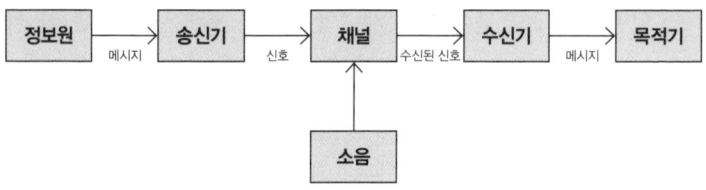

일반 통신 시스템 회로도
(Schematic diagram of a general communication system)

그림 5.2
어떠한 통신 상황에서도 소음을 필수적인 요소로 포함한 섀넌의 통신 모델 도식. 이안 베넷(Ian Bennett) 재작성.

규모 병력뿐만 아니라, 과학자들이 실험실로 동원되던 전쟁의 한복판에서 섀넌과 같은 과학자들이 어떤 방식으로 이 아이디어를 발전시켰는지 꼼꼼하고 통찰력 있게 설명했다. 당시 이 연구소들은 계산 기계, 곧 컴퓨터의 도움으로 핵무기를 개발하는 한편, 더 안전한 통신 형태도 개발했다. 이를테면 전자전에서 요구되던 레이더와 같은 새로운 시각 기술에서부터 전자전에서 절실하게 요구되던 암호화 기술에 이르는 통신 형태가 그것이다. 키틀러 같은 이론가들에게 현대 미디어와 전쟁은 매우 밀접하게 연관되어 있는 것으로 여겨졌다. 그것이 효율적인 통신 및 신호 처리/암호화/복호화 decryption 작업이었든, 신체와 감각의 동원이었든 간에, 우리의 미디어들은 항상 전쟁에서 유래했다는 것이다. 윈스럽영은 키틀러의 미디어 이론을 전쟁과 결부시켜 다음과 같이 썼다. "현대 미디어는 인간의 몸을 현대 전자전에 더 적합하게 만들기 위해 우리 몸과 감각 기관, 신경체계 등을 훈련시키고 개조하고 동원한다. 간단히 이야기하면, 그것은 훈련과 산만함distraction을 다루고 있지만, 산만함조차도 항상 훈련의 일부이지 않을 수 없다."[24]

그러나 신호와 통신에 관한 연구는 제2차 세계대전보다 훨씬 앞서 등장했다. 섀넌이 처음 몸담았던 벨연구소Bell Labs는 본래 전화 연구소로 출발했으나 20세기 전송 미디어 분야에서 가장 중요한 혁신의 중심지로 성장했다. 특히 이곳은 1910-20년대부터 원거리 통신 연구의 핵심지가 되었다. 이곳에서 진행된 연구로 인해 전송 통신의 주안점이 심리학적이고 의미론적인 쟁점에서 수학과 물리공학으로 전환되었다고 말할 수 있다. 정보intelligence와 문화적 산물의 전송은 전기 전신에 대한 실험 이래로 물리학의 논제였다. 물론 우리는 이것을 전기 물질과 전도성에 대한 광범한 실험의 역사에 속하는 것으로 간주하고 19세기 이전으로 거슬러 올라갈 수도 있다.[25] 그러나 부분적으로는 더 나은 품질의 전송을 위한 물리적 요구뿐만 아니라, 부분적으로는 국가 및 기업의 보안 등의 이유로, 전신 실험의 초창기부터 20세기 초 진공관 실험에 이르기까지 약한 신호 및 소음과의 씨름은 통신공학의 의제 중 가장 우선순위에 있었다. 당시 연구는 진공관에서 발생하는 다양한 종류의 소음

24   Geoffrey Winthrop-Young, 'Drill and Distraction in the Yellow Submarine: On the Dominance of War in Friedrich Kittler's Media Theory', *Critical Inquiry* 28(4) (Summer, 2002), 838.

25   John Joseph Fahie, *A History of Electric Telegraphy, to the Year 1837* (London: E. & F. N. Spon, 1884).

에 집중되었다.[26] 내부 소음과 기술적 구성 요소에서 나오는 소음 외에도, 심지어 태양과 날씨 같은 대기 조건에 따라 생성되는 소음까지 찾아내는 것이 전기공학의 최우선 과제가 되었다. 벨연구소의 연구진이 바로 알아챘다시피, 소음은 어디에나 존재했다.[27]

　　이것은 섀넌에게 커다란 깨달음으로 다가왔다. 즉 통신 및 소음에 관한 수학[적 모델]과, 루트비히 볼츠만이 1872년부터 발전시켜 온 엔트로피에 관한 물리 이론 사이에 연관성이 있을 수 있다는 점이었다. 어쨌든 수학적 통신학은 물리공학에 뿌리를 내리고 있으니, 물리학에 속한다. 이를테면 회로와 진공관에서 전자의 운동으로 발생하는 열소음은 모든 통신 사건event에서 중요한 의미가 있다.[28] 20세기 초반에는 통신의 물리적 특성의 일부로 시스템 사건system event[29]과 피드백 제어가 점차 인식되었다. 1920년대 미국전화전신회사AT&T 연구개발부서 및 벨연구소의 나이퀴스트[30]와 하

26　발터 H. 쇼트키(Walter H. Schottky, 1886~1976)는 진공관 내의 산탄 잡음과 열소음의 존재를 연구 주제로 삼았으며, 곧 그의 논문 「다양한 전기 도체의 자발적인 전력 변동에 관하여(Über spontane Stromschwankungen in verschiedene elektrizitätsleitern)」(1918)는 이 연구 주제에 커다란 영향력을 끼쳤다.

27　Leon Cohen, 'The History of Noise on the 100th Anniversary of Its Birth', *IEEE Signal Processing Magazine* (November, 2005).

28　Axel Roch, *Claude E. Shannon: Spielzeug, Leben und die geheime Geschichte seiner Theorie der Information* (Berlin: gegenstalt, 2010), 114–117.

29　[편집자] 시스템 사건이란 과거에 커뮤니케이션이 인간 사이의 의미 교환으로 이해했다면, 20세기 초 진공관 기술과 전기통신 기술이 발달하면서 커뮤니케이션이 기술적 시스템 내에서 발생하는 사건 혹은 과정으로 인식되었다는 의미다.

30　Harry Nyquist, 'Certain Factors Affecting Telegraph Speed', *Bell Systems Technical Journal* 3 (July, 1924).

틀리[31]는 각자의 논문에서 통신에 관한 일반 이론의 토대를 제시했다. 이들은 신호를 점점 더 멀리까지 강화하고, 한 회선에서 서로 다른 주파수로 더 많은 개별 대화를 담을 수 있도록 하는 반송파 다중화carrier multiplexing를 해결하는 초기 작업에서 중요한 역할을 했다. 여기서 이제 신호는 단순히 음성뿐만 아니라 소리와 텍스트, 이미지 등의 어떤 신호도 될 수 있었다.[32] 이에 더해 섀넌은 수신된 신호 메시지signal-message를 전송과 소음의 함수로 설정한 E = f(Sn,N)으로 통신 시스템 원리를 공식화했다.[33] 시스템의 예측 가능성을 목표로 설정했던 실용적 맥락에 걸맞게, 실제로 이 공식은 수학과 물리학에서 실현되기에도 알맞았다. 이들 공학자들은 최초로 신호 기반의 네트워크 신호와 통신에 관한 매우 구체적인 문제들을 다루었는데, 이는 우리의 디지털 문화로 이어지는 초석이 되었다. 하지만 이러한 문제들은 많은 과학적, 문화적 영역에서 광범하게 확인되는 것으로 보였다. 이미 1900년에 다비트 힐베르트는 완전하고 일관되며 결정 가능한 수학 체계를 주장한 바 있지만, 이 계산 체계의 합리성은 곧 도전을 받았다. 수학 분야에서는 쿠르트 괴델이 모든 체계는 일관되지 않고 모순이 없을 수 없다는 점에서 정의상 그 자체로 불완선하다는 점을 1931년에 증명했다. 이러한 인식은 수학

---

31   R. V. L. Hartley, 'Transmission of Information', *Bell Systems Technical Journal* 7 (July, 1928).

32   David A. Mindell, 같은 책, 112–114.

33   Claude E. Shannon and Warren Weaver, *The Mathematical Theory of Communication*, 34.

을 넘어 계산 및 통신 시스템 영역에서도 반향을 불러일으켰다.[34] 따라서 몇 년 후 섀넌과 위버의 아이디어는 소음과 미완성을 모든 작동 시스템의 필수적인 요소로 고려하기 시작하는 현대적 사유의 일부분으로 자리를 잡았다.

제2차 세계대전 이후 사이버네틱스 피드백 모델들은 시스템 프로세스에서 교란을 일으키는 비정상적인 신호들은 분리되도록 설계되었다. 하지만 동시에 이 작업은 이전의 공학적 작업을 지속하면서 진정한 소음의 과학을 낳았다. 전자음악을 만드는 이들이 백색 소음white noise과 분홍색 소음pink noise의 차이를 파악했던 것과 마찬가지로, 컴퓨팅 기계의 초창기 선구자들은 각기 다른 여러 유형의 소음과 각각의 소음 제어에 맞는 '최적화된 필터' 방식을 고안했다.[35]

정보 과학자들은 중복도redundancy을 활용해 통신 채널에서 발생하는 다양한 종류의 교란에 대응하고자 했다. 워런 위버는 섀넌의 공식에 대한 후속 연구이자 논평인 자신의 논문 「수학적 통신 이론에 대한 최근의 기여Recent Contributions to the Mathematical Theory of Communication」에서 **중복도**가 상대편에서 비교적 온전하게 메시지 수신을 보장하도록 기능한다고 제안했다. 불확실성은 전략적 반복을 통해 대응할 수 있는 통신의 기본적인 특성으로 이해

---

34   Charlie Gere, *Digital Culture* (London: Reaktion, 2002), 17–18.
35   W. G. Tuller, 'Use of Computing Machinery in Applications of Information Theory' in *Proceedings of the 1952 ACM National Meeting (Pittsburgh)* (New York: ACM Press, 1952), 111.

되었다.[36]

영어는 약 50%가 중복이기 때문에 적절한 부호화 과정을 거치면, 통상적으로 걸리는 전신 송수신 시간을 거의 반으로 줄일 수 있다. 물론 소음이 없는 채널로 전송한다는 전제 아래 그렇다. 하지만 채널에 소음이 있을 경우 중복을 모두 제거하는 부호화 과정을 거치지 않는 것이 오히려 실질적인 이점이 있다. 남아 있는 중복이 소음에 대항하는 데 도움이 되기 때문이다. 이는 쉽게 이해할 수 있다. 예를 들어, 영어는 중복도가 높다는 사실 때문에 누구라도 전송 중에 발생한 철자 오류를 수정하는 데 거의 또는 전혀 망설이지 않는다.[37]

따라서 기술적 미디어의 문제는 구어 미디어oral media의 문제와 다르다는 점이 입증되었다. 엔지니어링과 프로그래밍은 대화 상황이 아니다. 되돌아보면 신호 전송 문제의 해결을 목표로 했던 중복도의 형태가 대량의 스팸 메일이나 바이러스 프로그램 같은 프로그램의 중복도 형태로 훗날 기술적 미디어의 소음의 일부가 되었다는 점은 흥미로운 사실이다. 중복도 자체가 이제는 올바른 정보와 출처가 불확실한 메시지의 원치 않는 흐름을 구분해야 하는 문제를

---

36 [옮긴이] 중복도에 관해서는 다음 책을 참조하기 바람. 클로드 섀넌, 워런 위버, 같은 책, 150-151.

37 Claude E. Shannon and Warren Weaver, 같은 책, 112. [국역본] 162.

촉발했고, 다양한 종류의 필터와 스캐너scanners[38]로 이 문제에 대처하고 있다. 플러딩flooding[39]과 트래싱trashing(스팸 메일의 초기 용어) 같은 소프트웨어 기법은 게시판, 블로그, 머드 게임MUD, 채팅방뿐 아니라 이메일 수신함을 넘치게 하는 데 사용되었으며, 현재 온라인 게릴라 활동의 일부인 서비스 거부Denial of Service(DoS) 공격의 핵심 요소이기도 하다. 그것들은 단순한 소음이 아니라 **과도한 다중 포스팅**이 소프트웨어 환경의 잠재적 기능이라는 논리를 실제로 드러낸다. 코드 자동 실행과 관련된 이러한 종류의 문제들은 디지털 네트워크 문화의 핵심 부분임이 분명하며, 이 때문에 기업은 보안과 직원 교육에 막대한 투자를 하고, 각국 정부는 사이버 보안과 온라인 공격에 대응하는 새로운 방어 조치에 더 큰 비중을 두게 되었다.

흥미로운 점은, 순수한 메시지들을 '불순물'과 구분하는 필터링 프로그램과 시맨틱웹semantic Web 애플리케이션으로 인해 의사소통 행위는 점점 더 프로그램들 사이에서만 일어나고 있다. 즉 스팸 메시지를 배포하는 대량 메일링 시스템과, 이를 수신해 분석하고 그중 일부 메시지를 사용자에게 전달하는 필터링 응용 프로그램이 그것이다. 미디어고고학은 커뮤니케이션의 사회적 측면을 기술적 선

---

38 [편집자] 바이러스, 스팸, 악성 코드 등을 탐지하는 자동 분석 프로그램을 말한다.
39 [편집자] 네트워크나 서버, 게시판 등 특정 시스템에 의도적으로 과도한 양의 요청이나 데이터를 한꺼번에 보내 마비시키는 행위. 채팅방이나 BBS에서 동일한 메시지를 반복적으로 올려 시스템 반응을 느리게 만들거나, 사용자의 정상적인 접근을 방해하는 데 사용됨. 이는 이후 서비스 거부(DoS) 공격의 기반이 되기도 했다.

험성(존재의 기술적 조건)에 대한 이해와 연결해, 동시대 미디어 생태계에 관련된 중요한 미디어 특정적 세부사항들을 밝혀낼 수 있다.

소음의 물리학

소음, 메시지 송신의 중복도와 예측 가능성은 현대 통신의 핵심 맥락이 된다. 이와 같은 개념들은 과학적 맥락으로 추적할 수 있다. 예를 들어, [이러한 개념에 대한] 현대 물리학에서의 인식은 예측 불가능성을 존재론적 문제로만이 아니라, (완전히 해결될 수는 없더라도) 실질적인 해결책을 통해 부분적으로 다룰 수 있는 문제로 바라볼 수 있는 길을 열어주었다. 20세기 원거리 통신공학 연구소들에서 진행된 연구가 좋은 예다.[40] 이러한 맥락에서 커뮤니케이션을 실제로 신호로 생성하고 관리할 수 있는 가능성이 생겨났으며, 그로 인해 커뮤니케이션이 인간의 신체와 그 에너지에서 분리되었다. 하지만 더 넓은 맥락에서 보면 현대 미디어의 등장은 현대 과학과 긴밀히 엮여 있다. 이러한 이유로 우리는 미디어 기업과 산업의 역사뿐 아니라, 후대 기술적 미디어 장치의 근간을 구성한 혁신과 발상에 기여한 맥스웰, 패러데이, 헬름홀츠, 푸리에, 볼츠만 등과 같은 19세기의 중요한 과학자들의 이름을 소환해야 할 것이다.

섀넌의 아이디어는 통계적, 정량적, 물리적 메시지를 송신기에

---

40 David A. Mindell, *Between Human and Machine. Feedback, Control, and Computing before Cybernetics.*

서 수신기로 전달하는 가장 효율적인 방법을 찾기 위한 시도들을 잇는 연장선이었다고 볼 수 있다. 이것은 광학적 전신이 등장한 이후 지속적으로 제기된 부호화 문제였다.[41] 더불어 효율적 부호화의 쟁점은 빠른 메시지 전송 코드가 해킹으로부터 안전해야 한다는 보안 문제에 관한 것이기도 했다. 여기서 신호의 효율성과 신뢰성에 관한 수학적 문제는 보안 문제와 함께 다루어졌다.

섀넌은 열역학과 엔트로피 개념에서 직접적으로 영감을 얻었다. 우주 엔트로피와 무질서의 점진적 증가를 주장하는 열역학 제2법칙은 19세기 중반 루돌프 클라우지우스에 의해 이미 발견되었다. 섀넌의 아이디어에 중요한 역할을 한 연구개발 진행 과정에서, 물리학자 볼츠만은 엔트로피의 관점에서 닫힌계closed system의 문제를 시간이 지남에 따라 어떤 시스템[계]이 소멸하고 구조를 잃는 경향을 의미하는 것으로 개념화했다. 흥미로운 점은 볼츠만이 초기에 정보를 개념화할 때 이러한 시스템의 역동성을 이미 고려했다는 사실이다. 즉 상호작용의 수가 방대하기 때문에 시스템의 작동에 대한 명확하고 연역적인 설명이 선험적으로는 파악될 수 없다는 것이었다.[42] 볼츠만의 관심은 열기관에 집중돼 있었지만, 섀넌은 정보 시스템의 신뢰성을 추구하는 데 그의 아이디어의 많은 부분을 직접 활용할 수 있었다. 존 존스턴의 설명대로, 둘 사이에는 직접적인

41   Armand Mattelart, *The Information Society: An Introduction*, trans. Susan G. Taponier and James A. Cohen (Thousand Oaks, CA: Sage, 2001), 56–57.

42   Tiziana Terranova, *Network Culture. Politics for the Information Age* (London: Pluto Press, 2004), 21.

연관성이 있었다. 통계역학은 정보, 선택, 불확실성에 필요한 척도를 제공해 주었다.[43] 로흐는 섀넌이 물리학에서의 통찰을 전자 암호학으로 옮겨와 자신의 통신 해법을 설계할 때, [볼츠만의] 확산, 소멸, 열 소음의 패턴에서 배움을 얻었다고 주장한다.[44]

소음noise과 뱃멀미nausea의 어원적 관계는 20세기 초 물리학의 핵심 주제로 부상했던 불규칙한 운동irregularity of movement이라는 개념을 떠올리게 한다. 확률 과정stochastic processes과 분자 수준에서의 브라운 무작위 운동은 우주가 주로 불안정하고 소음이 많은 과정으로 이루어져 있음을 시사한다. 그러나 물리학적 인식이 공학의 문제로 바뀌면서 불규칙성이 문제가 되었다. 안정적인 통신 및 자동화 시스템을 구축하려면 소음을 제어해야 했다. 예를 들어 노버트 위너는 전시 기간 동안 브라운 운동Brownian movement을 하는 적의 항공기를 어떻게 제어하고 격추할지 연구하는 과정에서 소음을 거의 형이상학적인 악으로 바꾸어놓았다. 통신공학은 통계역학의 한 분야가 되었다. 문제는 시스템[계]의 엔트로피의 양을 어떻게 제어할 것인가, 다시 말해 시스템의 무질서 정도가 너무 높아지지 않도록 어떻게 보장할 것이냐 하는 것이었다.[45] 비록 실용적인 목표는 서

---

43   John Johnston, *The Allure of Machinic Life: Cybernetics, Artificial Life, and the New AI* (Cambridge, MA: The MIT Press, 2008), 27, 136-139.

44   Axel Roch, *Claude E. Shannon: Spielzeug, Leben und die geheime Geschichte seiner Theorie der Information*, 114.

45   Norbert Wiener, *Cybernetics, or Control and Communication in the Animal and the Machine* (Cambridge, MA: The MIT Press, 1948), 17-18.

로 비슷했을지라도 이 접근법은 (물리학에서 빌려왔음을 지적한 바와 같은) 섀넌의 수학적 공식과는 달랐다. 섀넌의 수학적 공식에서 정보는 정의상 항상 소음과 관계를 맺고 있었고 또 소음은 수신자에게 잠재적으로 새로운 정보의 원천이 될 수 있었다. 따라서 소음은 발신자의 의도를 넘어 그 자체의 의미를 제공했다. 통신은 항상 환경 속에서 벌어지며, 그래서 명확한 메시지 전달이 실제적인 목적일지라도 단지 메시지를 전달하는 것보다 훨씬 더 대기적atmospheric 특성을 띤다. 이 같은 아이디어들은 후에 2세대 사이버네틱스의 맥락에서 더 발전되었다. 하인츠 폰 푀르스터 같은 과학자들은 새로운 형태의 질서가 실제로 소음에서 탄생할 수 있다고 보았다.[46]

1940 – 50년대 이후의 기술 시스템뿐 아니라 사회과학부터 경제학, 심리학에 이르기까지 전 영역에 스며든 사이버네틱스 피드백은 소음 제어의 모델이 되었다. 아이러니하게도 조타륜kubernetes의 과학은 뱃멀미(그리스어로 소음의 어원인 nausea)를 이겨내는 가장 핵심적인 원리 중 하나가 되었다. 그러나 (분명 중요한 것이었지만) 이러한 전략적 노력을 기울였음에도 통신과 네트워크에서 마찰이 결코 없는 게 아니다. 물리학의 언어로든(잔재 소음 또는 우주가 지속적으로 팽창한다는 것을 나타내는 '3K 흑체 복사'), 철학의 언어로든(예를 들면 '기식자parasites'에 대한 미셸 세르식의 의제), 혹은 스팸, 침입자, 해커 등에 대항해 회사 및 기관 등에서 취하는 실질

---

46   John Johnston, *The Allure of Machinic Life: Cybernetics, Artificial Life, and the New AI*, 138, 139.

적인 보안 조치에서든, 소음은 항상 존재한다. 어떤 면에서 20세기 물리학(그리고 디지털 문화와 록 음악)의 존재론은 결정적으로 소음에 관한 것이다.[47] 마찬가지로 소음 제어에 대한 해결책을 제시하고자 시도할 때 사이버네틱스는 본질적으로 소음을 무질서로 규정하는 개념과 얽혀 있었다. 브라운 운동에 대해 보였던 위너의 초기 관심도 사이버네틱스가 어떻게 배제를 통해 포함이라는 '아카이브 작업'으로 특징지워질 수 있는지를 보여준다. 사이버네틱스의 상당 부분은 우주가 확률적이며 오직 준안정 상태에 있다는 깨달음에 기반한다. 소음이 물리적 세계의 기본적 특징이듯, 소음의 간섭 효과를 완전히 제거할 수 있는 궁극의 가능성은 존재하지 않는다.[48] 하지만 그 소음을 조사하고 지도화하고 제약할 방법은 항상 존재한다.

샤넌의 주요 관심사가 신호 재생이었던 반면, 위너의 관심사는 사이버네틱스의 항상성homeostasis이었다. 사이버네틱스와 신호 처리에 대한 그들의 입장이 지금은 이 분야를 형성한 토대로 여겨지지만, 그 보수적인 기반은 사회 모든 영역에서 사이버네틱스 모델

---

47 이 주제에 대한 개괄적 이해를 얻고자 한다면 리언 코언의 연구를 참조하기 바란다. Leon Cohen, 'The History of Noise on the 100th Anniversary of Its Birth', *IEEE Signal Processing Magazine* (November, 2005). 미셸 세르의 기생적 통신에 관한 철학적 관점은 그 자체로 다음과 같은 물리학의 이해에 기초한다. A에서 B로의 커뮤니케이션 관계는 미디어의 매개자인 제3의 배제물에 '동의'한 경우에만 나타날 수 있다. 이것은 기생물, 즉 소음이다. Michel Serres, *The Parasite*, trans. Lawrence R. Schehr (Minneapolis: University of Minnesota Press, 2007 [1982]).

48 N. Katherine Hayles, *How We Became Posthuman: Virtual Bodies in Cybernetics, Literature, and Informatics* (Chicago: University of Chicago Press, 1999), 88-89.

을 논의하고 전파하는 데 핵심 역할을 했던 초창기(1940–50년대) 메이시 학회Macy conferences에서 이미 의문이 제기되었었다. N. 캐서린 헤일스가 주장했듯이, 미 해군 전자연구소의 존 스트라우드는 신호 대 소음이라는 이원론적 모델이 조장하는 문제점을 지적했다.[49] 섀넌의 모델에서 항상성은 변화보다 우선시되었다. 시공간을 가로질러 메시지를 정확하게 복제하는 것이 이론적으로 통신의 임무로 정의되었다. 그러나 더욱더 변화를 긍정적으로 여기는 대안적 모델들이 등장했다. 예를 들어, 도널드 맥케이는 정보란 메시지가 다다른 변화라는 개념을 제시했다.

철학적 차원에서 볼 때, 자기 동일적인 신호 전송이 이처럼 불가능하다는 사실은 전송transmission, 즉 미디어 사건media event에서 일어나는 중간 과정인 먼 곳에 보냄trans-mettre이라는 개념과 연결된다.[50] **지능 전송**transmitting intelligence은 18세기 말부터 자주 사용된 말이지만, 그 안에는 거짓 정보를 전송할 위험도 상존한다. 수신된 메시지가 과연 발신된 메시지와 같은 것이며, 통신의 출발 지점과 도착 지점 사이에서 통신선이 '도청'되지 않았다는 것을 어떻

49　N. Katherine Hayles, 같은 책, 63–64.

50　[편집자] '미디어 사건'이란 정보나 의미가 미디어라는 중개 장치를 통과하며 발생하는 존재론적·철학적 사건성을 가리킨다. 이는 의미의 동일성이 보장되지 않는 전송(transmission) 과정에서 생기는 불확실성과 새로운 의미의 생성을 강조한다. 전송이란 언제나 간극을 수반하며, 그 사이에서 사건이 발생한다는 점에서 불어의 trans-mettre(전달하다)의 어원적 의미에 주목하는 개념이다. 이러한 맥락에서 미디어 사건은 벤야민의 '알레고리'와 '파편', 세르의 '기식자', 데리다의 '차연'처럼 전달 과정에서 발생하는 비동일성과 불일치에 주목하는 철학적 사유와도 연결된다.

게 확신할 수 있을까? 이런 우려는 예컨대 1881년에 영국의 『블랙우드 매거진Blackwood's Magazine』에 실린 「전신의 기괴함Freaks of the Telegraph」이라는 기사에서 표출되었다. "전신은 열성적인 찬미론자들이 말하는 것처럼 항상 누구에게나 무한한 혜택과 축복을 가져다주는 것이 아니다. …… 전보에는 그 여정에 걸리는 시간과, 그 문장이 재구성되는 방식에서 항상 어느 정도의 불확실성이 존재한다."[51]

전송된 정보의 동일성을 보장하는 것은 광학 전신과 전기 전신에서 통신의 결정적인 요건이었다. 그러나 동시에 이러한 보장은 '비동일적' 통신의 위험, 즉 상호 작용하는 상대방 사이의 현재성 presence을 교란하는 무엇인가가 있을 수 있는 위험을 암시한다. 광학 전신의 경우, 이러한 교란은 기상 조건 또는 불충분한 일조량 때문에 일어났다. 전기 전신의 경우 기술적 채널 자체가 물리적 소음을 만들어냈다. 다른 비기술적인 사안들도 마찬가지로 중요한 문제였다. 다시 말해 정보과학과 물리학이 20세기 의제로 설정한 소음에 대한 기술적 이해는 (적어도) 광학 전신 시대부터 소음이 간섭으로서 미학적-정치적 문제였다는 점을 고려해야 했다. 의도적인 [전파] 간섭과 소음 생산은 가장 큰 두려움을 나타내는 동시에[52] 현

---

51 Laura Otis, *Networking: Communicating With Bodies and Machines in the Nineteenth Century* (Ann Arbor: University of Michigan Press, 2001), 138에서 재인용.

52 아래 언급한 1600년 초에 출생한 다니엘 슈벤터(Daniel Schwenter, 1585-1636)의 보안 커뮤니케이션에 관한 표현들은 서면 또는 신호 처리와 같은 보안된 정보 채널에 대한 지속적인 욕구를 상징하는 전형적 사례다. 이 표현은 보안의 측면에서 아주 뛰어나다고 평가된 자석 기반의 동조적 바늘 전신(sympathetic needle telegraphy)에 관한 것이다. "아, 나는 이 글쓰기 방식이 사용되기를 바랄 뿐이다. 편지는 더 안전하고

대 기술적 미디어의 전략적 수단을 나타내기도 했다.

가로채기로서의 소음

19세기는 전신술과 사진술 같은 발명품이 등장하면서 일어난 암호학의 붐과, 그것에 수반된 '기호의 전반적인 비물질화의 감각'을 경험했다.[53] 다양한 부호화 체계는 표준화된 단축 코드의 형태로 전송의 효율성을 높이는 데 사용되었을 뿐만 아니라, 암호화를 가능하게 하기도 했다. 좁은 채널에서는 [논리적으로 복잡한 구조를 가진] 의미론적semantic 메시지보다는 핑ping을 보내는 게 더 수월했다. 따라서 어떤 면에서 단축 코드와 암호화의 형성은 신호 기반의 현대 통신이 탄생하는 과정에서 본질적인 부분을 이룬다.[54]

물론 가로채기interceptions와 소음은 편지 전송 체계나 우편 체계가 부상하는 데서도 이미 존재했다. 1782년에 출간된 피에르 쇼데를로 드 라클로의 소설 『위험한 관계Les liaisons dangereuses』는 연인들의 편지를 다루지만 통신 메시지의 가로채기에 대한 초기의 관심이 잘 묘사되어 있다. 마찬가지로 악평이 자자했던 역사적 인

더 빠르게 여행할 것이고, 강도들의 음모와 흐름의 지연을 두려워하지 않을 것이다." John Joseph Fahie, *A History of Electric Telegraphy, to the Year 1837* (London: E. &F. N. Spon, 1884), 11.

53 Charlie Gere, *Digital Culture*, 34.

54 현대 커뮤니케이션의 '핑'에 대해서는 다음 책 참조. Claus Pias, 'The Game Player's Duty: The User as the Gestalt of the Ports' in *Media Archaeology. Approaches, Applications, Implications.*

물인 리슐리외 추기경은 자신이 고안한 '첩보 시스템'으로 악명 높았는데,[55] 통신 역사에서 첩보 행위는 간과해서는 안 되는 관행이었다. 몇 년 후 광학 전신 통신은 가로채기에 대한 불안에 직면했다. 1836년에 있었던 한 유명한 사례는 전신 교환원을 뇌물로 꾀어 허위 금리 정보를 전송하게 하고, 이러한 정보의 해킹으로 부당 이익을 챙긴 두 명의 부패한 은행가 이야기를 들려준다. 통신 채널을 해킹할 수 있었던 이 기회는 전송 오류를 줄이기 위해 모든 교환소에서 사용하는 메시지의 해독 및 복호화 방식이 일정하게 표준화되었기 때문에 가능했다.[56] 이 사건은 금전적 이익을 부당하게 취하고자 고의로 조작된 정보(허위 정보)를 커뮤니케이션 패턴에 끼워 넣은 최초의 사례일 것이다. 광학 전신 체계semaphore를 지지하는 이들 중에는, 1846년에 바베이 박사가 언급한 바와 같이, 전기 전신이 공공기물 파손 형태의 소음에 더 취약하다고 확신했다.[57]

그렇지 않다. 전기 전신은 결코 믿을 만한 발명품이 아니다. 그것은 경미한 교란에도, 불량 청소년이나 술주정뱅이, 부랑자 등에게

---

55   John Joseph Fahie, *A History of Electric Telegraphy, to the Year 1837* (London: E. &F. N. Spon, 1884), 12.

56   Patrice Flichy, *Une histoire de la communication moderne: éspace public et vie privée* (Paris: La Découverte, 1997), 37–38.

57   [편집자] 신호를 전달하는 장치나 체계를 뜻하는 semaphore는 18-19세기 프랑스에서 클로드 샤프(Claude Chappe)가 개발한 기계식 광학 신호 체계, 즉 타워와 회전 팔을 이용해 원거리 통신을 하던 장치를 뜻한다. 군대나 항만에서 깃발을 손으로 흔드는 통신 방식인 수기 신호(flag semaphore)와 구분된다.

항상 무방비 상태로 있다. 전기 전신은 감시가 불가능한 고작 몇 미터도 되지 않는 전선으로 그러한 파괴적인 요소에 맞서야 한다. 한 사람만으로도 파리로 이어진 전선을 들키지 않고 절단할 수 있으며, 24시간 동안 동일 전신선의 열 군데를 자를 수도 있다. 체포되지 않고 말이다.[58]

혹은 전선이 땅속에 매설되더라도, '불량배들'의 위험은 여전했다.

그렇다면 어떤 불량배들이라도 두 개 이상의 간선 도로나 거리에서 6피트 깊이의 도랑을 파, 40분 내로 두 개 이상의 주철로 된 단단한 관을 뚫을 수 있을까? …… 만약 그럴 수 있다면, 도랑을 더 깊게 파서 그들의 일을 더 어렵게 만들어라. 그랬는데도 그들이 여전히 이런 방법으로 통신을 끊는 데 성공한다면, 붙잡을 수 있는 경우에는 교수형에 처하고, 잡을 수 없다면 저주를 퍼부어라. 그리고 어느 경우든 당장 복구하라.[59]

이런 '해커들'은 이미 19세기부터 격한 감정을 불러일으켰다!

비즈니스 맥락에서 정보 보안은 절대적인 과제였다. 카를 마르크스가 1850년대에 저술한 『정치경제학 비판 요강Grundrisse』에서

---

[58] 다음 책에서 재인용. Bruce Sterling, *The Hacker Crackdown: Law and Disorder on the Electronic Frontier* (London: Penguin Books, 1994), 12.

[59] John Joseph Fahie, 같은 책, 140.

지적했듯, 자본은 공간의 경계를 초월하고 전신과 같은 새로운 기술에 기반한 새로운 물리적 교환 양식(통신과 운송)을 창출하는 데 열심이었다.[60] 적어도 19세기 중반부터는 주식시장과 상업 통신이 미국과 유럽 양쪽에서 전신 트래픽의 대부분을 차지했다. 미국의 유명한 골드 앤 스톡 전신회사US Gold and Stock Telegraph Company에 관한 1882년 프랑스의 한 보고서에 따르면, 모든 전신 정보 가입자에게 정보의 **동일성**identity을 보장하는 것이 초기 상업 통신 분야에서 핵심 요소로 여겨졌다.[61]

메시지 가로채기 같은 적대적인 소음 문제는 상업뿐 아니라 전쟁과도 긴밀하게 연관되어 있었다. 클로드 샤프의 광학 전신이 1790년대 초에 기능을 발휘하기 시작한 이후로 줄곧 전신은 군사 작전과 국가 안보의 핵심 요소로 인식되었다. 이 통신 시스템의 중요성을 강조하기 위해 민간 사용은 허용되지 않았다. 암호책codebook은 엄격하게 관리되었고, 오직 발신자와 수신자만이 암호 키를 알고 있어야 했다.[62] 전신은 지휘관이 병사들 뒤편의 지휘 본부로 이동해 전신으로 작전을 조율하고 전투 부대를 연결하는 새

---

60 Jonathan Crary, *Techniques of the Observer. On Vision and Modernity in the Nineteenth Century* (Cambridge, MA: The MIT Press, 1990), 140-142; [국역본] 조나단 크래리, 『관찰자의 기술: 19세기의 시각과 근대성』, 209-213.

61 「증권거래소의 전신(La Telegraph de Bourse)」, *La Nature*, 1882년 9월 23일; Patrice Flichy, *Une histoire de la communication moderne: éspace public et vie privée*, 69에서 재인용.

62 Armand Mattelart, *The Information Society: An Introduction*, trans. Susan G. Taponier and James A. Cohen (Thousand Oaks, CA: Sage, 2001), 23.

로운 종류의 소통이 가능해졌다. 이러한 새로운 경직된 명령 체계 momenclator 대신 보호 조치가 필요했으며, 특히 저렴하고 효과적인 해결책인 암호 통신에 요구되는 비밀 유지를 제공했다.[63] 하지만 [병력을 하나로 연결하는] 결속 수단인 전신이 군사 통신을 좀 더 효과적으로 만들었음에도, 가로채기의 개연성은 더 커졌다. 지휘관은 그저 앉아서 "적의 주파수에 자신의 라디오 주파수를 맞추면" 되었기 때문이다.[64]

19세기의 전신은 소음 없는 전송과 끊김 없는 중개를 향한 탐구에서 특별한 자리를 차지했다. 특히 전기 전신은 기차 사고를 예방하기 위한 보안 매체로 일찍부터 구상되었다.[65] 보안은 전송 내용과 관련된 문제로도 제기되었다. 데이비드 칸이 그의 방대한 암호학 역사서에서 설명하듯, 1844년에 새뮤얼 모스의 첫 메시지가 송출된 지 1년 후 그의 홍보 담당자는 통신의 비밀 유지에 관한 조

---

63   David Kahn, *The Codebreakers: The Story of Secret Writing* (New York: Macmillan, 1967), 191. 1870년, 프랑스는 프랑스-프러시아 전쟁에서 패배한 이후 특히 암호 작성, 즉 암호학(cryptography)의 새로운 패러다임에 열중했다. 이에 관해서는 다음 책 참조. David Kahn, 같은 책, 230-265. 적절한 예로는 1922년부터 사용된 '슈퍼폰(superphone)'을 들 수 있는데, 이는 군사용으로 무중단 통신이 가능했다. 이에 관해서는 1922년 1월 25일, 『뉴욕타임스』 기사 「대화 중 비밀 유지를 위한 슈퍼폰 ("Superphone" to Assure Secrecy in Talking)」을 참조하기 바란다. 제2차 세계대전은 암호 장치를 통신의 핵심 장치로 보았다. 대표적인 예로는 암호화를 위한 독일의 에니그마(Enigma)와 앨런 튜링이 일했던 암호 해독 센터인 블레츨리 파크(Bletchley Park)의 암호 해독 도청 기계가 있다. 이에 관해서는 기어의 책을 참조하기 바란다. Charlie Gere, *Digital Culture*, 40-43.

64   David Kahn, 같은 책, 298.

65   Brian Winston, *Media Technology and Society: A History from the Telegraph to the Internet* (London: Routledge, 1998), 23; John Joseph Fahie, 같은 책, 112.

언을 모아 책을 냈다. 마찬가지로, 몇 년 뒤 영국의 『쿼털리 리뷰 Quarterly Review』는 전신 통신에서 보안이 차지하는 중요성을 강조했다.

현재 사적인 통신을 전신으로 보내는 것과 관련해 느끼는 한 가지 큰 불만, 즉 모든 비밀이 침해되는 불만을 해결하기 위한 조치가 강구되어야 한다. 어떤 경우라도 한 사람이 다른 사람에게 보내는 모든 말을 대여섯 명은 알고 있어야 하기 때문이다. 영국 전신회사English Telegraphy Company의 직원은 비밀 유지를 맹세하지만, 우리는 낯선 누군가가 우리가 보기 전에 먼저 전신을 읽는다는 게 참을 수 없다는 말을 종종 쓰곤 한다. 이것은 전신의 중대한 결함이며, 어떤 방식으로든 개선되어야 한다. …… 어떤 경우에도 쉽게 익히고 쉽게 해독할 수 있는 간단하면서도 안전한 암호 체계를 도입해야 하며, 이러한 수단을 통해 메시지의 모든 의도와 목적이 수신자를 제외한 다른 모든 사람에게는 '봉인'되어야 한다.[66]

완선한 계몽수의 사고방식으로 구상된 보편적인 매체인 광학 전신

---

66   David Kahn, 같은 책, 189. 이에 관해서는 다음 책도 참고함. Alfred T. Story, *The Story of Wireless Telegraphy* (London: George Newnes, Ltd, 1904), 95-96. 대기를 통해 전파되는 부호화된 메시지에 접근할 수 있는 젊은 여성 전신 교환원을 다룬 헨리 제임스의 단편소설은 이 문제에 대한 좋은 예다. Henry James, 'In The Cage,' in *In the Cage and Other Stories* (1898; repr., London: Penguin Books, 1974).

은 사고나 우발적인 신호를 지원하지 않기로 되어 있었다. 광학 전신에서 전기 전신으로, 그리고 마르코니가 도입한 무선에 대한 첫 아이디어에 이르기까지, 전신은 외부인한테서 보호해야 하는 지점 대 지점point-to-point 통신으로 여겨졌다. 20세기 초, 무선 전신은 상황을 더욱 모호하게 만들었다. 무선 전신이 전송에 접근할 수 있는 새로운 가능성을 창출한 것처럼 보였기 때문이다. 지점 대 지점 전송은 라디오파가 에테르 전체에 퍼지면서 보안이 어려웠다. 실제로 충분한 장비만 갖추면 누구든지 그러한 메시지를 수신할 수 있었다. 맥스웰 전자기파와 전자기장에 접근이 가능하다는 사실을 깨닫게 되면서 통신의 장애물을 제거하는 완전히 새로운 상황, 즉 현대 통신이 돌연히 벽을 뚫고 들어가는 상황이 펼쳐졌고, [메시지의 정확한 수신] 대상을 설정하는 어려움도 함께 드러났다. 즉 메시지가 내가 의도한 당사자에게만 전달되는지 어떻게 알 수 있는가?[67]

각국 정부와 해군은 무선 영역을 자신들의 것으로 확보하는 데 심열을 기울였던 반면, 무선 통신 아마추어리즘의 등장으로 초대받지 않은 방문객을 전파에서 배제하는 긴박한 문제가 부상했다. 비록 무선 전신이 방송의 등장을 준비했을지라도, 마르코니 같은 초기 개척자들은 낯선 사람의 침입 가능성을 이 매체의 핵심 문제로 봤다.[68] 이러한 '도청'의 위험은 타이타닉 사고(1912년)로 입

---

67   John Joseph Fahie, 같은 책, 197–199.
68   Erkki Huhtamo, 'Ennen Broadcastingia', *Lähikuva* 1 (1992): 8–10; John Joseph Fahie, 같은 책, 198.

증되었다. 이 대양여객선의 구조 메시지는 무선으로 전송되었지만, 이 메시지는 아마추어 무선 통신가들이 가로챘고, 나중에 이들은 구조 노력을 방해했다는 비난을 받았다. 이 사고 직후 정부는 무선 통신사에 대한 [자격] 시험을 요구해 '전파의 무정부 상태'를 해결하기 시작했다. 면허 제도는 전파 낭비를 막기 위해 고안되었다. 1912년 12월 15일에 『뉴욕타임스』는 "이 모든 규제의 효과는 무수한 아마추어 송신소의 끊임없는 무선 잡담wireless chatter으로부터 전파 공간을 정화시키는 것이다"라고 보도했다.

따라서 의도적인 소음의 전술은 군사 권력만의 전유물이 아니었다. 그것은 독학으로 배운 무선 통신가들도 충분히 다룰 수 있었다. 여기서 '수선공 소년 영웅'이라는 인물 유형은 '통신선 도청'을 둘러싼 초창기 도덕적 공황의 우려를 보여주는 좋은 예다. 그러나 수전 J. 더글러스에 따르면, 이러한 초기 '해커들'을 일방적으로 악의적으로만 볼 수는 없다.[69] 오히려 그들은 미디어 기술을 사적인 용도로 활용한 긍정적인 본보기로 볼 수도 있었다. 통신 시스템의 두드러진 특징은 기밀 유지와 혼선 없는 정보 전달을 보장해야 하는 것이었지만, 아마추어 무선 통신가들은 기업 및 군사 통신의 은밀한 회선과 비밀 세계를 도청할 수 있었다. 1907년 『뉴욕타임스』에 실린 기사에서 젊은 아마추어 수선공 월터 J. 윌렌보그의 행동을 묘사한 것처럼, 이러한 풀뿌리 행동에서 아마추어들은 그들만의

---

69   Susan J. Douglas, *Inventing American Broadcasting, 1899-1922* (Baltimore, MD: Johns Hopkins University Press, 1989), 187-216.

목적을 위해 공식 회선을 사용했다. "사방에서 온 메시지가 우리의 수신기로 윙윙거리며 들어왔다. 암호화된 것들만 빠져나갔다." 이 기사는 또한 월렌보그가 [미국 뉴저지 주] 애틀랜틱 하이랜드에서 발신된 메시지를 가로채 방해한 것에서 알 수 있듯, 다른 메시지를 파괴할 수 있었던 방법까지도 자세히 묘사했다.

> 월렌보그는 고주파의 전파력 또는 진동을 생성해서, 메시지를 포착할 때 [수신된] 메시지가 곧바로 파괴될 정도로 큰 소란을 수신기에 보내 메시지가 즉시 파괴되게 할 수 있었다. …… 지붕 위 오두막의 공중 안테나는 공중파를 서로 격렬하게 밀어내는 전파를 쏘아대기 시작했다. 그는 약 30초 동안 이 작업을 지속했고, 우리는 다시 수신기로 돌아왔다.[70]

이러한 우려는 이미 19세기 후반 통신 담론의 일부였다. 거짓 정보의 전송과 의미 있는 정보 탈취의 위험에 대한 걱정에는 주의를 산만하게 하는 요소로서 사람도 포함되었다. 로라 오티스가 19세의 물리학과 미디어 기술, 픽션 사이의 관계에 대해 지적하듯, 기생화 parasitizing의 위험, 즉 전신망을 승인되지 않은 목적으로 사용하는 위험은 반복해서 제기된 위협이기도 했다. 공공 네트워크에 기생하는 개인들의 이야기가 반복해서 출판되었고, 이러한 인간적 연결관계는 기술적, 사회적, 국가적 통합을 목표로 하는 네트워크에서

---

[70] 'New Wonders with "Wireless"', *New York Times*, 3 November 1907.

오류의 원천으로 여겨졌다. 인간은 필수적이지만 신뢰할 수 없는 존재였다. 1881년의 『블랙우드 매거진Blackwood's Magazine』에는 다음과 같이 쓰였다. "인간적 요소가 전신 업무에서 상당한 부분을 차지하기 때문에, 오류를 범하는 인간의 성향은 이에 비례해 광범하게 발견된다. …… [메시지가] 어떤 방식으로 전달될지는 많은 부분 전신 교환수의 사고방식에 달려 있다."[71]

초기 네트워크 미디어의 문화적 형성에서 젠더 측면을 고려하면, 여성은 특히 전송이라는 과정에서 개념적으로나 물질적으로 사이in-between의 자리를 차지했다.[72] 여성은 전신 교환수, 타자수, 비서로서, 그리고 새로운 형태의 커뮤니케이션에 중심이 되는 다른 행정직에서 기술적 미디어의 세계로 진입했다. 동시에 그들은 매우 모호하게 묘사되었다. 캐럴린 마빈이 지적하듯,[73] 전기 관련 저널의 가벼운 읽을거리로 실린 시詩에서 종종 여성은 남성의 통제 아래 있는 기술적 대상으로 여겨졌다. 그러나 전신국에서 교환수로, 타자기를 다루는 비서로, 나중에는 전화 교환원으로 일한 수많은 여성은 불확실한 요소였는데, 이는 아마도 신뢰할 수 없고 감정적인 존재라는 그들의 상상된 문화적 위상 때문이었을 것이다.[74]

---

71   Laura Otis, *Networking: Communicating With Bodies and Machines in the Nineteenth Century*, 142-143.

72   19세기 매체/미디어의 젠더에 관한 조이 벨로프의 예술 프로젝트 참조.

73   Carolyn Marvin, *When Old Technologies Were New. Thinking about Electric Communication in the Late Nineteenth Century* (Oxford: Oxford University Press, 1988), 30.

74   같은 책, 26, 31.

기괴한 커뮤니케이션 대상

전신 시대가 도입한 새로운 기술적 통신 미디어의 집합체는 늘상 소음에 취약했다.[75] 물론 여기에는 기술적인 이유뿐 아니라 정치적, 경제적 이유도 있었다. 19세기에는 자본주의적 이익과 국가의 이익을 위해 기술적 미디어 네트워크의 등장을 촉진하고 안전하게 보호하는 데 큰 관심이 있었다. 그러나 동시에 그러한 회선들은 (적어도 상징적, 상상적 수준에서는) 다양한 종류의 무단unauthorized 통신 사건을 지원하는 것처럼 보였다. 비록 '빅토리아 시대의 인터넷'에는 웜과 바이러스 같은 '기생충'이 없었지만, 비정상적인 것의 담론의 위치는 다른 종류의, 거의 신화에 가까울 정도로 기괴한 미디어media-uncanny에 관한 사례들로 가득했다. 제프리 스콘스가 『유령미디어』에서 보여준 것처럼, 19세기의 통신 채널은 이미 비정상적인 현상에 직면해 있었다.[76]

전신 시스템과 이후의 전화 네트워크 역시 전선 안팎에서 일어나는 일들에 대한 이야기와 우려를 확대했다. 우리의 디지털 문

---

75   당연히 커뮤니케이션을 위협하는 자연 현상에도 많은 관심이 쏟아졌다. 커뮤니케이션을 둘러싸고 있는 이 새로운 일시성에도 불구하고, 종료 장치와 전선들은 주된 관심의 대상이었다. 이 일시성이 유선화되고, 무선화되고 그리고 점점 더 실시간 환경의 일부분이 되어갔음을 떠올린다면 이러한 장치들은 반드시 보호되어야 했다. 이에 대해서는 1893년 8월 30일 『뉴욕타임스』 기사 「전신선의 보호(Protection of Telegraph Wires)」를 참고하기 바란다.

76   Jeffrey Sconce, *Haunted Media. Electronic Presence from Telegraphy to Television* (Durham and London: Duke University Press, 2000), 57.

화에도 많은 네트워크 신화가 존재하는 것처럼, 이러한 것들은 종종 공식적인 우려라기보다는 새로운 미디어의 민속 문화folk culture의 일부였다. 선집 『섬광과 전기 돌진: 전신 문학, 유머, 재미, 위트와 지혜편Lightning Flashes and Electric Dashes: A Volume of Choice Telegraphic Literature, Humor, Fun, Wit and Wisdom』(1877)에 수록된 여러 이야기는 전신 네트워크에 대한 정식적이고 공식적인 기록에서는 종종 간과된 이슈들을 다룬다. 전신회사 관계자용이자 홍보물로 제작된 이 책은 새로운 기술에 대해 긍정적 감정을 불러일으키는 것이 목적이었고, 사고에 대한 설명은 거의 없다. 그러나 [이 선집에 수록된] 단편소설 「볼케이노그래프The Volcanograph」는 네트워크 문화의 기이한 존재들이 19세기에 이미 퍼져 있었다는 것을 보여준다. 이 단편소설은 '호브고블린hobgoblins'(장난치는 도깨비)들이 올바른 통신 행위를 방해하는 모습을 그린다. 계속해서 [통신] 채널에 '침입'하는 달갑지 않은 불청객들은 전신 폭탄이라는 일종의 대응책의 도움으로 교훈을 얻게 된다. 즉 "이제 과학은 본사의 레버와 크랭크로 작동되는 2,000셀cell 다이너마이트 배터리인 볼케이노그래프의 형태로 우리를 구하러 왔다."[77] 장난을 친 자들은 전선으로 전달된 폭발성 전기 폭탄으로 교훈을 얻는다. 이 이야기는 짜증나는 스팸식 장난부터 전선을 타고 발생하는, 사이버네틱스 이전의 전기에 의한 전쟁에 이르기까지, 여러 흥미로운 주제를 보여준다.

---

[77]   *Lightning Flashes and Electric Dashes: A Volume of Choice Telegraphic Literature, Humor, Fun, Wit and Wisdom* (New York: W. J. Johnston, 1877), 7.

BUT THE VOLCANOGRAPH CUT HIM SHORT.

그림 5.3

『섬광과 전기 돌진』(1877)에서의 볼케이노그래프의 전기 폭탄.

우리는 상상적 미디어를 다룬 3장에서 이러한 비정상적인 것들 가운데 일부를 분석한 바 있다. 초자연적인 것은 전신 및 다른 첨단 혁신 기술의 일부였으며, 이후에는 외계 존재들 또한 통신선을 교란하는 것처럼 보였다. 1890년대에는 전화 통신에 미치는 태양 폭풍의 영향에 대한 논쟁이 있었지만, 설명이 불가능한 채로 남아 있는 다른 종류의 '이상하고 불가사의한 소리'를 우려하는 추측도 있었다. 새로운 전기 네트워크는, 예컨대 1894년에 예술협회Society of Arts에서 프리스 씨Mr. Preece가 강연한 것처럼, 외계인에 관한 이러한 추측을 부추겼다.

만약 다른 어떤 행성에서라도 우리와 같은 존재들이 살고 있고, 그들이 언어의 재능과 자연의 거대한 힘을 자신들의 필요에 맞게 활용하는 지식을 갖고 있다면, 만약 그들이 엄청난 양의 전기 에너지를 전신 순서대로 앞뒤로 진동시킬 수 있다면, 우리는 전화로 화성 사람들과 교류할 수 있을 것이다.[78]

기술은 문화 활동과 일상적 일들을 인계받고 자동화되면서 점점 더 살아 있는 존재처럼 상상되기 시작했다. 말 그대로 사이in-between에 존재하는 기술 매체는 기술들을 기괴하고uncanny 살아 있는 것으로 묘사되는 특성을 띠게 되었다. 아마도 이것은 19세기 중반 이후 새로운 기술이 어떻게 인식되었는지를 반영한 것일 수

---

78 John Joseph Fahie, 같은 책, 159.

있다. 통신 시스템은 마치 자율적이고 자립적인 유기체이자 네트워크처럼 구축되었으며, 메시지의 빠른 움직임을 통제하는 기술적 원리가 인간의 눈에는 보이지 않았다.

소음과 아카이브

그렇다면 우리는 왜 소음을 연구해야 하는가, 그리고 이와 같이 겉보기에는 비통신처럼 보이는 것을 탐구하는 미디어고고학이 미디어 연구와 커뮤니케이션 연구에 무엇을 제공하는가?

소음의 지도학cartography of noise에는 몇 가지 가능한 접근법이 있다. 소음은 미학적, 기술적, 정치적, 음향학적acoustic 현상으로 퍼져나간다. 소음은 거의 형이상학적이지만, 형식적으로 통제할 수 있는 것으로 여겨졌으며, 심지어 위너와 같은 일부 사이버네틱스 학자들에게는 악으로 여겨졌다. 그러나 소음은 루솔로부터 케이지, 글리치 음악glitch music 작곡가에 이르기까지 아방가르드 예술가들에 의해 미학적 계시로서 장려되었으며, 스벤 슈피커 같은 작가들에 따르면, 소음은 예술가들이 주변적이고 우연적인 것들을 통해 아카이브의 질서를 재상상하는 데 필수적인 부분이었다. 쓰레기와 우연성의 등장은 슈피커가 뒤샹과 초현실주의자 같은 예술가들을 통해 분석했던 모더니즘의 주제다. 따라서 모더니즘은 실제로 아카이브에 관한 하나의 앎의 양식이다. 모더니즘은 "사실을 수집하기보다는 발견을 위한 조건을 드러내는 아카이브를, 즉 아카이브 자체의 프로토콜에 부합하는 한에서 주변 대상들이 가시화되거나 가

청화되는 아카이브에 대한 아이디어를 고취한다."[79] 이러한 관점에서 보면, 위에서 간략히 언급한 소리와 소음의 고고학에서와 마찬가지로, 소음은 정상적인 통신의 작동 방식을 이해할 수 있는 하나의 방식이 된다. 이러한 인식은 1980년대 이래 네트워크 문화의 이른바 '비정상anomalies'이라는 것에 대한 관심이 증가한 것과 연관이 있다. 여기에는 커뮤니케이션을 욕망하는 '소음'이라고 다소 은유적으로 종종 묘사된 스팸과 악성 소프트웨어뿐만 아니라 사이버전쟁과 사이버테러리즘에 대한 전쟁도 포함된다. 네트워크는 점점 더 취약하고 준안정적인 구조로 규정되고 있으며, 인터넷의 미래는 '소음 문제'와 '소음'의 필터링, 관리, 재조정의 다양한 방법과 기술에 달려 있는 것으로 그려진다.

(비록 물리학이 20세기 초부터 확률적인 패턴에 관심을 가졌지만) 전송과 관련된 통신의 도식적 차원에서 보면 소음은 20세기 중반에 들어서서 공식화되었다. 섀넌과 위버가 주도한 이 공식화는 소음 문제가 기술적 미디어 문화의 아카이브로 진입했을 때 핵심 지점이었다고 볼 수 있다. 그러나 우리가 보았듯이 소음이 비록 명확하게 정의되거나 표현되지는 않았더라도, 적어도 18세기 후반 광학 전신 이후 현대 통신 미디어에서 중요한 선술이었다. 더 긴 계보를 살펴보면, 통신 시스템과 현대 미디어의 조직에서 소음의 정치가 얼마나 중요한지 드러난다. 광학 전신 이래로, 소음은 군사적 사

79　Sven Spieker, *The Big Archive: Art from Bureaucracy* (Cambridge, MA: The MIT Press, 2008), 173.

안이었으며, 곧 경제적 사안이 되어 미국과 유럽에서 광범한 사안들과 관련해 한 역할을 담당했다.

에른스트가 최근에 발전시킨 푸코의 사유를 적용하자면, 아카이브는 우리의 지식, 지각, 기억 및 기타 문화적 과정의 조건이다. 기술적 미디어에서 소음이 차지하는 중요성이 큰 까닭에, 소음은 현대 기술적 미디어 문화의 핵심 주제를 구성한다는 점에서 그 '아카이브'의 필수적인 부분이다. 우리는 소음과 비정상을 통해 미디어의 정치, 미학, 문화적 과정에 관한 다양한 문제를 해독할 수 있다.

프랑크푸르트 응용미술관Frankfurt Museum of Applied Art에서 열린 《아이 러브 유I Love You》 프로젝트는 20세기 소음의 도식적이고 아카이브적인 논리를 보여주는 핵심 사례라 할 수 있다. 2002년에 이 미술관은 바이러스 코드를 수집하기 시작했다고 발표하면서, 이 새로운 아카이브 프로젝트에 착수했다. 이 미술관은 도자기, 책, 이슬람 예술과 동아시아 예술의 고전 컬렉션으로 이미 유명했지만, 이 새로운 임무는 디지털 범법 행위에 대해 겉으로는 상당히 새로워 보이는 관심을 표현한 것이었다.

이 수집 작업은 《아이 러브 유》 전시의 일환이었고, 그 후 다른 미술관들에서도 순회 전시로 꾸려졌다. 전시의 기획 의도는 디지털 사회에서 소스 코드의 문화적 상태와 관련된 임무인 바이러스성 프로그래밍의 미학적이고 문화적인 실천들을 분석하고 소개하는 것이었다. 전시는 또한 프로그래밍의 의미를 정보 시대의 중요한 문화 기술cultural technique로서 다루었다. 큐레이터 프란치스카 노리가 지적했듯이, 미술관의 아카이브 기능은 단순히 기록의 역할뿐

아니라 한 사회가 의사소통하고 기억하는 방식을 활발하게 구성하는 역할도 수행한다.[80]

1960년에 구스타프 메츠거는 그의 「자동파괴적 예술을 위한 선언문Manifasto for Auto-Destructive Art」에서 이미 자기 모순적인 형식과 패턴을 창작 논리의 일부로 사용했다. 비록 메츠거의 생각들이 직접적으로 바이러스성virality에 관한 것은 아니었지만, 그는 어떤 시스템에서든 무질서는 필수적인 부분이라는 생각을 피력했다. 시간 기반 미디어는 항상 잠재적 무질서에 취약했는데, 이 무질서가 19세기에는 '엔트로피'라는 물리학적 개념으로 표현되었고, 20세기 정보학에서는 사이버네틱 시스템의 정확한 계산과 커뮤니케이션을 위협하는 '소음'으로 표현되었다. 최근 몇 년 동안 우리는 다양한 바이러스 예술viral art을 목도했다. 예를 들어 미국의 예술가 조지프 네크버탈의 알고리듬적 바이러스 이미지부터 2001년 '0100101110101101.org'가 베니스 비엔날레에 출품한 컴퓨터 바이러스인 'biennale.py', 그리고 네트워크 소프트웨어의 오작동과 잠재적 고장을 예술적 잠재력으로 삼는 듀오 예술가 조디의 넷 아트net art에 이르는 사례들이 그것이다. 이 모든 사례는 예술과 미디어 문화에 내한 새로운 관섬을 승쏙하고 논의했던 초기 아방가르드 예술가들의 실험적 작업의 맥을 잇고 있다.

따라서 '기록체계'(키틀러)와 '아카이브'(에른스트) 같은 개념에서 보면, 외견상의 비커뮤니케이션non-communication은 커뮤니케

80   www.digitalcraft.org/iloveyou/, 2011년 11월 26일 검색.

이션만큼 중요하다. 신호는 심지어 어떤 신호가 어떤 것인지 판독할 수 없을 정도로 항상 소음에 둘러싸여 있다. 이미 시간의 아카이빙과 관련 있는 영화는 소음, 물질성, 미디어 사이의 관계를 재고해야 했던 '가치와 의미' 대신에, 특이성과 우연성을 아카이빙하는 세계를 도입하는 것으로 볼 수 있다.[81] 키틀러와 칸이 사운드 기록 기술에 관해 언급하는 방식이나, 우리가 알고리듬적이고 프로그래밍 가능한 다른 종류의 소음이 소프트웨어 문화와 네트워크 문화 아카이브의 일부로 여기는 방식으로 봐도 기술적 미디어는 소음성 noisiness에 내재해 있다.

그렇기 때문에 음향적sonic 소음은 기술적 현대성의 소리로서 디지털 네트워크 문화에서 반향을 일으킨다. 귀에 소음인 것은 기계에도 소음이 될 수 있다는 것이다. 예컨대 이것은 소프트웨어 문화의 글리치 아트glitch art에 대한 미디어고고학적 해석(예를 들어 로사 멘크만의 작업)뿐만 아니라, 디지털 신호 처리의 리드미컬한 지도학rhythmic cartographies―베를린의 알고리듬 연구소Institute of Algorithmics가 전념하는 분야인, 알고리듬 문화의 매핑 작업으로서의 소니피케이션sonification―에서도 대표적으로 나타난다.[82] 우리는 미디어고고학적 예술을 다루는 7장에서 이러한 사례를 다시 살펴

---

81 Mary Ann Doane, *The Emergence of Cinematic Time. Modernity, Contin-gency, The Archive* (Cambridge, MA: Harvard University Press, 2002).

82 Shintaro Miyazaki, 'AlgoRHYTHMS Everywhere ‒A Heuristic Approach to Everyday Technologies' in *Pluralizing Rhythm: Music, Arts, Politics*, ed. Jan Hein Hoogstad and Birgitte Stougaard (Amsterdam and New York: Rodopi, 2011).

보고, 이제 미디어고고학에서의 아카이브에 대한 질문으로 넘어가
겠다.

요약

이 장은 현대 미디어 문화의 중요한 주제인 소음을 사례 연구로 다루었다. 이를
통해 미디어에서 무시되거나 비우호적인 실천들을 미디어고고학적으로 접근할
수 있는 방법을 보았다. 소셜미디어에서 마찰 없는 의사소통과 연결에 초점을
두는 주류 담론과는 달리, 소음, 방해, 사이버전쟁 등도 전신 이후의 현대 커뮤
니케이션을 이해하는 데 똑같이 중요한 주제다. 이 장에서는 소음의 우위에 대한
방법론적 통찰력을 제공하며, 과학사, 기술, 예술에 걸쳐 있는 이 현상을 다루기
위해 다양한 근거 자료를 어떻게 활용할 수 있는지 제시한다. 이 장은 키틀러와
에른스트에 대한 이전 논의를 확장하는 한편, 더글러스 칸을 비롯한 저명한 저
자들이 발전시킨 소리의 미디어고고학 등에서 얻은 통찰력도 간략히 언급한다.

더 읽을거리

5. 소음과 사고들의 지도 그리기

Fuller, Matthew and Goffey, Andrew(2009), 'Evil Media Studies' in *The
Spam Book: On Porn, Viruses and Other Anomalous Objects from the Dark
Side of Digital Culture*, ed. Jussi Parikka and Tony Sampson (Cresskill:

Hampton Press), 141-159.

Kahn, Douglas (1999), *Noise Water Meat. A History of Sound in the Arts* (Cambridge, MA: The MIT Press).

Parikka, Jussi (2007), *Digital Contagions: A Media Archaeology of Computer Viruses* (New York: Peter Lang).

6
아카이브 역학
소프트웨어 문화와 디지털 유산

미디어고고학은 아카이브에서 출발한다. 아카이브는 수많은 역사 연구의 암묵적인 출발점이었던 나머지, 분명 그 자체가 장소이자 미디어 형식임에도 소홀히 다뤄져 거의 보이지 않게 되었다. 이것이 미디어가 주어진 과업을 너무 효과적으로 수행할 때 맞이하는 미디어의 숙명이다. 미디어는 시야에서 사라지고, 매개하는 작업만 수행하며, 오직 채널을 통과하는 내용만 존재한다는 착시를 남긴다. 비매개immediacy는 매개mediation의 그림자다.[1] 미디어고고학 관련 저술에서 아카이브는 많이 논의되지 않았다. 하지만 최근 들어 볼프강 에른스트가 오니오비주얼 및 소프트웨어 미디어 시대에 맞춰 아카이브 개념과 실천을 엄밀하게 재사유해야 할 필요성을 강조했

---

1   Jay David Bolter and Richard Grusin, *Remediation. Understanding New Media* (Cambridge, MA: The MIT Press, 1999): [국역본] 제이 데이비드 볼터, 리처드 그루신, 『재매개』, 이재현 옮김(커뮤니케이션북스, 2006).

으며,[2] 코르넬리아 비스만은 법과 미디어에 관한 자신의 관점에서 아카이브의 미디어고고학을 다루었다.[3] 또한 에르키 후타모를 위시한 미디어고고학자들은 학자들이 자신의 집 밖에서도 주어진 과제를 꼼꼼하게 수행하기를 강력하게 요청했다. 특히 후타모는 미디어고고학이 역사적으로 실증적인 과업임을 강조하면서, 1차 출처, 원자료 및 소장품을 직접 활용하는 것을 중요한 지침으로 요구한다.[4]

모든 문화 및 미디어고고학에서 아카이브가 차지하는 중심적인 위치는 상당 부분 푸코의 작업을 따른 데서 비롯한다. 푸코는 아카이브의 개념을, 문화적 데이터를 저장하는 구체적인 물리적 장소에서 사유, 행위, 표현의 방식을 지배하는 담론으로까지 확장했다. 전통적으로 아카이브는 보관, 보존, 분류 및 접근을 위한 장소였다.[5] 더 구체적으로 말하면, 아카이브는 동시대 문화의 데이터를 전달하고 저장하는 핵심 결절점node이었다. 그렇기에 아카이브 자체가 매우 중요한 미디어의 역할을 수행했다. 그래서 아카이브는 데이터를 등록하고 조작하는 관료적인 통제 방식과 밀접하게 연결되어 있으며, 대개는 사무실과 사무용 기술을 통해, 이를테면 타자기, 계

---

2   유시 파리카가 편집한 볼프강 에른스트의 모음집은 2012년 미네소타 대학 출판사에서 『아카이브, 미디어, 그리고 문화 기억의 도식(Archives, Media and Diagrammatics of Cultural Memory)』이라는 제목으로 선보일 예정이다.

3   Cornelia Vismann, *Files. Law and Media Technology,* trans. Geoffrey Winthrop-Young (Stanford, CA: Stanford University Press, 2008).

4   Eivind Røssaak (ed.), *The Archive in Motion. NEW Conceptions of the Archive in Contemporary Thought and New Media Practices* (Oslo: Novus Press, 2010).

5   Eivind Røssaak, 'The Archive in Motion: An Introduction' in *The Archive in Motion,* ed. Eivind Røssaak (Oslo: Novus Press, 2010), 11-26.

산기, 스프레드시트, 복사본 및 그 이후에 등장한 데이터베이스와 소프트웨어 기반 응용프로그램 등을 통해 이루어졌다.[6] 미디어 역사에 대한 다양한 설명에서 컴퓨터 그 자체는 파피루스에서 종이, 인쇄술에 이어지는 계보의 일부로, 그리고 방대한 양의 인쇄물을 조직하기 위한 첨단 정보 관리 시스템에 대한 요구의 일환으로, 이를테면 1876년의 듀이 십진분류법에서부터 종이, 인쇄 및 도서관의 오랜 미디어 역사를 내면화하고 기업 및 조직의 저장 장치로서의 컴퓨터에 이르는 계보의 일부로 간주된다.[7] 어떻게 보면 데이터베이스가 현실을 조직하고 표현하는 주된 형식이라는 레프 마노비치의 상당히 정교한 이론적 주장도 같은 논지다. 즉 서사narrative 대신 우리가 데이터베이스라고 부르는 데이터의 구조적 집합체가 컴퓨터에 의해 가능해진 새로운 종류의 정보 현실을 형성한다는 것이다.[8]

아카이브의 역사는 고대 로마 제국 행정에서 카피톨리누스 언덕 인근 국고Aerarium에 집중되었던 기록 보존과 관련이 있다. 이는 국고國庫로서의 아카이브의 탄생을 구체적으로 상기시켜 주는데, 여기에는 금속에서 예비비, 휘장, 원로원 결의안 및 기타 행정 문서

6   Cornelia Vismann, 같은 책.

7   예시로는 다음 참조. A. J. Sly, *A Short History of Computing*, 2nd ed (St Albans: The Advisory Unit for Computer Based Education, 1976), 27–29.

8   Lev Manovich, *The Language of New Media* (Cambridge, MA: The MIT Press, 2001), 218–220; Wolfgang Ernst, 'Media Archaeology: Method and Machine versus History and Narrative of Media' in *Media Archaeology. Approaches, Applications, Implications*, ed. Erkki Huhtamo and Jussi Parikka (Berkeley, CA: University of California Press, 2011), 252.

에 이르기까지 잡다한 것이 포함되었다.[9] 이와 같이 아카이브 제도
는 장부와 같은 중요한 것들을 공적 기념물monumenta publica로 전
환하는 방법이었으며, 또한 비스만이 주장하는 바와 같이,[10] 비망록
mementos, 즉 19세기 프로이센 아카이브 시스템이 "그 자체를 역사
로 기록함으로써" 역사의 주체가 되었던 방식과 유사한 방식으로
[로마] 제국의 과거를 상기시키는 것들을 공적 기념물로 전환하는
방법이었다.[11] 이러한 고전적 형태의 아카이브는 영토적이고, 공간화
되어 있으며, 벽으로 둘러싸여 있었다. 비스만이 파일 및 기록 보존
에 관한 자신의 미디어고고학에서 분석했듯이, 기관의 벽은 아카이
브의 상징적 기능의 경계이기도 했다. 즉 "성문화가 완료되면 법의
상징적 질서를 둘러싸도록 지정된 벽은 그 바깥의 모든 것을 쓰레
기와 폐기된 파일로 만들어버린다"는 것이다.[12] 현대의 아카이브 이
론, 보존 실천, 선별 및 우선순위의 틀은 20세기 전반에 걸쳐 정교
하게 정립되었다.

　　그러나 유튜브, 플리커 등과 같은 새로운 소셜미디어 '아카이
브'의 출현으로 관료적인 아카이브의 개념은 변화하게 되었다.[13] 데
이터에 접근하고 저장하는 방식은 중앙집중적으로 통제되고 벽으

9　Cornelia Vismann, 같은 책, 57.

10　같은 책, 58.

11　같은 책, 120.

12　같은 책, 64.

13　Nicholas Gane and David Beer, *New Media: The Key Concepts* (Oxford: Berg, 2008),
　　71–86.

로 둘러싸인 공간들에서 분산형 소프트웨어 기반으로 옮겨갔다. 이전에는 벽 외부에 존재했기 때문에 쓰레기로 취급되던 것들이 이제 소셜미디어 문화 속에서는 덜 공식적인 형태의 새로운 아카이브로 바뀌었다. 한 사람의 쓰레기가 다른 사람에게 리트윗되거나 페이스북 링크로 공유된다. 이것들은 덜 공식적이지만, 그렇다고 덜 형식적이지는 않다. 포맷이 오히려 더 기술적으로 바뀌었기 때문이다. 새로운 아카이브는 사무실의 관료적 기술 외에도 포맷, 매체 특정성과 인코딩 같은 다양한 소프트웨어 관련 주제까지도 고려해야한다. 마찬가지로, 이러한 분산적 특성이 있음에도 권력은 여전히 새로운 아카이브에 존재한다고 주장할 수 있겠지만, 이제 권력은 소프트웨어 아키텍처와 소셜미디어 플랫폼의 정치경제학에, 즉 개개인의 일상적인 활동을 통해 이루어지는 기여에 수익원을 둔 소셜미디어 플랫폼에 내장되어 있다. 예를 들어 페이스북, 유튜브, 구글 등은 사용자 패턴, 선호도 및 소비자 욕구에 관한 데이터 등을 추가적인 평가와 재사용, 재판매의 목적으로 수집한다.

이 장에서는 아카이브의 새로운 개념을 정보와 문화의 기록 양식으로서, 즉 이는 보다 개인적이고 쉽게 접근할 수 있는 데이터베이스와의 관계를 구성하는 새로운 경제 및 자본주의 양식과 연결되어 있는 것으로 살펴본다. 아카이브 이론은 아키비스트, 문화유산 및 문화 기억 이론가들을 위한 특정 학문 분과이지만, 여기서는 그러한 중요한 맥락을 다루지 않는다.[14] 대신 미디어 연구의 관

14　네덜란드 학파(Dutch school)부터 힐러리 젠킨슨(Hilary Jenkinson), 시어도어 R. 셀

점에서 아카이브에 접근하고자 한다. 아카이브의 실천과 담론에서 이러한 변화가 문화유산에 대한 우리의 개념에 어떤 함의를 주는가? 그리고 미디어고고학이 소프트웨어 문화에서 아카이브와 박물관에 관한 담론에 어떻게 기여하는가? 이 장에서 살펴보겠지만, 아카이브에 대한 재고와 더불어, 기술적 미디어와 소프트웨어에 관한 최근 미디어고고학의 이론적 문제들은 문화유산 기관과 전문가가 당면한 실제적 난제와 맞물려 있다. 게다가 과정을, 즉 기술적 과정(소프트웨어와 네트워크)과 사회적인 과정(문화 형식으로서 대규모 온라인 롤플레잉 플랫폼에서와 같은 참여와 협업) 모두에 기반을 둔 이 **과정**과 문화를 어떻게 아카이브할 것인가 하는 문제가 그것이다. 미디어고고학과 디지털 인문학은 모두 이러한 영역과 질문에 관심이 있는 것으로 보인다.

역동적인 미디어 아카이브

컴컴한 방 안에 목록을 읽고 있는 듯한 컴퓨터 음성이 울려 퍼진다. 즉 이 자체가 정보를 배열하는 하나의 형식처럼 느껴진다. 이 단조로운 목소리에는 사뮈엘 베케트의 희극을 연상시키는 무엇인가가 있다. 장황하게 사물들을 낭송하는 것도 마찬가지다. 관료주의

렌버그(Theodore Schellenberg), 그리고 데이비드 베어맨(David Bearman) 같은 인물에 이르기까지, 현대 아카이브 및 박물관 이론과 논쟁에 대해 깊은 통찰력 있는 논의를 보여준 로빈 보스트 박사에게 진심으로 감사의 말을 전한다.

[적 말투]를 암시하는 약간 차갑고 거리감이 느껴지는 음성이 맥락을 상실한 채 순환하는 일상적인 사물, 파편, 문자를 나열한다. 200여 개 이상의 진공관 스크린으로 이뤄진 거대한 벽이 텍스트로 가득 찬다. 다시 같은 것이 반복된다. 파편, 단어, 오타, 스크롤되는 텍스트, 계속해서 점멸하는 텍스트. 이것은 마크 핸슨과 벤 루빈의 미디어아트 작품 〈리스닝 포스트The Listening Post〉(2003)로, 런던 과학박물관에 영구적으로 설치되어 있다. 목소리와 스크린은 채팅방, 게시판, 포럼 등과 같은 다양한 인터넷 플랫폼과, 무엇이든 텍스트를 기반으로 하는 것이 제공한 데이터의 최종의 결과물일 뿐이다. 〈리스닝 포스트〉는 우리의 청취를 위한 것일 뿐만 아니라 그 자체가 텍스트를 청취하는 기계적 형식을 재현한다. 〈리스닝 포스트〉에는 귀가 없다. 우리의 귀를 위해 음성 합성된 데이터 스트림만 있다. 그렇기에 〈리스닝 포스트〉는 의인화된anthropomorphic 의미의 청취 그 이상처럼 느껴지게 된다. 우리가 이 작품을 듣는 만큼 이 작품도 우리를, 또는 우리가 인터넷에 게시하는 데이터 스트림을 듣는다. 마찬가지로 〈리스닝 포스트〉의 내레이션은 알고리듬으로 매개되는 연산과 목록화의 한 형식이다.

전통적으로 과학 기기에서 기술 장비에 이르기까지 정적인 오브제를 중심으로 조직되는 경우가 많은 과학박물관에서 음향 설치 작품을 들여놓는다는 것은 과정성processuality과 지속duration[이라는 개념]을 컬렉션의 일부로 쓱쩍 밀어넣는다는 점에서 그 자체로 흥미로운 기획이다. 이 작품의 생동감은 그 자체로 중요한 특징이며, 동시대 문화의 중요한 데이터 '세트set' 중 하나인 스트리밍 기반 온라인 정보라는 주제를 부각시키며, 현상학적 경험 차원에서도 음향학의 시간 기반 특성을 부각시킨다. 더 나아가 이 작품은 이러한 동기화 과제 때문에 시간 결정적 소프트웨어 예술작품으로 기능한다. 2004년 아르스 일렉트로니카Ars Electronica에서 〈리스닝 포스트〉가 [대상에 해당하는] 골든 니카Golden Nica상을 수상한 직후 미셸 카스프르착이 다음과 같이 평하면서 지적한 대로, 이 작품은 저장과는 무관하다. "〈리스닝 포스트〉의 시[시적인 면]는 채팅 참여자의 의사소통이 채팅방 밖에서 생명을 유지하지만, 단지 잠깐 동안만이며, 아카이브되지 않는다는 사실에서 나온다. …… 〈리스닝 포스트〉는 기억이 없으며, 오직 현재에 대한 기념비일 뿐이다."[15]

〈리스닝 포스트〉는 기억이 결여되어 있으며, 겉보기에는 전송 및 연산과 더 관련돼 있어 보인다. 키틀러에 따르면, 전송과 연산은 '커뮤니케이션 미디어'의 특성을 해독할 수 있는 세 가지 구성 요소 중 기억 이외의 다른 두 가지에 해당한다.[16] 그럼에도 이 작품은 기억에 관한 논의를 시작하기에 좋은 시발점이다. 현재에 대한 기념비인 〈리스닝 포스트〉는 현재라는 시간 범주가 동시대 미디어의 중심부에서 무수한 미시 시간적microtemporal 작동으로 분기되는 것을 다루며, 볼프강 에른스트에 따르면 바로 이러한 현상이 새로운 문화 기억의 체제를 구성한다. 현재는 안정적인 '지금–시간now-time'

---

15 Michelle Kasprzak, 'Back to the Future: Ars Electronica at 25', *Mute Magazine* (9 February, 2005), http://www.metamute.org, 2011년 11월 27일 접속.

16 Friedrich A. Kittler, 'The History of Communication Media', *Ctheory* (30 July, 1996), www.ctheory.net.

이 아니라 우리의 기술적 미디어 문화에서 다음과 같은 작동들로 특징지어지는 하나의 과정이다. 즉 소프트웨어, 스트리밍, 데이터의 인코딩과 디코딩(예를 들어 시청각 자료용 코덱), 그리고 데이터의 흐름을 시간적 프로세스로 다루는 그 외의 다른 방식들이 그것이다. 데이터가 안정된 것이 아니기 때문에 처리 과정의 체계는 기억과 관련된 질문과 밀접하게 얽힌다. 에른스트가 말하는 바에 따르면, "멀티미디어 아카이브는 진정한 시간 기반 미디어(즉, 이미지와 사운드)를 다루며, 모든 이미지, 모든 사운드는 오로지 이산적인 한순간에만 존재한다. 전자 이미지를 동결한다는 것은 그것의 재생주기refresh-circle[17]를 동결하는 것을 뜻한다."[18]

〈리스닝 포스트〉는 다양한 인터넷 플랫폼에서 온 정보를 전송하는 핵심 지점에서 아카이브 기관과 문화 기억이 직면한 특별한 도전을 제기하는 이 스트리밍 과정에 대해 한마디 건넨다. 말하자면 우리는 시간 결정적 과정을 어떻게 표상하고, 어떻게 아카이브하고, 어떻게 큐레이팅하는가? 기억과 저장의 관계는 과연 무엇인

---

17 [편집자] 디지털 영상/디스플레이 기술의 개념인 '갱신 주기'는 회면 위에 표시되는 이미지가 초당 몇 번씩 새로 그려지는가를 나타내는 주기를 말한다. 흔히 모니터 주사율(refresh rate)이라는 것과 관련된 단위인 헤르츠(Hz)는 예를 들어 60Hz는 1초에 60번 이미지(화면)를 다시 그리는 것을 뜻한다. 이는 디지털 이미지가 정적인 것이 아니라 전자적 매체 위에서 끊임없이 생성되고 사라지는 것으로, 갱신이 멈추면(예를 들어 전원을 끄거나 이미지 처리를 중지하면) 이미지는 기억되거나 아카이빙되지 않는, 일시적이고 사라지는 존재임을 의미한다.

18 Wolfgang Ernst, 'Dis/continuities: Does the Archive Become Metaphorical in Multi-Media Space?' in *New Media, Old Media. A History and Theory Reader*, ed. Wendy Hui Kyong Chun and Thomas Keenan (New York and London: Routledge, 2006), 118.

가?[19] 이 질문은 이미 1990년대 초에 차분기관의 복원을 이끈 [런던]과학박물관 큐레이터인 도런 스웨이드가 다음과 같이 제기한 것으로, 그는 프로그램을 실행하는 하드웨어의 급속한 노후화에 전적으로 좌우되는 소프트웨어 문화의 새로운 과정성을 오브제[중심 보존]와 구분했다. "이 문제에서 다루기 까다로운 사실은, 사용할 수 있는 적절한 견본이 있더라도 고고학적 시간 척도로 보면 동시대 하드웨어 작동의 연속성은 보장할 수 없다는 점이다. 그 결과, 단 하나의 비트도 손실 없이 완벽하게 보존된 프로그램 소프트웨어가 물리적으로 작동될 수 없다면, 그 소프트웨어의 아카이브가 무슨 의미가 있겠는가?"[20] 스웨이드는 소프트웨어 문화의 아카이빙이 비트 자체에 집중하는 것 이상을 요구한다고 강조한다. 이러한 문화의 형태는 실행과 관련된 것으로, 결국 시간성에 관한 것이기 때문이다.[21]

19   Wendy Hui Kyong Chun, *Programmed Visions. Software and Memory* (Cambridge, MA: The MIT Press, 2011), 133-73.

20   Swade, Doron (1998) 'Preserving Software in an Object-Centred Culture' in *History and Electronic Artefacts*, ed. Edward Higgs (Oxford: Clarendon Press), 195-206.

21   그러나 이런 질문들에는 더 깊은 쟁점이 있다. 소프트웨어와 하드웨어의 관계가 점차 깊어지고 있다는 점을 지적한 로빈 보스트 박사에게 큰 감사의 뜻을 표한다(비공개 대화). 물론 소프트웨어는 에뮬레이션 실행이 그 증거가 되듯, 전송이 가능하다. [그러나] 어떤 식으로든 이것이 소프트웨어의 물질성에 대한 질문을 줄어들게 하지는 못한다. 더 나아가 이 개념, 즉 플랫폼/하드웨어가 동일하면 소프트웨어가 동일하게 유지될 것이라는 생각 또한 착오다. 소프트웨어의 실행은 하드웨어가 동일할지라도 지속적으로 재구성되고 처리 과정 자체가 역동적이기 때문에, 소프트웨어가 실행될 때마다 다르게 수행한다는 점에서 차별화된다. 소프트웨어의 시간성과 실행은 사실상 작동성을 위한 내부적 조건이며, 따라서 그 자체가 문화적 형식으로서 취약성을 증명한다. 이러한 주제에 대한 정교한 논의를 위해서는, 매순간의 컴퓨터의 '읽기(reading)'

시간은 박물관에서 적어도 다음 두 가지 방식으로 분명히 존재했다. 한편으로 아카이브와 박물관 같은 근대적 기억의 제도들은 다양한 사물, 문서 및 기타 자료를 복원하고 기록하고 유지한다는 의미에서 당연히 시간의 기념물이다. 아카이브와 박물관은 국민국가와 같은 근대적 제도의 일부로서, 그리고 생명정치의 형태로서 질서를 조직하는 도구적 메커니즘이었다. 다른 한편으로 시간은 퇴화를 거쳐 드러나기도 한다. 고대 파피루스 두루마리와 종이 자료, 사진 및 필름 같은 19세기 기술적 미디어 발명품 등은 열화劣化가 진행된다. 이 화학적 물질들은 공기 습도와 오염에 반응하며, 화학 및 물리학의 세계와 문화 기억을 잇는 인터페이스로 나타난다.[22]

모든 물질은 부식하며, 이러한 부식은 복원 프로젝트로도 되돌릴 수 없는, 그 자체로 근본적인 시간성의 징후다. 이와 같은 사실은 오브제를 다뤄온 큐레이터들의 실천에서 자연스럽게 받아들여졌으며,[23] 특히 파편화와 취약성, 부식을 전제로 하는 고고학적

프로세스가 어떤 이유에서 다시 쓰기(rewriting)이기도 한 것인지에 대해 기술한 웬디 전의 논의를 참조하라. Wendy Hui Kyong Chun, *Programmed Visions. Software and Memory* (Cambridge, MA: The MIT Press, 2011).

22 고고학적 영화 예술작업인 구스타프 도이치의 〈영화란(Film ist)〉은 오래된 것에 대한 관심사를 보여주는 좋은 사례이다. 다양한 아카이브에서 발견된 대부분 사라지고 열화된 필름 재료, 필름 푸티지의 부식된 물질성과 찌꺼기는 작품의 일부로서, 기술 미디어와 관련된 시간의 지속을 보여주는 한 가지 방식이다. 아카이브적 시간성과 영화적 물질성의 복합성에 대해서는 다음을 참조하라. Mary Ann Doane, *The Emergence of Cinematic Time. Modernity, Contingency, The Archive* (Cambridge, MA: Harvard University Press, 2002).

23 Doron Swade, 같은 글, 229.

컬렉션에서는 더 말할 것도 없다. 그러나 기계 작동 프로세스, 심지어 저장이 그 기본적 맥락인 '객체[비물질적 오브제]objects'의 경우에도 부식은 특히 컴퓨터 기반의 저장 시대에 아카이빙의 중요한 문제가 된다. 스웨이드가 기술한 내용에 따르면, "기계 판독이 가능한 소프트웨어와 데이터에서 정보 저장의 가장 일반적인 수단인 자기 매체magnetic media는 영속성이 없기로 악명이 높다.[24] 1980년대 초 미국에서 은행들은 회계 감사 목적으로 컴퓨터 기록을 보관해야 했는데, 보관 기간이 3년을 넘은 자기 매체는 신뢰하지 말라는 권고를 받았다." 이 문제는 소비자 주도의 소프트웨어 담론에서 비트의 비물질성과, 물리적 세계와는 독립적인 디지털 체제에 대한 논의가 시작할 당시에 이미 지적됐다. 하지만 저장 문제를 다루고 디지털 미디어의 미래 고고학자를 걱정하는 이들은 이미 모두 [그러한 담론보다] 더 잘 알고 있었다. 스웨이드는 1995년 1월호 『사이언티픽 아메리칸Scientific American』에 실린 제프 로센버그의 글 「디지털 문서의 수명 보장Ensuring the Longevity of Digital Documents」을 인용하며, 자기 오디오테이프, 비디오테이프, 자기 디스크 및 광디스크에 대해 다음과 같이 언급한다.

각 매체마다 '폐기[기술적 단종]까지의 시간'과 '물리적 수명'이라는 두 가지 수치가 제시된다. 광디스크의 경우 '폐기까지의 시간'은 10년, '물리적 수명'은 30년으로 추정된다. 가장 내구성이 높

---

24 같은 글, 229.

은 최신식 '영구적' 미디어일지라도, 보관자인 우리가 열망하는 고고학적 시간 척도에 비교하면 저장 기간은 덧없을 정도에 불과하다. 여기에 자기 미디어의 기대 수명과 박물관이 요구하는 장기 보존 사이에는 근본적인 양립 불가능성이 존재한다.

우리가 점진적으로 오브제 기반의 보존에서 점점 더 과정 기반 보존[25]으로(혹은 소프트웨어의 경우처럼, 객체 지향 소프트웨어 기반object-oriented-software-based 보존으로) 옮겨졌더라도, 이 상황이 완전히 새로워지지는 않는다. 근대적 박물관, 즉 1790년대의 프랑스대혁명 이후 등장해 19세기 빅토리아 문화의 일부로 발전한 전신과 병렬적으로 출현한 역사를 공유하는 이것은 그 자체가 복제와 보존의 근대적인 기술적 미디어 체제의 일부다.[26] 미셸 헤닝은 기록과 아카이빙을 "빅토리아 시대의 역사주의와 과잉 축적"의 한 축이었던 기술적 추진력으로 기술하면서 이 같은 주장을 했다.[27] 문화유산은 각인된 것의 보존에 중점을 둔다. 그리고 이러한 각인의 구체적 성격을 살피는 것은 미디어적인 질문에 해당한다. 미디어 물질의 부식은 미디어고고학의 연구 주제

---

25 [편집자] '시간 기반 프로세스의 보존(time-based process preservation)'이란 '과정 기반 보존(process-based preservation)'과 달리 시간화된 과정의 보존, 즉 시간에 따라 펼쳐지는 프로세스 그 자체를 보존한다는 의미다.

26 Dieter Daniels, *Kunst als Sendung. Von der Telegraphic zum Internet* (Munich: C. H. Beck, 2002), 16–19.

27 Michelle Henning, *Museums, Media and Cultural Theory* (Maidenhead: Open University Press, 2006), 74.

일 뿐 아니라, '디지털화'라는 명목 아래 수행된 재매개화도 마찬가지다. 실제로 디지털화는 후세를 위해 중요한 자료를 보존하려는 실질적인 관심의 호기심 가득한 흐름을 대변한다. 하지만 이것은 다음과 같이 근본적으로 중대한 물음으로 귀결될지라도 그럴 수밖에 없다. 이를테면 필름 자료를 M-PEG로 인코딩하면 새로운 이미지 개념을 어떻게 도입하게 되는가?[28] 그리고 비물질적 가상성에 대한 1980년대와 1990년의 담론이 과잉되었음에도, 디지털이라는 개념 그 자체는 하드웨어와 소프트웨어 그리고 그 밖의 다른 물질적 맥락을 포괄하는 매우 물질적인 것이며, 또한 열화에 매우 취약하다는 사실을 어떻게 이해해야 하는가? 우리는 여전히 CD와 DVD 같은 저장 미디어의 수명을 수년간(통계적 추정치는 5년에서 20년 사이) 측정해야 하고, 이 점은 아카이빙의 모든 과정에서 지속적인 유지 관리의 필요성을 보여주는 지표다.

소프트웨어 이론가인 웬디 희경 전 역시 이 점을 지적한다.[29] 디지털 미디어가 (본질적으로 프로그래밍 가능성과 연결된) 기억의 새로운 영속성에 기반하고 있다는 생각 때문에 디지털 미디어가 텔레비전 같은 올드미디어와 달리 뉴미디어로 구별될 수 있을 것으로 기대되었다는 것이다. 그 결과 디지털 미디어가 초기 아날로그 기억과 아카이브의 핵심에 놓인 이러한 시간성의 문제에 해결책을

28　Sean Cubitt, 'Making Space', *Senses of Cinema* 57, www.sensesofcinema.com, 2011년 11월 27일 접속.

29　Wendy Hui Kyong Chun, 'The Enduring Ephemeral or The Future Is a Memory' in *Media Archaeology. Approaches, Applications, Implications*.

제공하고, 셀룰로이드, 비닐 및 우리의 문화 기억을 각인해 온 다양한 여타 물질적인 것[매체]이 겪는 부식, 긁힘, 열화 등의 모든 문제를 해결해 줄 것이라는 기대감이 있었다. 그러나 디지털 메모리 저장 방식도 한계가 있다는 사실을 깨닫게 되면서 또 다른 문제를 드러냈다. 웬디 전이 말하듯, 실제로 기억과 저장을 서로 일치하는 것으로 가정한 이 전략적 실수는 단순히 우연이 아니다.[30]

> 또한 디지털의 새로움에서 핵심적인 것은 기억과 저장을 [구분하지 않고] 합쳐버리는 것이며, 이것은 디지털 미디어의 아카이브로서의 약속을 뒷받침하는 요인이자 약화시키는 요인이기도 하다. 끊임없이 퇴화하는 속성이 있는 기억은 저장과 같지 않다. 비록 역사적으로 인공적인 기억이 일시적인 것과 영속적인 것, 소멸하는 것과 안정된 것을 결합해 왔지만, 디지털 미디어는 영속적인 것을 지속되는 덧없음으로 만듦으로써 이 관계를 복잡하게 만들고, 결과적으로 인간과 기계 사이에 예상치 못한 퇴행적 연결 고리를 만들어냈다.

디지털은 영원하지도, 그렇다고 단순히 덧없는 것도 아니다. 웬디 전에게 지속되는 덧없음enduring ephemeral은 디지털 미디어의 특수한 본성을 동시대 문화의 아카이브 논리와 연결시켜 이해하기 위한 사유의 형상이다. 디지털 미디어가 요한 폰 노이만과 버니바 부시

---

30 같은 글, 184.

같은 선구자들과 진공관, CD-ROM, 하드드라이브에 이르는 물질적 매체를 거치면서 면밀하게 논의되고 설계되어 온 기억과의 특정한 관계에서 형성된 산물이라는 점을 그녀가 부정하는 것은 아니다. 그러나 "온라인 박물관에서 제리아틱1927Geriatic1927이라는 유튜브 현상에 이르기까지, 코비스[코비스 이미지Corbis Imagery]에서 한번 입력되면 모든 검색 값을 저장하는 (그리고 각각의 IP 주소를 연결해, 구글을 어쩌면 21세기판 [동독의 정보기관] 슈타지Stasi[처럼 기능하는 감시 데이터] 자원으로 만들지도 모르는) 구글 데이터뱅크에 이르기까지" 디지털 문화의 핵심에는 보존과 아카이빙을 향한 열풍이 계속되고 있다.[31] 그럼에도 우리는 디지털 기억의 핵심 특성이 가정된 영속성 대신 퇴화와 재생의 결합이라고 주장해야 한다. 웬디 전은 디지털 기억이 기술적 층위에서조차 절대로 그저 **존재하는** 것이 아니라 퇴화하고, 이에 따라 유지되고 재생되고 갱신될 필요가 있기 때문에, 기억과 아카이브의 전체 존재론은 단순한 저장이라기보다 갱신의 역학에 가깝다고 주장한다. 아날로그 미디어 아카이브와 디지털 미디어 아카이브의 차이점을 정리하는 또 다른 방식은 폴 드마리니스의 말을 인용하는 것이다. "보존을 하고자 한다면 아날로그 미디어를 절대 실행하면 안 된다. 재생할 때마다 부분적인 소거erasure와 새로운 기록, 즉 덧입힘이 발생하기 때문이다. 대신 디지털 보존은 콘텐츠[디지털 데이터]의 빈번한 다시 읽

---

31   같은 글, 188.

기, 소거, 다시 쓰기에 달려 있다."[32]

저장 및 보존과 같이 시간의 동결에 중점을 두던 이전의 아카이브 구조와는 달리, 기술적 미디어 문화의 이 새로운 아카이브 형식들은 **움직이는 아카이브**archives in motion로 묘사될 수 있다. 에이빈 뢰소크가 제안한 이 개념은 이 새로운 아카이브의 상황을 잘 포착한다. 즉 움직이는 아카이브는 움직임에 관한 아카이브archives of motion일 뿐만 아니라(이런 의미에서 19세기는 이미 과학 문화의 일부로 인간의 움직임 형식과 다른 존재의 움직임 형식을 포착하고 저장하고 처리하는 데 관심을 가졌다), 그 자체가 역동적이고 변화하는 형태의 아카이브다.[33]

미국의회도서관이 트위터 자료, 즉 최대 140자로 이뤄진 무수히 많은 일상의 신호를 아카이빙하는 것처럼, 디지털 자료를 아카이빙하는 프로젝트 역시 매우 역동적으로 증가하는 자료의 방대함에 직면한다.[34] 이러한 도전은 인터넷 아카이브Internet Archive 프

---

32 Paul DeMarinis, 'Erased Dots and Rotten Dashes, or How to Wire Your Head for a Preservation' in *Media Archaeology. Approaches, Applications, Implications*, 223.

33 Eivind Røssaak, 'The Archive in Motion: An Introduction', 12.

34 지속적으로 조금씩 변화하고 흔들리고 사라지는 디지털 문화의 특성은 오랫동안 목격되지 않았던 '프렌드스터 커뮤니티(Friendster community)'(2002~)를 발견한 인터넷 고고학자에 대한 '어니언 뉴스 네트워크(Onion News Network)'의 농담과 연결되는 지점이 있다(www. theonion.com, 2011년 7월 8일 접속). 이 5000만 사용자의 갑작스러운 실종은 '미디어고고학자'들의 브라우저에 의해 발견된 온라인 흔적을 통해서만 추적된다. 또는 '월드와이드웹의 고고학자들'에 의해 재매개된 미디어 예술 퍼포먼스 형식의 작품을 살펴보자(Cook, 2007: 121). 존 톰슨(Jon Thomson)과 앨리슨 크레이그헤드(Alison Craighead)는 오래된 웹 페이지를 빈티지 생산품으로 바꿔 재판매했다(www.dot-store.com, 2011년 11월 26일 접속). 이는 온라인 상업 공간의 소비자

로젝트와, 예를 들면 훗날 [검색 정보를] 불러오기retrieval 위해 일정 간격으로 웹페이지의 스냅숏을 만들어 저장하는 웨이백 머신 Wayback Machine 프로젝트의 브루스터 칼 같은 선구자들을 막지는 못했다. 칼의 중요한 아이디어와 프로젝트는 자료의 디지털화와 관련된 것으로, 저장을 위해 생산된 다양한 미디어 유형(도서, 영화, 음악, 소프트웨어 등)을 통해 진행됐다. 더 나아가 케일이 강조하는 것은 아카이브가 전자책으로 제공되는 자료들처럼 새로운 형태의 출판과도 어떻게 관련되는지,[35] 그리고 북모바일Bookmobiles이나 에스프레소 북 머신Espresso Book Machine 같은 새로운 기술처럼 종이책이 디지털화된 판본으로, 그다음에는 주문형 인쇄물로 재매개되는 것과 어떤 관계가 있는가 하는 것이다.[36] [케일의] 인터넷 아카이브가 아카이브보다는 도서관에 가깝게 모델링됐다는 것을, 다시 말해 색인화되고 검색이 가능하다는 개념에 기반하여 저장뿐 아니라 사용(그리고 전송)까지도 강조한다는 점을 인지하게 되면 책에 대한 이러한 연결은 훨씬 더 '자연스러운 것'이 된다.[37]

지향적 시장 담론을 통한 '인터넷 고고학'의 아카이브와 재매개에 대한 흥미로운 혁신적 전환이다. 이러한 전시 프로젝트는 목적론적으로 배열된 빅토리아 박물관과는 다른 합리적인 경의의 방으로서의 인터넷 개념에 더 가깝다. 지식 체계의 경계에서 호기심의 미학은 지속적으로 뒤섞이고 모호하게 만든다. 이것은 끊임없는 운동 속에서 일시적으로 모아진 수집품이자, 공간 저장을 통한 것이라기보다는 검색(엔진)의 알고리듬을 통해 조직되는 것이다(Henning, 2007: 74에서 에른스트를 언급한 부분 참조함).

35 그의 TED 온라인 강연을 참조. www.ted.com
36 www.ondemandbooks.com
37 Wolfgang Ernst, 'Cultural Archive versus Technomathematical Storage' in *The Archive*

전통적인 방식으로 아카이빙을 사고하고 실행하는 일에 가장 큰 위협으로 보이는 것들인 협업 생산 방식, 사물 같은 문화적 산물이기보다는 과정적인 분산형 네트워크 형식의 새로운 문화적 산물, 그리고 저장해야 하는 많은 양의 잠재적 항목은 역으로 하나의 가능성으로 전환될 수도 있다. 윌리엄 우리키오의 주장에 따르면,[38] 네트워크 형태 자체는 아카이브를, 그리고 어떻게 아카이브가 재생산되는지를 재사유할 수 있는 하나의 방법이 될 수 있다. 우리키오는 토머스 제퍼슨이 1791년 편지에 썼던 생각을 인용하며 분산형 아카이브의 가능성을 주장한다. 즉 사용자 간 직접 접속P2P 방식의 생산 논리도 저장 논리로 전환될 수 있다는 것이다. [물리적] 사물에 적합한 중앙집중식 금고 대신에 네트워크 프로토콜로 연결된 엄청난 숫자의 컴퓨터와 저장 미디어는 그 자체로 P2P형 아카이빙으로 전환될 수 있다는 것이다. 어떻게 보면 이런 생각들은 프랑수아 트뤼포의 영화 〈화씨 451Fahrenheit 451〉(1966)에서 이미 제시된 바 있다. 이 영화에서 미디어 형태로서의 책은 가능한 한 많은 사람에게 구두로 배포되어 살아남는다. 마찬가지로 예술 집단 이토이etoy의 〈영원성 임무Mission Eternity〉[39] 프로젝트의 경우 보존이 어

---

in Motion, 66.

38 William Uricchio, 'Moving Beyond the Artefact: Lessons from Participatory Culture' in *Digital Material. Tracing New Media in Everyday Life and Technology*, ed. Marianne van den Boomen, Sybille Lammes and Ann-Sophie Lehmann (Amsterdam: Amsterdam University Press, 2009).

39 2005년 개시, http://missioneternity.org

떻게 공유이자 공동 제작에 해당하는지 다루었다.[40]

소셜 네트워크 문화에서 문서, 파일, 그리고 점차적으로 사물(무선인식RFID 태그가 부착된 사물 인터넷)도 항상 추적과 검색이 가능하다. 이로 인해 검색search 목적의 메타데이터뿐 아니라 새로운 불러오기[정보 검색]retrieval 방법의 또 다른 형태인 디지털화에 대한 관심이 부각되었다. 그러나 웬디 전이 논하듯이, 기억과 저장이라는 주제는 메타데이터 방법론의 도움으로 디지털화하고 자료를 목록화하는 작업에만 국한되지 않는다.[41] 위키피디아 같은 몇몇 플랫폼에서 온라인 디지털 데이터의 편집 이력을 추적할 수 있다는 사실은 2011년 10주년을 맞이한 위키피디아의 경우처럼 디지털 고고학이 쉽게 실현될 수 있다는 환상을 심어준다.[42] 그러나 위키피디아의 '이력history' 기능은 역동성이라는 더 중요한 주제로 둘러싸여 있다. 즉 디지털 미디어는 본래 수정과 조작, 변주가 가능하고, 위키피디아같이 사회적으로 분산된 프로세스의 경우와 마찬가지로, 디지털 미디어는 지속적으로 변화한다. 그리고 디지털 기억 자체는 사회기술적 층위에서 보았을 때 제한적인 지속 시간과 부식에 노출되

---

40 Josephine Bosma, *Nettitudes. Let's Talk Net Art* (Rotterdam: NAi Publishers, 2011), 174-176.

41 메타데이터에 대한 아카이브 비평에 관해서는 다음 문헌 참조. Robin Boast, An interview by Jussi Parikka 11 Jan. 2011, in Cambridge. Online as part of the Creative Technology Review podcasts episode 11, http://createtalk.libsyn.com/, 2011년 11월 27일 접속.

42 2011년 1월 14일 업로드된 '인터넷 고고학: 위키피디아의 심원한 과거의 발굴(Internet Archaeology: Dig into Wikipedia's deep past)'을 참조(www.newscientist.com)

어 있어 지속적인 유지 관리가 필요하다. 태깅tagging을 활용한 폭소노미folksonomy[43] 같은 소셜미디어 문화의 새로운 형태의 콘텐츠 생산, 공유 및 조직화하는 방식은 문예 문화의 전통적인 콘텐츠 및 지식 관리 절차들보다 훨씬 더 역동적인 무언가를 제시한다.[44] 소프트웨어 문화에서 문화 기억의 근본적인 변화와 관련된 이 문제는 뉴미디어아트에 관한 몇 가지 질문을 통해서도 접근할 수 있다. 그것은 기술 문화에서 사회적 상호작용의 역동성과 관련되어 있는 만큼이나 디지털성의 미디어 존재론과 과정 기반의 기술적 미디어와도 관련되어 있다.

소프트웨어, 넷 아트, 아카이브

넷 기반 및 소프트웨어 기반 예술작품의 문서화, 큐레이팅, 아카이빙에 관한 담론은 디지털 시대의 문화 기억에 관한 핵심적인 질문을 제기한다.[45] 그렇기에 바로 이 담론은 동시대 [디지털] 문화에서

43 [옮긴이] '폭소노미'란 대중을 의미하는 'folks'와 분류를 뜻하는 'taxonomy'란 용어의 합성어로, '대중이 자유롭게 선택한 키워드를 이용해서 이뤄지는 협업적 분류'라는 뜻이다. 인터넷 사용자가 태그(tagging) 박스에 입력하거나 해시기호(#) 뒤에 붙여넣는 게시물과 관련된 명사형 키워드들이 이에 해당한다.

44 다음 참조. William Uricchio, 같은 글.

45 이 주제는 군터 라이징거(Gunther Reisinger)가 잘 요약한 바 있다. 그는 초기 넷 아트에 대한 독일의 연구 프로젝트를 주도했고(www.netpioneers.info, 2011년 11월 26일 접속), 넷에 대한 예술 또는 넷 아트와 관련해 단조로운 예술사적이고 분석적인 논쟁으로부터, 디지털 시대에서 더 일반적으로 적용 가능한 지점과 기억의 실천으로 이동할 수 있는 방법을 제시했다. 즉 "그것은 작품과 자료에 더 충실한 것인 저장, 아카이

미디어고고학과 아카이브 사이의 관계를 논의하기 위한 디딤돌로
삼을 수 있다. 지금까지 디지털 문화유산에 관한 많은 논의는 사용
자 경험, 디지털 객체가 (이 맥락에서는 '정서'의 의미로 이해된) 정
동과 맺는 관계, 그리고 문화유산에 참여적이고 협업적으로 관여함
에 따라 제공되는 새로운 가능성을 중심으로 전개되었다.[46] 이러한
질문들은 보다 광범한 웹2.0 문화가 분명히 일정 부분 영향을 끼쳤
다. 웹2.0 문화 때문에 기존의 기관들은 인터넷 기술뿐만 아니라 실
천의 가능성도 열어두지 않을 수 없고, 동시에 현재 방대한 양의 문
화유산 작업이 인터넷상의 아마추어 및 비전통적인 플랫폼에서 이
루어지고 있다는 사실 역시 인정하지 않을 수 없게 되었다. 실제로
세라 쿡 같은 디지털아트 분야의 큐레이션 전문가[47]에게서 아날로
그 미디어와 디지털 미디어를 완전히 구분하는 것은 예를 들어 인
터넷 아트나 소프트웨어 아트를 정의하는 경우와 같이 문제의 소지
가 있으며, 그러한 작품에서 기술이 도구로서 혹은 작품의 매체로
서, 또는 더 광범한 실천 맥락에서 어떤 특정한 역할을 수행하는지

브, 재-현(re-presenting)의 방법론의 적용과 재개발을 위한 미디어 특정적 시험장으
로서 넷 아트라는 미디어 장르의 상황을 설명하는 것이다"(Reisinger, 2009: 125). 더
불어 그 외 선구적인 큐레이션과 보전 프로젝트로는 덧없는 미디어에 관한 예술에
관심을 둔 가변 미디어 네트워크(Variable Media Network)(www.variablemedia.net,
2011년 11월 26일 접속)를 참조하기 바람. 또한 전통적인 기관의 바깥에서 저장고 출
현의 일부로는 소프트웨어 아트를 위해 공개된 온라인 데이터베이스인 'Runme.org'를
참고하기 바란다(http://runme.org, 2011년 11월 26일 접속).

46   Fiona Cameron and Sarah Kenderdine (eds.), *Theorizing Digital Culture Heritage. A Critical Discourse* (Cambriclge, MA: The MIT Press, 2007).

47   RUMB—the Curatorial Resource for Upstart Media Bliss, www.brumbweb.org 참조

에 관해 세심한 주의를 기울이면서 지속적인 정교화 작업이 이루어
져야 한다.[48] 대신 그녀는 "예술가들이 채택하는 매체 특정성에 기
반하지 않는non-medium specific **실천**"에 보다 더 주목할 것을 제안한
다.[49] 이는 매체 특정성의 특정성specificity of medium-specificity을 파
악하려는 시도에서 생기는 문제들을 피하면서, 전체 쟁점을 또 다
른 담론의 층위로 이끌어갈 수가 있다는 것이다.

실제로 우리는 매체 특정성이 무엇을 의미하는지 자동으로 답
할 수 있다고 가정할 수 없다. 미디어를 정의하는 것은 기술인가?
또는 기술의 일부 구성 요소(에뮬레이션이 가능한 소프트웨어, 그
미학을 제공하는 플랫폼)인가? 아니면 예를 들어 게임 시스템 이용
중에 전개되는 것?, 사회적 맥락이나 실천인가? 이것도 아니라면 그
건 도대체 무엇일까? 이러한 질문들에 대한 어떤 대답도 아카이브
전략에 중요한 함의를 지닐 것으로 보인다.[50]

볼프강 에른스트는 뉴미디어 아트의 역사와 큐레이팅 분야
에서에서의 심도 있는 논의 외에도 이 문제에 대해 미디어고고학
적 관점을 제시해 왔다.[51] 에른스트는 쿡과는 다른 데 강조점을 두

---

48   Sarah Cook, 'Online Activity and Offline Community: Cultural Institutions and New
      Media Art' in *Theorizing Digital Culture Heritage. A Critical Discourse*, 116.

49   같은 글.

50   David Bearman, 'Addressing Selection and Digital Preservation as Systemic Problems'
      in *Preserving the Digital Heritage: Principles and Policies*, ed. Yola de Lusenet and
      Vincent Wintermans (Amsterdam: Netherlands National Commission for Unesco,
      2007), 29 참조.

51   Wolfgang Ernst, 'Underway to the Dual System: Classical Archives and/or Digital
      Memory' in *Netpioneers 1.0*, ed. Dieter Daniels and Gunther Reisinger (Berlin:

면서, 아카이브는 이제 리믹스와 재편성이 가능하다는 사실에 주목하는 매체 특정적 접근법을 채택했다. 이것은 한편으로 앞서 언급했던 "참여형 아카이브 읽기"를 가리키고,[52] 다른 한편으로는 에른스트가 말한, 디지털 미디어 기술로 가능해진 **미시적 시간**micro-temporal의 층위를 가리킨다. [하지만] 에른스트는 참여와 소셜미디어의 경험적 차원보다는 네트워크 문화에서의 아카이브의 수학[적 구조]에 더 관심을 가진다. 그는 이것을 역사 속으로 확장되는 셈counting과 연산calculating의 문화라는 폭넓은 미디어고고학적 의제로 연결할 뿐 아니라,[53] 동시대 미디어 경험의 아카이브가 형성되는 미시적 시간의 층위와도 연결한다. 에른스트는 넷 기반 예술의 아카이빙, 맥락화, 재현시re-presenting를 다룬 넷파이어니어스 1.0Netpioneers 1.0 프로젝트[54]와 관련한 설명에서 아카이브가 더는 안정적인 저장소가 아니라, 점점 더 "물류적으로 상호 연결"하는 기능이 되고 있다고 말한다.[55] 아카이브는 돌연 저장과 보존에 대한 것만이 아니라 전송에 관한 것이 되었다.[56]

에른스트는 웬디 전의 입장과 유사한 방식으로 아카이브가 저

Sternberg Press, 2009).

52 같은 글, 81.

53 Wolfgang Ernst, 'Telling versus Counting? A Media Archaeological Point of View', *Intermédialités* 2 (Autumn, 2003).

54 www.netpioneers.info

55 Wolfgang Ernst, 'Underway to the Dual System: Classical Archives and/or Digital Memory', 85.

56 Wolfgang Ernst, 'Cultural Archive versus Technomathematical Storage.'

장 장소라기보다는 역동성, 지속적인 업데이트, 저장과 검색 기능의 결합이 현재의 디지털 네트워크 문화에서의 아카이브를 규정한다고 주장한다. 아카이브의 알고리듬적 검색 가능성은 아카이브를 실시간 컴퓨팅의 한 일례로 변환시키는데, 이는 전통적 의미의 오브제를 수집한 것들이라기보다는, 즉 "넷 아카이브가 콘텐츠라기보다는 소프트웨어와 전송 프로토콜의 결과물임"을 분명하게 보여준다.[57] 에른스트는 인터넷 문화를 정의하는 논리로서의 프로토콜에 대한 알렉산더 갤러웨이의 연구를 언급하면서, 인터넷상의 모든 아카이브 객체는 저장과 전송의 프로토콜 세트를 통해 작동해야 한다고 주장한다. 더 나아가서 그는 아카이빙과 문서화[맥락적 정보화]documentation를 구분하는데, 백남준의 비디오 아트는 아마도 미디어-물질적media-material 형태로 아카이빙될 수 있는 반면, 비디오 테이프가 기록물인 작품의 설치는 맥락 정보 등과 함께 문서화될 수 있을 뿐이라는 것이다.[58] 이 같은 주장은 아카이브와 전시의 논리가 다양한 프로토콜에 따라 규정되며, 실제 유물artefact과 더불어 맥락 정보가 요구되는 뮤지올로지museology와 아카이브의 실천에 대한 기초적인 이해를 반복한다고 말할 수도 있다. 하지만 에른스트는 기술적 미디어 문화에서 이 [구분의] 문제가 더욱 복잡해진다고 주장한다. 오늘날 프로토콜은 단순히 아카이브 실천의 일부가

---

57   Wolfgang Ernst, 'Underway to the Dual System: Classical Archives and/or Digital Memory', 85.

58   같은 글, 87.

아니라 구체적인 기술적 층위에 속하며, 유물[디지털 오브제][59] 자체의 물질성은 시간 결정적 작품 및 소프트웨어 기반 프로젝트, 즉 코드의 실행성, 역동성, 작동성에 기반한 소프트웨어 기반 프로젝트로 인해 다시 사유되고 있다.

넷 아트와 뉴미디어 아트 아카이브의 경우, 역동성과 생동감에 대한 강조는 다른 논의에서도 찾아볼 수 있다. 크리스티아네 파울은 아카이브를 "끊임없이 변할 수 있는 '기록물'의 가변적 요구에 적응할 수 있는 '살아 있는' 환경으로" 이해할 필요가 있음을 지적한다.[60] 이러한 입장은 에른스트의 주제, 즉 동시대의 **움직이는 아카이브**[61]가 전통적으로 안정성에 기반했던 아카이브 형식에 역동성을 통합시킨다는 주장과 유사하다. 디지털 기반 예술과 넷 아트 실천에 내재된 변이variation를 문서화하는 것은 그 자체가 변이, 변조modulation, 지속적인 업데이트의 가능성을 기반으로 하는 디지털의 존재론과 동일형태적이다isomorphic. 넷 기반 예술의 수많은 '사건'을 포착하는 것은 기술적 미디어의 맥락과 예술 실천 모두의 존재론적 특성에서 기인하는 실질적인 문제다.

---

59   [편집자] artefact는 고전적 의미에서 물리적으로 존재하는 실물 유물을 가리킨다. 그런데 에른스트는 이것으로 고전적 의미의 물리적 유물과 달리, 디지털 기억과 아카이브에서의 artefact를 실행 가능한 구조물, 즉 프로토콜과 알고리듬을 통해 작동하는 가상 오브제성[유물성]을 의미한다.

60   Christiane Paul, 'Context and Archive: Presenting and Preserving Net Art' in *Net Pioneers 1.0*, 105.

61   Eivind Røssaak, 'The Archive in Motion: An Introduction'.

이러한 유형의 아카이브에서는 사용자 기여를 통해 전개되는 작업의 다양한 판본을 문서화할 필요가 있을 것이다. 예를 들어 프로젝트의 사본을 다양한 상태로 복사해 보관하고, 블로그, 메일링 리스트 등에서 진행되는 작품에 대한 토론과 같이, 작업이 서로 다른 시점에서 존재했던 '환경'의 양상들을 문서화하는 일이 가능하다. 넷 아트의 맥락화와 아카이빙에는 다양한 작가의 참여로 만들어지고 시간이 흘러가면서 지속적으로 발전하는 작업의 과정과 불안정성을 문서화하고 보존하기 위한 새로운 모델과 기준이 요구된다.[62]

에른스트에게 '시간'은 뉴미디어 아트와, 네트워크 문화의 아카이브를 미디어고고학적으로 접근하는 데 핵심이다. 앞서 언급한 것처럼, 그는 전통적으로 이해된 아카이브의 거시적 시간macro-time을 보존하면서 전통적인 역사성과 관련해 보완적이고 보다 깊은 층위로서의 아카이브 미디어의 미시적 시간층의 출현을 추적하기를 원한다.[63] 이것이 의미하는 바는 오브제 중심의 아카이빙에서 소프트웨어적 의미의 객체로의 전환, 즉 소프트웨어적 의미의 객체를 검색할 수 있고, 인코딩, 스트리밍 및 그 밖의 소프트웨어 기술을 통해 그 객체를 보고 경험할 수 있는 형태로 변환한다는 것이다. 이처럼

62　Christiane Paul, 같은 글, 105.
63　Wolfgang Ernst, 'Underway to the Dual System: Classical Archives and/or Digital Memory', 89.

전환, 예를 들어 객체와 사물이 어떻게 스트리밍이 가능해지는가는 에른스트가 디지털 아카이브의 핵심적인 미디어고고학적 의미로 본 지점이다. 그렇다면 아카이브에서 데이터를 이러한 방식으로 변환하고 전송할 수 있게 하는 기술적 맥락, 그 수단은 무엇인가? 사실 이 물음은 이미 이 장의 서두에서 언급한 내용, 즉 메모리 시스템을 통해 우리가 객체를 저장하고 검색하는 방식으로 컴퓨터 그 자체는 아카이브가 되었다는 주장과 맞닿는다.

> 사용자이자 메모리 프로그래밍 기능programmability의 필수 요소인 인간에게 컴퓨터 자체는 '저장과 검색' 시스템에 해당한다. [컴퓨터는] 순차 접근(구형 컴퓨터의 자기 테이프)뿐만 아니라, 즉각적인 임의 접근random access(매트릭스 메모리)을 제공한다. 모든 컴퓨터는 이미 디지털 아카이브인 셈이다. 이 아카이빙은 강조의 의미에서가 아니라, 익숙한 컴퓨터의 램RAM에서 모든 연산 프로세스가 일어나는 전제 조건으로 발생한다.[64]

에른스트가 강조하듯이, 그는 특정한 작품의 내용에 관심을 두는 것이 아니라 기술적 조건에 관심을 갖는데, 이것은 아카이브 가능성의 조건이기도 하다. 그러므로 그의 설명은 문화유산 담론과 미디어고고학의 경험에 기반한 현상학적 설명과는 구별된다. 그의 접근법은 상황을 다소 복잡하게 만들 수도 있지만 기계 자체를 아카

---

64 같은 글, 90.

이브로 사유하려는 것이다. 미디어고고학적 글쓰기는 기계의 행위주체성agency에서 시작한다. 즉 기술적 미디어는 그 자체가 우리의 문화 분석의 도구로는 접근할 수 없는 방식으로 데이터를 처리하고 저장할 수 있는 기술적 성좌constellations다. 예컨대 구식 포노그래프는 우리가 의미론적으로 파악할 수 있는 것보다 더 많은 것을 포착하며, 푸리에의 변환 및 여타의 수학적 도구를 활용하면 이제까지 단 한 번도 인지되지 않은 완전히 새로운 층위의 비의미론적 데이터가 드러나기도 한다. 눈으로 볼 수 있는 것과 귀로 이해할 수 있는 것과 같이, 물질을 현상학적으로 접근하는 대신, 아카이브에 담긴 것을 판독하고 분석하고 계산하기 위해 우리는 수학적 도구에 기댄다. 우리가 스크린에서 보는 것들, 소위 '멀티미디어'는 미디어의 보다 근원적인 전사pre-history의 결과일 뿐이다. 에른스트에 따르면, 여기서 "'전pre-'이란 시간적 선행을 의미하는 것이 아니라 매스미디어의 담론적 표층(문자 그대로 모니터와 인터페이스)의 기저를 이루는 기술-인식론적techno-epistemological 구성을 일컫는다."[65]

넷 아트와 소프트웨어 아트는 '디지털 생성 콘텐츠born digital content'에 대한 논의와 관련 있다. 좀 더 실용적인 측면에서 보면, 기계의 행위주체성과 소프트웨어의 존재론에 관한 고찰은 원본이나 전자적 형식이 디지털화된 생산물과는 완전히 다른 '디지털 생

---

65 Wolfgang Ernst, 'Media Archaeography: Method and Machine versus History and Narrative of Media' in *Media Archaeology. Approaches, Applications, Implications*, 239; 'Dis/continuities: Does the Archive Become Metaphorical in Multi-Media Space?'

성 콘텐츠'라는 문제에서 정밀하게 이루어진다.[66] 에른스트의 미디어고고학적 방법론과 이론은 기억의 문화가 처한 보다 폭넓은 상황과 관련 있다. 가령 해석과 보존 모두를 위해서 이 기술적 미디어(디지털의) 층위를 우리는 어떻게 이해할 것인가? 에른스트와 같은 연구자들은 아카이브 문제에 대한 비기술적 해결책에 만족하지 않고, 사용자 경험, 해석학적 해석 및 내러티브를 넘어서는 이론적 틀을 탐색한다. 따라서 레프 마노비치가 주도하는 문화 분석Cultural Analytics 프로젝트 같은 새로운 디지털 인문학 논쟁과 방법론, 그리고 문화 분석 방법론과 아카이브 기관 모두에서 진입하고 있는(예를 들면 영국 국립도서관은 작가들의 디지털 생성 콘텐츠에 대한 인식이 높아짐에 따라 아카이브 작업에 도입하고 있는) 컴퓨터 포렌식과 문학 연구 분야에서 진행되는 앨런 리우의 다양한 프로젝트를 에른스트의 미디어고고학 이론과 연관 지어 읽는 것은 흥미로운 일이다.[67]

---

66 디지털 보존 연합(The Digital Preservation) 웹사이트(http://dpconline.org, 2011년 11월 26일 접속)에 게시된 '디지털 포맷으로 생성된 것(born digital)'의 정의는 다음과 같다." 디지털 자료는 등가물을 가지지 않는 것으로(원본 소스로든, 아날로그 형식으로 변환한 결과물로든), 이 용어는 안내서에서 다음과 같이 구분되어 사용된다. 1) 아날로그 원본을 전환한 결과로 생성된 디지털 자료와 2) 애초에는 디지털 소스였지만 예를 들어 전자 기록처럼 종이에 인쇄된 디지털 자료다."

67 예술적 맥락과 더불어 디지털 자료의 아카이브와 발굴에 대한 물음은 제2차 세계대전 이후 과학 문화, 그리고 이에 따른 과학과 기술의 역사에서 결정적인 것이다. 최초로 과학적 연구가 연산적 미디어를 통해 내재적으로 명료하게 수행되었던 이러한 혁신의 문화 속에서 '미래의 고고학자'들을 위해 남겨진 자료들은 실천적 문제들을 제시한다. 팀 르노어가 말한 것처럼 이러한 정보 고고학은 과학의 지도 그리기가 이 연구에서 어떻게 매우 중요한 소프트웨어와 하드웨어 플랫폼의 지도 그리기

포렌식과 디지털 기록의 물질성

매슈 G. 커센바움은 저장과 아카이브에 대한 접근법으로 디지털 문화에서 마주하는 기록inscription의 형태를 추적해 왔다.[68] 이러한 접근법은 기술적 기록의 형식을 분석하는 프리드리히 키틀러의 방법론에서 비롯된 것이지만, 이것에 새로운 맥락을 더하기 때문에 우리가 고려하는 것과 관련성이 여전히 매우 높다. 뉴미디어 연구에서 커센바움은 에른스트와 마찬가지로 (닉 몬포트의 용어를 빌리자면) '스크린 본질주의screen essentialism'에 비판적이며, 데이터— 자신의 분야에서처럼 전자예술이든 전자문학이든 상관 없이 문화적 콘텐츠—가 저장되는 프로세스를 더 상세하게 설명해야 한다고 주장한다. 커센바움에게 '스크린 너머로' 가보는 것은 폰 노이만에서부터 이후의 플로피디스크 문화와 현재의 하드드라이브에 이르는 컴퓨터 역사를 통해 친숙하게 접해온 자기 기반 저장 기술에서 발견되는 기술적 형태의 기록을 면밀하게 독해하는 방법론을 의미한다. 디지털 형태의 컴퓨터를 비의미론적 연산의 서사로 설명한 에른스트와 유사하게,[69] 커센바움은 기술적인 글쓰기 형식에 관심을

가 되는지 가리켜준다. Timothy Lenoir, 'Making Studies in New Media Critical' in *MediaArtHistories*, ed. Oliver Grau (Cambridge, MA: The MIT Press, 2007). 물론 인간-컴퓨터 인터페이싱(HCI)과 스크린 기술 분야의 미학적으로 혁신적인 무수한 발전 또한 유사한 과학기술 연구실들에서 솟아났다.

68 Matthew G. Kirschenbaum, *Mechanisms. New Media and the Forensic Imagination* (Cambridge, MA: The MIT Press, 2008).

69 Wolfgang Ernst, 'Telling versus Counting? A Media Archaeological Point of View',

기울인다. 말하자면 자기 테이프에 새겨진 데이터는 인간의 눈으로는 직접 읽을 수 없어도, 여전히 그것이 기록inscription인 것은 분명하다.[70] 이것이 디지털 인문학과 소프트웨어 시대의 문해력이다. 데이터는 언제나 **면적 밀도**areal density를 가지고 있고, 현재의 하드드라이브의 경우 인치당 약 1000억 비트에 달하는데,[71] 이는 1960년대의 인치당 몇 백 비트 수준에서 크게 향상된 수치다. 저장 미디어의 이상적인 속도(예를 들어 플로피디스크의 경우 분당 회전수 RPM가 300에서 350회 정도이며, 현재 하드드라이브는 7,200 RPM의 속도를 냄)만큼이나 자기화magnetization의 강도(에르스텟 단위 Oersted-units에서는 보자성coercivity으로 측정됨)를 가진다.[72] 디지털 문화에서 저장은 절대로 그냥 **존재하는** 것이 아니다. 저장은 움직인다. 즉, 무척이나 물질적인 기판 안에 밀집되어 있지만, 계속해서 강도높게 재작업되며, 기술적으로는 **히스테리시스[이력 현상]**hysteresis라고 알려진 일시적 지속성을 즐긴다.[73]

Intermédialités 2 (Autumn, 2003).

70 Matthew G. Kirschenbaum, 같은 책, 29-39.

71 Matthew G. Kirschenbaum, Richard Ovenden, and Redwine, Gabriela *Digital Forensics and Born-Digital Content in Cultural Heritage Collections*, Council on Library and Information Resources (CLIR, 2010) 149, www.clir.org, Washington.

72 '디지털 고고학'의 실용성에 대해서는 다음 책 참조. Seamus Ross and Ann Gow, *Digital Archaeology: Rescuing Neglected and Damaged Data Resources*, a JISC/NPO Study within the Electronic Libraries (eLib) Programme on the Preservation of Electronic Materials (February, 1999) www.ukoln.ac.uk/services/elib/, 2011년 11월 27일 접속.

73 매슈 G. 커센바움, 리처드 오븐던(Richard Ovenden), 가브리엘라 레드와인(Gabriela Redwine)은 이 용어를 다음과 같이 설명한다. "디지털 형식으로 저장된 데이터의 놀

우리는 검색된 문서의 화면 내용만이 아니라, 기록inscription 즉 저장, 결과적으로 아카이빙을 조건 짓는 소프트웨어와 하드웨어 문화를 가지고 있다. 우리가 화면상의 내용—컴퓨터 스크린에서든, 휴대전화 또는 직사각형의 텔레비전 상자에서든 간에—을 통해 접근하고 분석할 수 있는 디지털 이미지는 기술적으로 정통한 문화 분석가나 미디어고고학자에게는 물질적 정보로 이루어진 성좌다. 커셴바움의 말을 달리 표현하면, 이미지는 픽셀로 구성된 비트맵, 그것이 생성된 방식에 대한 메타데이터, 디지털 워터마크(가 있는 경우) 및 다양한 소프트웨어 기능(머리글 표시Show Header 기능을 통해서든 128비트 암호화 키를 통해서든)으로 볼 수 있는 다른 형태의 세부 정보들로 구성된다.[74] 이미지가 구현되는 프로토콜, 디스플레이 설정 및 다중 플랫폼을 고려하라. 그러면 우리는 소프트웨어 문화에서 이미지란 과연 무엇인가라는 핵심적인 질문에 접근하게 된다.

그렇기에 인문학과 컴퓨터 과학의 전문 지식을 결합하는 것이

라운 지속력은 자기 이력 현상으로 알려진 자기 미디어의 물리적 특성의 결과이거나 시간이 지남에 따라 전하(電荷)를 유지하는 수용력의 결과다. 자기 저장 미디어는 1940년대 자기 드럼(magnetic drum)과 링글렛(ringlets)을 이용한 초기 실험에서부터, 자기테이프, 플로피디스크 도입 및 최근 널리 보급된 하드드라이브에 이르기까지 컴퓨터 산업의 중추였다. 따라서 CD-ROM 같은 광학적 장치와 고체 상태(solid-state)의 플래시 메모리가 수집의 대상으로 등장하지만, 결국 아키비스트가 만날 가능성이 있는 대부분의 저장 미디어는 자성(magnetic) 기반이 될 것이다." Matthew G. Kirschenbaum, Richard Ovenden, and Gabriela Redwine, 같은 책, 40.

74   Matthew G. Kirschenbaum, *Mechanisms. New Media and the Forensic Imagination*, 12-13.

자 디지털 인문학에 관한 보다 광범위한 논의와 연관된 이 방법론
은 우리의 아카이브 욕망의 대상이 무엇인지를 묻는 데서 출발한
다. 커셴바움은 디지털 객체를 보존의 관점으로 정의한 케네스 티
보도의 방법을 인용하면서,[75] 이제까지의 이론과 방법이 디지털 객
체를 주로 개념적으로, 말하자면 어떤 면에서는 예를 들어 화면상
의 사진을 사회적이고 해석적인 방식에 중점을 두어왔다는 점을 강
조한다.[76] 그러나 우리는 디지털 객체를 물리적인 것(자기 테이프상
에 구체적으로 새겨짐)과 논리적인 것으로(예를 들어 소프트웨어가
작동하는 방식, 비트맵이 인문학에도 분석적 관련성이 있는 정보를
제공하는 방식을 참조하면서) 고려할 수도 있다.

　커셴바움은 전자 문학electronic literature에 대한 면밀한 독해를
제공할 뿐 아니라, 에른스트가 소프트웨어 문화에서 아카이브의
특징들을 조명하고자 제시한 미디어고고학적 설명을 보완해 줄 수
있다. 앞서 말한 바와 같이, 커셴바움이 기록에 중점을 두고는 있지
만, 그렇게 함으로써 [뉴미디어 연구에서] 빈번히 선호되던 스크린
본질주의의 딜레마에 의문을 제기하고, 또한 정보 객체informational
objects의 다중적이고 관계적인 존재론을 다루는 것이 가능하다. 실
제로 포렌식forensics이라는 개념은 실천적으로나 인식론적으로 정

75　Kenneth Thibodeau, 'Overview of Technological Approaches to Digital Preservation
　　and Challenges in Coming Years' in *The State of Digital Preservation: An International
　　Perspective. Conference Proceedings*, Council on Library and Information Resources 107
　　(2002), www.clir.org/pubs/reports/pub107/thibodeau.html, 2011년 11월 27일 접속.

76　Matthew G. Kirschenbaum, 같은 책, 3-4.

보 시스템의 물질성을 점점 더 깊이 파고드는 미디어고고학적 사유
에 잘 들어맞는다. 파일 시스템의 경우, 이것은 표준 디렉토리 구조,
메뉴 등을 통한 검색으로 나오지 않는다는 것을 의미한다. 즉 이러
한 검색 방식이 파일 기반의 데이터는 찾아내지만 디스크에 실제로
있는 수많은 데이터를 잡아내지 못한다는 것을 의미한다.

> 대신에 조사자는 원본 파일 시스템의 소위 비트스트림bitstream
> 을 생성하고자 할 것이다. 비트스트림이란, 정확히 말하면, 원본
> 저장 미디어의 물리적 인스턴스instance[77]에 기록된 모든 비트가
> FAT[파일 할당표]에서 현재 할당된 파일의 일부인지 여부에 상
> 관없이 복제되어 선형 순서에 따라 복사본 이미지에 옮겨지는 것
> 을 말한다. 이는 (프로세스가 제대로 작동할 경우) 더는 접근이
> 불가능한 '불량' 혹은 손상된 섹터의 데이터까지 포함해, 원본 미
> 디어의 다른 모든 주변 데이터가 포렌식 객체의 일부로 유지된다
> 는 것을 의미한다.[78]

다시 말해서 알고리듬 문화에서는 불량 데이터조차 가치가 있다.[79]
  이러한 사실은 소프트웨어, 그리고 예를 들면 넷 아트와 소프

---

77 [편집자] 물리적 인스턴스(physical instance)는 물리적 형태로 존재하는 실제 저장 매
    체(예: 하드디스크, 플로피디스크, CD 등)에서 데이터를 구성하는 구체적 실체, 즉 비
    트들이 물리적으로 기록된 장소/존재를 의미한다.
78 Matthew G. Kirschenbaum, 같은 책, 53.
79 이 책 5장의 '소음'을 참조하라.

트웨어 아트에 대한 미디어고고학적 방법론의 관점에서 보면 매우 영감을 불러일으키는 통찰이다. 우리가 물질적 플랫폼에 기록이 남긴 흔적을 면밀하게 추적할 수 있는 방법으로 시선을 향하면, 아카이브의 역동성은 더해진다. 패트릭 리히티의 말에 따르면, "본질적으로 덧없는ephemeral 작품일지라도 물리적 기록을 남기며, 이 기록은 기술적 작품의 토대를 구성하기에 박물관, 수집가, 아카이브의 잠재적 **욕망의 대상**"이다.[80] 이 경우 욕망은 물질적으로 순환한다. 이러한 생각은 더 폭넓게는 컴퓨터와 소프트웨어 문화에도 적용되며 다음과 같은 매우 까다로운 질문을 제기한다. 우리는 도대체 어디에서 시작해야 하는가? 그 핵심이 매우 유동적이고, 매우 덧없고 역동적이어서, 과정보다는 고정된 실체를 포착하도록 만들어진 방법론적 그물망에 잡히지 않는 것을 어떻게 연구할 것인가? 이러한 질문들은 당연히 소프트웨어 연구 전반에 걸친 문제일 뿐 아니라, 미디어 문화의 역사와 조건에 관심을 갖는 고고학 연구의 문제이기도 하다. 한 가지 대안은 소프트웨어가 맥락화되는 모든 기관, 사람, 청사진, 계획, 디자인 프로세스, 아이디어, 특허, 의견 제시 요구 Requests for Comments(RFC), 마케팅 자료, 리뷰 및 기타 담론에 참여하고 다양한 플랫폼, 프로토콜, 프로그램 언어, 운영체제, 애플리케이션을 이해하는 것이다. 그리고 당연한 말이지만, 비영미권 중심의

---

80   Patrick Lichty, 'Reconfiguring Curation: Noninstitutional New Media Curating and the Politics of Cultural Production' in *New Media in the White Cube and Beyond. Curatorial Models for Digital Art*, ed. Christiane Paul (Berkeley: University of California Press, 2008), 182.

미디어 역사에 점점 더 관심을 집중하는 것이다.

그러나 우리는 이것이 소프트웨어 문화를 정의하는 특성들을 모두 포착하지는 못한다고 주장할 수도 있다. 적어도 미디어고고학적 맥락에서 우리는 매체 특정적 관점을 취해야 하며, 아카이브에 대한 우리의 이해 역시도 그럴 필요가 있다. 컴퓨터와 소프트웨어 문화의 수많은 특성은 그 표피가 아닌, 1960년대 초부터 점차 더 중점적 특징이 되었던 기술적 미디어 문화의 정보 처리 과정의 속성을 보아야만 한다. 노아 워드립프루인이 비슷한 맥락에서 주장한 것처럼, 월드와이드웹을 개발하는 데 핵심 역할을 한 팀 버너스리부터 시어도어 H. 넬슨, 안드리스 반 담과 더글러스 C. 엥겔바트의 초창기 아이디어로까지 하이퍼텍스트의 고고학을 확장해 왔을지라도, 결국 그러한 미디어의 한층 더 깊은 정보 처리 과정의 측면, 예를 들어 컴파일되고 처리된 소스 코드source code 같은 것은 놓치고 있다.[81] 다음 절에서 가동성operationality에 대한 이 문제를 더 깊게 파헤쳐 보기로 하자.

가동하는 아카이브

디지털 객체의 보존과 관련해 제기된 딜레마 중 하나는 덧없음이라

---

81   Noah Wardrip-Fruin, ʻDigital Media Archaeology: Interpreting Computational Processesʼ in *Media Archaeology. Approaches, Applications, Implications*, 320; 프로그래밍과 소프트웨어 고고학에 대해서는 다음 글을 참조하라. Wendy Hui Kyong Chun, ʻOn Software, or the Persistence of Visual Knowledgeʼ, *Grey Room* 18 (Winter, 2004).

는 디지털의 속성과 관련된다. 그러나 앞서 본 것처럼 그렇다고 해서 디지털 객체가 비물질적임을 의미하지는 않는다. 오히려 정반대로 우리는 디지털의 정보 처리 과정의 속성을 통해서만이 아니라 (마그네틱 저장 기술에서 광光 저장 기술에 이르는) 저장 장치 기판substrates의 열화를 통해 디지털 기술의 물리적 성질을 디지털 기술의 본질을 구성하는 핵심 요소로 파악할 수 있다.[82] 티보도는 디지털 객체가 절대로 단순한 정적 객체로만 검색될 수는 없으며,[83] 컴퓨터와 소프트웨어 환경에서 모든 검색은 항상 해당 객체를 **처리하는 과정**이며, 그 과정에서 역동성과 변화를 수반한다고 지적한다. 이것은 물리적인 객체에도 적용된다. 아카이브와 박물관 소장품은 거의 다 오브제 중심object-centredness으로 특징지어졌으며, 소장품의 보전과 전시에서 부동성과 안정성이 가장 중요한 가치임에도, 문화유산 기관이 변화를 다루는 방식에 시간(따라서 변화)이 영향을 미친다.[84] 로빈 보스트가 상기시키듯, 문화유산 기관이 수행하는 지속적인 유지 관리 작업은 그러한 객체의 존속을 지탱하고, 재생산하고, [물리적으로] 보존·수리·관리하고, 심지어 정적인 것으로 여겨진 객체조차도 그 주변에 [정적인 상태로 보이게 하기 위한] 고유

---

82 Kenneth Thibodeau, 'Overview of Technological Approaches to Digital Preservation and Challenges in Coming Years.'

83 같은 책: Wendy Hui Kyong Chun, 'On Software, or the Persistence of Visual Knowledge', 46.

84 Kenneth Thibodeau, 'Overview of Technological Approaches to Digital Preservation and Challenges in Coming Years.'

한 순환과 유지 관리의 역학을 낳는다.[85]

그러나 제2차 세계대전 이후 컴퓨팅 문화와 함께 우리는 세계의 역동적 특성이 단지 사물을 분류하는 방식뿐만 아니라, 사물이 작동하는 방식의 필수적인 부분을 구성하는 듯한 상황에 직면하고 있다. 컴퓨터와 소프트웨어가 이러한 사물의 좋은 예다. 이것은 컴퓨터와 네트워크(무엇보다도 월드와이드웹)를 주제로 한 새로운 모던 커뮤니케이션Modern Communication 전시관(2014년 개관 예정)[86]을 건립하고 있는 런던과학박물관 같은 과학기술 박물관이 대처해야 할 미래의 큰 과제다. 위에서 본 바와 같이, 넷 아트를 어떻게 이해하고 이론화할 것인가를 둘러싼 존재론적 문제들은 실천적 문제들과 매우 밀접히 관련되어 있으며, 문화유산 분야는 이 도전에 더 전면적으로 직면해 있다(앞서 언급했던 디지털 생성 콘텐츠). 어떤 면에서 보면 아키비스트와 큐레이터는 소프트웨어 및 코딩과 관련해 웬디 전이 약술했던 이러한 딜레마에 직면할 수밖에 없다.[87] 즉 (소스) 코드는 [소프트웨어] 실행과 동일하지 않다는 것. 소프트웨어 자체는 하드웨어를 제어하는 논리적 명령어 집합만으로 환원될

---

85   Robin Boast, An interview by Jussi Parikka 11 Jan. 2011, in Cambridge. Online as part of the Creative Technology Review podcasts episode 11, http://createtalk.libsyn.com/, 2011년 11월 27일 접속.

86   [옮긴이] 이 책이 작성될 당시 모던 커뮤니케이션스관은 런던과학박물관의 가장 큰 갤러리 건설 프로젝트 중 하나였다. 관련 심포지움과 언론보도가 이루어졌으나 계획 과정에서 이름이 변경되어 '정보시대관(The Information Age)'으로 2014년 10월에 개관했다.

87   Wendy Hui Kyong Chun, 같은 글.

수 없는 컴퓨터 문화의 수많은 계보와 관련되어 있다는 것이다. 실제로 새로운 종류의 프로세스를 원할 때마다 중앙컴퓨터의 구체적인 배선 작업에서 시작해 지난 수십 년간의 방대한 산업에 이르기까지 소프트웨어와 그것의 개발은 용어 사용에 많은 변화가 있었기 때문에 소프트웨어가 무엇인지 쉽게 특정하기 어렵다.

웬디 전은 소프트웨어가 우리의 시각문화에서 결정적인 행동 유도성affordance을 발휘함에도 그 자체는 비시각적이라고 주장하며 소프트웨어의 가시성에 의문을 제기한다. 프로그래밍의 역사는 복잡하게 얽힌 요소들의 집합체로, 문화적이고 기술적인 차원에서 다양한 규모로 전개된 프로그래밍의 역사를 밝혀내려면 복잡한 방법론이 필요하다고 웬디 전은 말한다. 그녀는 유니박UNIVAC 초기 프로그래머인 밀드레드 코스를 거론하면서, 프로그래밍의 역사는 여성 프로그래머의 구체적인 작업에서부터 코드뿐만 아니라 해석 프로그램, 어셈블러, 컴파일러, 제너레이터 등을 포함한 자동 프로그래밍에 이르는 다양한 규모가 포함된다고 말한다.[88] 코드는 자동 프로그래밍을 통해 기계와 맥락을 가로질러 반복될 수 있었고, 이 때문에 겉으로만 본다면 자율적이고 심지어 바이러스와 같은 성질을 지닌 듯이 보인다는 사실은 코드가 비물질적인 것처럼 보이게 하는 데 기여했다. 하지만 동시에 그런 문화적 형식을 어떻게 아카이빙하고 큐레이팅할 것인가의 문제는 가중되었다.

눈에는 보이지 않지만, 사물을 보고 들을 수 있게 하는 것을

---

88   Wendy Hui Kyong Chun, 같은 글, 30.

어떻게 보존할 수 있을까? 이는 지식의 고고학에 관한 질문에서 근본적인 질문이며, 우리가 관심을 갖는 **기술적 미디어**고고학*technical media* archaeology에도 마찬가지다. 시간 결정적 과정에 관해 보다 폭넓은 질문으로 확장된 이 장의 마지막 절에서는, 에른스트의 미디어고고학과 베를린의 [홈볼트 대학] 미디어학Media Studies 지하실에 있는 '인식론적 장난감epistemological toys'[89]이 소장된 '작동형 미디어 아카이브Operational Media Archive'의 작동실로 돌아갈 것이다.[90]

기술 및 미디어의 정적인 객체로 이루어진 박물관과 개인 소장품(몇몇 미디어고고학자는 방대한 소장품을 갖고 있다)과는 대조적으로, '푼두스Fundus'[91]라고도 불리는 이 아카이브는 오래된 기술을 다루는 공학적 미디어 랩과 미디어 아키비스트용 저장고, 이 둘 사이의 어딘가에 있다. 이 소장품에는 여전히 작동 중이거나 작동하도록 조작된 다양한 장치가 보관되어 있다. 축음기, 계산기, 입체

---

89 [편집자] "인식론적 장난감"이라는 표현은 볼프강 에른스트가 베를린 홈볼트 대학 미디어학과 지하실에 구축한 실제 연구 및 전시 공간에서 사용한 표현으로, 여기서 '장난감'은 미디어 기술의 작동 방식, 시간성, 연산 가능성 등을 직접 체험하고 연구할 수 있게 해주는 도구들, 예컨대 아날로그 오실로스코프, 진공관 라디오, 자기 테이프 리더기 같은 장치들을 일컫기 위해 쓴 말이다. 이것들은 단순히 보여주기 위한 박물관 오브제가 아니라, 연구자들이 실제로 작동해 보고 미디어의 시간성과 연산 논리를 실험하고 사유하는 장치들, 즉 지식 생성에 기여하는 도구들임을 가리키기 위한 말이다.

90 http://mw.turing.culture.hu-berlin.de/foswiki/bin/view, 2011년 11월 26일 접속. [현재는 접속되지 않음—옮긴이]

91 [옮긴이] '푼두스'는 라틴어로, 땅, 영역, 지대 등을 의미한다. 홈볼트 대학교 미디어 학과 건물 지하에 위치한 기술 미디어 전시실 '미디어고고학 푼두스(Fundus)'는 해석하자면 '미디어 역사의 발굴지'라는 의미다. 고유명사이기도 하고 본래의 의미를 전하기 위해, 번역하지 않고 라틴어 발음 그대로 옮겨 적는다.

그림 6.1
베를린 훔볼트 대학교 미디어 연구소의 미디어고고학적 '푼두스' — 올드미디어 기술을 위한 저장고이자 사유 공간, 그리고 텍스트적 방법론에서 공학기술과 메커니즘을 통한 분석법으로 이동하는 미디어고고학적 방향으로 가는 길. © Lina Franke

경, 컴퓨터에서 음극선, 오실로스코프, 코르그Korg 신시사이저에 이르기까지 다양한 오브제와 장치가 포함되어 있다. 이 소장품에 있는 매직 랜턴과 프락시노스코프praxinoscope 등과 같이 전통적으로 미디어고고학자들에게 친숙한 시각 미디어에는 진공관, 밸브, 다이오드, 케이블, 커넥터와 안테나 등의 전자 미디어 시대에서 온 다양한 물건과 장치가 부속품으로 추가되어 있다.

미디어 인식론적 장난감의 아카이브라고 명명된 이 ['푼두스' 라는 아카이브의] 이름에는 물질성과 놀이/학습이라는 장소의 이중 임무가 담겨 있다. 첫째, 미디어 오브제의 비언어적 양식을 구체적으로 체험하는 접근 방식을 통해, 인간의 언어로 말하지 않지만, 겉으로는 인공물처럼 침묵하고 있는 이 오브제들에 매우 활동적인 다른 형태의 정보 처리 과정이 숨겨져 있을 수 있다는 점. 둘째, 이러한 인식론적 응시가 참여라는 유희적인 태도이자, 하드웨어가 어떻게 담론과 결합되는지를 배우는 교훈적인 미디어고고학적 학습 방법으로 간주된다는 점이다. 즉 현대의 (기술적) 미디어는 기호화된 수학 연산과 하드웨어가 결합되어, 공학적 신호가 되는 방식으로 구성되어 있다는 점이다.

이 아카이브는 에른스트의 이론에 대한 가동적 짝operational pair으로, 기념물, 다이어그램, 시간 결정성, 그리고 의미에 맞추어져 있는 모든 문화기호학보다도 앞서는 신호signal의 우선성 같은 개념을 그가 어떻게 이해하는지 잘 보여준다. 이 오브제들은 아카이브 제도가 기념비성에 기반하던 방식의 기념물, 즉 과거를 기억하게 하는 물건이다. 푸코의 지식의 고고학 개념의 핵심이자 지금은 에른스트의 미디어고고학 이론의 핵심인 기념비monument로서의 이 미디어 기술적 인공물은 과거의 미디어 문화에서 유래한 기억의 매개물이며, 그 자체로 과거성pastness을 간직한다. 이는 아카이브가 기록inscriptions으로 가득 채워져 있고, 이들 기록이 미디어고고학자들이 집중하는 것임을 다른 방식으로 말한 것이다. 이러한 과거성은 지표적 가치와 텍스트로서의 가치만 지니는 것이 아니라, 그 기술적 원리와 이를 뒷받침하는 과학적 원리를 운반해 온 작동하는 기계이기도 하다. 간단히 말해서 이 기계는 과거 기술에 대한 텍스트적 설명이 아니라, 그 자체가 과거 미디어의 원리, 다이어그램, 사례가 실제로 작동하는 구체적인 형태다.

에른스트가 이러한 유형의 미디어고고학을 설명하는 데 사용하는 개념 중 하나가 다이어그램이다. 우리는 이를 매우 구체적인 용어로 생각해 볼 수 있다. 즉 회로와 기계의 작동 방식을 보여주는 다이어그램은 현대 기술의 작동 원리를 추상적으로 묘사하는 것이다. 에른스트는 다이어그램이 하나의 구조structure가 아니라고 본다. 그 대신, 푸코와 들뢰즈가 주장했을 법한 방식으로, 다이어그램은 기계가 취할 수 있는 잠재적 작동을 이끄는 원리임을 강조한다. 따라서 다이어그램은 기계의 정적인 상태를 나타내기보다는(대부분의 공학적 다이어그램이 매우 정적으로 보이지만) 기계가 만들어낼 수 있는 잠재적 연결을 가리킨다. 다시 말해 그리고 소프트웨어 연구에서의 최근의 많은 주제를 반영하자면,[92] 기계란 단순히 소스 코드

---

92   Wendy Hui Kyong Chun, 같은 글; Wendy Hui Kyong Chun, *Programmed Visions*.

나 설계도, 다이어그램도 아니다. 기계란 코드 조각을 컴파일compile 하는 소프트웨어 프로그램이든, 여전히 저주파 신호를 수신할 수 있는 오래된 러시아 잠수함 라디오이든 간에, 다이어그램이 실행될 때 다이어그램이 프로세스를 따라 작동하는 방식 그 자체인 것이다. 오래된 기술과 동시대의 네트워크(여전히 아날로그 형태로 전송되고 있는 한) 사이의 이러한 연결 덕택에 기계는 과거와 현재의 시간을 능동적으로, 즉 다이어그램적으로 표현하게 된다.

다이어그램은 우리가 현대 미디어의 기술적 맥락, 즉 아카이브에 주목하게 하기 위해 에른스트가 사용하는 방식이다. 여기에는 시간 결정성이 포함된다. 즉 우리가 라디오 수신기와 신호 처리 방식에 대해 이야기하든, 아니면 예를 들어 컴퓨터와 그것의 프로세스 실행 방식에 대해 이야기하든지 간에, 현대 미디어는 항상 정보처리 과정에서 전개되는 방식에 따라 정의된다.[93] 소프트웨어 문화의 역동성에 관해 앞서 논의한 바와 같이, 기술적 미디어 문화의 객체를 이해하는 방식은 그것들이 정보 처리 방식에 참여하는 방식을 통해 이루어지며, 안정적인 인공물로만 고정해 정의될 수는 없다. 우리가 음악과 소리에서 인식하는 것들—음정, 리듬, 속도와 느림—은 컴퓨터 저장 장치(초기의 수은 지연선delay line 기술에서 하드드라이브의 회전 속도RPM에 이르기까지)와 재생 빈도refresh rates(예를 들어 음극선관 디스플레이에서 우리가 어떻게 봐야 하는

Software and Memory (Cambridge, MA: The MIT Press, 2011).

93   Axel Volmar (ed.), *Zeitkritische Medien* (Berlin: Kadmos, 2009).

지를 규정함), 연산 처리 장치의 속도와 콘텐츠의 온라인 스트리밍 등 우리의 기술적 미디어 또한 특징짓는다.[94] 따라서 시간은 우리가 미디어의 발전을 이해할 수 있는 역사의 외적인 틀일 뿐 아니라, 기계를 지배하는 기술적 특성이기도 하다.

물론 이러한 인식론적이고 고고학적인 장난감 연구의 단점은 이것이 하드웨어와 정보과학의 세계에서 쉽게 '망각'될 수 있다는 점이다. 미디어에 대한 이와 같은 접근 방식은 레이먼드 윌리엄스와 영미권의 문화 연구 및 미디어 연구의 전통뿐만 아니라 심지어 미디어고고학과도 근본적으로 다른 것처럼 보인다. 문제는 이렇게 기계에 집중하는 방식이 지각의 기술적 조건을 매우 명료하게 밝혀줌에도, 예를 들면 주체성 및 주체화subjectification 같은 정치경제학적 주제와는 효과적으로 연결되지 않는다는 점이다. 이 기술들은 인지 자본주의의 고고학에 기여하는 기술이지만 그러한 연관성은 아직 정교하게 밝혀지지 않았다. 실제로 이 '베를린 훔볼트식 접근법'은 미디어 속 기술에 초점을 둔다. 이 접근법이 단지 비판 이론과 인문학의 일반적인 자료 대신에 회로와 기술을 통해 거기에 내재된 권력/지식을 재사유하는 데 매우 유익할 수도 있지만, 사회적 쟁점을 전적으로 무시하는 경우에는 심각한 문제를 초래할 수도 있다.

미디어고고학에 대한 이러한 방법론을 통해 우리는 아카이브가 무엇인지에 대한 새로운 아이디어와 현대 미디어를 분석할 수

---

94 Wolfgang Ernst, 'Die Frage nach dem Zeitkritischen' in *Zeitkritische Medien*, ed. Axel Volmar (Berlin: Kadmos, 2009).

있는 방법을 접하게 된다. 에른스트의 이론적 작업으로 뒷받침되는 가동하는 아카이브 덕택에 기술적 미디어에서의 정보 처리 과정의 특성을 폭넓게 사유할 수 있다. 이것이 동시대 문화유산에 관한 중대한 질문이라는 점도 의미 있지만, 또 다른 이점은 이러한 사유가 디지털 컴퓨팅을 훨씬 넘어서 동시대 문화로까지 확장된다는 점이다. 디지털 문화는 **아날로그** 컴퓨팅을 포함해 기술적 미디어의 보다 심원한 고고학적 층위를 통해 열린다. 어쨌든 아카이브와 관련해 미술관/박물관과 같은 다른 문화유산 전승 기관과 연결된 공공기관으로서의 그 역할이 재사유되고 있으며, 네트워크 문화의 일상적인 실천을 통해 그 의미가 재교섭된다. 앞서 기술한 대로, 참여 문화는 문화 콘텐츠를 생산하는 실천을 역동적이고 공유할 수 있는 것으로, 그리고 전통적인 저자의 기능을 거부하는 것으로 다시 사유하도록 요구한다. 게다가 데이터를 조직화하는 (폭소노미[사용자 주도 인터넷 분류체계]의 경우처럼 역동적이고 변화하고 풀뿌리 방식으로 출현하는) 새로운 방식을 제공한다. 우리가 아카이브에 대해 생각하고 아카이브를 다루는 방식은 자크 데리다와 볼프강 에른스트를 비롯한 학자들이 강조했던 아카이브의 기술적 맥락의 결과이지만, 우리는 이 아카이브 상황의 정치경제학에도 마찬가지의 관심을 기울일 필요가 있다.

아카이브는 실제로 점차 평범해지고 있다. 보다 일반적으로 말해서, 이제 아카이브라 함은 일상적인 저장의 필요와 다양한 장치―휴대용 플래시 메모리 드라이브, 외장 하드드라이브에서 클라우드 컴퓨팅에 이르기까지―를 일컫는 말이 되었다. 여기서 저장은 파일 및 문서, 가족사진, 그리고 예를 들면 음악 파일 같은 기타 개인의 디지털 자료를 위한 새로운 비즈니스가 되었다. 일상을 아카이빙하는 것은 기술적 미디어 문화의 한 주제로서, 사진 문화의 평범한 기억의 폭증에서 홈 비디오에 이르기까지 그 계보를 추적할 수 있다. 게다가 아카이브의 정치경제학은 또 다른 의미에서 생산과도 연결된다. 이를테면 디지털 미학의 핵심 특징 중 하나인 리믹싱 remixing은 리믹스할 무엇인가가 있다는 것과, 저장소를 새로운 재목적화, 리믹싱, 재매개의 잠재성이 깃든 곳으로 인식하는 것에 달려 있다. 이러한 개념은 후타모의 미디어고고학에서도 발견되는데, 그는 "문화적 아카이브에 대한 접근이 점점 더 쉬워짐에 따라" 문화적 주제의 재활성화가 지속적으로 이루어지는 방식에 대해 말한 바 있다.[95] 그러나 디지털 콘텐츠—그것이 유튜브 혹은 그 밖의 시청각, 텍스트, 사운드 자료의 저장소이든 간에—에 접근하는 일이 쉬워지는 동시에 엄격한 저작권법과 절차가 그림자처럼 따라붙는다. 아카이브의 미디어 존재론은 단지 기술적인 측면뿐 아니라, 재사용과 변형에 관한 법률적이고 정치경제적인 측면과도 관련되어 있다. 이것이 미디어 문화를 분석하기 위한 초학제적 방법론으로서 미디어고고학이 가장 발전해야 하는 지점이다.

---

95 Erkki Huhtamo, 'Dismantling the Fairy Engine: Media Archaeology as Topos Study' in Media Archaeology. Approaches, Applications, Implications, 38.

요약

아카이브는 기술적 맥락에서 접근할 수 있다. 기억 역시 기술적 플랫폼과 기록의 형식에 좌우된다. 동시대 문화에서 이것은 디지털 생성 콘텐츠를 단순히 인공물이 아닌 새로운 방식의 아카이빙 절차가 요구되는 특정 사례로 생각해야 할 절박한 필요성과, 이것이 미디어의 존재론에 미치는 함의를 시사한다. 소프트웨어는 정보 처리 과정에 기반하고, 시간 결정적인 기술적 미디어의 특별한 사례이지만, 소스 코드 사례처럼 단순히 기술적 측면만으로 축소할 수 없다. 그러나 훔볼트 대학교의 미디어고고학 푼두스의 소장품이 보여주듯이, 기술적 미디어가 보다 광범위하게 시간 결정적이라고 말할 수 있다. 미디어고고학의 객체는 그것의 정보 처리 과정과 시간 결정적인 특성을 통해 부활하고 정체성을 드러낸다. 우리가 당면한 정보 처리 과정 기반의 아카이브 상황의 물질성을 이해하기 위해 미디어고고학 방법론을 어떻게 가장 잘 활용할 수 있을까? 미디어고고학은 디지털 인문학의 논쟁에 어떻게 기여할 수 있을까?

더 읽을거리

6. 아카이브 역학: 소프트웨어 문화와 디지털 유산

Chun, Wendy Hui Kyung (2011b) *Programmed Visions. Software and Memory* (Cambridge, MA: The MIT Press).

Ernst, Wolfgang (2011) 'Media Archaeography: Method and Machine versus History and Narrative of Media' in *Media Archaeology*, ed. Erkki Huhtamo and Jussi Parikka (Berkeley, (A: University of California Press), 239~255.

Kirschenbaum, Matthew G. (2008) *Mechanisms. New Media and the Forensic Imagination* (Cambridge, MA: The MIT Press).

7
미디어고고학 실천하기
재매개를 위한 창의적 방법

수많은 미디어고고학적인 작업이 예술적인 방식으로 실행된다. 재등장하는 사용 패턴과 그동안 가려지고 주목받지 못한 발명들뿐만 아니라, 기기와 미디어 기술적 맥락의 다중 시간적 역사들에 대해서 역사적이면서도 이론적으로 풍부하게 탐구하려는 관심은 초기부터 이미 현재의 미디어고고학을 실천하는 독창적인 예술 실천들과 함께 전개되었다. 많은 미디어고고학 이론이 고고학적 탐구의 일환으로 다양한 전위적 미디어아트를 개방적으로 수용했으며, 미디어고고학 방법론은 새로운 기술들을 비판적으로 질문하는 하나의 방법이 되었다. 이를테면 지그프리트 칠린스키는 "전자 분야의 아방가르드에 속하는 작가들 중에서 새로운 기술을 그 자체로 독립적인 목적으로 삼지 않고, 자신들의 머리와 손 안에서 기술에 끊임없이 의문을 제기하고 성찰하는 예술가들, 즉 발리 엑스포르트, 데이비드 라처, 백남준, 스테이나 바술카와 우디 바술카, 또는 페터 바이벨” 같은 예술가에 대해 언급한다.[1] 이 장에서는 미디어고고학의 창작 실천을 다루면서, 폴 드마리니스의 작품에서 최근의 미디어고고학에 동조하는 신진 젊은 실천가들에 이르기까지 이러한 흐름에 속한 몇몇 작품을 소개하고, 미디어고고학이 오늘날의 미디어 문화에서 예술적 참여를 위한 방법으로 어떻게 작동할 수 있는지 묻는다.

지그프리트 칠린스키(쾰른과 베를린), 에르키 후타모(UCLA) 같은 영향력 있는 몇몇 미디어고고학자는 주로 예술기관에서 활동했으며, 이는 미디어고고학의 방법론을 채택하는 학생들과 미디어고고학자 자신의 작업 모두에 뚜렷한 흔적을 남겼다. 미디어아트 역사 같은 분야는 다양한 학자와 실천가를 한데 모았으며, 동시대의 많은 창작 실천의 방법론이 미디어고고학과 연관되어 있다고 볼 수 있다.[2] 아르스 일렉트로니카, 트랜스미디알레, ISEA 같은 페스티벌 역시 미디어고고학에 관한 동종의 예술적 작업과 이론적 논의를 지원하는 데 상당한 몫을 담당했다.

게다가 이러한 담론과 실천이 단지 미디어고고학이라는 용어에만 국한되는 것은 아니다. 예를 들어 제이 데이비드 볼터와 리처드 그루신이 발전시킨 ‘재매개’라는 개념은, 직관적으로 볼 때 미디어에 대한 **글쓰기에만** 그치지 않는 방식으로 시간과 미디어를 가로

---

1   Siegfried Zielinski, *Audiovisions. Cinema and Television as Entr'actes in History*, trans. Gloria Custance (Amsterdam: Amsterdam University Press, 1999), 22.

2   www.mediaarthistory.org. 2011년 11월 27일 검색.

지르는 상호매체적intermedial 관계와 미디어 역사적 차용을 탐구하는 데 적절한 방법처럼 보인다. 요컨대 우리는 미디어를 만드는 방식으로 미디어를 비판할 수 있고, 더 나아가 미디어 **역사를** 다른 방식으로 비판할 수도 있다. 미디어고고학 예술은 통일성을 강요하거나 모순을 피하거나 구성되지 않은 자연성을 가정하거나 전체론적holistic 선형성과 통합적 서사를 부과하기보다는,[3] '과거–현재past-presents'를 이해하는 비선형적 방식을 제안하기를 원한다. 3장에서 언급했듯, 이는 상상적 미디어에 관한 연구 및 예술과 관련 있지만, 여기서도 미디어고고학 예술, 예술 실천 및 실천가가 자신의 작업 방식을 어떻게 인식하는지를 구체화해 이 주제를 이어가고자 한다.

현재의 과거를 조립하기

1990년대부터 폴 드마리니스, 버니 루벨, 조이 벨로프, 캐서린 리처즈, 페리 호버먼, 다비드 링크 등을 위시한 많은 실천가가 미디어고고학 예술가로 인정받았다.[4] 마찬가지로, 최근 몇 년 동안의 미디어적 예술mediatic arts에서는 젊은 세대의 실천가들이 새로운 발상과

---

3   이는 윌리엄 우리키오의 표현을 바꾸어 쓴 것이다. William Uricchio, 'Historicizing Media in Transition' in *Rethinking Media Change: The Aesthetics of Transition*, ed. David Thorburn and Henry Jenkins (Cambridge, MA: The MIT Press, 2004), 34.

4   Erkki Huhtamo, 'Time-Travelling in the Gallery: An Archaeological Approach in Media Art' in *Immersed in Technology. Art and Virtual Environments*, ed. Mary Anne Moser with Douglas McLeod (Cambridge, MA: The MIT Press, 1996).

의제를 도입하고 있는데, 이는 부분적으로는 앞선 세대의 이론과 예술이 기관과 텍스트를 통해 서서히 알려지며 영향을 미친 결과다.[5] 로사 멘크만, 가넷 허츠, 모르텐 리스, 그리고 베를린에서 활동하는 신타로 미야자키, 마틴 하우즈, 브렌던 하월 등이 최근 새롭게 등장한 작가군으로, 이들은 지그프리트 칠린스키, 에르키 후타모, 볼프강 에른스트 등의 미디어고고학 이론에서 착안해 미디어고고학이 예술 방법론으로 '활용 가능하다'는 점을 보여주었다. 마찬가지로, 런던을 기반으로 활동하는 세라 앵글리스와 알렉산더 콜코우스키 같은 실천가들도 녹음과 사운드, 기술을 둘러싼 문화적 실천에 대한 작업에서, 비록 자신들의 작업을 명시적으로 미디어고고학의 맥락으로 규정하지는 않았지만, 미디어고고학적 주제들을 다루고 있음을 볼 수 있다.[6]

그렇지만 미디어고고학 예술이 정확히 무엇인지 명확하게 설명된 적은 거의 없다. 우리는 미디어고고학 예술이 과거의 미디어 문화와 관계 맺고 그로부터 얻은 배움을 다루어, 다양한 미디어로 구현된 예술작품을 통해 현재의 미디어화된 전 지구적 네트워크 문

---

5 [편집자] 파리카는 '미디어적 예술(mediatic arts)'을 단순히 전자 및 디지털 기술을 활용하는 장르적 범주로서의 '미디어아트(media art)'와 구별해 사용한다. '미디어적 예술'은 미디어를 표현 도구로 사용하는 예술이라기보다는, 미디어의 기술적·물질적 조건, 신호와 코드의 작동 방식, 그리고 시간성과 가동성 자체를 비판적으로 탐구하는 실천을 가리킨다. '미디어적 예술'이라는 번역어는 미디어의 조건 자체를 문제 삼는 예술이라는 점을 강조하기 위한 것이다.
6 알렉산더 콜코우스키와의 인터뷰 'Sonic Alchemy' 참조(www.jussiparikka.net 검색일: 2011년 4월 11일).

화를 이해하고자 한다는 점을 알고 있다. 하지만 구체적으로 말해 어떤 작업들이 미디어고고학적이라고 말할 수 있을까? 나는 일종의 브레인스토밍의 한 형태로 (후타모의 1995년도 글과 같은 초기 텍스트에 도움을 받아) 갤러리, 페스티벌, 온라인 등의 동시대 맥락에서 부활하고 있는 올드미디어 기술과 주제를 볼 수 있는 최소 여섯 가지 방식을 정리해 보았다. 물론 이 범주들에 속한 여러 프로젝트는 중첩되기도 하며, 이 목록은 단지 이 장에서 이야기하려는 바를 조명하기 위한 발견적heuristic 도구일 뿐, 그 이상은 아니다.

- 시각적으로 역사적 주제와 관계하는 예술작품. 예를 들어 린 허시먼 리슨의 〈컨시빙 에이더Conceiving Ada〉(1997)와 같은 보다 영화적인 작품에서는 디지털 문화와 과거 초창기 컴퓨터 및 소프트웨어의 여성 선구자 에이더 러브레이스 사이에 존재하는 시간의 주름folds을 새롭게 재해석한다. 좀 더 폭넓은 대중문화에서도 찾자면, 파트리크 장과 원모어 프로덕션Onemoreproduction이 만든 인기 온라인 클립 〈픽셀 Pixel〉에서는 8비트 캐릭터들이 뉴욕을 침공한다. 이러한 복고적 주제는 미디어 문화에 대한 향수 욕망과 연관된 것으로 볼 수 있다.[7]

---

7   Jaakko Suominen, 'The Past as the Future? Nostalgia and Retrogaming in Digital Culture' *Fibreculture* 11 (2008), http://journal.fi breculture.org/issue11/ issue11_ suominen.html.

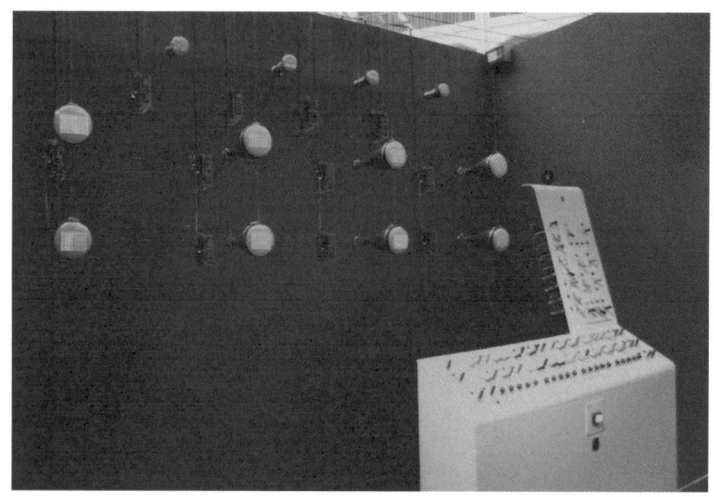

그림 7.1
독일 이론가이자 예술가인 다비드 링크의 〈러브레터_1.0 Love Letters_1.0〉 2009). 맨체스터 대학 컴퓨터에 사용된 초기 텍스트 생성 프로그램을 활용해 제작했다.

- 기술적, 사회적 디지털성digitality의 자연스러운 상태로 가정된 조건을, 작품의 재료나 내러티브를 활용하는 측면에서 결을 거스르는 예술작품을 통해 비판적으로 통찰할 수 있게 하는 대안적 역사들을 호출하기. 적절한 예로, 기술, 미디어, 통제 장치의 젠더화된 역사들을 영화적으로 구성한 조이 벨로프의 작업, 대안적 관점에서 원거리 통신을 탐색하는 폴 드마리니스의 설치 작업 〈메신저〉(1998/2005), 19세기 정보화 시대를 다룬 판타지 소설인 윌리엄 깁슨과 브루스 스털링의 『차분기관』에서 비롯된 다양한 스팀펑크풍의 구상과 퍼포먼스, 장치 등이 있다.[8]

- 구식화obsolescence의 예술 또는 구식화에서 비롯된 예술. 구식화된 자재와 기술적 해결책을 활용해 새롭게 등장한 미디어 문화에 적극적으로 개입하거나 단순히 전자 미디어를 재사용하고 해킹하는 가능성을 탐구하는 작품 및 실천. 이에 해당하는 사례로 다음과 같은 작업들을 들 수 있다. 텍스트성, 주변화된 기술들, '쓸모없는' 미디어 해결책들을 재매개하는 방식에 대한 미디어고고학적 탐색을 직접적으로 참조하는 부크 코직의 아스키 코드ASCII[9] 예술. 그리고 폐기된

8   또한 그 자체로 미디어고고학에 해당하는 작품이라 할 수 있는 모르텐 리스의 증기기관 음악(Steam Engine Music) 공연은 스팀펑크를 암시하는 장치들을 대거 사용했다 (http://mortenriis.dk).

9   아스키(ASCII)는 미국정보교환표준부호(American Standard Code for Information Interchange)의 줄임말로, 1963년에(나중에 대폭 수정됨) 배포되었다. 텍스트 인코딩

구식 미디어를 새로운 미디어 생태계로 재배선한 카를 클롬
프, 뱅자맹 골롱, 히스 기스커스의 미디어 설치 작품 〈리펑
크 미디어Refunct Media〉.[10] 린다 힐플링과 크리스토퍼 간징
이 스웨덴에서 조직한 오버헤드 프로젝터 예술 시리즈와 같
이 구식이 된 이미지 미디어 관련한 페스티벌, '새로운' 디지
털 문화와 예술적 실천에 관한 사유에 영감이 되는 8비트
사운드 문화가 그것이고, 이외에도 386dx 프로세서 컴퓨터
와 윈도우 3.1 운영체제를 이용한 알렉세이 슐긴의 1998년
라이브 록 공연처럼, 최근의 일이지만 여전히 구식인 사례
도 있다. 어쩌면 딱 들어맞는 사례로는 버니 루벨이 '구식
obsolete' 재료로 '하이테크high-tech' 기계를 만들고자 수년
에 걸쳐 선보인 각종 목재 설치 작업을 들 수 있을 것이다.

• 단지 상상만 한 것이 아닌 실제로 만들어진 상상적 미디어.
상상적 미디어는 호기심을 자극하는 특이한 가치라는 점뿐
만 아니라, 기술 진보와 변화의 성격, 그리고 (계획된) 구식
화를 기반으로 작동하는 신기술 집착 문화의 성격을 탐구
하기 위한 수단으로서, 더는 작동하지 않거나 아예 제작된
적이 없는 장치들을 재구성하고 재사용한다. 이미 3장에서
게브하르트 젱뮐러의 설치 작품 〈병렬 이미지〉와 같은 사례

부호체계로, 디지털 이진수를 텍스트 문자로 코딩하는 데 필요한 정보(제어 문자 포
함)로 구성되어 있다.

10   http://vimeo.com/27417437, 2011년 11월 5일 접속.

에서 이 주제를 다룬 바 있다. 드마리니스의 〈에디슨 효과 The Edison Effect〉와 〈회색 물질Gray Matter〉 등과 같은 작품들은 기존의 녹음 및 전기통신에 대한 아이디어들을 독창적인 방향과 구체적인 아상블라주로 변형시킨다. 쥘리앵 메르는 과거 장치들에 대한 재탐색을 창의적으로 시도하는 데 열정적인 미디어고고학적 예술가라고 분명히 말할 수 있다. 브루스 스털링의 영향력 있는 '죽은 미디어Dead Media' 프로젝트와 이것의 일부로 제작된 예술적 실천인 온라인 인터랙티브 작품 〈쇠퇴를 포섭하라Embrace the Decay〉는 기술적 소멸과 재매개라는 주제를 다룬다고 볼 수 있다.[11]

• 구체적인 아카이브 자료에 기반한 미디어고고학적 예술. 다시 말해, 아카이브 작업과 역사적 자료를 토대로 수행되는 예술적 실천으로, 역사학자처럼 작업하지만 그 목적은 예술이다. 이러한 작업은 스벤 슈피커의 저서 『빅 아카이브The Big Archive』(2008)에 미술사적 관점에서 잘 정리되어 있다.[12] 구스타프 도이치의 영화 〈영화란〉, '고아 필름 orphan film material'을 활용한 빌 모리슨의 〈빛의 부름Light is Calling〉(2003) 같은 작품에서 뚜렷하게 나타난다. 세라 앵글리스는 런던과학박물관에서 일한 경험을 바탕으로 사운

---

11 www.moca.org/museum/digital_gallery.php, 27 Nov. 2011에 검색.
12 다음 자료도 참고. Charles Merewether (ed.), *The Archive. Documents of Contemporary Art.* (London and Cambridge, MA: Whitechapel and MIT Press, 2006).

드와 로봇을 활용한 퍼포먼스를 통해 미디어 역사에 기반한 주제를 전개한다. 또 다른 예는 다비드 링크의 작품으로, 최초의 프로그램 내장형 컴퓨터인 맨체스터 '베이비'(공식 명칭은 '소규모 실험 기계Small Scale Experimental Machine)와, 크리스토퍼 스트레이치가 개발한 프로그램 '러브레터 생성기Love Letter Generator'에 주목한다. 링크는 거의 역사학자처럼 작업하는 예술가로서, [역사에 대한] 글쓰기뿐 아니라 [실제로 작동 가능한 장치나 설치 작업 같은] 구성물로 자신을 표현한다. 이렇게 해서 역사는 미디어아트가 된다.

- 과거뿐만 아니라, 기계 내부로 파고들어 우리 미디어 문화에 존재하는, 현재의 (그러나 기술적으로는 '고고학적인') 매몰된 조건들을 드러내는 미디어고고학적 예술 창작 방법들. 이러한 프로젝트들은 기계를 열어 내부를 탐색하는 동시에 서킷 벤딩[회로 변조]과 하드웨어 해킹에 가까운 예술 혹은 행동주의적 실천으로, 당대의 정보 처리 과정, 프로토콜, 소프트웨어 및 하드웨어 환경에 대해 발언한다. 그러한 사례로는 베를린의 알고리듬 연구소 및 마이크로 리서치 랩, 2011년 트란스미디알레 페스티벌에서 공연된 로사 멘크만의 〈PAL의 붕괴The Collapse of PAL〉와 같은 작품, 2011년 봄에 베를린 ACI(Art Claims Impulse) 갤러리에 전시된 마티아스 피츠의 전자기장 실험 설치 작품 〈불안정한 세계의 재창조Re-Creation of an Unstable Universe〉, 슈퍼마리오 콘솔 게임을 해킹해 게임 문화에 개입한 코리 아칸젤의 〈슈퍼마리

오 클라우드Super Mario Clouds〉(2002) 등을 들 수 있다.

미디어고고학을 텍스트적 방법론만이 아니라 예술적 방법론으로도 더 강력하게 개념화할 필요가 있다.[13] 드마리니스를 비롯한 많은 작가가 오랜 기간 활용해 온[14] 이러한 방법들은 과거의 미디어를 동시대 문화에서 살아 있는 것으로 구현하는 다중 시간적이며 다층적인 양식을 산출해 내는 데 있어 때로는 글쓰기보다 훨씬 효과적이다. 이것은 이 모든 접근 방식이 내러티브의 내용에서부터 여러 재료로 만든 아상블라주에 이르기까지 서로 다른 방식으로 공유하는 지점이다. [이 예술적] 아이디어를 실천적으로 구현한다는 개념은 단지 역사적이기만 한 것이 아닌 것으로, 미디어 역사를 수행하는 방법의 한 특징으로 제시되었다. 실제로 잉케 아른스가 미디어고고학적 정신이 배어 있는 동유럽의 예술 프로젝트에 관해 쓴 글이 볼 수 있듯,[15] 이러한 프로젝트들은 역사의 안정성을 필연적으로 현재로 이

---

13 Jussi Parikka and Garnet Hertz, 'Archaeologies of Media Art. Ctheory Interview with Jussi Parikka', *CTheory* (April. 2010), www.ctheory.net.

14 Paul DeMarinis, *Buried in Noise*, ed. Ingrid Beirer, Sabine Himmelsbach and Carsten Seiffarth (Heidelberg and Berlin: Kehrer, 2010); 'Erased Dots and Rotten Dashes, or How to Wire Your Head for a Preservation' in *Media Archaeology. Approaches, Applications, Implications*, ed. Erkki Huhtamo and Jussi Parikka (Berkeley, CA: University of California Press, 2011).

15 Inke Arns, 'The Realization of Radio's Unrealized Potential. Media-Archaeological Focuses in Current Artistic Projects' in *Reinventing Radio. Aspects of Radio as Art*, ed. Heidi Grundmann, Elisabeth Zimmermann, Reinhard Braun, Dieter Daniels, Andreas Hirsch and Anne Thurmann-Jajes (Frankfurt am Main: Revolver, 2008).

어지는 이야기로만 제시하는 것이 아니라, 결코 실현되지 않은 사물, 아이디어, 관계 등의 잠재성을 추구하는 데 목적이 있다.[16]

사실 잠재성potentiality이라는 개념은 폴 드마리니스, 그리고 예를 들면 조이 벨로프나 쥘리앵 메르 등이 과거의 미디어와 뉴미디어를 수평적으로 다루는 방식에서 분명하게 나타난다. 드마리니스의 작품은 구체적인 설치 작업과 아상블라주를 통해 실행된 내러티브를 역사적 원자료 작업과 엮는다는 점에서 위에 나열한 '범주' 대부분을 대표한다고 할 수 있다. 그러니까 에르키 후타모가 드마리니스의 스타일과 예술적 방법론을 '씽커링Thinkering'[17]이라고 칭한 것도 놀랄 일이 아니다. 씽커링은 주류 바깥에서 과거와 현재의 미디어 기술을 재사유하는 실험적이고, 흠잡을 데 없이 철저하고 충실한 연구조사에 기반한 접근법을 가리킨다. 미디어 역사를 다시 상상하도록 초대하는, 구식화에 매료된 드마리니스를 강조하

---

16 아른스는 디터 다니엘스(Dieter Daniels)를 예로 들어 미디어 문화의 미래 상상하기를 통해 현재 활성화된 '역사적 아방가르드의 구현될 수 없는 (기술) 유토피아'에 관해 이야기했다. 아른스는 이것이 결코 존재하지 않았던 과거를 지칭하는 점에서, 또는 여전히 새로운 힘을 지닌 역동적인 잠재력이라는 이유에서 노스탤지어와 다르다고 주장한다. Inke Arns, 'The Realization of Radio's Unrealized Potential. Media-Archaeological Focuses in Current Artistic Projects' in *Reinventing Radio. Aspects of Radio as Art*, ed. Heidi Grundmann, Elisabeth Zimmermann, Reinhard Braun, Dieter Daniels, Andreas Hirsch and Anne Thurmann-Jajes (Frankfurt am Main: Revolver, 2008), 473.

17 [옮긴이] 주물, 주패(鑄掛), 결합 또는 조작의 뜻을 내포한 'tinkering'과 사유하기의 뜻을 내포한 'thinking'을 합성한 신조어로, 미디어 역사가이자 이론가인 에르키 후타모가 미디어고고학 예술작품을 분석하며 제시했다. '씽커링'은 기술과 디지털 도구를 사용한 '유희적'이고 '실험적' 놀이를 통해 새롭거나 가능성 있는 역사적 발견을 해석하고 확장된 디지털 도구를 사용해 역사학적 방법을 제시하는 활동이라 설명할 수 있다.

며, 후타모는 다음과 같이 말한다.

그[드마리니스]는 중고 전자 부품, 오래된 레코드 플레이어, 라디
오, 전자기타, 데이터 글로브 등 주변의 모든 것을 이용해 노래하고
말하고, 감정적으로, 지적으로, 문화적으로 공명하는 예술품 기계
artwork-machines를 만들어낸다. 예를 들어, 〈네 개의 참호 라디오
Four Foxhole Radios〉라는 작품이 있다. 이 작품은 (강제수용소와
같은) 혹독한 상황에서 인간의 창의성, 그리고 고립을 극복하려는
욕망에 대한 알쏭달쏭한 논평을 전한다. 이 작품은 실제로 작동되
는 라디오 수신기로 이루어져 있으며, [각 수신기는] 타버린 전구,
참나무 숯, 녹슨 배터리, 18세기의 못, 껌 포장지, 버려진 CD, 봉
헌 양초, 위스키 병, 작은 유리잔 등을 활용해 만들어졌다.[18]

두드러진 점은 이 작품이 주류의 통념을 벗어난 새로운 형태의 미디
어 장치들을 조립하는 데 혼합 재료를 사용한다는 점이다. 그럼에도
그 장치들은 현대 저장 미디어와 통신 미디어가 구축되는 과학적 기
반을 정확히 건드린다. 드마리니스는 〈로마에서 트리폴리까지Rome
to Tripoli〉(2006)에서 Q. 마요라나와 G. 반니가 20세기 초에 개발
한 모델을 바탕으로 라디오 송수신기를 제작했는데, 이는 "황산이
음향에 따라 기계적으로 진동하면서 음성 주파수의 간섭을 일련의

18   Erkki Huhtamo, 'Thinkering with Media: On the Art of Paul DeMarinis' in Paul
      DeMarinis, *Buried in Noise* (Heidelberg and Berlin: Kehrer, 2010), 33.

물방울로 재현하는," 기술적으로 신기하고 미학적으로도 흥미로운 메커니즘을 성공적으로 구현한 것이었다.[19] 이 작품은 서구 식민주의 프로젝트가 오페라와 같은 유럽의 문화를 북아프리카의 청취자에게까지 전달하는 데 핵심 역할을 했던 장거리(거의 1,000킬로미터) 통신의 정치적 역사를 다루고 있다는 점에서 정치적 의미가 크다. 방송전파, 기계적 장치, 전송에 사용되는 황산 방울과 무선 통신 전체 기술은 비인간 행위자로서 이 아상블라주 작품의 핵심 부분을 이루긴 했지만, 그것은 전적으로 정치적인 것이었다.[20]

드마리니스의 작품에서는 미디어 기술에 역사적이면서도 이상할 만치 현재적으로 개입한 유사한 사례를 어렵지 않게 찾아볼 수 있다. 그의 초기 작품인 〈피그미 가멜란The Pygmy Gamelan〉(1973, 전자 회로 작곡)에서조차도 현대 통신과 권력을 이해하는 데 핵심 요소로서의 회로circuit에 대한 관심, 그리고 이 둘[현대 통신과 권력]이 서로 얽혀 있는 것으로서의 회로에 대한 그의 관심을 감지할 수 있다. [일종의 전자 회로 기반 작곡 장치인] 이 작품은 정상적인 틀 바깥에서 미디어를 사유하려는 욕망을 보여준다. 이 작품에서 맞춤 제작된 전자 회로가 전기장을 감지하는데, 그 전기장은 가까이 있는 사람들처럼 유기체에서 발생한 것일 수도 있고, 별이나 은하처럼 우주적인 물체에서 온 것일 수도 있다. 그리고 이러한 수신

---

19 Paul DeMarinis, *Buried in Noise*, ed. Ingrid Beirer, Sabine Himmelsbach and Carsten Seiffarth (Heidelberg and Berlin: Kehrer, 2010), 183.

20 다음 책 참고. Jane Bennett, *Vibrant Matter. A Political Ecology of Things* (Durham: Duke University Press, 2010).

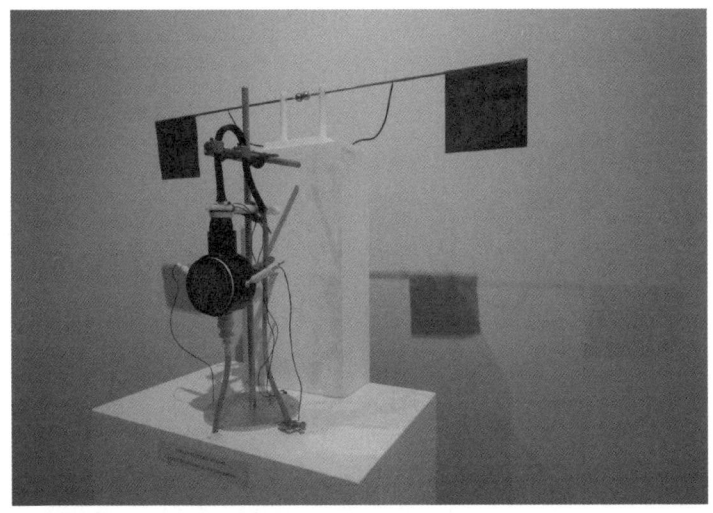

그림 7.2
폴 드마리니스의 〈로마에서 트리폴리까지〉 설치 아상블라주. 이미지 제공: RIXC 뉴미디어 문화 센터의 라이티스 스미츠(Raitis Smits).

에 기반해 다섯 음으로 구성된 선율의 변주곡을 연주한다. 이 작품
은 이 작업이 등장한 문화적 조건에 대해, 이 작업이 이미 존재하
는 소비자 기술을 재목적화하는 방식과의 관계에 대해, 그리고 이
회로 기반 작업이 민속적 주제와 맺는 관계에 대해 "일련의 고고학
적 질문을 요청한다"라고 말할 수 있다.[21]

　　프레드 터너는 1960년대와 1970년대 캘리포니아 지역의 저항
문화와 버크민스터 풀러의 '포괄적 디자인comprehensive design' 사상
과 결부시켜 〈피그미 가멜란〉의 의미를 파헤쳤다. 이러한 사상의 핵
심에는 오브제와 산업제품을 예술적-과학적으로 재목적화하려는
정치적 필요성이 자리 잡고 있었다. 이는 디자인의 관점에서 드마리
니스의 작업과 공명하는 부분이 있었다. "주류 미국인들에게 소비
자 기술, 그리고 어쩌면 무기까지 공급했던 바로 그 배선들과 회로
들"을 전유한다는 점 말이다.[22] 이와 같은 작업은 설득, 권력, 정치가
대중매체뿐만 아니라 실험적 전유를 통해서도 작동하는 그러한 새
로운 체제에 가닿았다.

　　라디오와 마찬가지로 〈피그미 가멜란〉은 평소에는 보이지 않는
　　전자 활동의 주파수에 채널을 맞춘다. 하지만 라디오와 다르게
　　청취자가 미국 경제계의 통제를 훨씬 벗어난 에너지 패턴에 귀

21　Fred Turner, 'The Pygmy Camelan as Technology of Consciousness' in Paul
　　DeMarinis, *Buried in Noise*, 33.
22　같은 책, 25.

기울이게 한다. 다섯 음으로 이루어진 〈피그미 가멜란〉의 선율은 우주의 보이지 않는 힘들, 즉 인간이라는 종에게 영향을 미치는 바로 그 힘들을 울려 퍼지게 한다. 동시에 그 선율들은 여기에 작은 장치, 즉 개인적이고 심지어 사적이기도 한 모듈을 사용해 구현된다.[23]

이러한 작품들은 모바일 미디어의 장구한 계보와 연결해 논의해 볼 수 있다. 이 계보에서 초창기 예술적, 실험적 작업은 현재가 증명하듯이 향후 보다 표준화된 대중 소비형 모바일 엔터테인먼트로 통합될 아이디어들을 미리 테스트했다고 볼 수 있다. 드마리니스의 〈음악실The Music Room〉(1982)도 마찬가지다. 음악 지식이 필요 없는 음향 기기인 이 작품은 훗날 〈기타 히어로Guitar Hero〉[24] 유형의 게임 시스템을 위한 길을 닦았다. 그러나 향후 더 광활한 소비 시장의 일부가 된 시스템의 '선조'라는 사실만큼이나 흥미로운 점이 있다. 그것은 드마리니스의 다양한 미디어고고학 예술작품이 여러 종류의 장치와 이것들의 기술적 관계가 생명정치와 정동 체제의 일부로서 조명할 수 있다는 점이다. 이런 의미에서도 이 작품들은 기술과 기술 미디어의 미학이 우리가 느끼고 지각하고 꿈꾸는 것을 관리하는 일에 어떻게 핵심적인 동력이 되는지를 탐구한다는 점에서

---

23 같은 책, 25.
24 [옮긴이] 2005년부터 출시된 기타 연주용 음악 게임으로, 전용 기타 컨트롤러를 이용한다. 아시아 쪽을 제외하면 세계적으로 높은 판매량으로 인기와 인지도가 높다.

고고학적 작업으로 볼 수 있다. 이러한 작품들은 미디어의 비이성적 요소들과 상상적인 요소들을 활용해 현 사회의 광범한 과학적-정치적 통치 방식에도 민감하게 반응한다.

더글러스 칸은 드마리니스의 작업이 미디어아트와 미디어고고학 분야에 기여한 점을 적절히 요약한 바 있다. 칸은 다음과 같이 강조한다. 일반적으로 문헌 중심의 미디어고고학이 주류를 이루는 가운데, 드마리니스는 역사를 해체할 뿐만 아니라, (대안적) 역사들을 재구축하고, 사물들 즉 새로운 아상블라주를 만드는 실천을 통해 사유하는 방식을 촉진하고 있다는 것이다.[25] 나아가 이러한 탐구에서 중요한 한 요소는 정치에 관한 주장으로, 정치는 이러한 탐구에서 태생적 일부를 이룬다. 이는 내가 칸과 의견을 같이하는 다른 몇몇 작업과는 분명한 대조를 보이는 지점이다. 칸의 표현을 빌자면, "미디어고고학은 간결하게 요약된 대체물pithy surrogates 외에는 어떤 것에도 손을 더럽히려 하지 않는다."[26]

타임머신으로서의 미디어고고학 예술

미디어고고학이 호기심을 자극하는 기구들과 특이한 장치들을 발

---

[25]　Douglas Kahn, *Noise Water Meat. A History of Sound in the Arts* (Cambridge, MA: The MIT Press, 1999), 51.

[26]　같은 책, 51. [편집자] "gets its hands dirty라는 다소 은유적인 표현을 쓰고 있는 이 문장은, 미디어고고학이 실제 기술의 물질적 현실에 깊이 개입하기보다는, 그것을 대신하는 압축된 개념적 대체물이나 모형에 머무르는 경우가 많은 현실을 비판하고 있다."

굴하는 데만 치우쳐 있다면, 신체를 통치하고, 지각[의 형성]을 가능하게 하며, 사회관계와 일, 오락, 정체성을 위한 플랫폼을 구축하는 일에 기술이 관여하는 더 넓은 정치적 맥락을 놓칠 위험이 항상 도사리고 있다. 이 모든 문제는 문화 연구가 그동안 일상생활의 정치라는 관점에서 확인한 중요한 정치적 질문이었다. 미디어고고학적 예술의 정치는 지금까지 젠더(조이 벨로프)와 기술정치technopolitics의 미학적-과학적 토대(드마리니스), (광범한 여러 작가에 의한) 기술 진보의 이데올로기와 더불어 환경 문제(허츠) 등을 주로 다루어왔다. 여기서 더 나아가 나는 미디어고고학적 재구성과 '씽커링'이 어떻게 새로운 시간성의 형태들을 동원하는지에 관심을 둘 텐데,[27] 이러한 접근 방식이 진보의 신화, 시간의 선형성, 그리고 (미디어 기술이 우리 삶의 일부가 되는 방식을 바라보는 보다 주류에 속한 시각을 뒷받침하는) 미디어 문화의 진화에 대한 목적론적 가정 등을 재고하는 미묘한 방법으로 작동하기 때문이다.

물론 미디어고고학 논의 바깥에서도 리믹스와 재매개는 디지털 문화의 핵심적인 미학적 절차이자 예술적 실천으로서 확고한 입지를 다졌다.[28] 이러한 방식들은 아카이브와 기존 재료를 창작 목

27 Erkki Huhtamo, 'Thinkering with Media: On the Art of Paul DeMarinis' in Paul DeMarinis, *Buried in Noise* (Heidelberg and Berlin: Kehrer, 2010), 33–9.

28 Vito Campanelli, *Web Aesthetics. How Digital Media Affect Culture and Society* (Rotterdam: NAi Publishers / Institute of Network Cultures, 2010); Jay David Bolter and Richard Grusin, *Remediation. Understanding New Media* (Cambridge, MA: The MIT Press, 1999). [국역본] 제이 데이비드 볼터, 리처드 그루신, 『재매개』, 이재현 옮김(커뮤니케이션북스, 2006).

적으로 사용하는 데 초점을 맞춘 미학적 실천의 대표적인 사례로 간주될 수 있으며, 그런 점에서 낭만화된 독창성의 신화에서 벗어난 창의성 개념을 다시 한번 생각해 보게 한다. 발견된 것이든 아카이브 기관에서 의도적으로 보존한 것이든 간에, 이미 존재하는 재료들로 구성된 새로운 아상블라주들은 참신하고 흥미로우며, 심지어 정치적인 것으로 볼 수 있다. 미디어아트에서 이러한 리믹스 실천은 여러 흥미로운 작업을 낳았다. 이를테면 DJ 스푸키Spooky(본명은 폴 D. 밀러)는 DJ 문화와 이론뿐만 아니라 미디어 문화의 역사적 층위들을 고찰하기에 가장 좋은 예다. 이러한 층위들은 그의 리믹스–기계 작품 〈에라타 에라툼Errata Erratum〉 같은 작품들에 잘 나타나 있다. 이 리믹스 기계 작품은 마르셀 뒤샹의 창조성 개념에 기반을 두고 있으며, 축음기라는 음악 저장 매체를 '기억 놀이 장치memory game devices'로 사유하는 데까지 나아간다.[29] 물론 일상 문화에서 리믹스는 디지털 도구와 온라인 플랫폼이 제공하는 폭넓은 가능성의 일부로 자리 잡고 있다. 유튜브만 하더라도 독창성을 재고하고 리마스터링과 매시업mash-up 작업 등을 거쳐 결국엔 새로운 것과 오래된 것을 기발하게 뒤섞는 창의적인 아마추어 리믹스로 가득 차 있다. 이러한 이유에서 우리는 전통적으로 간주해 온 예술

---

[29] www.moca.org/museum/digital_gallery.php, 2011년 11월 27일 검색. [편집자] '기억 놀이 장치'란 축음기와 같은 음악 저장 매체를 단순히 과거를 보존하는 기록 장치로 보는 대신, 저장된 소리를 재생하고 재배열하고 변형할 수 있는 조작 가능한 구조로 이해하는 관점을 보여준다. 그렇기에 여기서 '놀이(game)'는 기억을 고정된 축적물이 아니라 규칙과 개입을 통해 반복하고 변주하고 재구성될 수 있는 대상으로 사유하는 방식을 의미한다.

방법들이 포스트포디즘 문화 안에서 일상적 창의성의 일환으로 광범하게 침투해 온 현상을 주목할 필요가 있다. 우리가 일하고 노동을 인식하는 방식과 관련해 우리는 아방가르드 예술 담론과 관점을 상당수 채택했기 때문이다.[30]

미디어고고학적 예술의 관점에서 보면, 많은 구상이 [이질적인] 역사적 시간 척도[층위]를 의도적으로 혼합하는 듯이 보인다. 로랑 미뇨노와 크리스타 좀머러의 〈생명 타자기The Life Writer〉(2006)는 기계식 타자기 기술과 유전자 알고리듬을 뒤섞는다. 쥘리앵 메르의 〈뒤집힌 원뿔The Inverted Cone〉(2010)은 시간의 본질을 탐구하는 복잡한 아상블라주, 앙리 베르그손의 영향을 받은 시각적 세계들에서 과거와 현재를 충돌시킨다. 덧붙여, 톰 제닝스의 〈이야기꾼The Story Teller〉도 아상블라주로서의 미디어고고학적 예술이라는 구상을 보여주는 유용한 방법으로, 이 아상블라주는 우리를 과거나 미래로 우리를 이동시키는 게 아닌, 그 자체로 복수의 시간성을 수반하는 신기한 시간-기계time-machine라고 할 수 있다.[31] 〈이야기꾼〉은

---

30 Maurizio Lazzarato, 'Art, Work and Politics in Disciplinary Societies and Societies of Security', *Radical Philosophy* 149 (May/June, 2008), 26–32.

31 이 작품을 알려준 가넷 허츠에게 감사를 표한다. 조이 벨로프 역시 시간기계에 관해 이야기한 적이 있다. 2011년 봄에 내가 진행했던 인터뷰에서(Beloff, 2011) 벨로프는 "기계적 재생산 장치는 정말로 '시간기계'라는 19세기적 발상을 제시했다. 예를 들어 영화는 프레임을 통해 망각된 판타지를 불러일으키는 움직임의 시간기계이고, 입체사진술(stereo photography)은 공간을 인공적으로 재구성하고, 축음기는 죽은 자들의 목소리를 부활시켰다." 하지만 미디어고고학 예술을 언급하기 위해 '시간여행(Time-Travelling)'이라는 용어가 사용된 것은 후타모에서 비롯되었다. 후타모의 글 「갤러리에서 시간여행: 미디어 예술의 고고학적 접근(Time-Travelling in the Gallery:

텔레타이프 기계, 천공 테이프 판독기, 음성-음소 처리 시스템 등 미디어 역사에서 유래한 아이디어들과 폐기된 재료들을 재사용한다. 앨런 튜링에 대한 8시간 분량 이야기의 암송을 포함한 이 퍼포먼스에는 컴퓨터의 역사와 무한한 종이 기반 계산 기계에 관한 튜링의 아이디어에 관해 언급한 것으로 볼 수 있지만, 훨씬 더 복합적으로 미디어가 혼합되어 있다. 컴퓨팅으로 되돌아갈 뿐만 아니라, 전신, 천공 종이, 오래된 저장 매체들, 컴퓨팅의 기계적 기반으로 회귀하는 이 작품은 서로 다른 기술들과 시간 척도로 구성된 다층적인 층위를 이룬다. 이것은 페르낭 브로델이 제안한 역사 개념, 즉 복수의 시간들로 이루어진 다층적이고 다중 리듬의 조율된 복수성의 역사, 곧 다성적polyphonic 역사 개념과 일맥상통한다.[32]

가넷 허츠는 〈이야기꾼〉의 다성적 시간성을 다음과 같이 **사변적 복합체**speculative conglomeration로 설명한다.

이 기술들은 과거의 사라진 미디어를 혼합해 재구성한다. 그런데 이 미디어들은 특정한 시간과 장소의 복제품이 아니라 컴퓨팅 역사에서 사라진 통신 형태들의 사변적 복합체다. 제닝스는 천공

An Archaeological Approach in Media Art)」과 이 시기 다른 글에서도 이 용어가 집중적으로 사용되었다. Huhtamo, Erkki (1995) 'Time-Travelling in the Gallery: An Archaeological Approach in Media Art' in *Immersed in Technology. Art and Virtual Environments*, ed. Mary Anne Moser with Douglas McLeod (Cambridge, MA: The MIT Press, 1996), 232-68.

[32] Fernand Braudel, *On History*, trans. Sarah Matthews (London: Weidenfeld and Nicolson, 1980).

테이프와 텔레타이프teletype의 기능을 구현하고, 베이크라이트 Bakelite, 미카르타Micarta, 황동과 같은 역사적 소재를 세심하게 사용하고, 오크나무로 된 수제 보관함을 제작하는 등 과거로부터 온 유물처럼 보이도록 상당한 공을 들였다. 더불어 〈이야기꾼〉의 시스템은 낯선 시간대들이 층층이 얽힌 구식화된 것들의 혼종적인 혼합물로서, 1950년대의 실제 역사적 유물과 거의 구분할 수 없는 작동 체계를 이룬다.[33]

〈이야기꾼〉은 기술이 단순히 오래된 것이거나 새로운 것이 아니라, 다양한 부품으로 조립되어 있다는 것을 보여준다. 이 점은 전시장에 설치된 실험적 작품뿐 아니라 일상적 미디어에도 마찬가지로 적용된다. 이 작품은 시간성에 대한 또 다른 개념을 제시하는데, 나는 이것이 많은 미디어고고학 예술의 특징이자, 프랑스 철학자 미셸 세르가 잘 설명한 개념이라고 본다. 즉 우리는 한 방향으로 흐르지 않는 복잡하고 침윤된 시간 개념을 이해할 채비가 되어 있어야 한다는 것이다. 세르는 이렇게 시간성을 비선형적으로 이해하는 또 다른 특징으로 '다양성의 접힘foldable diversity'을 언급한다. 또한 다양성의 접힘은 심지어 자동차 같은 기술조차도 [단일한 현대적 산물이 아니라] 시간적으로 이질적인 다양한 과학적, 기술적 아

---

33   Garnet Hertz, 'Methodologies of Reuse in the Media Arts: Exploring Black Boxes, Tactics and Archaeologies'. Ph.D. thesis, Visual Studies, University of California, Irvine (2009), 127.

이디어가 결합된 결과물이기 때문에 동시대적인 것으로 볼 수 있는 특징이 있기도 하다. 신석기 시대의 바퀴 발명에서 최근의 전자제품에 이르기까지 자동차 그 자체가 하나의 아상블라주다.[34] 우리는 흔히 우리의 기술 문화를 현대적이고 동시대적이며, 심지어 진보적인 것이라고 상상하지만, 이는 지나치게 단순한 접근이다. 이와 달리 세르는 시간성 개념을 복잡화하려는 프로젝트들에 중요한 철학적 지지대를 제공한다.

> 우리는 구식이고 현대적이며 미래적인 몸짓을 항상 동시에 하고 있다. 앞서 나는 자동차의 예를 살펴보았는데, 이것은 여러 시대에서 기원한 것일 수 있다. 모든 역사적 시기도 마찬가지로 다중 시간적이며, [그 시대를 구성하는 것들을] 구식화된 것, 동시대적인 것, 미래적인 것에서 동시에 끌어온다. 그러므로 하나의 사물, 하나의 상황이란 다채롭고polychromatic 다중 시간적이며, 여러 겹으로 주름이 접힌 시간을 드러낸다.[35]

---

34 인용한 세르의 전체 문장은 다음과 같다. "무엇들이 동시대적인가? 최신 자동차를 예로 들어보자. 그것은 다른 시대의 과학과 기술적 솔루션의 이질적 집합체다. 구성 요소별로 그것의 시대를 맞출 수 있다. 이 부분은 20세기 전환기에 발명되었고, 다른 부분은 10년 전에 발명되었으며, 카르노 사이클(Carnot's Cycle)은 거의 200년이나 되었다. 바퀴의 개발은 신석기 시대로 거슬러 올라간다는 것은 말할 필요도 없다. 디자인, 마감, 때로는 세련된 광고로 인해 이 전체 조합이 동시대적이 된다." Michel Serres and Bruno Latour, *Conversations on Science, Culture, and Time*, trans. Roxanne Lapidus (Ann Arbor: University of Michigan Press, 1995), 45.

35 같은 책, 60.

미디어고고학적 실천이 잘하는 것은 우리가 시간을 **주름진**pleated 것으로 생각하게 한다는 점이다. 미디어고고학적 실천은 '이전-이후'라는 선형적인 시간축을 벗어나, 시간이 모든 방향으로 퍼져 있음을 보여준다. 그렇기 때문에 기계와 기술에 관한 중요한 사회적 논의의 대부분은 일반적으로 사람들에게 무엇이 새롭고 구식인지를 납득시키고, 마케팅, 입법 조치 및 정책적 조치 등을 통해 이 같은 범주를 교묘하게 강요하는 것과 관련이 있다. 1990년대 이후 가장 시급한 논쟁 중 하나는 네트워크 문화의 시간성이었고, '인터넷 시간Internet time'을 진보와 노동의 속도라는 특정한 형태로 포착하려는 다양한 시도였다.[36] 이미 이전 장에서 다룬 바 있지만, 디지털을 장기 저장의 물질적 기반으로서 영속성을 가질 것이라는 이 근거 없는 믿음은 기기들이 고장 나면서 지속적으로 의문이 제기된다. 따라서 덧없음ephemerality이라는 말이 디지털 문화에서 기억과 시간의 작동 방식을 설명하는 데 훨씬 적합한 것처럼 보인다. 그러나 이 역시도 물질적 기반 없이 작동하는 것은 아니다.[37] 시간을 늦추는 프로젝트, 디지털을 아날로그로 번역하는 진저 애니하우의 〈자수로 된 문자 메시지Embroidered Text Message〉(2009) 같은 프로

<hr />

36 헤르트 로빈크의 넷타임 메일링 리스트(Net.tiime mailing list)(1998년 12월 15일), 'Net.times, not swatch time' 참조(www.nettime.org, 검색일: 2011년 11월 28일).

37 Wendy Hui Kyong Chun, 'The Enduring Ephemeral or The Future Is a Memory' in *Media Archaeology. Approaches, Applications, Implications,* ed. Erkki Huhtamo and Jussi Parikka (Berkeley, CA: University of California Press, 2011), 184–203.

젝트,[38] 혹은 인간의 시간 범위를 넘어서는 지속 시간을 탐구하는 프로젝트는 이전 장에서 제시된 아이디어들과 마찬가지로 디지털 문화에서 시간과 저장의 문제를 다루는 대표적 사례다. 아래에서 설명하겠지만, 이는 또한 정보기술 폐기물과 '미디어의 심원한 시간 관계' 연구의 정치적 측면에 관한 중요한 질문이기도 하다.[39]

죽은 미디어 또는 좀비 미디어?

지그프리트 칠린스키의 '심원한 시간' 개념은 지질학 연구와, 수천 년, 수백만 년뿐 아니라 수십억 년에 이르는 역사 지속의 지평에 초점을 맞춘 것에서 차용한 것이다. 칠린스키는 이 개념을 통해 자본주의 미디어 산업들이 조장하는 단기적인 사용가치에서 급진적으로 탈피해 미디어를 장기적인 관계에서 바라볼 필요성을 지적한다. 이러한 관점을 정치적, 생태학적으로 전환한 한 프로젝트가 있다. 캘리포니아에 기반을 둔 작가이자 예술가로, 이미 언급한 바 있는 가넷 허츠의 데드 미디어 랩Dead Media Lab이다. 이 프로젝트는 미디어고고학과 죽은 미디어dead-media 논쟁에서 직접적인 동기를 얻었다. 허츠의 창작 실천은 서킷 벤딩과 DIY 로봇 공학 등의 다양한

---

38 gingeranyhow.com/textmessages.html, 2011년 11월 28일 접속.

39 다음 자료 참고. Siegfried Zielinski, *Deep Time of the Media. Toward an Archaeology of Hearing and Seeing by Technical Means,* trans. Gloria Custance (Cambridge, MA: The MIT Press, 2006); Jennifer Gabrys, *Digital Rubbish. A Natural History of Electronics* (Ann Arbor: University of Michigan Press, 2011).

'팅커리' 방법과 깊이 연관되어 있으며, 그래서 그는 이것을 미디어 고고학적 관심사와 연결할 수 있었다. 이는 허츠와 내가 협업해 미디어 문화의 살아 있는 시체라는 의미에서 '좀비 미디어'라고 불러온 것이기도 하다.[40]

허츠의 프로젝트는 일상생활에서 정상적인 사용 범위를 벗어나 폐기된, 죽은 미디어에 대한 인식에 지속적인 관심을 가져야 한다는 브루스 스털링의 요청을 받아들인다. 허츠는 여기서 한 걸음 더 나아가 이것을 생태학적 프로젝트 또는 심지어 펠릭스 가타리가 말하는 사회, 정신, 경제, 환경 사이의 다양한 횡단적 관계를 재창안하는 생태철학ecosophy 관점을 담은 생태학적 프로젝트로 전환시킨다.[41] 그렇기에 데드 미디어 랩은 정보기술을 재목적화하는 실험실을 넘어서는 역할을 한다. 허츠는 여전히 작동하지만 폐기되는 장치들이 미국에서만도 수억 개에 이른다는 통계를 제시한다. 이 실험실은 미래의 친환경 정보기술에 대해 사유하고, 20세기 초 아방가르드 예술 방법론을 일상에서 창의적으로 재사용하고 전유하는 DIY 방법에 대한 지역 커뮤니티의 참여를 이끌어내는 사회적 실험실이기도 하다. 즉 기존 미디어와 '레디메이드'를 재목적화

---

40 Garnet Hertz and Jussi Parikka, 'Zombie Media: Circuit Bending Media Archaeology into an Art Method', *Leonardo* 45(5) (2012). [국역본] 가넷 허츠·유시 파리카, 「좀비 미디어: 미디어 고고학을 예술 방법론으로 서킷 벤딩하기」, 유시 파리카, 『미디어의 지질학』, 심효원 옮김(현실문화연구, 2025).

41 Félix Guattari, *The Three Ecologies*, trans. Ian Pindar and Paul Sutton (London and New Brunswick, NJ: The Athlone Press, 2000). [국역본] 펠릭스 가타리, 『세 가지 생태학』, 윤수종 옮김(동문선, 2003).

하는 것은 뒤상에 관한 것이라기보다는 지역 커뮤니티 센터에서 실천하는 서킷 벤딩과 해킹 워크숍에 관한 것이 된다. 이는, 제니퍼 개브리스가 잘 분석했듯이, 전자 폐기물에서 나타나는 '재물질화 rematerializing' 경향과 밀접한 관련이 있으며, 우리에게 전자 기기의 자연사를 사유하게 한다.[42]

미디어고고학과 연결되는 접점은 그의 데드 미디어 랩 선언, 즉 미디어 역사를 통한 혁신에서 가장 분명하게 드러난다.

> 구식 정보기술의 역사는 기술과 사회경제적 맥락의 불일치로 인해 좌초된 혁신적인 프로젝트들을 발굴하기 위한 비옥한 토양이다. 사회적, 경제적 변수가 시간이 흐름에 따라 지속적으로 변화하기 때문에, 미디어의 잊힌 역사와 고고학은 동시대적 발전에 유용한 아이디어를 풍부하게 제공한다. 다시 말해, 기술적 구식화의 역사는 기꺼이 그것을 파헤치려는 이들에게 매혹적인 발전의 씨앗을 제공하는 저비용의 R&D(연구개발) 자원이다. 이 실험실은 미디어 역사에서 구식화와 재활용 연구를 미디어 변화의 역동성을 이해하기 위한 토대로 장려한다.[43]

기억, 시간, 지속, 구식화에 대한 미디어고고학적 아이디어는 저예산 연구개발 실천으로서, 넓게는 예술가-행동주의자 실천의 일부

42   Jennifer Gabrys, 같은 책.

43   www.conceptlab.com/deadmedia/

를 이룬다. 서킷 벤딩과 하드웨어 해킹은 텍스트 기반의 방법론이라기보다는 미디어 역사를 참신한 방식으로 사유할 수 있는 방법이다. 이 방식은 너무 쉽고 빠르게 폐기물 처리장으로 향하는 장치들을 어떻게 재사용할 수 있는가 하는 중대한 물음과도 관계가 있다.

따라서 허츠의 작업은 미디어에 관한 폭넓은 환경 관련 이해(자연을 미디어로 봄)에 관심을 쏟는 드마리니스 같은 미디어고고학 예술가들의 계보와, 영국의 미디어셰드Mediashed 같은 활동과도 연결된다. 미디어셰드의 주요 활동은 독점 플랫폼 바깥에 있는 '자유 미디어'에 대한 요구를 중심으로 이루어진다. 이는 법적으로나 기술적으로 모두 개방되어야 한다는 것을 말한다. 미디어셰드의 작업은 주로 소프트웨어뿐 아니라, 지역사회와 예술적 목적을 위해 폐기물(전자장치 및 부품 등)을 재사용하는 데 중점을 두었다. 나아가 이들은 자신들이 주최한 '에코미디어EcoMedia' 주제의 날과, 커뮤니케이션 개념을 소리 지르기, 침 뱉기, 냄새 맡기, 비둘기 통신 등 자연적 신체에 기반한 다양한 기법으로 확장하는 프로젝트 등을 통해 구식 형태의 커뮤니케이션에 관심을 보여주었다.[44]

이러한 프로젝트들에서 우리는 일반적으로 미디어고고학의 안전지대라고 여겨졌던 곳에서 점점 더 멀어지고 있다. '잉여', '구식화', '시간', '죽은 미디어' 같은 개념들이 자유 미디어 활동가들과 미

---

44 미디어고고학과 상상적 미디어 간 연결 고리에 관해서는 다음 글을 참고 바람. Jussi Parikka, 'Media Ecologies and Imaginary Media: Transversal Expansions, Contractions and Foldings' *Fibreculture* 17 (2011), http://seventeen.fibreculturejournal.org/, 2011년 11월 27일 접속.

디어고고학자들의 접근 방식을 연결해 주긴 했지만, 칸도 지적한 바 있듯, 후자는 정치적 성향을 띠는 것을 꺼려왔다. 하지만 내가 보기에는 허츠가 이 두 영역을 연결하는 방식은 미디어고고학 이론과 예술 방법론을 확장하는 데 매우 중요한 가치를 지닌다. 미디어셰드 외에 또 다른 명쾌한 연결 고리는 영국에 기반을 둔 잉여 기술 이니셔티브Redundant Technology Initiative라고 할 수 있다. 이 단체는 '무료로 얻을 수 있는 기술'을 바탕으로 모든 활동을 전개한다.[45] 이렇게 이곳은 자유 미디어 팅커링을 위한 것(이 단체의 웹사이트에 학습과 교육을 위한 '개방형 디지털 재사용 센터'로 소개된 액세스 스페이스Access Space)뿐만 아니라, 역으로 최근의 미디어 역사와 다시 회로를 연결하는 프로젝트들을 위한 실질적인 공간이 되었다. 여기에는 심지어 매킨토시 하이퍼 카드Mac Hypercards, ASCII 텍스트, 가상의 TV 피드백 시스템의 일부로 재목적화된 28.8K 팩스, 그리고 '로우 테크low tech' 지지 선언문을 제작하는 작업 등이 포함된다.[46]

허츠와 함께 주장했듯, 서킷 벤딩 같은 미디어고고학 예술의 기술들은 보다 폭넓은 환경 의식을 위해 매우 중요하다.[47] 서킷 벤딩, 하드웨어 팅커링 등의 미학적 전술과 다양한 '별것 아닌' 방법론 등은 기술적 미디어에 대한 더 폭넓은 행동주의적 입장과 중요

---

45 http://rtilowtech.org/intro/ [옮긴이] 현재는 폐쇄됨.
46 같은 사이트.
47 Garnet Hertz and Jussi Parikka, 같은 글.

한 연결 고리가 된다. 오래된 기술을 재사용하기를 바라는 이러한 요청의 이면에는 점점 더 폐쇄적으로 변하는 소비자 기술이 있다.[48] 이러한 폐쇄성이 바로 독점적 플랫폼을 정의한다. 현재 대부분의 소비자 기술은 개봉하거나 고치거나 재사용하도록 만들어지지 않았으며, 이는 사용자의 행위를 법적으로 제한하는 디지털 관리Digital Rights Management부터 서킷 벤딩을 상당히 어렵게 만드는 다양한 디자인 전략에 이르기까지 여러 조치를 통해 보장된다. 이러한 기술은 '별것 아닌 듯' 보일 수도 있지만, 기술적 해결책이 권력관계와 어떻게 연결되는지 밝혀내는 데 대단히 중요하다. 나사 대신 접착제를 사용하는 디자인 해결책조차도 (재)사용 패턴을 통제하는 이같은 광범한 체제의 일부인 셈이다.[49]

나아가 이것은 기술을 포함해 소비자 사회 전반의 배경으로 보일 수 있는 '계획적 구식화planned obsolescence'라는 광범한 정치학과 관련된다.[50] 이러한 관점에서 뒤샹에서 디제잉DJing과 브이제잉 VJing에 이르는 아방가르드 예술의 광범한 재사용 역사는 단지 리믹스와 매시업을 통한 혁신에 관한 것만이 아니라, 기술 생산을 추동하는 독창성 및 새로움에 대한 요구에 맞서는 행위다. 생산을 통제하고 지속적인 교체 가능성을 요구하는 방식인 계획적 구식화는,

48 Raiford Guins, *Edited Clean Version: Technology and the Culture of Control* (Minneapolis: University of Minnesota Press, 2009).

49 Friedrich A. Kittler, *Literature, Media, Information Systems*, ed. and intro. John Johnston (Amsterdam: G+B Arts, 1997).

50 Garnet Hertz and Jussi Parikka, 같은 글.

1930년대 이후 줄곧 강제적 구식화이자 신제품 디자인을 부추기는 형태의 하나로 인식되었다. 하지만 지난 수십 년 사이에 창조에 대한 그러한 강박이 생태적 부담 측면에서 지속 불가능하며, 그 부담이 글로벌 경제의 일부로서 매우 불균형하게 분배된다는 사실이 한층 명확해지고 있다.[51]

신호 기반 미디어아트

위에서 구식화를 거론하는 다양한 활동가의 맥락을 간략히 살펴본 바와 같이, '물질성'은 미디어고고학을 실천하는 예술가들에게 매우 중요하다. 하지만 이전 장들에서 언급했듯이, 기술적 미디어가 지닌 물질성은 그 자체로 문제적이며, 오랜 동안 '비물질성'이라는 말로 다루어졌다. 1990년대의 사이버문화는 새로운 정보기술을 가상적인 것으로 열심히 다루었는데, 이는 '인식되지 않은 것'에 대한 완곡한 표현일 뿐이었다. 나는 이것이 기술을 통해 권력이 어떻게 순환하는지 이해하려는 노력을 소홀하게 하는 결과를 낳았다고 생각한다. 키틀러와 미디어고고학자들이 끼친 영향은 겉보기에는 덧없고 찰나적인 것이 어떻게 하드웨어, 코드, 신호 전송, 프로토콜의 정

---

51 숀 큐빗과 같은 미디어 이론가들은 이 딜레마와 씨름을 벌였다. 예를 들어, 사이먼 밀스(Simon Mills)가 진행한 숀 큐빗과의 인터뷰('Framed: Sean Cubitt')를 볼 것. 온라인 주소: www.framejournal.net/interview/10/sean-cubitt(검색일 2011년 11월 28일). [옮긴이] 해당 링크는 현재 삭제되었지만, 다른 링크에서 큐빗 인터뷰를 볼 수 있다 (www.ada.net.nz/library/framed-sean-cubitt).

치에 기반하고 있는지에 대한 통찰을 제공한 것이다.

　예술적 실천은 항상 광범위한 재료들과 연관되어야 했으며, 우리의 창작 활동에 사용하는 재료들의 특성과 다양한 재사용 방안을 비판적으로 고민했다. 이것은, 순수미술에서 컴퓨터 아트에 이르기까지, 장치에 대한 실험적 태도를 의미했으며, 20세기는 그 자체로 과학, 기술, 예술의 협업을 발굴하기 위한 비옥한 토양이다. 20세기 후반에 등장한 새로운 기관들, 예를 들어 MIT 미디어 랩MIT Media Lab과 같이 국제적으로 인정받는 미디어 디자인 및 혁신의 허브뿐 아니라, 영국의 폴리테크닉polytechnics도 컴퓨터 플랫폼의 실험에서 선구적인 위치에 있었다.[52] 현재는 더 큰 규모의 기관들 이외에도 소규모 예술가 집단과 젊은 신진 예술가들이 다양한 실험적 작업을 수행하고 있다. 또한 미디어고고학적인 창작 실천의 초기에는 시각 기반의 작품들이 많았지만, 드마리니스와 버니 루벨 같은 이들은 과학과 기술의 보다 오래된 역사를 발굴하려는 목적에서 소리와 물리적인 상호작용 구조에 중점을 둔 작업들을 수행했다. 그러나 우리의 수많은 미디어가 촉각적 실체를 상실하고 비가시화되는 상황, 이를테면 클라우드 컴퓨팅, 원격 서버, 사물 내부에 숨

52　컴퓨터 예술과 과학·예술의 공동 작업에 대한 논의로는 자시아 레이차트를 참고할 것. Jasia Reichardt, *The Computer in Art* (London: Studio Vista, 1971). 레이차트는 이러한 교차적 접근에서 가장 중요한 영국의 기관인 'Institute of Contemporary Arts'(ICA)에 소속되어 있었으며, 1968년 ICA에서 개최해 전시의 신기원을 이룩했던 '사이버네틱 세렌디피티(Cybernetic Serendipity)'의 기획자였다. 예술·과학·기술의 역사에 대한 보다 다양한 분석적 논의에 대해서는 그라우의 다음 책을 볼 것. Oliver Grau, ed., *MediaArtHistories* (Cambridge, MA: The MIT Press, 2007).

겨진 유비쿼터스 컴퓨팅, 그리고 대부분의 기술적 세부 사항이 제거되어 오로지 엔지니어만을 위한 전문 지식 영역이 되어버린 상황에서 우리는 예술적으로 어떻게 반응해야 할 것인가?

최근의 미디어고고학 예술은 시각적인 것에서 더 멀어져, 네트워크와 알고리듬, 신호로 관심을 돌렸다. 알고리듬 연구소의 소닉 고고학,[53] 마이크로 리서치 랩의 작업에서, 그리고 기술적 신호, 이미지 프로토콜, 글리치 미학에 대한 로사 멘크만의 고고학적 작업에서는 기술적 미디어에 대한 어떤 새로운 관심을 보여주는데, 여기에는 앞서 언급한, 미디어고고학에 대한 두 종류의 이해 방식이 긴밀하게 얽혀 있다. 즉 동시대 과학 미디어 문화의 조건을 이해하기 위해 더 긴 시간대를 발굴하는 것, 그리고 우리의 생활 세계를 어떻게 구성하는지 이해하기 위해 현재 기술의 세부 사항을 발굴하는 것이 그것이다. 이러한 방법론은 기계 속을 파고드는 물질 기반 미디어고고학의 원리를 일부 공유한다. 한 가지 좋은 예는 디지털 고고학을 탐구하는 한 방법으로서 마틴 하우스가 고안한 '데이터 조각data carvery'이라는 개념으로, 이는 하드드라이브에 새겨진 것을

---

53 [편집자] 전통적인 '사운드 고고학(sound archaeology)'이 고대 악기, 고대 건축의 음향 특성, 역사적 사운드스케이프 복원 등 과거의 소리를 복원하거나 분석하는 데 주력하는 반면, 소닉 고고학(sonic archaeology)은 미디어 기술의 역사와 물질성, 특히 비가시적 신호(signal), 주파수, 알고리듬적 흐름에 주목하는 실천을 가리킨다. 이는 데이터 전송, 오류, 잡음, 글리치(glitch) 등 현대 디지털 기술 내부의 비물질적 요소를 감각화하거나 청각화해, 기술 미디어의 감춰진 시간성과 권력 구조를 드러내려는 시도로, 미디어고고학적 접근의 연장선상에서 소리(sound)보다는 신호(signal)와 시간성(temporality)에 방점을 두는 경향이 강하다.

살펴보는 것이다.[54]

베를린에 소재한 알고리듬 연구소는 스스로를 "일상생활의 인식론을 듣고 살펴보는" 기관으로 소개한다.[55] 이는 정보경제의 미디어 물질성에 대한 또 다른 측면, 비물질적인 것이라기보다는 시간적인 측면을 드러낸다.

> 알고리듬은 실제 물질이 코드로 작성된 지시문 같은 상징적 구조에 의해 제어될 때 구현된다. 알고리듬은 우리의 디지털 문화가 비물질적인 것이 아니라 시간적으로 분절되어 있음을 보여준다. 시간 + 음악은 미디어를 이해하는 데 중요한 요소가 된다. 충분한 과학적 노력을 기울이면, 비가시적인 전자적 또는 전자기적(무선) 신호를 들을 수 있다. 이렇게 디지털로 변조된 신호에 귀를 기울이면, 대부분의 디지털 장치 및 WLAN, GSM, UMTS, 블루투스, 디지털 TV 및 라디오 등의 무선 소비자 전자 네트워크의 신호와 리듬적 특성을 들을 수 있다.[56]

이 기관은 동시대 미디어 예술과 이론의 두 가지 핵심 주제인 사운드와 알고리듬 문화에 접근하고 있다. 이처럼 이 기관은 미학적 방법론을 인식론적 탐구 즉 지식의 형성에, 또는 보통 '지각할 수 없

---

54 이와 같은 방법론은 베를린 리부트(Berlin Reboot) 라디오 방송국에서 생방송으로 수행되었다(2011년 8월 14일).

55 www.algorhythmics.com 검색일 2011년 11월 27일.

56 같은 사이트.

게' 구성된 우리 주변의 기술 세계를(물론 소비자에게 전달되는 콘텐츠는 제외하고) 이해하고 아는 데 사용할 수 있다.

동시대 문화를 인식론적으로 탐구하기 위한 이러한 실천적 방법론은 신타로 미야자키가 고안한 '소닉 고고학'으로 불리기도 한다.[57] 소닉 고고학은 보이지 않거나 지각할 수 없는 전자기파를 매핑하기 위한 다양한 소프트웨어 및 하드웨어 방법론을 탐구하며, 휴대폰, MP3 플레이어, 디지털 카메라 등도 탐구한다. 따라서 고고학은 기술 사회에서 살아가는 일상 세계와 시간적 연쇄들이 이러한 장치들에 의해 어떻게 구조화되는지 이해할 수 있는 하나의 방법이 된다. 하지만 고고학은 기술 사회에 관한 일반적 이해만을 말하는 것이 아니라, 권력과 같은 전통적 문화 연구의 개념이 현재 자리 잡고 있는 구체적인 과정과 장치를 살펴본다.[58] 현재에 대한 고고학에

---

57 Shintaro Miyazaki, 'AlgoRHYTHMS Everywhere – A Heuristic Approach to Everyday Technologies' in *Pluralizing Rhythm: Music, Arts, Politics*, ed. Jan Hein Hoogstad and Birgitte Stougaard(Amsterdam and New York: Rodopi, 2011 출간 예정). [옮긴이] 이 책은 2013년에 다음 제목으로 출판되었다. Jan Hein Hoogstad and Birgitte Stougaard Pedersen, eds., *Off Beat: Pluralizing Rhythm: Music, Arts, Politics* (Amsterdam and New York: Rodopi, 2013).

58 음파 고고학 프로젝트에 관한 사료로는 1970년대 미국 국가안보국(US National Security Agency)에서 작성한 '템페스트: 신호 문제(TEMPEST: A Signal Problem)' 가 있다. 이 문건은 학술지 『크립톨로지 스펙트럼(Cryptologic Spectrum)』에 게재된 바 있다. 이 문건에는 국가 안보 관점에서 전자통신 시대의 신호 처리 문제와 신호의 암호화 가능성이 소개되었다. 이는 군사적 목적의 미디어 의제와 문제 해결의 기원에 대한 키틀러식의 관심이었을 뿐 아니라, 매우 실질적으로 전기 기반 통신 시스템의 어느 부분이든 개폐소자(switches), 접점(contacts), 계전기(relays) 및 그 외 하드웨어를 통해 라디오 주파수 또는 음향(acoustic) 에너지를 방출한다는 점을 제시했다(www.sonicarcheology.net 검색일: 2011년 11월 28일); 미국 국가안보국 열람 허가일: 2007년 9월 27일. FOIA Case#51633, 'TEMPEST: A Signal Problem. The

서는 역사적 시간뿐만 아니라, 동시대의 기술이 어떻게 정보를 저장하고 처리하고 유통하는 아카이브로 작동하는지에 집중한다. 이러한 발전은 키틀러의 '명령, 주소, 데이터'라는 3분할 구조(4장 참조)를 암묵적으로 방법론적 지침으로 받아들이는 흐름과도 병행된다. 즉 미디어고고학은 '권력, 주체, 경험'이라고 부르는 것의 제도화 또는 체계화에 적용되는 기술적 용어를 통해 미디어 역사를 들여다보는 방식이자, 인문학적 기술 분석을 위한 새로운 유형의 개념들이 구체적으로 어떻게 기계 내부에 대한 탐구를 가능하게 하는지 보여주는 방식이기도 하다.

이와 유사하게, 로사 멘크만의 작업 〈PAL의 붕괴〉는 미디어 문화에서 자주 간과되는 특징, 즉 컬러 TV 콘텐츠의 인코딩 포맷을 다루어 흥미를 끈다. 이러한 주제는 보통 정책 분석과 디자인 차원에서 다뤄지지만, 이 작품에서는 기술적 진보, 향수, 표준에 관한 논의의 일부로 채택된다. 멘크만은 매클루언식으로 우리가 보는 것(콘텐츠)에서 그것이 어떻게 인코딩되고 변조되며 전송되는가(인코딩 표준과 신호로서의 미디어)로 관점을 바꾼다.

PAL은 위상 반전 주사선Phase Alternating Line의 약자로, 1960년대에 유럽의 컬러 TV를 위해 고안된 시스템이다. 이 기술은 제2차 세계대전 이후 유럽의 아날로그 TV 방송 문화의 핵심 일부를

Story of the discovery of various compromising radiation from communications and Comsec equipment', www.nsa.gov/public_info/_files/cryptologic_spectrum/tempest. pdf (2011년 11월 28일 검색).

형성했고, 그 자체로 독특한 미학적 체제가 되었다. 이 기술 표준은 주사율(초당 50Hz 또는 50사이클), 색상 특성(색조, 색상 등), 그리고 위상 반전phase reversal이라는 기술을 통한 오류 수정 등을 규정했다.[59] 이제 유럽 전역에서 디지털 TV가 기술적, 미학적 프로젝트로 부상하면서 이 신호 방식은 '죽은 미디어'가 될 위험에 처했다.

멘크만의 〈PAL의 붕괴〉는 이 구식화 과정을 탐구하는 2채널 비디오 퍼포먼스로, 닌텐도 엔터테인먼트 시스템NES, "고장 난 디지털 카메라, 디지털 압축 오류, 비디오 벤딩 왜곡 현상(DV, 교차interlacing, 데이터 모싱data-moshing, 블랙 버스트black bursts), 피드백" 등의 다양한 장비와 기술을 활용해 신호를 변조하는 기술적 요소를 작품 안에 적용한다.[60] 사운드의 경우, 크래클 박스 Cracklebox(1970년대의 소형 오디오 신시사이저 장치), 유럽식 전화 신호, 오래된 키보드 등 다소 구식이 된 다양한 미디어가 사용되었다. 이처럼 이 퍼포먼스는 오래된 장치 및 시스템을 활용하는 데 기반을 두었으며, (더) 오래된 미디어 기술적 해결책을 퍼포먼스를 통해 구식과 신식 사이의 긴장 관계를 분석했다. 멘크만이 보여준 것은 전자 신호 풍경, 파형waveforms, 이따금 알아볼 수 있는 형

---

59   PAL의 기본적 기술적 특징에 관해서는 위키피디아(Wikipedia)의 'PAL' 자료를 참고함(http://en.wikipedia.org/wiki/PAL, 2011년 11월 28일 검색).

60   2011 트랜스미디알레에서(베를린 개최) 공연된 그녀의 작품에 대해서는 다음 웹사이트를 볼 것. www.transmediale.de/content/collapse-pal-rosa-menkman(검색일: 2011년 11월 28일). [옮긴이] 해당 자료는 다음 주소로 이동했다. https://archive.transmediale.de/content/the-collapse-of-pal-by-rosa-menkman

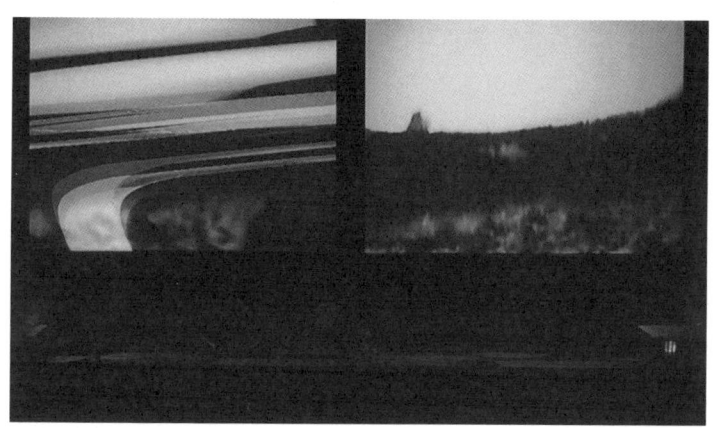

그림 7.3
로사 멘크만의 〈PAL의 붕괴〉. © Rosa Menkman

상으로 가득 찬 스크린이었다. 원래라면 기술적이고 추상적이었을 이 비디오 퍼포먼스의 서사는 '미래에서 온 천사'를 중심으로 전개된다. 진보에 대한 비판을 담은 벤야민식의 이 형상은 내레이션의 목소리이자 유령처럼 왜곡된 모습으로, PAL 신호 역사를 패자로, 예를 들어 MPEG 코딩 포맷의 디지털 비디오 방송(Digital Video Broadcasting, DVB) 신호에 패배한 기술로 그려냈다. "역사의 패배자들", "잔해 속에서 발굴된 역사", "역사의 다중성을 숨기려는 진보의 폭풍" 같은 용어들은 벤야민의 유명한 저서인 『역사의 개념에 대하여On the Concept of History』를 직접적으로 가리킨다.

미디어고고학적 관점에서 가장 흥미로운 점은 신호와 신호 포맷에 개입할 수 있는 역량이다. 주류에서 벗어나고 사라진 장치에 초점을 맞추는 대신, 부품, 프로세스, 그 외 미디어 역사에서 **사소하고 눈에 잘 띄지 않던**grey 요소들에 주목하는 새로운 관점들이 등장하고 있다. 우리가 당연시했거나, 과학자 및 엔지니어들만의 전문 분야로만 여겨왔던 많은 요소가 이제 예술가와 미디어 이론가들의 관심 대상이 되고 있다. 예를 들어 프로토콜,[61] 무선 기술,[62] 컴퓨터 포렌식[63] 등이 사회과학, 인문학, 미디어 이론 연구의 일부가 되었다.

61   Alexander R. Galloway, *Protocol. How Control Exists After Decentralization* (Cambridge, MA: The MIT Press, 2004).

62   Adrian Mackenzie, *Wirelessness: Radical Empiricism in Network Cultures* (Cambridge, MA: The MIT Press, 2010).

63   Matthew G. Kirschenbaum, *Mechanisms. New Media and the Forensic Imagination* (Cambridge, MA: The MIT Press, 2008).

마찬가지로, 이제 이론가와 창작 실천가들의 손에서 미디어 역사의 사소한 주제나 부품, 즉 신호뿐 아니라 진공관, 진공 튜브, 안테나, 전화 교환기, 반도체 등도 기술을 가능하게 하는 부품 이상의 의미를 드러낸다. 이것들은 기술이 사회적으로 갖는 함의나 권력으로서의 의미에 대해서도 많은 것을 드러낼 수 있다. 또한 매우 중요한 횡단적 주제를 조명한다. 즉 이 부품들이 더 유동적인 존재로서 상호 매체적 관계를 형성한다는 점, 따라서 이것들이 우리가 일관된 것이라고 간주하는 미디어(텔레비전, 컴퓨터, 영화)보다 시간적, 미디어고고학적 측면에서 더 중요하다는 점이다.

진공관과 진공 튜브는 전신에서부터 텔레비전, 컴퓨팅에 이르는 혁신에 필수적인 **트랜스미디어**transmedia 구성 요소다.[64] 안테나는 우리의 무선 및 전송 문화에서 흔히 간과되는 영역이다. 전화 교환기도 커뮤니케이션의 작동 방식에서 '스위치' 같은 역할을 한다. 오래된 교환 기술을 정치적으로 뜨거운 화제로 바꾼 대표적 사례는 전前 몽그렐Mongrel 그룹의 일원이자 영국 기반 예술가 3인조인 [그레이엄] 하우드, [리처드] 라이트, [마츠코] 요코코지의 〈탄탈룸 기념비Tantalum Memorial〉다. 이 작품은 오래된 전화 기술과 콩고의 '라디오 트로투아르radio trottoire'라는 대안적인 커뮤니케이션 실천

---

64   Wolfgang Ernst, 'Distory. 100 Years of Electron Tubes, Media-Archaeologically Interpreted vis-á-vis 100 Years of Radio' in *Re-inventing Radio. Aspects of Radio as Art*, ed. Heidi Grundmann, Elisabeth Zimmermann, Reinhard Braun, Dieter Daniels, Andreas Hirsch and Anne Thurmann-Jajes (Frankfurt am Main: Revolver, 2008), 415-430.

을 엮는데,[65] 이는 휴대폰과 같은 미디어 기술에 필수적인 광물인 콜탄이 주로 콩고에서 채굴되는 맥락에서 이루어진다.[66]

또 다른 예로 반도체를 들어보자. 반도체는 전기의 흐름을 전도하고 절연하는 것을 매개하는 반도체의 물질적 특성 면에서 현대 기술적 미디어에 필수적인 요소다. 현대 대중매체의 등장은 바로 이러한 물질, 즉 에너지의 흐름을 절연하고 전도하는 반도체의 능력[성질]을 통해 안정적이고, 따라서 대량 생산이 가능한 물질을 실험하고 시험하고 생산하는 과정으로 볼 수 있다. 그리고 이런 점에서 이는 미디어(그리고 미디어아트)에서 물리학이 차지하는 중심성을 보여준다. 따라서 반도체는 미디어고고학적 실천에 통합될 수 있다. 예를 들어 드마리니스가 미디어의 물질성을 다루었던 작업에서 그러한데, 그는 앞서 언급한 〈네 개의 참호 라디오〉 설치 작품(2000)과 관련해 이렇게 말한다.

알고 보면, 우리 커뮤니케이션 문화가 기반하고 있고 재료과학의 가장 기이한 산물 중 하나인 반도체는 사실 어디에서나 발견된다.

---

65 [편집자] 라디오 트로투아르(radio trottoire)란 프랑스어로 '인도(보도) 라디오' 또는 '길거리 라디오'를 뜻하며, 실제 전파를 사용하는 라디오 방송이 아니라, 길거리나 시장, 카페 등 공공장소에서 사람들 간에 입에서 입으로 전달되는 비공식적인 구전 통신망을 말한다. 정부의 통제를 받는 공식 언론이 아닌, 일반 시민들 사이에서 뉴스, 소문, 정치적 의견 등이 공유되는 중요한 정보 채널 역할을 하며, 아프리카, 특히 콩고민주공화국에서 사회적, 정치적 소통의 주요 수단으로 알려져 있다.

66 이 프로젝트에 대한 간략한 설명은 〈뉴럴(Neural)〉을 참조할 것(www.neural.it/art/2008/11/tantalum_memorial_honoring_tho.phtml). 이 프로젝트는 2009년 트랜스미디알레 수상작이다.

나는 수명을 다한 전구, 메스키트mesquite 바비큐 숯, 녹슨 배터리, 18세기의 못으로 접합 다이오드junction diodes를 만들고, 껌 포장지, 성경책, 버려진 AOL CD[67]로 가변 및 고정 축전기를, 그리고 봉납용 양초, 위스키 병, 작은 술잔으로는 가변 결합기variocoupler를 만들었다. 이 다양한 재료가 내 작품을 유희적이면서도 교육적인 것으로 만든다. 그것들은 최악의 상황이나 완전히 고립된 상황에서도 소통과 연결의 가능성을 제공한다. 이 재료들은 인공적으로 제조된 물질세계가 여전히 더 큰 우주의 일부이며, 빌 게이츠도 알지 못한 채, 반도체 물리학이 숨겨진 곳에서 수수께끼처럼 번식하고 있음을 보여준다. 이것들이 실제로 라디오로 기능하면서 우리가 세상 속에서 편안함을 느끼게 해주기 때문이다. 어느 때 어느 장소에서든 라디오 전파를 통해 프랭크 시나트라의 목소리를 들을 수 있다. 나는 이 설치 작품에 작은 저출력 송신기로 다른 소리들도 공중파에 싣는데, 그래서 여러분은 이오시프 스탈린이나 스파이크 존스의 목소리를 들을 수도 있다.[68]

이 인용문은 물리학(우리의 미디어가 기술적으로 과학의 특정 동원 방식들에 의존한다는 점)과 콘텐츠(목소리 전송) 사이의 변증법

---

67 [옮긴이] America On Line. 미국 1985~2006년 초창기 인터넷 모뎀을 이용한 전화 연결 방식의 웹 통신 회사로, 회원 가입을 한 사용자들에게 프로그램 설치 CD를 무료로 배포했다. 2006년 이후 Time Warners 회사와 합병하면서 AOL LLC.로 재설립되었다.

68 Paul DeMarinis, *Buried in Noise*, 161-63.

을 잘 보여준다. 또한 위에 언급한 바와 같이, 미디어 문화의 회색 지대를 파헤치려는 의지도 보여준다. 단지 하나의 특정 매체를 연결하고 특징짓는 것에만 주목하는 것이 아니라, 구성constructions을 통해 비선형적 미디어 역사에 혁신적으로 개입하는 것이다. 즉 미디어 사이, 그리고 시간들 사이의 관계는 우리가 흔히 인식하는 것보다 훨씬 다중적이고, 주름져[접혀] 있으며, 이는 '새로움'이라는 범주 전체를 이미 문제 삼는 것이다.

과학자 – 예술가, 아니면 박식한 사용자들?

앞에서 소개한 많은 것, 즉 미디어고고학 예술을 특징짓는 여러 프로젝트, 몇몇 방법, 주제 등은 다음과 같은 질문을 불러일으킨다. 현재의 미디어 문화를 흥미롭고 정확하게 말하고 실천하려면 우리가 전문적인 엔지니어가 되어야 하는가? 다행히도 미디어 문화에 효과적이고 비판적으로 참여하는 방법이 그렇게 협애하게 정의되지는 않는다. 하지만 이런 예술가들과 프로젝트가 보여주는 것은 텍스트 분석보다 더 깊게 파고들 필요성이다. 철저하고 꼼꼼하고 학제적으로 열린 분석과 창작에 대한 요구의 대부분은 어떤 면에서는 칠린스키가 반고고학적anarchaeological 아이디어를 실천으로 이끌어내는 방식에 표현되어 있다.

이 세계에 효과적으로 개입할 수 있는 유일한 방식은 그 작동 법칙을 배우고 그것을 무너뜨리거나 뛰어넘는 것이다. 놀이공원 부대행사의 관객이 되기를 포기하고 대안을 개발하는 일을 수행할 수 있는 기술 세계technical world 내부의 조작자가 되어야 한다. 이것은 특히 컴퓨터를 활용한 예술적 실천에서는 컴퓨터가 작동하는 코드를 배워야 하는 것을 의미한다.[69]

이는 미디어 이론과 작업을 위한 중요한 요청이며, 최근 몇 년간 제기된 다른 몇몇 목소리와도 공명한다. 예를 들어 알렉산더 갤러웨이와 유진 새커는 "오늘날 이론을 쓰는 것은 코드를 작성하는 것이다"라고 주장하며 미디어 문화를 구성하는 실제 실천에 부합하지 못하는 정체불명의 신비주의와 수사법인 '수증기 이론vapor theory'에 반대했던 헤르트 로빈크의 이전 주장을 거론한다.[70] 마찬가지로, 디자이너들은 실제로 새로운 미디어 객체, 프로세스 및 용도, 요컨대 세계를 창조할 수 있는 능력으로 미디어 비판을 수행할 수 있는 특권적 위치에 있다고 말할 수 있다. 여러 주장이 공통된 메시지를 담고 있는 듯하다. 우리는 사유 도구의 다양한 양태를 이해할 필요가 있다. 그러한 도구는 단지 텍스트와 글쓰기에만 국한되지 않는다. 대학 교과 과정과 학생 평가 방식에서 점차 구술이나 필기 작업이 절대적인 표현 방식이 아니라는 점, 그리고 시청각 방식, 소프트웨어와 네트워크 기반 작업, 퍼포먼스, 설치 등을 통해 미디어 비판을 수행

69   Siegfried Zielinski, *Deep Time of the Media. Toward an Archaeology of Hearing and Seeing by Technical Means,* 260.

70   Alexander R. Galloway and Eugene Thacker, *The Exploit: A Theory of Networks,* (Minneapolis: University of Minnesota Press, 2007), 100.

할 수 있다는 점을 서서히 인식하는 것과 같은 맥락에서, 그러한 실천을 연구로서 혹은 연구의 일환으로 이해하고 촉진하는 일이 긴급하게 요청된다. 그렇지만 나는 여전히 이론의 필요성, 즉 기술적이고 실천적인 것을 저항의 일부로 동원하는 데 매우 중요한 방법인 철학과 비판 이론, 혁신적인 개념화의 필요성을 열렬히 옹호한다.

디지털 문화와 사회의 맥락에서 볼 때, '미디어 교육'이라는 주제는 수년간 중요하게 다루어졌다. 예를 들어 컴퓨터 사용에 대한 이해와 기본 지식은 1980년대에 컴퓨터가 등장했을 때부터 교육적 의제였다. 이러한 교육은 학교 교과 과정에도 통합되었다. 필자가 다녔던 핀란드 학교(이전에 컴퓨터를 써본 적이 없는 교사보다 학생들이 더 잘 아는 경우가 많았다)의 기초 워크숍부터, 동유럽에서 폭넓게 도입된 사이버네틱스와 프로그래밍 교육,[71] 학교와 텔레비전을 통해 진행된 BBC 마이크로컴퓨터Microcomputer 같은 영국의 교육 프로그램이 그것이다.[72]

최근의 몇몇 프로젝트는 실제로 미디어 교육에도 관여했지만, 그중에서도 특히 구식 미디어에 초점을 맞추고 있다. 그 좋은 예는 런던과학박물관에서 에디슨의 밀랍 디스크부터 좀 더 최근의 각인

---

71 미디어고고학 푼두스(The Media-archaeological Fundus, 베를린 훔볼트 대학교 미디어학 연구소)에는 냉전 시기 다양한 장난감과 교육용 컴퓨터 그리고 회로 교육 장치 등이 소장되어 있다.

72 다음 영상 자료 참고. 〈The Computer Programme〉(BBC2, 1982). [옮긴이] BBC2에서 제작한 해당 방송은 유튜브에서 볼 수 있다. https://youtu.be/5dIcOXx3Exc?si=CYO0KLqfQ5IdnyGW

기술에 이르는 오래된 소리골groove 녹음 기술을 다룬 워크숍이다. 이는 알렉산더 콜코우스키가 학자 겸 작가인 케이티 프라이스와 함께 이 박물관의 오라믹스Oramics 특별 프로젝트의 일환으로 한 청소년 그룹과 함께 수행한 작업이었다. 이 프로젝트 자체가 1960년대 영국에서 여성 선구자 다프네 오람이 개발한 초기 음악 신시사이저를 다루는 미디어고고학적 주제를 탐구한 바 있다.

이 워크숍에서 학생들은 구식 녹음 기술을 직접 실습으로 다룰 수 있었는데, 콜코우스키가 주장하듯, 이는 디지털 녹음과 사운드 문화에 대한 사유를 개시할 수 있는 길이기도 하다. 콜코우스키는 이를 청취와 듣기 방식에 관한 일종의 교육이자, 어쩌면 디지털의 보편성이라고 가정된 것을 문제로 삼는 것이라고 설명한다.[73] 이러한 워크숍과 마찬가지로, 다양한 연령 및 관심 단체, 지역사회를 위해 허츠가 조직한 워크숍들은 미디어고고학을 기술과 미디어에 관한 교육으로 제안한다. 그것은 단순히 복잡한 미디어 콘텐츠를 해석할 수 있는 비판적 소비자로서가 아니라, 다양한 미디어 실천에 적극적으로 참여할 수 있는 생산자를 위한 교육이다. 허츠의 서킷 벤딩 워크숍에서는 콜코우스키와 프라이스의 워크숍과 비슷하게, 건전지로 작동하는 장난감을 음악 악기로 개조하는 등 버려진 낡은 기술을 재사용할 수 있는 가능성을 탐구할 뿐만 아니라, 기술 커뮤니케이션의 시대에 미디어 문해력을 위한 핵심 요소인 전자장

---

73 콜코우스키 인터뷰 '소리의 연금술(Sonic Alchemy)' 참조(http://jussiparikka.net, 2011년 4월 11일 검색).

치와 회로에 대한 쉬운 속성 과정을 진행한다. 이 프로젝트들에서 후타모, 칠린스키, 그루신 등의 미디어고고학 이론의 정전이 직접 거론되지는 않더라도, 그와 유사한 주제와 현재 속의 미디어 역사의 지속성이 다루어진다.

요약

미디어고고학 예술 방법론은 과거의 미디어에 대해 새로운 방식의 글쓰기뿐만 아니라, 이것을 실행할 수 있는 풍부한 실천들을 소개했다. 폴 드마리니스, 버니 루벨, 다비드 링크, 조이 벨로프에서부터 최근의 예술가들에 이르기까지 다양한 이들이 구식화, 진보의 신화, '새로운' 미디어의 기술적 특정성, 그리고 다시 생명력을 얻을 수 있는 과거의 다양한 대안 역사들과 잠재성을 사유할 수 있는 새로운 방식을 탐색해 왔다. 이러한 작업들은 기술적 미디어의 존재 조건을 정교하게 탐구하는 면에서(실험적 팅커링 혹은 후타모가 드마리니스의 작업을 두고 지칭한 '씽커링'), 그리고 오래된 것을 재매개하고 재사용하며 재전유하는 방법론으로서도 매우 중요하다. 또한 기술적 미디어의 정치경제학, 기술의 블랙박스화, 기술의 생태학적 결과뿐만 아니라 그동안 간과된 젠더 맥락을 탐구하는 방식에서 점점 더 많은 미미어고고학 예술이 정치적인 것으로 여겨질 수 있다. 핵심 주제는 동시대 미디어 문화의 복잡한 시간성을 이해하는 것이며, 이 장은 '아상블라주'라는 개념을 통해 이에 접근했다. 이 장은 더 나아가 미디어고고학 예술 방법론을 더 폭넓은 대중이 참여하는 방식으로 발전시킬 수 있을지에 대한 물음을 던지며 마무리한다.

더 읽을거리

7. 미디어고고학을 실천하기: 재매개를 위한 창의적 방법

DeMarinis, Paul (2010) *Buried in Noise*, ed. Ingrid Beirer, Sabine Himmelsbach and Carsten Seiffarth (Heidelberg and Berlin: Kehrer).

Grau, Oliver, ed. (2007) *MediaArtHistories* (Cambridge, MA: The MIT Press).

Huhtamo, Erkki (1995) 'Time-Travelling in the Gallery: An Archaeological Approach in Media Art' in *Immersed in Technology. Art and Virtual Environments*, ed. Mary Anne Moser with Douglas McLeod (Cambridge, MA: The MIT Press, 1996), 232–268.

Spieker, Sven (2008) *The Big Archive. Art from Bureaucracy* (Cambridge, MA: The MIT Press).

예술 프로젝트와 작가 웹사이트

(접속일 accessed 28 Nov. 2011)

조이 벨로프: www.zoebeloff.com/

폴 드마리니스: www.stanford.edu/~demarini/

알고리드믹스 연구소 : www.algorhythmics.com/

다비드 링크: www.alpha60.de/

버니 루벨: bernielubell.com/

쥘리앵 메르: http://julienmaire.ideenshop.net/

로사 멘크만: http://rosa-menkman.blogspot.com/

베를린 마이크로 리서치 랩: www.1010.co.uk/org/

게브하르트 젱뮐러: www.gebseng.com/

8
결론
디지털 문화에서의 미디어고고학

나는 이 책을 집필하던 2011년 초, 운 좋게 런던과학박물관 소속 단기 연구원으로 일하게 되었다. 그 당시 런던의 보관소에 들어가 실제 박물관 전시작 외의 모든 소장품을 구경할 기회가 주어졌다. 방과 홀은 높은 선반들로 빼곡했고, 거기에는 실험적인 디자이너의 꿈의 세계를 이루는 온갖 [신기한] 물건뿐만 아니라 폐기된 구식 컴퓨터가 회색 비닐 덮개에 싸여 차례로 늘어서 있었다. 구식 컴퓨터 옆에는 매뉴얼, 소프트웨어, 기타 잡다한 것이 그 당시 그대로 머물러 있었다. 나는 소장품이 어디로 들어오는지, 첫 번째 방에서 어떤 일이 일어나는지, 어느 방으로 옮겨지는지, 그다음에는 소장품이 어떻게 태그되어 위치, 절차, 추적과 배치 등을 포함하는 전체 주소 공간address space의 실제 일부가 되는지 등 그 체계에 대한 설명을 들었다. 장소에 놓인 사물, 그리고 당연히 정보 관리 체계로 추적 가능한 그 장소 역시 아카이브에서 사무실에 이르는 모든 현대적 체계에 있는 것과 정확히 같다.

그 후 나에게는 이를 디지털 문화와 결부해 거시적으로 생각해야 하는 문제가 남겨졌다. 아카이브라고 불리는 소장품 관리는 다수 박물관/미술관 이용객에게 여전히 감추어져 있다. 그러나 디지털 문화의 추세는 점점 더 그런 관리 개념을 보편화하는 쪽으로 간다. 일례로 완벽하게 태그, 추적과 관리가 가능한 세계의 환상으로서 무선인식RFID 장치를 들 수 있다. 세계 그 자체가 저장 공간, 즉 아카이브와 데이터베이스가 되었다. 마르셀 뒤샹은 〈여행가방 속 상자Boîte-en-valise〉(1936)에서 자신만의 대안적이고 비판적인 유형으로 이동식 여행가방이 된 미술관을 제시했다. 그러나 지금 박물관/미술관의 이동성은 대상과 주체에 자체적으로 부여한 정보 패턴의 이동성으로 전환될 수 있다.

그와 비슷하게 미디어고고학은 미디어 연구나 영화학 분야에서만 일어나지는 않는다. 미디어고고학적 개념, 학자, 실천가는 제도권 안팎의 다양한 곳에서 발견할 수 있다. 미디어고고학은 아카이브와 예술가의 작업실, 박물관/미술관, 쓰레기장에, 학제적 경계를 가로질러 미국의 대학교, 유럽, 남미, 호주, 일본, 인도네시아 등의 교육기관에 지리적으로 퍼져 있다. 또 미국의 학문적 이론과 동유럽 국가에서 화석화된 소비에트 시대의 구식 기술 문화, 중국에서 처리되는 거대한 전자 폐기물 더미, 구식화와 기술적 문화에 착안해서 작업하는 베를린의 예술가 등을 아우른다. 이는 다양한 실천을 다루며 주변부에 주목하고, 지적이고 냉철한 논제와 맞물린 구체적 제도들이다. 한마디로 미디어고고학은 **여행한다**travel.

그렇기 때문에 이 책은 단순히 미디어고고학을 소개하고 실천,

장치와 재귀적 개념으로 서로 엮인 뉴미디어와 올드미디어 문화의 공존을 역사적 방법론으로 지도화하는 것만이 아니다. 이는 디지털 문화의 개념으로서 역사와 시간, 아카이브에 관한 책이기도 하다. 개념도 여행한다.[1] 수많은 아카이브는 아주 일상적이다. 예를 들어 양적으로 늘어난 휴일의 사진을 위해 클라우드 기반으로 제공되는 아카이브, 네트워크 문화의 핵심 사업 모델로서 우리와 우리의 행동을 데이터 마이닝으로 수집하는 소셜미디어 플랫폼의 아카이브, 컴퓨터 및 이동전화에서 이벤트 처리 과정 일부로서의 단기 저장 장치RAM의 미시 시간적 '아카이브' 등이 있다.[2]

최근 몇 년에 걸쳐 예술과 인문학의 상당 부분에서 전반적으로 기본 개념과 바탕이 된 기억과 경험과 주체는 전부 이 새로운 '아카이브'에 매립되고 있으며, 현재 우리의 문화적 실천과 그것을 매립하는 기술 및 과학 담론을 구분해 내기란 정말로 어렵다. 과학 및 기술로의 전환은 (거시적으로 공적 자금을 받는 기관의 위축과 광범한 신자유주의 경향과 관련이 있는) 한창 진행 중인 전 세계적 자금 위기에 처한 수많은 대학 학과의 일시적 재정 요구 조건이 되기도 하지만, 그로 인해 상호학제적 연구소에 주는 지적 보상 또한 커졌다. 이 작업에서 제안하려는 것은 아카이브, 기억, 문화 분석의 개념과 제도가 지식의 초학제적 체제와 연계된다는 점이다. 그리고

---

1   Mieke Bal, *Travelling Concepts in the Humanities* (Toronto: Toronto University Press, 2002).

2   Wolfgang Ernst, 'Cultural Archive versus Technomathematical Storage' in *The Archive in Motion*, ed. Eivind Røssaak (Oslo: Novus Press, 2010).

미디어고고학이 21세기 인문학의 방법론으로서 입지를 다질 수 있으려면 예술과 과학, 기술의 교차로에서 그것의 특별한 위치를 더욱 명쾌하고 가감 없이 드러내야 하며, 그러한 경계 넘기에서 더욱 긴 계보를 보여주어야 한다. 베른하르트 지게르트는 1980년대 독일 미디어고고학 연구의 초기 단계를 '즐거운 학문'이라는 니체식 개념으로 특징지어진 시기로 설명했다. 당시의 연구는 새로운 관계와 개념을 거침없이 찾아다녔고, 새로운 사료들을 발굴했으며, 미디어의 근저에 깔린 근본 개념이 무엇이었는지는 다른 학자들이 고민하도록 남겨두었다.[3] 우리는 자문해야 한다. 학위가 겨우 특정 직업의 '자격요건'으로 축소된 상황에서 어떻게 호기심과 지적 급진성이라는 초학제적 정신을 존속시키고 최신으로 유지할 것인가?

행함doing에 관하여

나는 미디어고고학이 무엇을 **의미하는지**뿐 아니라 그것으로 무엇을 **行할 수 있을지** 살펴보는 데 역점을 두었다. 숀 큐빗은 『시네마 효과The Cinema Effect』에서 다음과 같이 말한다. "오늘날 이론의 과업이 더는 부정에 있지 않다. 미디어 이론의 과업은 가능하게 하는 것이다. 즉 현재 존재하는 상태와 사물/일things이 수행되는 방식에서, 아직 실현되지 않은 채 남아 있는 것과 그것을 행할 새로운 방

---

3   Bernhard Siegert, 'Cacography or Communication? Cultural Techniques in German Media Studies', trans. Geoffrey Winthrop-Young *Grey Room* 29 (Winter, 2008): 28.

식에 관한 아이디어를 추출해 내는 것이다."[4] 그것은 단순히 역사[를 기술하기]보다는 미래의 잠재성을 재고하고 그것의 지형을 작도하는 것으로 이어진다. 그러한 점에서 이 작업은 단호하게 정치적인 지식의 형상이라 할 수 있는데, 이는 미래 지향성(무엇을 할 수 있는가?) 그 자체가 정치적인 것으로 이해될 때 그러하다.

사실 나는 전통적인 비판 인문학 및 **해석과 이해, 비평**의 이론적 도구보다 **사용과 왜곡, 조정**을 꾀하는 새로운 형식의 문화 및 미디어 분석에 더 큰 관심이 있다.[5] 사실 지식의 역사적 양식을 말할 때 들뢰즈와 가타리를 참조하는 것은 일반적이지는 않다. 그들은 그것을 새로운 것을 생각하게 만드는 되기becoming를 안정시키고, 정지시키고freeze, 봉쇄시키는(물론 이러한 벡터를 통해 우리는 새로운 무엇가를 고안해 낼 수 있지만) "정주민의 관점"으로 서슴없이 규정하기 때문이다.[6] 그것[지식의 역사적 양식]은 지식의 대안적 모습과 관계된다. 당신은 이미 존재하는 주문들mantras를 정당화하기 위해 지식(이나 창조적 행위)을 생산하는가, 아니면 변화를 가능하게 하기 위해—덧없고 사소한[소수의]minor, 그러나 그렇기에 더 의미 있을 수 있는 것을 추적하고자—그렇게 하는가? 이는 들뢰즈와 가타리가 '유목론nomadology'이라고 불렀던 것과 관련이 있다. 유목론은 존재하던 것의 재생산이 아니라 **새로운 존재와 사유, 창조 양식을**

---

4   Sean Cubitt, *The Cinema Effect* (Cambridge, MA:The MIT Press), 11.

5   Gilles Deleuze and Felix Guattari, *A Thousand Plateaus*, trans. Brian Massumi (London: Continuum, 2004), 4 참조.

6   같은 책, 25.

창출하는 새로운 접속들을 강조하는 지식과 생산의 양식이다. 이러한 지도제작 양식의 지식에 대한 유목적 관심은 세계를 추적하는 대신 실험한다. 지도와 지도제작법이란 들뢰즈와 가타리에게,[7] 그리고 로시 브라이도티처럼[8] 유목적 문화 분석을 21세기의 물질과 젠더 인문학에 관한 특정 에토스로 발전시킨 후대 학자에게는 '분야 사이의 접속'을 조성하고, 우리에게는 지식 창조의 중심에서 변화와 변환을 수반하며, 새로운 차원을 설정하는 실험이다. 나에게 이 에토스란, 들뢰즈의 저작에서 발견되는 역사를 향한 외견상의 반감에도 불구하고, 미래의 미디어고고학에 대한 우리의 이해에도 영향을 줄 수 있는 것이다.

이것이 내가 유목론을 역사 이상의 것을 그리는 지도제작법 연습이자 수많은 미디어고고학 작업이 예술과 기술, 과학 사이 실험성의 실천을 추구해 오던 것과 비슷한 실험 양식이라고 말하는 이유다. 즉 이는 '뉴미디어' 담론에서 '새로운 것'에 부여하는 좁은 정의를 거부하고 이러한 발상을 발전시킬 수 있는 더 근본적이고 통찰력 있는 방법을 추구하는 '새로운 것'의 에토스다. 더욱이 그것은 현재 속 과거의 지속을 설명하는 단순한 사례가 아니다. 시간의 관계들은 "새로운 것에서 오래된 것을 찾지 말고 오래된 것에서 새로운 무언가를 발견하라"는 칠린스키의 주장에 훨씬 더 가깝기 때

---

7 같은 책, 13.

8 Rosi Braidotti, *Metamorphoses. Towards a Materialist Theory of Becoming* (Cambridge: Polity, 2002).

문이다.[9]

이 책에서 새로운 것에 대한 이러한 요청은 미디어고고학에도 적용된다. 나는, 올드미디어의 장치 및 문화적 실천의 새로운 접속을 설정하는 데 도움이 되었던, 결정적인 일부 이론과 접근법, 개념에 대한 통찰을 제공하기를 바랐다. 그에 더해 나는 무엇인가 새로운 것을 찾고자 했다. 미디어고고학은 어디로 향하고 있으며 우리는 어떻게 그 활력을 유지하고 그것을 미디어 역사의 부분집합 이상으로 만들 수 있을까? 그에 따라 이 책에는 '전통적' 미디어고고학을 크게 웃도는 것이 존재한다. 나는 후타모, 칠린스키, 엘새서, 키틀러, 드마리니스 같은 저명한 이론가와 예술가를 인용하고 논하는 것에 더해 이론과 예술의 최신 논의를 다루려 했다. 그 일환에서 볼프강 에른스트의 철저한 기술 중심의 고고학과 아카이브, 웬디 전의 소프트웨어 연구, 매슈 커셴바움의 컴퓨터 포렌식과 젊은 작가들의 예술작품 등을 살펴보았다. 그것으로 우리는 미디어고고학이 올드미디어 연구에서 소프트웨어 연구, 플랫폼 연구, 디지털 문화를 다루는 뉴미디어 이론에서의 기타 논쟁 등의 유사 분야로 이행했음을 목격했다.

또 이 책은 이러한 실천이 기술 및 기계와 관련해 일어난나는 새로운 정치학에 관해서도 논했다. 일면 그것은 미디어고고학이 지

---

[9]   Siegfried Zielinski, *Deep Time of the Media. Toward an Archaeology of Hearing and Seeing by Technical Means,* trans. Gloria Custance (Cambridge, MA: The MIT Press, 2006), 3.

나치게 자축하거나 별난 발명과 "괴짜 고생물학, 특이한 계보, 불확실한 계통, 골동 기술과 이미지의 발굴"[10]에 그저 열광하고 [그것들을] 욱여넣기만 하는 경이의 방 방식에 따르는 위험성을 지적했던 티머시 드러크리에 대한 응답이었다. 우리는 이에 대한 대안으로 엄격한 방법론이 필요하다.

다루는 문제matter에 관하여

나는 이 책으로 두 마리 토끼를 한 번에 잡으려 했다는 점을 인정한다. 나는 두 갈래의 훌륭한 사상, 그러니까 미디어고고학의 사회구성주의 버전, 그리고 독일 미디어 이론에서 온 매체 특정성 및 논쟁적인 혁신의 훌륭한 개념을 모두 충분히 담으려 했다. 그런 관점은 종종 커뮤니케이션 그 자체가 무엇인지, 그리고 미디어가 무엇인지에 대한 논의를 정의하려 한다. 가령 첫 번째 진영을 대표하는 리사 지텔만은 다음과 같이 규정한다. "나는 미디어를 커뮤니케이션이 사회적으로 실현된 구조로 정의한다. 여기서 구조는 기술 형식과 연관 프로토콜을 모두 포함하며, 커뮤니케이션은 재현의 대중적 존재론을 공유하거나 그에 참여하는 것으로, 동일한 정신적 지도를 기반으로 서로 다른 사람들을 제의적으로 연결하는 문화적 실천이다."[11]

10   Timothy Druckrey, Foreword in Siegfried Zielinski, *Deep Time of the Media*, ix.

11   Lisa Gitelman, *Always Already New. Media, History, and the Data of Culture*

물질성에 대한 관심도 있었지만, 지텔만의 주장은 독일의 관점에서 유래한 일부 유형과는 다른 물질성을 낳았다. 키틀러, 에른스트 같은 학자들은 물질성이 사회적이거나 문화적인 모든 은유 바깥에 있는, 물질성이 자리하는 다른 양식에 꾸준히 주목했다. 그 하나의 출발점은 섀넌과 위버가 공학적으로 정의해, 통신의 작동 방식에 관한 폭넓은 가정들로 옮겨진 바로 그 채널이다. 이러한 연구 프로젝트는 비인간의 광범위한 물질성을 중시하도록 한다. 이는 갈수록 더 기술적이고 '전문가 영역'으로 제한되어가는 커뮤니케이션의 플랫폼이 비평적인 미디어-과학적 관점으로도 논의되고 있음을 공고히 한다. 그러한 관념은 정치적인 것으로도 볼 수도 있겠으나 예컨대 지텔만이 강조했던 것과는 차이가 있다.

그렇다면 모두가 물질성에 관심을 기울여야 한다고 주장한다면 우리는 어떤 입장에 서야 할까? 이는 작용 중인 다양한 물질성의 존재 여부를(어쩌면 이미 답을 암시하고 있는) 묻기를 간청한다.

- **문화적 실천의 물질성**: 이는 인지적이고 정동적인 이해 및 투자에 내재되어 있으면서도, 동시에 우리가 미디어 기술을 고안하고 사용하고 적용할 때 행하는 것에 뿌리 박힌 현상학적 설명에도 내재되어 있는 인간 활동의 물질성이다. 이러한 설명과 관련한 최근 논의들에서 물질을 둘러싼 다양한 역점은 '정동'이라는 비의미 기반의 개념을 모든 비물질 창조 경

(Cambridge, MA: The MIT Press, 2006), 7.

제에서 매우 중요한 것인, 젠더화되고 성별화되고 민족적인 신체의 소유지로서의 노동, 즉 물질적 투자로 확대해 왔다.

- **물질의 물질성**: 동어반복처럼 들릴지라도, 라투르를 차용해 말하자면, 이는 우리가 사회라고 일컫는 것의 일부이면서도 필수적인 구성 요소인 비인간을 어떻게 생각해야 하는지를 가리킨다. 미디어의 역사는 유리판에서 화학약품으로, 셀레늄에서 콜탄에 이르는 다양한 물질 실험에 관한 기나긴 이야기다. 게다가 그런 물질에는 여파가 있는데, 그것은 요즘 우리가 전자 문화 이면에 남기는 전자 폐기물의 양으로 가장 명확히 나타난다.

- **기술의 물질성**: 키틀러 같은 미디어 이론가들의 설명은 우리가 미디어 특정적이 되도록 영향을 끼쳤다. 이는 기술 작동 방식에 천착하며 기술 분석을 통해 권력 구조를 발견하는 것을 의미한다. 에른스트 같은 학자는 미디어고고학을 역공학reverse-engineering으로 보았다.[12]

나는 이렇게 서로 경합하는 유물론 개념에 관한 질문들을 풀어나가는 대신 그 질문이 사물이나 기술의 물질성을, 그에 더해 정동의 물질성과, 사물, 미디어를 물질화하는 구성적 실천을 고찰하는 촉매

---

12   Wolfgang Ernst, 'Media Archaeography: Method and Machine versus History and Narrative of Media' in *Media Archaeology. Approaches, Applications, Implications*, ed. Erkki Huhtamo and Jussi Parikka (Berkeley, CA: University of California Press, 2011).

제가 되기를 바란다. 따라서 미디어 문화와 그 설계의 관행을 이해하는 데 토대가 되는 커뮤니케이션 이론을 구성하는 질문들은 우리가 어디서부터 시작해야 하는지와 관련될 수밖에 없다. 말하자면 어떤 물질성을 다루고, 어떤 문제의 역사와 고고학을 **문제시하고**, 어떻게 과학적, 기술적, 예술적, 노동을 포함한 경제적, 그리고 자연/생태학적인 다양한 맥락에 촉각을 곤두세울 수 있느냐는 질문이다. 이를 토대로 우리는 미디어와 예술, 커뮤니케이션 연구를 **수행**한다.

시간성에 관하여

이 책에서, 그리고 미디어고고학 일반에서 물질 외에 한 가지 더 나의 관심을 끌었던 것이 있다면, 미디어고고학은 어떻게 새로운 의미의 시간성을 동원하는가였다. 암스테르담의 영화학자 완다 스트라우벤도 동일한 주제를 강조했는데,[13] 그것은 미디어고고학이 "1) 새로운 것에서 오래된 것, 2) 오래된 것에서 새로운 것, 3) 재귀적 **토포이** 혹은 4) 단절과 불연속성"을 연구해 시간성의 비판으로 기능해 왔다는 관점이었다. 이는 후타모, 칠린스키, 엘새서의 신영화사의 영향을 받은 분야, 그리고 키틀러, 에른스트, 기타 유물론적 미디어 이론을 포괄하는 미디어고고학의 다양한 '학파'를 반영하고

---

13   Wanda Strauven, 'Media Archaeology: Where Film History, Media Art and New Media (Can) Meet' in *Preserving and Exhibiting Media Art: Challenges and Perspectives*, ed. Julia Noordegraaf, Cosetta Saba, Barbara Le Maître and Vinzenz Hediger (Amsterdam: Amsterdam University Press, 2013).

있다. 그러한 양상은 이 책에서도 소개되어 있다. 그에 더해, 페르낭 브로델 같은, 혹은 몇천 년의 비선형적 역사에 대한 마누엘 데란다의 서술에도 우리가 동의할 수 있는 것처럼, 여러 작가에 기대어 급진적 다원성의 시대적 존재가 강조되었다. 비슷한 차원에서 조너선 스턴은 최근 이렇게 말했다. "인류사에서 미디어 역사의 범위를 4만여 년으로 친다면 우리는 아직 첫 3만 9400년을 진지하게 재검토하지 않은 것이다."[14] 조세핀 보스마 같은 디지털 문화 및 예술 관련 문인들도 새로운 시간성들을 주장한 바 있다. 보스마는 스튜어트 브랜드가 처음 제시했던 (칠린스키의 수사법을 연상시키는) '심원한 시간'의 지층에서 작동하는 느린 시계[15]를 인용한다.[16] 또 비슷하게 보스마는 미국의 예술가 제임스 토비아스의 "퀴어한 시계: 낯선 시간 관계를 도식화하고 표현하고 해석하는 장치"라는 멋진 개념을 언급한다. 나에게 그것은 우리가 기술적 미디어 환경 속 문화, 문화유산, 우리의 삶을 어떤 시선으로 봐야 하는지의 문제에서 근간이 되는 비인간과 새로운 시간성을 탐구하는 잠재적인 미디어고고학적 정신을 탁월하게 포착한 것으로 보인다.

이미 수많은 고고학적 방법론이 과거를 새로운 방법, 새로운 시간성으로 재고하는 능력, 그리고 미디어와 미디어 변화의 미래

---

14   Jonathan Sterne, 'The Times of Communication History'. Presented at 'Connections: The Future of Media Studies', University of Virginia (4 April, 2009).

15   [옮긴이] 스튜어트 브랜드, 『느림의 지혜』, 박근서 옮김(해냄, 2000).

16   Josephine Bosma, *Nettitudes. Let's Talk Net Art* (Rotterdam: NAi Publishers, 2011), 169.

들—유튜브 및 소셜미디어 서비스 등 매시업 문화의 재편 속에서 스크린 및 그 외 미디어의 미래들[17]—을 고찰하는 가능성을 보여주었다. 이를테면 올드미디어의 실천 및 형식을 소프트웨어 문화에 맞도록 재고안한다는 의미다. 후지하타 마사키의 2003년 작품 〈모렐의 파노라마Morel's Panorama〉가 좋은 예다. 이 작품은 일종의 360도 가상현실 기법인 19세기 대중매체의 파노라마 회화를 택했고, 파노라마 카메라를 활용해 공간 경험을 소프트웨어 기반의 영사로 변형시켰다. 또 이 작품은 우리 기대와 반드시 맞아떨어지지는 않지만, 이 점 때문에 그것은 어떻게 미디어가 우리의 지각을 미세하게 조율하는지, 그 시공간의 기본적 속성을 우리가 생각해 볼 수 있는 상상적 유형의 미디어 장치를 제안한 것이기도 하다. 미디어고고학적 발상은 미디어란 무엇인가를 친숙함의 한계에 근간해 확장할 수 있다. 그 예로 게브하르트 젱뮐러의 〈저속 주사 텔레비전Slow Scan Television〉에서 하루에 1프레임씩 전송하는 극도의 저속 이미지 전송률, 전쟁과 죽음의 문화 속에서 이미 죽은 미디어dead media의 기능을 탐구하는 쥘리앵 메르의 〈폭발하는 카메라Exploding Camera〉, 기계 시스템에서 아날로그 글자뿐 아니라 유전자 알고리듬, 즉 인공 생명 피조물을 방출하는 로랑 미뇨노와 크리스타 좀머러의 〈생명 타자기〉를 들 수 있다.

---

17 예를 들어 다음 글을 참조. William Uricchio, 'The Future of a Medium Once Known as Television' in *The Youtube Reader*, ed. Pelle Snickars and Patrick Vonderau (Stockholm: National Library of Sweden, 2009).

다음의 급진적 단계는 비인간 시대로의 확장이다. 한편으로 인간의 틀에서 벗어난 알고리듬 이벤트, 기계의 시간성, 시간 결정성에 중점을 두는 것은 그것을 겨냥한 시도다. 다른 한편, 자연과 자연의 시대를 다루는 것은 우리가 일반적으로 디지털 문화에 배속해 왔던 것과는 다른 물질성과 시간성을 이끌어내는 또 다른 방법이다.

그러한 맥락에서 나는 제니퍼 개브리스의 접근법이 독창적이라 본다.[18] 그의 『디지털 쓰레기: 전자 기술의 자연사 Digital Rubbish: A Natural History of Electronics』는 전자 문화의 다양한 물질성에 관한 책이다. 그러나 이 책은 이 문제를 다소 다르게 실행한다. 우리가 어떻게 미디어를 사용하고 해석하고, 미디어에 대해 토론하는지뿐만 아니라, 미디어가 자연 및 쓰레기와 어떻게 연관되는지에도 초점을 둔다. 그러니까 부제인 "전자 기술의 자연사"는 자연성과 인공성의 역설적인 융합에 더해 발터 벤야민의 '상품의 자연사'를 차용한 것이기도 하다. 벤야민은 진정한 (원proto)미디어고고학적 정신으로 자신의 이론 연구를 통해 당시 대두했던 소비자 미디어 문화의 지층을 발굴했고, 유행이 지났거나 더는 사용되지 않는 대상, 즉 화석 따위를 분석했다. 현재 미디어에 들어가는 광범한 첨단기술과 더불어 그런 장치는 신기한 관심 대상일 뿐 아니라 독성 위험물의 화석이기도 하다. 쓰레기는 미디어 문화의 잔여물이기에, 구식 미디어

---

18 Jennifer Gabrys, *Digital Rubbish. A Natural History of Electronics* (Ann Arbor: University of Michigan Press, 2011).

가 전 지구적으로 운반되고, 재활용되고, 파쇄되고, 유기되고, 재판매되고, 재사용되는 다양한 관행과, 이러한 구식 미디어가 담고 있는 시간과 자연의 다양한 맥락 모두 암시한다. 우리는 미디어를 반짝이는 새로움 대신, 쓰레기장, 재활용 센터 같은 곳, 황폐한 길모퉁이, 다락, 기타 폐기장에서 맞닥뜨린다.

개브리스는 전자 폐기물과 구식 미디어에 대한 관심이 우리에게 뉴미디어에 부여된 통상적인 것이 아닌 다른 유형의 시간성들을 재고하도록 한다고 지적한다. 그는 진보, 프로세서 속도, 효율성의 진행 속도와는 다른, 먼지와 흙 같은 시간적 물질성에 초점을 둔다. 개브리스에게 먼지란 '정보 가속도'보다 더 정확한 미디어 기술의 표지가 된다. 먼지로 덮인 구식 기술은 기술적 사용과 '진보'의 잔여인 또 다른 시간을 연상시킨다. 그는 먼지가 바로 "근본적 조건"일 수 있다고 이어 말한다.[19] 우리는 먼지에서 혹은 더 일반적으로 고장에서 미디어의 '존재 조건'을 풀기 시작할 수 있을까? 개브리스, 그리고 나와 가넷 허츠가 비슷하게 주장해 왔듯이, 현대 미디어 문화 조건의 근본인 '계획적 구식화' 부분을 거론하자면 미디어는 파괴되고 폐기되도록 프로그램되어 있다.[20]

먼지가 또 다른 시간들의 유일한 표지인 것은 아니다. 독성과 화학물질로 가득한 폐기된 구식 미디어는 현재 문화 및 자연적 조

19   같은 책, 105.
20   Garnet Hertz and Jussi Parikka, 'Zombie Media: Circuit Bending Media Archaeology into an Art Method', *Leonardo* 45(5) (2012).

건에서 급증하는 문제 가운데 하나다. 이른바 '비물질적'이라 알려진 디지털 기술(예컨대, 서버 팜)이 실제로는 대규모 에너지 소비 네트워크에 깊게 뿌리 내려 있듯이,[21] 버려진 올드미디어는 환경적 관점에서 큰 문제. '실패의 박물관'과 구식 아카이브에 대한 개브리스의 견해는 미디어고고학의 정치학을 향해 있다. 이는 (드러크리가 강조했던 대로) 예전에 명백하게 존재하지는 않았지만 그럼에도 새로운 시간에 관한 논제의 일환임은 분명하다. 그러므로 먼지의 시간성은 인간의 사용가치의 시간성을 능가하고 흙의 시간이 된, 우리 전자제품의 "물질적 잔여물"[22]을 기록하는 자연의 시간성을 강조하는 것과 동일 선상에 있다.

고장은 대안적 역사, 잊힌 경로, 미디어 역사의 곁가지를 살펴봄으로써 뉴미디어의 새로움에 의문을 품고자 하는 미디어고고학의 중심에 있다. 이런 유형의 연구 및 예술 실천은 1990년대 디지털 문화의 열풍, 그 초창기 시절에 대두했다. 이제 고장은 광범한 네트워크의 일부분으로 인식되어야 하며, 따라서 이상적으로는 미디어고고학적 논제의 일부가 될 수도 있다. 개브리스 자신은 공개적으로 미디어고고학에 가담하지는 않지만, 위에서 내가 틀 잡은 방식으로 생각하면 그 연관성이 내게는 분명하다.[23] 개브리스를 인용하자면, "고장은 잊힌 꿈의 화석, 붕괴된 유토피아의 잔여, 구식화

<hr />

21   Sean Cubitt, Robert Hassan, and Ingrid Volkmer, 'Does Cloud Computing Have a Silver Lining?', *Media, Culture & Society* 33(1) (2011).
22   Jennifer Gabrys, 같은 책, 6.
23   같은 책, 164n41.

프로그램을 보여준다."[24] 한물간 것을 통해 진보라는 목적론적 추론이나 발명의 영웅주의 같은 기술의 '총체화' 양상을 넘어서는 것이 가능해진다. 대안적으로 우리는 올드미디어와 우리의 관계를 재활용, 리믹스, 재고rethinking 등의 '사소한' 실천에 관심을 두는 일로 시작할 수 있다.[25]

이렇게 비인간의 시간성을 탐구하고 영웅의 개별 이야기에 굴복하지 않는, 그러나 우리의 통제를 벗어난 (동시에 우리의 영향으로 고통받는) 물질과 문화적 맥락 및 힘을 다루고자 하는 미디어고고학은 혁신적인 21세기 예술 및 인문학 분야가 될 잠재력이 있다. 환경은 분명한 그 하나의 예시다. 물질과 시간의 복잡성을 이해하고자 학제적 경계를 가로지르는 유목적 기획, 즉 여행하는 학문 분야로서의 미디어고고학의 논제는 과거와 현재 그 이상을 아우른다. 미디어고고학은 미래의 아카이브를 향한다.

24 같은 책, 106.
25 Garnet Hertz and Jussi Parikka, 같은 글 참조.

미디어고고학으로의 초대

리비에르는 한 무전국에서 여전히 그의 음성을 듣고 있다
는 생각을 해본다. 오로지 음파만이, 단조의 음색만이 아
직도 파비앵을 세상과 연결해 줄 뿐이다. 신음 소리 하나
없다. 비명 소리도. 하지만 그것은 일찍이 절망만이 만들
어낼 수 있었던 가장 순수한 소리인 것이다.

— 앙투안 드 생텍쥐페리, 『야간 비행』[1]

1

앙투안 드 생텍쥐페리의 『야간 비행』은 미디어고고학의 메시지로
가득하다. 마셜 매클루언의 말을 빌려 단언하자면, 『야간 비행』에서

---

[1] 앙투안 드 생텍쥐페리, 『야간 비행·남방 우편기』, 허희정 옮김(펭귄클래식코리아,
2008), 104(이하 생텍쥐페리, 『야간 비행』으로 약식 표기).

는 "미디어가 메시지다."[2] 이 말을 다시 프리드리히 키틀러의 말을 빌려 단언하자면, 『야간 비행』에서는 미디어가 주인공의 "상황을 결정한다."[3] 번역자 해제를 먼저 펼친 독자든 역순의 독자든 나는 『야간 비행』을 『미디어고고학이란 무엇인가?』로 가는 초대장으로서 함께 읽기를 독자 여러분께 권하고 싶다. 『야간 비행』은 『미디어고고학이란 무엇인가?』를 읽고 읽고 또 읽고 싶어지게 하는 뫼비우스의 띠처럼 엮인 초대의 글과 같다. 번역자에게 주어진 이 몇 장의 종이에 무엇을 쓸 것인지는 번역을 시작했을 때부터 고민이었다. 번역을 마친 소회, 번역의 고통, 분명히 있을 오역과 그 따가운 시선에 대한 두려움과 탈출구 등에 관하여 의무적이고, 방어적 차원에서 적겠다는 생각을 했었다. 이 책의 번역 출판이 여러 불가피한 이유로 지연되면서 후회할 것이 뻔하고 부질없을 그런 생각은 하나도 남지 않고 모조리 사라졌다. 번역자 해제는 그렇게 다시 백지의 상태가 되었다. 결과적으로는 다행이었다. 2023년 어느 날 나는 키틀러가 자주 의도적으로 그랬듯 문학작품에서 한 구절을 인용해 해제를 시작하기로 생각을 바꿨다. 『야간 비행』이 떠올랐고, 다시 읽었고, 새롭게 읽혀지는 문장들 때문에 이 책과 『미디어고고학이란 무엇인가?』를 한 묶음으로 책상위에 올려놓고, 제목을 이렇게 '미디어고고학으로의 초대'라 고쳐 썼다. 이때가 2024년 1월 초였다. 『야간 비행』의 종착지는 미디어고고학이기도하고, 미디어고고학의 목적지

---

2   마셜 매클루언, 『미디어의 이해: 인간의 확장』, 김상호 옮김(커뮤니케이션북스, 2011), 31.
3   프리드리히 키틀러, 『축음기, 영화, 타자기』, 유현주·김남시 옮김(문학과지성사, 2019), 7.

중 하나는『야간 비행』이 될 수 있다. 여기서 독자 여러분들이『야 간 비행』을 먼저 읽고 다음 페이지로 넘어가는 것은 번역자 해제를 새롭게 읽는 또 다른 선택지가 될 수 있다.

2

언어만이 유일한 주체화의 체계인 것은 아니다. 기술이나 우편체계 같은 제도적 네트워크 역시 유사한 방법론적 프 리즘을 통해 볼 수 있다는 것이다. …… 기술이나 표준은 의미에 선행하고 그것을 가능하게 한다. 이는 기술이나 표 준이 주체의 존재를 가능하게 하는 방식과 유사하다. 우 리는 '우편'이라 불리는 체계, 즉 미디어 체계로 인해 우 편의 주체로서 존재한다. 구체적으로 이는 우편체계가 성 취한 것이자, 우리가 의외스러운 포스트휴먼 계보학의 관 점에서 봤을 때 고고학적 단계로 이해할 수 있는 것이다. …… 그러니깐 달리 말하면 우편으로 보내질 수 있는 것 만이 존재한다.

— 유시 파리카[4]

아순시온선 우편기가 곧 착륙하겠다고 알렸다.

최악의 상황에서도 리비에르는 한 장 한 장 전보를 들춰

4   이 책 187-188.

보며 그 우편기의 순조로운 비행을 지켜보았다.

—『야간 비행』[5]

'미디어란 무엇인가?'에 대한 회신은 독자마다 다르기에 다양한 해석이 뒤따르겠지만, 마셜 매클루언의 개념을 따르자면,『야간 비행』에는 20세기 초반을 지배했던 뉴미디어인 무선 통신이 또 하나의 주인공으로 등장한다. 그 외에도 타자기, 메모지, 수신호 등과 같은 올드미디어가 평온한 상황에서도, 급박한 상황에서도, 절박한 상황에서도, 절망적 상황에서도 주인공과 함께 그리고 무선 미디어와 함께 등장한다. 그러한 이유에서 20세기의 뉴미디어적 글쓰기를 최초로 시도한 최초의 작가 중 한 명인 생텍쥐페리는 총 23개의 장 중에서 절반 이상인 13개 장을 모두 미디어나 미디어의 작동음이나 그것이 저장하고, 전달하고, 재생하는 메시지로 시작했는지도 모른다. 예로서 첫 문장을 몇 개 나열해 본다.[6]

비행기 아래로는 벌써 황금빛 석양 속으로 구릉의 그림자가 짙어져 밭고랑을 지듯 펼쳐졌고, 들판은 오래도록 스러지지 않을 빛으로 환하게 밝았다. 이 지방에서는 이울어가는 겨울에도 하얀 눈이 남아 있듯, 대지의 황금빛 저녁놀이 늦도록 불타올랐다.

---

5   생텍쥐페리,『야간 비행』, 119.
6   생텍쥐페리,『야간 비행』, 15, 25, 40, 56, 63, 92, 111.

멀리서 들려오는 **엔진 소리**가 점점 더 커졌다. 소리가 더욱 무르익었다. 곳곳에서 **불**이 커졌다. 붉은 **항공 표지등**이 격납고와 **무전탑**과 사각 착륙장의 윤곽을 드러냈다. 축제가 준비된 것이다.

사무원들은 부산하게 움직였고, 사무장은 급히 최근 **서류**를 들추었고 **타자기**는 **탁탁 소리**를 내기 시작했다. 전화교환원은 **교환대**에 **접속선**을 꽂고 두꺼운 장부에 전보를 받아 적었다.

한 다발의 **서류**를 손에 쥐고 자신의 개인 사무실로 돌아가며 리비에르는 오른쪽 옆구리에서 몇 주 전부터 그를 괴롭히던 격렬한 통증을 느꼈다.

조종사의 아내는 **전화벨 소리**에 깨어 남편을 바라보며 생각했다.

이 네 번 접은 **종이쪽지**가 어쩌면 그를 구해 줄지도 모른다. 파비앵은 이를 악물고 그 종이를 펼쳤다. '부에노스아이레스와 통신 불가능. 손가락이 감전되어 더 이상은 **무전기**를 조작을 할 수 없음.

코모도로리바다비아에서는 이제 아무것도 들리지 않았다. 하지만 여기서 천 킬로미터 떨어진 바이아블랑카에서는 이십 분 후 두 번째 **메시지**를 청취했다.

여기서 남극지방에서 부에노스아이레스까지 파타고니아선 우편기를 몰며 날아오는 파비앵과 부에노스아이레스 비행장에서 그를 기다리는 리비에르와 그 사이를 연결하는 여러 무전국과 비행장 그리고 심지어 파비앵의 뒷자리에 앉은 이름 없는 무선사 사이를 연결하는 것은 표피적으로는 인간이 창조한 언어였지만, 내피적으로 순수한 언어가 아닌 무선이라는 기술 미디어를 통해 전기 신호로 변환되고 전송되고 수신되고 다시 문자나 육성으로 전환된 신호화된 언어, 서류, 메모였고, 벨소리 등의 오래되고 새로운 미디어였다. 또한 여기서 사람과 자연과 미디어는 하나의 담론 체계를 구성한다. 이 무선을 중심으로 구성된 담론 체계 안에서 모든 사물과 인간적인 것은 전파와 신호를 통해, 미디어적 행위를 통해 존재를 증명한다. 그래서 이렇게 미디어로 연결된 세상 속에서 미디어를 타고 시공간을 비행하는 파비앵은 밤의 대지에 별처럼 점멸하는 집 안의 불빛을 "온 세상에 신호 보내기를 멈추는 집 한 채"라고 신호로 지각할 수밖에 없었을 것이다.[7] 이처럼 『야간 비행』에서는 집에서 새어나온 전등불이 사랑과 권태를 알게 하는 신호가 되고, 인간의 욕망을 알리는 신호가 되고, 구출을 요청하는 신호가 된다. 사물은 멀어지면서 모두 본래의 의미를 버리고 마치 기계만이 이해할 수 있는 은유적 신호가 된다. 비행기는 모든 것을, 사물까지도 신호로 바꾸는 미디어이고, 비행 문학aviation literature 등장의 기술적 조건이다.

유시 파리카는 이 책의 4장에서 앞서 언급한 키틀러의 문구 "매체[미디어]가 우리의 상황을 결정한다. (그럼에도 혹은 그렇기

---

7   생텍쥐페리, 『야간 비행』, 20.

때문에) 그 상황을 자세히 설명할 필요가 있다"에 대해 설명하면서, 키틀러의 미디어 연구가 어떻게 미디어고고학의 뿌리가 되었는지 보여주고자 했다. 또한 이 말은 이 책 전체를 관통하는 주장이기도 하다. 마찬가지로 『야간 비행』의 여러 장의 첫 문장을 여는 미디어들은 우리의 삶이 얼마나 미디어 중심적이고, 그것들에 의해 결정되고 있는지 보여준다. 미디어는 우리의 손에서 탁자에서 우리의 시신경과 청신경 등을 자극하고 그것에 끊임없이 메시지를 단조로 속삭인다. 앞에서 인용한 『야간 비행』 3장의 첫 문장 "멀리서 들려오는 엔진 소리가 점점 더 커졌다. 소리가 더욱 무르익었다. 곳곳에서 불이 켜졌다. 붉은 항공 표지등이 격납고와 무전탑과 사각 착륙장의 윤곽을 드러냈다. 축제가 준비된 것이다"처럼 미디어만으로 작동하는 순간들이 우리 삶에 박혀있으며, 우리는 그것이 너무나 일상적이어서 그것의 존재를 잊기도 한다. 다시 말해 우리는 미디어 안에 있고, 미디어로 둘러싸여 있고, 미디어를 통해 연결된다. 간혹 상황이 역전되어 서류를 들고 가는 리비에르처럼 우리가 미디어를 연결하는 미디어로 느껴질 때가 있을 정도이다. 특히 전화벨이나 비행기 소리와 같이 미디어가 작동할 때 그림자처럼 발생하는 미디어의 소리로 시작하는 상황은 우리의 기억이 혹은 우리의 공간과 시간의 전환이 얼마나 미디어에 의해 이루어지는지를, 미디어에 의해 기억에 각인되는지를 보여준다. 또한 손이 감전되어 더는 무전도 할 수 없고, 파비앵의 어깨를 두드려 대화를 시도할 수도 없는 절박한 상황에서 이 둘에게 '네 번 접은 종이쪽지'가 유일한 소통의 수단이었던 것은 파리카가 이 책의 핵심 중 하나인 미디어의 주름진 시간성을 설명하는 대목, "뉴미디어가 다가와 우리의 사용자 습관을 천천히 바꿀지 모르지만, 올드미디어는 결코 우리 곁을 떠나지 않는다. 올드미디어는 새로운 용도, 맥락, 적응을 찾아가면서 지속적으로 재매개되고 재조명된다"를 떠올리게 한다.[8] 이처럼 『야간 비행』의 공간과 등장인물과 사건과 등장인물의 감정과 언어들을 거미줄과도 같이 잇고 있는 뉴미디어와 올드미디어는 미디어와 인간의 반역사적이고 비선형적 관계망을 보여주고, 더불어 파리카의 설명과도 같이 기술이나 표준이 "의미에 선행하고 그것을 가능하게"하고 "주체의 존재를 가능하게 하는 방식"을 증언한다.[9] 미디어를 주인공으로 놓고 『야간 비행』의 서사로 들어가면 우리는 미디어고고학이라는 새로운 이론에 초대된 듯한 느낌을 받는다.

그래서 『야간 비행』은 "기계의 행위 주체성에서 시작"하는 미디어고고학적 글쓰기다.[10] 이 소설 속 등장인물의 미디어적 행위와 물리적 시공간을 가로질러 그들을 잇는 무선 미디어를 통해 전송되고, 저장되고, 인쇄되는 메시지들로 구성되는 서사는 오로지 그러한 종류의 기술적 미디어가 낳은 산물이다. 저자 생텍쥐페리의 실제 비행기 조종사로서의 경험이 없었더라면 "비행기 아래로는 벌써 황금빛 석양 속으로 구릉의 그림자가 짙어져 밭고랑을 지듯 펼쳐졌고, 들판은 오래도록 스러지지 않을 빛으로 환하게 밝았다"와 같은

8   이 책 29.
9   같은 책, 187.
10   같은 책, 285.

비인간적 조감도를 실천하는 글쓰기는 불가능했을 것이다. 파비앵이 대초원을 내려다보며 "그건 마치 인생이라는 짐을 싣고 대초원의 출렁이는 물결 속에서 뒷걸음질 쳐가는 것처럼 보였다"라고 생각할 수 있었던 것, 무선사가 "밤은 아름다울 것이나 그것은 언젠가 상하게 될 아름다움이었다"고 확신할 수 있었던 것, 고도가 높아지면 "마을은 이제는 단지 한 줌의 빛이 되어버렸고, 이윽고 빛은 별이 되었다가, 종내 먼지가 되어 마지막으로 그를 유혹하더니 사라져버렸다"라고 파비앵이 감탄할 수 있었던 것, "이 밤하늘 속에 단단하게 안착되어 있다고" 느낄 수 있었던 것, 그리고 비행기 날개의 강철 소골 부분을 쓸어보며 그 속에 생명이 흐르고 있음을 느끼며, "그 금속은 진동하는 게 아니라 살아 있었다"라고 느낄 수 있었던 것, 여기서 다 나열할 수는 없지만 "오 분 후, 무전국들은 비행장들에 경보를 보낼 것이다. 1만 오천 킬로미터에 걸쳐 퍼지는 생명의 전율이 모든 문제를 해결해 줄 것이다"처럼, 마지막 장의 마지막 미디어의 등장에 이르기까지 이 모두는 미디어적 경험으로부터 흘러나온 문자들이다.[11] 하지만 이것은 미디어 중심의 문학창작이 어떻게 우리 삶에서 미디어의 존재방식을 정밀하게 탐구하고, 분석하고, 설명할 수 있는 텍스트를 낳고, 역사적 읽기를 가능하게 할 수 있는지를 보여주는 것이기도 하다. 오늘날에는 광활한 대지를 장악하거나 모든 대지의 사물을 공격의 대상으로 바꿔놓는 드론이 그러한 텍스트를 낳고 있다. 『야간 비행』의 이와 같은 미디어 경험론적

---

11   생텍쥐페리, 『야간 비행』, 15-19, 123.

문장들은 유시 파리카가 4장과 7장에서 미디어의 물질성과 예술적 방법론으로서 미디어고고학의 쓸모를 논할 때 강조한 내용인, "어떻게 기계가 자체적으로 우리 일상 경험을 조직하는지를 역사적으로 읽는 것이다"를 실천할 뿐만 아니라, 그러한 미디어 기술이 각인된 미디어적 텍스트가 아니라면 무엇이겠는가?[12]

3

> 즉 기술적 미디어는 그 자체가 우리의 문화 분석의 도구로는 접근할 수 없는 방식으로 데이터를 처리하고 저장할 수 있는 기술적 성좌다.
>
> — 유시 파리카[13]
>
> 사실상 기계는 인간에게 말하기 전에 기계에게 말하며, 기계가 드러내고 분비하는 존재론적 영역들은 매번 특이하고 불안정하다.
>
> — 펠릭스 가타리[14]

유시 파리카는 미디어고고학의 방법론으로서 미디어의 물질성 탐구를 강조한다. 미디어가 전달하는 메시지가 아닌 메시지를 전달하

---

12 이 책 189-190.
13 같은 책, 285.
14 펠릭스 가타리, 『카오스모제』, 윤수종 옮김(동문선, 2003), 69.

는 미디어의 기술적 속성과 기술을 구성하는 물질적 속성이 미디어가 우리의 상황을 결정하는 데, 그리고 우리의 기술문화의 특징을 이해하고, 미디어가 어떻게 역사의 전환과 문화의 전환을 이끄는 데 결정적인 영향을 끼친다는 점을 주장하기 위함이다. 악천후에 의해 발생하는 무선 송수신의 태생적 운명인 '소음'은 『야간 비행』에서 그 어떤 인간 주인공이나 미디어보다 강력한 안타고니스트로 등장한다. 소음은 파리카가 4장과 5장에서 너무 순식간에 지나가고 작고 흐르는 것들이기에 보편적인 물질적인 용어로 사물이 될 수는 없지만, 여전히 근대 기술 미디어 문화의 물질적 존재론을 정의하는 것으로서 중점적으로 다루었던 전자파역의 세계, 그 진동들의 일부이자 훼방 기술이자 그 자체의 존재함을 드러내는 자기 파괴적 물질이다. 우리는 평소에는 무선 기술의 물질적 존재를 감각하기 힘들지만, 잡음이 틈입할 때 비로소 그것이 실제로 존재함을 느낀다. 파리카의 말처럼 그래서 소음은 소리의 그림자다. 우리가 청취할 수 있지만, 소통할 수는 없는 소음은 우리를 절망에 빠지게 만드는 미디어적 재난의 원인이 된다. 『야간 비행』에 등장하는 잡음은 모두 그러한 예로서 극화된다. 그 이름 없는 무선사가 이렇게 말한다. "잡음 때문에 여기 소리가 잘 안 들렸다고 합니다. 저도 역시 그쪽 소리를 듣기 힘들고요. 전파방해 때문에 곧 안테나를 끌어당겨야 할 것 같습니다." "모르겠습니다. 폭풍우가 너무 심합니다. 우편기가 발신을 하더라도 우리가 들을 수 없을 겁니다." "단파란 그런 것이다.

여기에서는 잡히는데 저기에서는 들리지 않는다."[15] 대자연이 깨운 잡음은 자신의 존재를 드러내고 발신과 수신 불가라는 작동불능의 상태에서 무력한 주인공의 운명을 결정한다.

파리카는 상상적 미디어를 다룬 3장에서 뉴미디어는 정신을 지배하는 미디어로서 끊임없이 상상되었음을 상세하게 다룬다. 상상적 미디어를 탐구하는 것은 그것에 담긴 미디어의 물질성과 인간 문화의 관계망을 이해하고, 전통적인 미디어 역사의 선형적이고 진보적인 서사와 인간중심적인 서사에서 벗어난 이질적인 역사 쓰기의 현실적 방법론으로 소개된다. 『야간 비행』의 안타고니스트 미디어인 잡음, 이 무색무취무의미의 전파는 오히려 역으로 파비앵과 리비에르를 유일하게 연결하는 매개체로서 상상되기도 한다. 이 부분을 다시 읽어보자.

> 리비에르는 한 무전국에서 여전히 그의 음성을 듣고 있다는 생각을 해본다. 오로지 음파만이, 단조의 음색만이 아직도 파비앵을 세상과 연결해 줄 뿐이다. 신음 소리 하나 없다. 비명 소리도. 하지만 그것은 일찍이 절망만이 만들어낼 수 있었던 가장 순수한 소리인 것이다.

단파 무선 신호가 파비앵의 마지막 발신 메시지를 기지국까지 전달하지 못하고 대기 중으로 사라졌을 때, 이 단파 무선의 백색 소음

---

15   생텍쥐페리, 『야간 비행』, 76, 80, 111.

은, 즉 생텍쥐페리가 '음파'라고 쓴 기계의 소리는 "찬란하게 빛나는 밤의 구름바다 위"에서 "저 아래에 놓인" 영원으로 침몰하는 파비앙과 무선사의 존재를 이어주는 환청으로 변하고, 이내 그의 죽음에 대한 숭고한 애도로 이어진다. 이는 미디어가 인간의 정신을 지배하는 상황으로 끝나지 않고 비인간과 인간이 일체가 된 고귀한 순간이기도 하다. 또한 대기 중으로 사라진 파비앙의 메시지가 더는 인간의 언어로 복구될 수 없게 된 이 절망적인 상황은 미디어는 인간이 제조한 기계장치이지만, 완성된 이후로는 인간의 정신과 문화로부터 분리되어 존재하는, 그래서 더는 관여할 수 없는 그것만의 존재의 방식을 지닌 독립적 객체라는, 즉 파리카가 이 책에서 미디어의 물질성 연구와 상상적 미디어 연구를 통해 강조하려 했던 기술적 미디어의 존재론으로 우리의 사유를 이끄는 문턱의 순간이다. 이는 파비앙의 아내에게 다음과 같이 말하고 혼자 생각에 잠긴 리비에르의 사유를 통해 전개된다.

불행하게도 부인이나 저나 기다리는 일밖에는 달리 어쩔 도리가 없습니다. …… 그는 생각했다. '우리는 영원하기를 바라는 게 아니야. 행위와 사물이 갑자기 그 의미를 상실하는 모습을 보지 않으려는 것이지. 그렇게 되면 우리를 둘러싸고 있는 공허가 나타나거든……'. 그의 시선은 전보를 향했다. '바로 이런 것들을 통해서 우리에게 죽음이 찾아오지. 이제 더는 의미가 없는 이 전보를 통

해서 말이야.'[16]

그리고 리비에르의 사유를 이끄는 두 개의 단어 '의미'와 '상실'은 미디어의 시간성을 통해 파리카가 설명했던 우리의 문화 분석 도구로는 접근할 수 없는 방식으로 데이터를 처리하는 기술적 미디어의 존재론적 영역으로 우리의 사유를 이끈다.

시간은 미디어고고학에서 미디어의 물질성을 다룰 때, 그리고 미디어 역사의 비선형성을 이야기할 때 중요하다. 파리카는 4장과 5장에서 미디어의 시간(성)을 중점적으로 다루었다. 시간(성)은 미디어가 인간과 다른 객체임을 보여주는 존재론적 증거이며, 미디어 고유의 시간성을 통하면 인간 중심의 역사에서 벗어난 대안적 역사를 구축할 수 있다는 주장은 미디어고고학이 시간을 통해 우리에게 전하는 가장 매력적인 포스트휴머니즘적 사유이다. 『야간 비행』에는 그러한 미디어만의 고유의 시간성이 존재한다. 부에노스아이레스 비행장과 파타고니아 선 전체의 무전 송신국을 모두 잇는 1만 오천 킬로미터에 걸쳐 퍼지는 단파 무선 송수신 메시지는 자체의 시간성을 가지고 『야간 비행』에 존재한다. 무선으로 메시지가 전달되고 수신되는 모든 과정에서 이 단파 무선 미디어만의 시간성이 존재하는데, 생텍쥐페리는 이 시간성을 다음과 같이 대사 사이에 소요 시간으로 기록했다.

---

16 생텍쥐페리, 『야간 비행』, 108-109.

"날씨는 어떤가?" 그는 무전으로 승무원에게 물었다.

십 초가 흘렀다.

"매우 좋음"

이어 통과한 몇몇 도시들의 이름이 전해졌다. 리비에르에게 그것
은 전투에서 함락한 도시였다.[17]

이 '십 초'의 시간은 단파 무선의 고유의 시간성이다. 이 순간만은
미디어가 그 존재를 드러내는 순간이고, 인간은 개입할 수 없는 미
디어만이 개입하고 작동하는 시간이다. 즉 리비에르의 목소리가 신
호로 전환되고, 발신되고, 대지를 날아가 상대방의 무전기에 수신
되고, 다시 인간이 청취할 수 있는 음성으로 전환되어 승무원에게
전달되고, 다시 승무원의 대답이 역방향으로 리비에르에게 전달되
는 데 걸리는 미디어 작동의 시간이다. 우리는 리비에르가 그런 것
처럼 단지 그 시간을 침묵 속에서 기다릴 수밖에 없다. 분명히 단
조로운 음파만이 들려왔을 십 초의 침묵은 기술적 성좌로 구성된
미디어의 해석불가능성을 증언하는 기술적 발화다.

우리 문화 속에는 이러한 미디어의 시간(성)들이 가득하다. 오늘
날 디지털 네트워크 시대에 미디어는 찰나의 시간성으로 우리 삶 속
에 숨어있을 뿐 그것의 시간성이 사라진 것은 아니다. 더 깊어졌고,
더 은밀해졌고, 더 존재의 흔적을 드러내지 않을 뿐이다. 『야간 비행』
에서 특히 불안, 초조, 운명, 안도 등과 인간중심적인 감정은 오로지

---

17   생텍쥐페리, 『야간 비행』, 47.

비행기와 무선국 사이를 오가는 전보를 통해 야기된다. 이 '십 초'의 시간은 인간 중심적으로 해석하면, 불안과 초조 그리고 긴장이 된다. 하지만 이는 미디어고고학적 해석을 통하면 미디어가 어떻게 고유의 시간성을 따르는지 그리고 그것이 미디어가 작동하는 기반인지를 이해할 수 있는 텍스트가 된다. 그래서 아마도 20세기 미디어적 글쓰기를 시도한 생텍쥐페리는 "십 초가 흘렀다"를 인간의 대사 사이에 끼워 넣고, 메시지가 신호로 바뀌어 목표 기지국으로 전달되고 다시 문자로 변환되는 커뮤니케이션의 과정을 독자로 하여금 느끼게 하고 싶었는지도 모른다. 그리고 이것이 독자에게 충분히 전달되었을 때, 즉 미디어가 임무를 완수했을 때, 그것의 시간적 존재를 지우고 다시 단어들 사이로 숨겨버렸던 것일 테다. 이렇게 십 초 동안 일어나는 미디어의 처리과정을 분석하는 방법, 즉 미디어고고학적 '하강'을 볼프강 에른스트는 '역공학reverse-engineering'이라 명명했다. 유시 파리카가 이 책에서 매우 중요하게 다루는 개념이다.[18]

4

문학과 소설은 그 시대 미디어 기술의 자체석 삭인이사 과학과 기술의 핵심 효과에 접근하기 위한 방법론적 도구에 가깝다.

18   이 책 191-198.

단지 하나의 특정 매체를 연결하고 특징짓는 것에만 주목하는 것이 아니라, 구성을 통해 비선형적 미디어 역사에 혁신적으로 개입하는 것이다. 즉 미디어 사이, 그리고 시간들 사이의 관계는 우리가 흔히 인식하는 것보다 훨씬 다중적이고, 주름져[접혀] 있으며, 이는 '새로움'이라는 범주 전체를 이미 문제 삼는 것이다.

— 유시 파리카[19]

이 책은 독자 여러분들에게 많은 영향을 미칠 것이다. 앞서 미디어가 어떻게 예술 창작의 방법론이 될 수 있는지를, 문학을 통해 어떻게 미디어를 연구할 수 있는지를 『야간 비행』을 통해 보여주고자 했던 것처럼. 또한 이 책을 읽는 중에 혹은 그 이후에 독자 여러분은 푸코와 키틀러의 저작을 읽도록 명령받을 것이다. 파리카가 여러 번 강조했듯이 푸코와 키틀러는 미디어고고학의 방법론과 이론적 뿌리가 된 위대한 역사학자이자 미디어 이론가이기 때문이고, 미디어의 역사를 바라보는 관점을 바꾼, 역사 쓰기를 인간중심적인 틀에서 해방시킨 장본인이기 때문이다. 만약 독자 여러분들 중에 영상미디어에 관심 있는 연구자가 있다면, 키틀러의 책을 읽고, 그가 말했던 인간과 기계의 네트워크 그리고 상황 결정을 통해 영상과 영화 미디어의 역사를 본격적으로 기술의 관점에서 바라볼 수 있을 것이다. 최근 이러한 학문적 연구는 점차 구상의 단계에서 담

19 같은 책, 170, 350.

론의 장으로 넘어오고 있다.[20]

유시 파리카의 『미디어고고학이란 무엇인가?』는 미디어고고학의 이론적 개념과 논점을 정확하게 설명하는 책이다. 이 책을 통해 경험하겠지만, 미디어고고학을 개척한 프리드리히 키틀러와 지그프리트 칠린스키 등의 미디어 이론가들은 주기적으로 도발적인 주장을 펼쳤으며, 독자들에게 그러한 선택을 요구하는 사례들을 공격적으로 분석해 주는 데 능숙한 학계의 이단아들이다. 이 책의 미덕은 이러한 전복적 주장과 선택을 매우 충실한 역사적, 이론적, 계보적 설명과 완곡한 언어로(물론 그 주장들은 변함없이 도발적이지만) 전달한다는 데 있다.

이 책에서 파리카가 전하고자 했던 정의, '미디어고고학이란 무엇인가?'는 다양한 갈래로 나뉜다. 영화, 미디어아트, 미디어 이론, 역사, 철학, 대중문화, 아카이브 등이다. 번역을 진행하며, 여러 차례 반복해서 읽고 남은 생각은 미디어고고학은 새로운 미디어가 뒤덮은 과거를 파헤치는 학문적 작업이라는 것이다. 실제 고고학의 현장과 같이 땅속에 묻혀있는 것은 아니지만(물론 그러한 경우가 없는 것은 아니다), 역사 속에 문화 속에, 다시 말해 역사를 바라보는 관점과 문화를 바라보는 관점에 묻혀 있다. 또한 미디어는 우리 수변에, 서랍 속, 거실 어딘가에, 창고 어딘가에 방치되어 있다. 난 아

---

20 이러한 시도를 보여주는 대표적 책은 다음과 같다. Roger F. Cook, *Post-Cinematic Vision: The Coevolution of Moving-Image Media and the Spectator* (Minneapolis: University of Minnesota Press, 2020).

직도 구식 미디어들을 갖고 있다. 아이폰 1, 필름 카메라, 200만 화소 디지털 카메라, 폴라로이드 카메라, 전자 사전, 1960년대 레트로 디자인 라디오, 씽크 패드 노트북, 타자기 등. 여전히 대부분 전원을 연결하거나 리본을 갈면 제대로 작동한다. 필름 카메라는 여전히 고화질의 이미지를 기록할 수 있다. 좀비 미디어들이 이렇게 우리 주변에 있다. 미디어고고학은 이와 같이 이제 관심을 받지 못하는 미디어의 전성기를 파악하고, 이렇게 쓸모없는 존재로 취급된 역사적이고 문화적인 경위를 조사한다. 그 이유는 미디어의 역사를 순환으로, 즉 낡은 기술에서 진보된 기술이라는 선형적 관점이 아닌 다른 방식으로 보기 위해서다. 바로 이것이 미디어고고학과 미디어 역사의 차이를 보여주는 핵심임을 번역자로서 다시 강조하고 싶다.

미디어고고학의 정의를 따르면, 새로운 미디어는 결국 없다. 정확히 말해, 미디어고고학적 탐구를 수행하기 전에는 새로운 미디어는 있지만, 그 이후로는 그렇지 않다. 그렇다면 미디어고고학은 새로운 미디어를 퇴물로 만들어 버리는 이상하고 괴팍한 학문인가? 그렇지 않다. 미디어고고학은 새로운 것의 근원을 밝히는 작업이다. 새로운 것의 역사를 되찾는 것, 그것을 망각된 역사에서 되찾는 작업이다. 그런 작업을 하는 이유는 무엇인가? 분명 이 새로운 미디어가 가져다줄 미래를, 또는 우리가 예상하지 못하고 있는 어떤 문제를 이 망각된 역사 안에서 경험할 수 있을지도 모르기 때문이다. '과거의 창조적 결합이 새로운 것을 낳는다'고 흔히들 말한다. 하지만 사실 그렇지 않은 경우가 더 많다. 미디어고고학은 우리가 새롭다고 믿고 있는 모든 것들이 사실 잊힌 과거의 산물이라고 말한다.

그래서 미디어고고학은 현재와 과거를 오가며, 현재와 과거를 모두 새롭게 보는 탐구의 여정이다.

5

> 미디어고고학은 어디로 향하고 있으며 우리는 어떻게 그 활력을 유지하고 그것을 미디어 역사의 부분집합 이상으로 만들 수 있을까?
>
> — 유시 파리카[21]

이 책의 1장에서 마지막까지 읽다 보면 여러분 스스로 미디어고고학에 대한 정의를 세우게 될 것이다. 이 책이 장점이다. 파리카는 절대로 '미디어고고학이란 이것이다'라고 못 박지 않았다. 다양한 사례를 들어 우리 스스로 미디어의 역사를 생각하게 한다. 그래서 이 책은 읽기가 어렵지만, 대신 보람이 크다. 이 책을 읽다 보면 명령과 같은 말들이 계속 반복해서 들려올 것이다. 미디어고고학이 명령한다. 미디어의 역사를 전복하라! 미디어를 해부하라! 미디어를 수집하라! 오래된 미디어를 작동시켜라! 미디어를 상상하라! 푸코와 키틀러를 점유하라! 이 미디어고고학의 정언명령을 여러분들의 관심 영역에 적용해 보시기를 바란다.

　최근 10여 년 동안 다양한 학문 영역에서 미디어고고학적 접근

21　이 책 363.

이 이루어졌다. 물론 미디어아트, 영화, 컴퓨터그래픽, 연극, 컴퓨터 워드프로세서, 텔레비전 등과 같이 뉴미디어이거나 예술 분야에 한정된 경향이 있지만, 경계를 넘어 도시학이나 탈식민주의 그리고 젠더 연구 분야로까지 그 해석의 지평이 확대되고 있다. 새로운 이론은 과거와 현재에 균열을 일으킨다. 즉 새로운 이론은 우리 사유의 흐름을 바꾼다. 책의 제목에 '미디어고고학'이 들어가 명시적으로 그 계보를 잇는 책들을 몇 권 독자 여러분께 소개해 보고자 한다.

콜린 윌리엄슨은 『눈에 띄는 곳에 숨은: 마술과 영화의 미디어고고학Hidden in Pain Sight: An Archaeology of Magic and the Cinema』에서 영화를 애니메이션 그리고 과학과 기술의 관계망 속에서 미디어고고학적으로 바라본다. 이 책은 미디어고고학이 명시한 역사 서술의 목적인 "미디어의 역사를 지금의 미디어 문화 조건에 맞도록 완성으로 향하는 목적론적 관점에서 벗어나 있는 억압되고, 부정되고, 망각된 역사로 구성하는" 것을 실천하다.[22] 에르키 후타모의 『움직이는 환영: 무빙 파노라마와 스펙타클의 미디어고고학Illusions in Motion: Media Archaeology of the Moving Panorama and Related Spectacles』은 시각문화 영역에서는 선구적인 미디어고고학의 성과이다. 후타모는 오늘날 아이맥스, 4DX, 가상현실 등의 실감적이고 공간적인 미디어라 할 수 있는 파노라마에 관한 물질문화사를 다룬다.[23] 조나

---

22   Colin Williamson, *Hidden in Plain Sight: An Archaeology of Magic and the Cinema* (New Brunswick, New Jersey, and London: Rutgers University Press, 2015), 3.

23   Errki Huhtamo, *Illusions in Motion: Media Archaeology of the Moving Panorama and Related Spectacles* (Cambridge: MIT Press, 2013).

단 로젠크란츠는 『비디오그라프 시네마: 전자 이미지와 상상의 미디어고고학Videographic Cinema: An Archaeology of Electronic Images and Imaginaries』에서 영화 속에 등장하는 비디오 미디어를 분석해 그것이 일으키는 상상적 이야기와 기능을 들여봄으로써 파리카가 3장과 5장에서 강조한 상상적 미디어, 즉 기술 미디어에 깃들어 있는 초월적이고, 비현실적인 상상을 통해 영상미디어를 정의한다.[24] 데이비드 파리시는 21세기 뉴미디어와 인간의 소통의 방식인 '터치touch'라는 촉감에 대한 미디어고고학적 탐구를 실천한다. 18세기부터 21세기까지 연결의 기술로서 터치를 개발하고자 했던 과학과 심리학과 컴퓨터공학 분야 등에서의 기발한 실험들을 파헤쳐, 21세기에 운명적으로 주목을 받기까지 '터치'가 어떻게 '시각'중심의 미디어 역사와 문화 속에서 망각되었는지 다룬다.[25] 완다 스트로벤은 『터치스크린 미디어고고학: 손으로 다루는 미디어의 역사를 추적하다Touchscreen Archaeology: Tracing Histories of Hands-on Media Practices』에서 한 단계 더 미디어고고학적으로 접근해 터치를 미디어적 실천으로 파헤칠 뿐 아니라 시각 미디어에 깃든 촉감의 역사도 들여다본다. 이것은 시각과 촉각을 그리고 낡은 미디어와 새로운 미디어를 물질성에 기반해 그 차이를 지우고 병렬적으로 사유

24   Jonathan Rozenkrantz, *Videographic Cinema: An Archaeology of Electronic Images and Imaginaries* (New York: Bloomsbury Academic, 2022).

25   David Parisi, *Archaeologies of Touch: Interfacing with Haptics from Electricity to Computing* (Minneapolis: Palgrave MacMillan, 2018).

하는 미디어고고학의 실천이다.[26] 『전기로 보다: 텔레비전의 등장, 1878-1939Seeing by Electricity: The Emergence of Television, 1878-1939』에서 도론 갈릴리는 이러한 상상적 미디어에 관한 미디어고고학적 접근을 텔레비전을 통해 진행한다. 갈릴리는 텔레비전이 애초에는 오늘날 휴대폰 영상통화와 같은 일대일 소통의 기술로 상상되었던 역사들을 발굴해 현재 제도화된 텔레비전에 대한 인식에 균열을 일으킨다.[27] 최근에는 시각적이고 가상적인 것 자체를 물질적으로 이해하려는 시도도 있다. 제이콥 가보리의 컴퓨터그래픽에 대한 미디어고고학적 연구다. 가보리는 『이미지 오브제: 컴퓨터그래픽의 미디어고고학Image Objects: An Archaeology of Computer Graphics』에서 컴퓨터 그래픽은 시각적 매체가 아니라 "우리가 지금까지 세상을 디자인해온 방식을 가능하게 했던 조건들을 만들었던" 물질적 구성체라고 주장하며, 그것을 기술, 노동, 예술, 과학과의 관계 속에서 조망한다.[28] 최근에는 젠더, 탈식민주의와 같은 분야에서도 미디어고고학의 방법론을 통해 새로운 역사적 이해를 추구하려는 시도가 일어나고 있다.[29] 이것은 분명 파리카가 한국어판 서문에서 강조한 바

26 Wanda Strauven, *Touchscreen Archaeology: Tracing Histories of Hands-On Media Practices* (Lüneburg: Meson Press, 2012).

27 Doron Galili, *Seeing by Electricity: The Emergence of Television, 1878-1939* (Durham: Duke University Press, 2020).

28 Jacob Gaboury, *Image Objects: An Archaeology of Computer Graphics* (Cambridge: MIT Press, 2021).

29 이 주제에 관심 있는 독자들은 다음 논문을 읽어보기를 바란다. Jörgen Skågeby and Lina Rahm," What is Feminist Media Archaeology?", *communication+1*, 2018, 7 (1):1-18; Rakesh Sengupta," Towards a Decolonial Media Archaeology: The Absent Archive

와 같이 미디어고고학은 계속 여행하고 있기 때문이다. 이 책을 번역한 목적 중 하나이기도 하듯, 이러한 시도가 국내 학문 공동체에서 일어날 수 있기를 기대한다.

6

> 미디어고고학은 미디어 문화란 퇴적되고 겹겹이 쌓인 것, 즉 과거가 갑자기 새롭게 발견되고 새로운 기술이 점점 더 빠르게 구식이 될 수도 있는 시간과 물질성의 주름 같은 것으로 본다.
>
> ― 유시 파리카[30]

우리는 미디어를 통해 그리고 그 안에 영원히 남는다. 육체도 예외가 아니다. 물론 미디어를 통한 현존은 파편적이고, 불연속적이고, 선별적이다. 우리가 남긴 문자 기록, 댓글, 이미지들은 인터넷 공간 속에서 무한 순환, 복제, 잠재적 검색 결과로 부유한다. 이러한 미디어적 현존은 서재, 도서관, 아카이브, 서류철에서도 마찬가지다. 스티븐 스필버그의 영화 〈A.I〉의 마지막 장면이 그려냈듯이, 이 미디어적 현존의 역사는 인류문명과 함께 시작했지만, 인류세 이후에도

---

of Screenwriting History and the Obsolete Munshi ". *Theory, Culture & Society*, 38(1): 3-26.

30 이 책 27.

지속될 것이다. 여러분이 잘 알다시피 '호사유피 인사유명虎死留皮 人死留名', 호랑이는 죽어서 가죽을 남기고, 사람은 죽어서 이름을 남긴다는 사자성어가 있다. 이는 매우 미디어고고학적 사유이다. 이를 미디어고고학에 맞게 수정하면, '사람은 죽어서 기록을 남긴다' 정도가 될 것이다. 우리의 삶을, 더 나아가 인간의 역사와 문명을 기록의 차원에서, 기록하는 미디어의 관점에서 바라보는 것이 미디어고고학적 탐구의 핵심이다. 그렇다면 왜 꼭 그래야만 하는가? 미디어고고학의 학문적 필요성과 의미는 무엇인가? 왜 미디어 이론가들은 그러한 연구가 인문학을 대체할 수 있는 학문을 낳을 수 있다고 바라보는가? 미디어로 고고학을 한다는 것은 무엇인가? 미디어고고학이 어떻게 예술, 과학, 예술 사이의 경계 넘기의 장구한 역사를 보여줄 수 있는 21세기 인문학의 대안이 될 수 있는가? 이 책은 이러한 모든 미디어고고학이라는 생소한 분야를 관통하는 질문들에 대해, 미디어고고학이라 불리는 학문 분야에서는 어떠한 일들이 일어나는지에 대해, 미디어고고학에 관해 우리가 알아야 할 것들에 대해서 매우 상세하게 설명하는 안내서이다.

이 책은 현실문화연구와 학술모임 '미디어고고학 세미나'가 공동으로 기획한 '미디어고고학 총서'의 첫 번째 책이다. '미디어고고학 세미나'는 소위 독일 미디어 이론과 이에 대한 독일 바깥의 논의를 국내에 소개하고자 결성된 학술모임이다. 2016년 가을에 첫 모임을 시작해 약 2년 동안 관련 주요 저작들을 함께 읽고 논의하면서 미디어고고학을 어떻게 국내에 소개할 것인지를 고민했다. 그 첫 결실이 이 책이고, 『미디어의 지질학』은(물론 먼저 출간되었지

만) 그 두 번째다. 다음 책은 유시 파리카와 에르키 후타모가 공동
으로 편집한 『미디어고고학』이다.[31]

 '미디어고고학 세미나' 모임을 진지한 학술연구와 논의의 장으
로 꾸려온 동료 선생님들(권수진, 김고운, 박영석, 심효원, 정인선)
께 감사드린다. 미디어고고학 출판 소식을 접하고, 아직 번역 중임
에도, 특강 자리를 마련해 주신 서울과학기술대학교 이광석 교수님
께도 감사의 마음을 전한다. 물론 현재는 여러 사정으로 일시적으
로 중단되었지만, 2016년도부터 2년여 동안 학술 프로그램으로서
미디어고고학 세미나는 매우 생산적이고, 모범적이고, 도전적인 학
술공동체로 업그레이드했다. 이 모든 것은 새로운 학문에 끝없이 다
가서고자 했던 참여 선생님들의 열정과 노고로 이루어진 휴먼 알
고리듬 덕분이다. 역자들을 대표해서 역자 해제를 쓰지만, 미디어고
고학 세미나의 대표는 참여 선생님들 모두다. 평온함과 인내심으로
이 책의 번역 과정을 이끌어주신 현실문화연구의 김수기 대표님께
무한한 감사의 마음을 전한다.

 파리카의 인상적인 한국어판 서문의 첫 문장처럼, '미디어고
고학 세미나' 역시도 여행이다. 우리는 미디어고고학을 새롭게 하
기 위해 번역과 저술 작업을 병행하면서 미디어고고학의 과거와 현
재를 횡단할 것이다. 미디어고고학 세미나는 개방형 학술 프로그램
이다. 함께 하고자 하는 미래의 미디어고고학자들은 언제나 환영한

---

31 Erkki Huhtamo and Jussi Parikka, eds., *Media Archaeology. Approaches, Applications,
   Implications* (Berkeley, CA: University of California Press, 2011).

다. 마지막으로 맨 아래 생텍쥐페리의 단편소설 『인간의 대지』의 여는 글을 인용한다. 이 글에서 다시 확인할 수 있는 것은 그는 20세기 최초의 미디어 비행 작가라는 사실이며, 그의 글은 미디어고고학의 장이라는 점이다. 월간月瀾, '달빛 아래 산골짜기로 흐르는 강물'이라는 의미를 담은 조선 중기의 학자 이전李瑔의 호이다. 이것은 또한 생텍쥐페리가 하늘에서 내려다본 달빛 아래로 별처럼 반짝이는 세상이기도 하다.

미디어고고학 세미나 팀을 대신하여

2024년 1월부터 2026년 2월까지
정찬철 씀

대지는 저 모든 책들보다 우리들에 관해 더 많은 것을 가르쳐준다. 그것은 대지가 우리에게 저항하기 때문이다. 인간은 장애와 맞서 겨룰 때 스스로를 발견한다. 허나, 그에 이르기 위해서는 도구가 필요하다. 대패가, 쟁기가 필요하다. 농부는 농사를 지으며 조금씩 자연으로부터 어떤 비밀들을 이끌어내는데, 그 진리는 우주적인 것

이다. 마찬가지로 항공 노선의 도구인 비행기도 인간을
저 모든 오래된 문제들 속으로 던져 놓는다.

—『인간의 대지』[32]

---

32   앙투안 드 생텍쥐페리, 『인간의 대지』, 김윤진 옮김(시공사, 2014), 6.

참고문헌

Abel, Richard & Altman, Rick, eds. (2001) *The Sounds of Early Cinema* (Bloomington: Indiana University Press).

Adams, Henry (1918/2000) *The Education of Henry Adams*, Project Gutenberg, www.gutenberg.org/ebooks/2044, 2011년 11월 27일 접속 (originally published by the Massachusetts Historical Society).

Alberts, Gerard (2010) 'Die Körperlichkeit des Rechnens oder Warum die Rechenautomaten Lautsprecher hatten'. Presentation, Humboldt University, Berlin, 8 Dec. 2010.

Alt, Casey (2011) 'How Object-Orientation Made Computers a Medium' in *Media Archaeology. Approaches, Applications, Implications*, ed. Erkki Huhtamo and Jussi Parikka (Berkeley, CA: University of California Press), 278–301.

Andriopoulos, Stefan (2002) 'Okkulte und technische Television' in *1929. Beiträge zue Archäologie der Medien*, ed. Stefan Andriopoulus and Bernhard J. Dotzler (Frankfurt am Main: Suhrkamp), 31~53.

Andriopoulos, Stefan (2005) 'Psychic Television', *Critical Inquiry* 31(3) (Spring): 618–637.

Armitage, John (2006) 'From Discourse Networks to Cultural Mathematics. An Interview with Friedrich A. Kittler', *Theory, Culture & Society* 23(7-8): 17–38.

Arns, Inke (2008) 'The Realization of Radio's Unrealized Potential. Media-Archaeological Focuses in Current Artistic Projects' in *Reinventing Radio. Aspects of Radio as Art*, ed. Heidi Grundmann, Elisabeth Zimmermann,

Reinhard Braun, Dieter Daniels, Andreas Hirsch and Anne Thurmann-Jajes (Frankfurt am Main: Revolver), 471–492.

Bak, Arad and Sterling, Bruce (1999) 'Dead Media Project. An Interview with Bruce Sterling', *Ctheory* (16 March), www.ctheory.net.

Bal, Mieke (2002) *Travelling Concepts in the Humanities* (Toronto: Toronto University Press).

Bardini, Thierry (2000) *Bootstrapping: Douglas Engelbart, Co-Evolution, and the Origins of Personal Computing* (Stanford: Stanford University Press).

Bearman, David (2007) 'Addressing Selection and Digital Preservation as Systemic Problems' in *Preserving the Digital Heritage: Principles and Policies*, ed. Yola de Lusenet and Vincent Wintermans (Amsterdam: Netherlands National Commission for Unesco), 26–44.

Bellet, Daniel (1896) 'La télégraphie des dessins', *La Nature* 24(1): 26–27.

Beloff, Zoe (2002) 'An Ersatz of Life: The Dream Life of Technology' in *New Screen Media. Cinema/Art/Narrative*, ed. Martien Rieser and Andrea Zapp (London: BFI), 287–296.

Beloff, Zoe (2006) 'Towards Spectral Cinema' in *Book of Imaginary Media. Excavating the Dream of the Ultimate Communication Medium*, ed. Eric Kluitenberg (Amsterdam and Rotterdam: Debalie and NAi Publishers), 125–239.

Beloff, Zoe (2011) "With Each Project I Find Myself Reimagining What Cinema Might Be"', an interview by Jussi Parikka, *Electronic Book Review* (November), www.electronicbookreview.com/thread/imagenarrative/numerous (accessed 28 Nov. 2011).

Bendt, Franz (1896) 'Die neue Berliner "Urania"', *Gartenlaube*. 38: 632–637.

Benjamin, Walter (1977) *Gesammelte Schriften*, ed. Rolf Tiedemann, Vol. I.1 (Frankfurt: Suhrkamp).

Benjamin, Walter (1992) 'Lichtenberg: A Cross Section', trans. Gerhard

Schulte, *Performing Arts Journal* 14(3): 37-56.

Benjamin, Walter (2008) *The Work of Art in the Age of Its Technological Reproducibility and Other Writings on Media*, ed. Michael W. Jennings, Brigid Doherty and Thomas Y. Levin (Cambridge, MA: The Belknap Press of Harvard University Press). [국역본] 발터 벤야민, 『기술복제시대의 예술작품 / 사진의 작은 역사 외』, 최성만 옮김(길, 2007).

Bennett, Jane (2010) *Vibrant Matter. A Political Ecology of Things* (Durham: Duke University Press). [국역본] 제인 베넷, 『생동하는 물질』, 문성재 옮김 (현실문화연구, 2020).

Blegvad, Peter (2006) 'On Imaginary Media' in *Book of Imaginary Media. Excavating the Dream of the Ultimate Communication Medium on the attached DVD of Imaginary Media* (Amsterdam and Rotterdam: Debalie and NAi Publishers).

Boast, Robin (2011) An interview by Jussi Parikka 11 Jan. 2011, in Cambridge. Online as part of the Creative Technology Review podcasts episode 11, http://createtalk.libsyn.com/, 2011년 11월 27일 접속.

Bolter, Jay David and Grusin, Richard (1999) *Remediation. Understanding New Media* (Cambridge, MA: The MIT Press). [국역본] 제이 데이비드 볼터·리차드 그루신, 『재매개』, 이재현 옮김(커뮤니케이션북스, 2006).

Bosma, Josephine (2011) *Nettitudes. Let's Talk Net Art* (Rotterdam: NAi Publishers).

Bowser, Rachel A. and Croxall, Brian (2010) 'Introduction: Industrial Evolution', Steampunk special issue of *Neo-Victorian Studies* 3(1), http://neovictorianstudies.com/, 2011년 9월 8일 접속

Braidotti, Rosi (2002) *Metamorphoses. Towards a Materialist Theory of Becoming* (Cambridge: Polity). [국역본] 로지 브라이도티, 『변신—되기의 유물론을 향해』, 김은주 옮김(꿈꾼문고, 2020).

Braudel, Fernand (1980) *On History*, trans. Sarah Matthews (London:

Weidenfeld and Nicolson).

Bredekamp, Horst (2003) 'A Neglected Tradition? Art History as Bildwissenschaft', *Critical Inquiry* 29 (Spring): 418-428.

Brewster, Sir David (1858) *The Kaleidoscope. Its History, Theory and Construction, with Its Application to the Fine and Useful Arts* (London: John Murray).

Brown, Bill (2010) 'Materiality' in *Critical Terms for Media Studies*, ed. W.J.T. Mitchell and Mark B. N. Hansen (Chicago and London: University of Chicago Press), 49-63. [국역본] 빌 브라운, 「물질성」, 미첼, W. J. T., 핸슨, 마크 B. N. 편저, 『미디어 비평용어』, 최정은 옮김(미진사, 2015).

Bukatman, Scott (1998) 'The Ultimate Trip: Special Effects and Kaleidoscopic Perception', *Iris* 25: 75-97.

Burke, Peter (2004) *What Is Cultural History?* (Cambridge: Polity). [국역본] 피터 버크, 『지식의 사회사 1-2』, 박광식 옮김(민음사, 2017).

Bush, Vannevar (2006) 'Memex Revisited' in *New Media, Old Media. A History and Theory Reader*, eds. Wendy Hui Kyong Chun and Thomas Keenan (New York: Routledge), 85-95.

Cameron, Fiona and Kenderdine, Sarah, eds. (2007) *Theorizing Digital Culture Heritage. A Critical Discourse* (Cambriclge,MA:The MIT Press).

Campanelli, Vito (2010) *Web Aesthetics. How Digital Media Affect Culture and Society* (Rotterdam: NAi Publishers / Institute of Network Cultures).

Cartwright, Lisa (1995) *Screening the Body: Tracing Medicine's Visual Culture* (Minneapolis: University of Minnesota Press).

Ceram, C. W. (1965) *Archaeology of the Cinema* (London: Thames and Hudson).

Christie, Ian (2007) "Toys, Instruments, Machines", Why the Hardware Matters' in *Multimedia Histories. From the Magic Lantern to the Internet*, ed. James Lyons and John Plunkett (Exeter: University of Exeter Press), 3-17.

Chun, Wendy Hui Kyong (2004) 'On Software, or the Persistence of Visual Knowledge', *Grey Room* 18 (Winter): 26-51.

Chun, Wendy Hui Kyong (2006a) *Control and Freedom. Power and Paranoia in the Age of Fiber Optics* (Cambridge, MA: Tbe MIT Press).

Chun, Wendy Hui Kyong (2011a) 'The Enduring Ephemeral or The Future Is a Memory' in *Media Archaeology. Approaches, Applications, Implications*, ed. Erkki Huhtamo and Jussi Parikka (Berkeley, CA: University of California Press), 184–203.

Chun, Wendy Hui Kyong (2011b) *Programmed Visions. Software and Memory* (Cambridge, MA: The MIT Press).

Chun, Wendy Hui Kyong and Keenan, Thomas, eds. (2006) *New Media, Old Media. A History and Theory Reader* (New York and London: Routledge).

Cohen, Leon (2005) 'The History of Noise on the 100th Anniversary of Its Birth', *IEEE Signal Processing Magazine* (November): 33–35.

Cook, Sarah (2007) 'Online Activity and Offline Community: Cultural Institutions and New Media Art' in *Theorizing Digital Culture Heritage. A Critical Discourse*, ed. Fiona Cameron and Sarah Kendercline (Cambridge, MA: The MIT Press), 113–130.

Cramer, Florian (2010) 'A Kind Rewind, The Rebirth of Cassette Tape Music', *Neural* 35: 17–19.

Crary, Jonathan (1990) *Techniques of the Observer. On Vision and Modernity in the Nineteenth Century* (Cambridge, MA: The MIT Press). [국역본] 조나단 크래리, 『관찰자의 기술: 19세기의 시각과 근대성』, 임동근 옮김(문화과학사, 2001).

Crary, Jonathan (1999) *Suspensions of Perception. Attention, Spectacle, and Modern Culture* (Cambridge, MA: The MIT Press). [국역본] 조너선 크래리, 『지각의 정지』, 유운성 옮김(문학과지성사, 2023).

Crookes, William (1892) 'Some Possibilities of Electricity', *Fortnightly Review*

51 (February): 173-181.

Cubitt, Sean (2004) *The Cinema Effect* (Cambridge, MA:The MIT Press).

Cubitt, Sean (2010) 'Making Space' Senses of Cinema 57, www. sensesofcinema.com, 2011년 11월 27일 접속.

Cubitt, Sean, Hassan, Robert and Volkmer, Ingrid (2011) 'Does Cloud Computing Have a Silver Lining?', *Media, Culture & Society* 33(1): 149– 158.

Daniels, Dieter (2002) *Kunst als Sendung. Von der Telegraphic zum Internet* (Munich: C. H. Beck).

DeLanda, Manuel (2000) *A Thousand Years of Non-Linear History* (New York: Zone).

Deleuze, Gilles (2006) *Foucault*, trans. Seán Hand (London: Continuum). [국역본] 질 들뢰즈, 『푸코』, 권영숙, 조형근 옮김(새길아카데미, 2012).

Deleuze, Gilles and Guattari, Felix (2004) *A Thousand Plateaus*, trans. Brian Massumi (London: Continuum). [국역본] 질 들뢰즈·펠릭스 가타리, 『천 개의 고원』, 김재인 옮김(새물결, 2001).

DeMarinis, Paul (2010) *Buried in Noise*, ed. Ingrid Beirer, Sabine Himmelsbach and Carsten Seiffarth (Heidelberg and Berlin: Kehrer).

DeMarinis, Paul (2011) 'Erased Dots and Rotten Dashes, or How to Wire Your Head for a Preservation' in *Media Archaeology. Approaches, Applications, Implications*, ed. Erkki Huhtamo and Jussi Parikka (Berkeley, CA: University of California Press), 211-238.

Derrida, Jacques (1996) *Archive Fever. A Freudian Impression*, trans. Eric Prenowitz (Chicago: University of Chicago Press).

Didi-Huberman, Georges and Ebeling, Knut (2007) *Das Archiv brennt* (Berlin: Kadmos).

Doane, Mary Ann (2002) *The Emergence of Cinematic Time. Modernity, Contingency, The Archive* (Cambridge, MA: Harvard University Press).

Dolar, Mladen (2006) *A Voice and Nothing More* (Cambridge, MA:The MIT Press).

Douglas, Susan J. (1989) *Inventing American Broadcasting, 1899-1922* (Baltimore, MD: Johns Hopkins University Press).

Druckrey, Timothy (2006) Foreword in Siegfried Zielinski, *Deep Time of the Media* (Cambridge, MA: The MIT Press), vii–xi.

Dulac, Nicolas and Gaudreault, Andre (2006) 'Circularity and Repetition at the Heart of the Attraction: Optical Toys and the Emergence of New Cultural Series' in *The Cinema of Attractions Reloaded*, ed. Wanda Strauven (Amsterdam: Amsterdam University Press), 227–244.

Elsaesser, Thomas (2004) 'The New Film History as Media Archaeology', *CINéMAS*, 14(2-3): 71–117.

Elsaesser, Thomas (2006) 'Early Film History and Multi-Media: An Archaeology of Possible Futures?' in *New Media, Old Media. A History and Theory Reader*, ed. Wendy Hui Kyong Chun and Thomas Keenan (New York: Routledge), 13–25.

Elsaesser, Thomas (2008) 'Afterword: Digital Cinema and the Apparatus: Archaeologies, Epistemologies, Ontologies' in *Cinema and Technology. Cultures; Theories, Practices*, ed. Bruce Bennett, Marc Furstenau and Adrian Mackenzie (Basingstoke: Palgrave Macmillan), 226–240.

Elsaesser, Thomas (2011) 'Freud and the Technical Media. The Enduring Magic of the Wunderblock' in *Media Archaeology. Approaches, Applications, Implications*, ed. Erkki Huhtamo and Jussi Parikka (Berkeley, CA: University of California Press), 95–115.

Elsaesser, Thomas and Hagener, Malte (2010) *Film Theory. An Introduction Through the Senses* (New York and London: Routledge). [국역본] 토마스 엘새서·말테 하게너, 『영화 이론: 영화는 육체와 어떤 관계인가?』, 윤종욱 옮김(커뮤니케이션북스, 2012).

Engelbart, Douglas C. and English, William K. (1968) 'A Research Center for Augmenting Human Intellect', *AFIPS '68 (Fall, Part I): Proceedings of the December 9–11, 1968, Fall Joint Computer Conference, Part I*, 395–410.

Enns, Anthony (2008) 'Psychic Radio: Sound Technologies, Ether Bodies and Spiritual Vibrations', *The Senses and Society* 3(2) (July): 137–152.

Ernst, Wolfgang (2000) *M.edium F.oucault. Weimarer Vorlesungen Über Archive, Archäologie, Monumente und Medien* (Weimar: VDG).

Ernst, Wolfgang (2002) 'Between Real Time and Memory on Demand: Reflections on/of Television', *South Atlantic Quarterly* 101(3) (Summer): 625–637.

Ernst, Wolfgang (2003) 'Telling versus Counting? A Media Archaeological Point of View', *Intermédialités* 2 (Autumn): 31–44.

Ernst, Wolfgang (2005) 'Let There Be Irony: Cultural History and Media Archaeology in Parallel Lines', *Art History* 28(5) (November): 582–603.

Ernst, Wolfgang (2006) 'Dis/continuities: Does the Archive Become Metaphorical in Multi-Media Space?' in *New Media, Old Media. A History and Theory Reader*, ed. Wendy Hui Kyong Chun and Thomas Keenan (New York and London: Routledge), 105–123.

Ernst, Wolfgang (2008) 'Distory. 100 Years of Electron Tubes, Media-Archaeologically Interpreted vis-á-vis 100 Years of Radio' in *Re-inventing Radio. Aspects of Radio as Art*, ed. Heidi Grundmann, Elisabeth Zimmermann, Reinhard Braun, Dieter Daniels, Andreas Hirsch and Anne Thurmann-Jajes (Frankfurt am Main: Revolver), 415–430.

Ernst, Wolfgang (2009a) 'Die Frage nach dem Zeitkritischen' in *Zeitkritische Medien*, ed. Axel Volmar (Berlin: Kadmos), 27–42.

Ernst, Wolfgang (2009b) 'Underway to the Dual System: Classical Archives and/or Digital Memory' in *Netpioneers 1.0*, ed. Dieter Daniels and Gunther Reisinger (Berlin: Sternberg Press), 81–99.

Ernst, Wolfgang (2010) 'Cultural Archive versus Technomathematical Storage' in *The Archive in Motion*, ed. Eivind Røssaak (Oslo: Novus Press), 53–73.

Ernst, Wolfgang (2011) 'Media Archaeography: Method and Machine versus History and Narrative of Media' in *Media Archaeology. Approaches, Applications, Implications*, ed. Erkki Huhtamo and Jussi Parikka (Berkeley, CA: University of California Press), 239–255.

Fahie, John Joseph (1884) *A History of Electric Telegraphy, to the Year 1837* (London: E. &F. N. Spon).

Fahie, John Joseph (1899) *A History of Wireless Telegraphy, 1838–1899: Including Some Bare-Wire Proposals for Subaqueous Telegraphs* (Edinburgh and London: William Blackwood and Sons).

Flichy, Patrice (1997) *Une histoire de la communication moderne: éspace public et vie privée* (Paris: La Découverte).

Foucault, Michel (1995) *Discipline and Punish. The Birth of the Prison*, trans. Alan Sheridan (New York: Vintage Books). [국역본] 미셸 푸코, 『감시와 처벌: 감옥의 역사』, 오생근 옮김(나남, 2003).

Foucault, Michel (1998) 'Nietzsche, Genealogy, History' in *Aesthetics. Essential Works of Foucault 1954–1984*, Vol. II, ed. James D. Faubion (London: Penguin).

Foucault, Michel (2002) *The Archaeology of Knowledge* (London and New York: Routledge). [국역본] 미셸 푸코, 『지식의 고고학』, 이정우 옮김(민음사, 2000).

Franklin, Seb (2009) 'On Game Art, Circuit Bending and Speed running as Counter-Practice: "Hard" and "Soft" Nonexistence', *Ctheory* (6 Feb.), www.ctheory.net/.

Friedberg, Anne (1993) *Window Shopping. Cinema and the Postmodern* (Berkeley, CA: University of California Press).

Friedberg, Anne (2006) *The Virtual Window. From Alberti to Microsoft* (Cambridge, MA: The MIT Press).

Fuller, Matthew (2005) *Media Ecologies. Materialist Energies in Art and Technoculture* (Cambridge, MA: The MIT Press).

Fuller, Matthew and Goffey, Andrew (2009) 'Evil Media Studies' in *The Spam Book: On Porn, Viruses and Other Anomalous Objects from the Dark Side of Digital Culture*, ed. Jussi Parikka and Tony Sampson (Cresskill: Hampton Press), 141–159.

Gabrys, Jennifer (2011) *Digital Rubbish. A Natural History of Electronics* (Ann Arbor: University of Michigan Press).

Galloway, Alexander R. (2004) *Protocol. How Control Exists After Decentralization* (Cambridge, MA: The MIT Press).

Galloway, Alexander R. (2009) 'The Unworkable Interface', *New Literary History* 39: 931–951.

Galloway, Alexander R. and Thacker, Eugene (2007) *The Exploit: A Theory of Networks* (Minneapolis: University of Minnesota Press).

Gane, Nicholas (2005) 'Radical Post-humanism: Friedrich Kittler and the Primacy of Technology', *Theory, Culture & Society* 22(3): 25–41.

Gane, Nicholas and Beer, David (2008) *New Media: The Key Concepts* (Oxford: Berg).

Gaudreault, André (2006) 'From "Primitive Cinema" to "Kine-Attractography"' in *The Cinema of Attractions Reloaded*, ed. Wanda Strauven (Amsterdam: Amsterdam University Press), 85–104.

Gere, Charlie (2002) *Digital Culture* (London: Reaktion). [한국어판: 찰리 기어, 『디지털 문화—튜링에서 네오까지』, 임산 옮김, 루비박스, 2006.]

Gitelman, Lisa (2006) *Always Already New. Media, History, and the Data of Culture* (Cambridge, MA: The MIT Press).

Gitelman, Lisa and Pingree, Geoffrey B., eds. (2003) *New Media, 1740–1915*

(Cambridge, MA: The MIT Press).

Grau, Oliver (2003) *Virtual Art. From Illusion to Immersion*, trans. Gloria Custance (Cambridge, MA: The MIT Press).

Grau, Oliver, ed. (2007a) *MediaArtHistories* (Cambridge, MA: The MIT Press).

Grau, Oliver (2007b) 'Remember the Phantasmagoria! Illusion Politics of the Eighteenth Century and its Multimedial Afterlife' in *MediaArtHistories*, ed. Oliver Grau (Cambridge, MA: The MIT Press), 137–161.

Griffin, Matthew, Herrmann, Susanne and Kittler, Friedrich A. (1996) 'Technologies of Writing. Interview with Friedrich A. Kittler', *New Literary History* 27(4) (Autumn): 731–742.

Grusin, Richard (2010) *Premediation* (Basingstoke: Palgrave MacMillan).

Guattari, Félix (2000) *The Three Ecologies*, trans. Ian Pindar and Paul Sutton (London and New Brunswick, NJ: The Athlone Press).

Guins, Raiford (2009) *Edited Clean Version: Technology and the Culture of Control* (Minneapolis: University of Minnesota Press.)

Gunning, Tom (1990) 'The Cinema of Attractions. Early Film, Its Spectator and the Avant-Garde' in *Early Cinema. Space, Frame, Narrative*, ed. Thomas Elsaesser with Adam Barker (London: Bfi Publishing), 56–62.

Gunning, Tom (1995) 'An Aesthetic of Astonishment: Early Film and the (In) Credulous Spectator', in *Viewing Positions. Ways of Seeing Film*, ed. Linda Williams (New Brunswick, NJ: Rutgers University Press), 114–133.

Hagen, Wolfgang (2005) *Das Radio. Zur Geschichte und Theorie des Hörfunks — Deutschland/USA* (Minich: Wilhelm Fink).

Hagen, Wolfgang (2008) 'Busoni's Invention: Phantasmagoria and Errancies in Times of Medial Transition' in *Artists as Inventors, Inventors as Artists*, ed. Dieter Daniels and Barbara U. Schmidt (Ostfildern: Hantje Cantz), 86–107.

Hall, Gary and Birchall, Clare, eds. (2006) *New Cultural Studies. Adventures in Theory* (Edinburgh: Edinburgh University Press).

Hansen, Mark B. N. (2006) *Bodies in Code: Interfaces with Digital Media* (New York: Routledge).

Hartley, R. V. L. (1928) 'Transmission of Information', *Bell Systems Technical Journal* 7 (July): 535–563.

Harwood, Graham (2008) 'Pixel' in *Software Studies. A Lexicon*, ed. Matthew Fuller (Cambridge, MA: The MIT Press), 213~217.

Hayles, N. Katherine (1999) *How We Became Posthuman: Virtual Bodies in Cybernetics, Literature, and Informatics* (Chicago: University of Chicago Press). [국역본] 캐서린 헤일스, 『우리는 어떻게 포스트휴먼이 되었는가』, 허진 옮김(플래닛, 2013).

Hayles, N. Katherine (2008) 'Traumas of Code' in *Critical Digital Studies. A Reader,* ed. Arthur Kroker and Marilouise Kroker (Toronto: University of Toronto Press), 25–44.

Helmholtz, Hermann von (1867) *Handbuch der physiologischen Optik* (Leipzig: L. Voss).

Henning, Michelle (2006) *Museums, Media and Cultural Theory* (Maidenhead: Open University Press).

Henning, Michelle (2007) 'The Return of Curiosity: The World Wide Web as Curiosity Museum' in *Multimedia Histories. From the Magic Lantern to the Internet*, ed. James Lyons and John Plunkett (Exeter: University of Exeter Press), 72–84.

Hertz, Garnet (2009) 'Methodologies of Reuse in the Media Arts: Exploring Black Boxes, Tactics and Archaeologies'. Ph.D. thesis, Visual Studies, University of California, Irvine.

Hertz, Garnet and Parikka, Jussi (2012, forthcoming) 'Zombie Media: Circuit Bending Media Archaeology into an Art Method', *Leonardo.*

Horn, Eva (2008) 'Editor's Introduction: There Are No Media', *Grey Room* 29 (Winter): 6–13.

Howse, Martin (2008) 'The Aether and Its Double' in *Spectrotopia. Illuminating Investigations in the Electromagnetic Spectrum* (Riga: MPLab and RIXC), 158–163.

Huhtamo, Erkki (1992) 'Ennen Broadcastingia', *Lähikuva* 1.

Huhtamo, Erkki (1995) 'Time-Travelling in the Gallery: An Archaeological Approach in Media Art' in *Immersed in Technology. Art and Virtual Environments*, ed. Mary Anne Moser with Douglas McLeod (Cambridge, MA: The MIT Press, 1996), 232–268.

Huhtamo, Erkki (1997) 'From Kaleidoscomaniac to Cybernerd: Notes Toward an Archaeology of Media', *Leonardo* 30(3), 221–224.

Huhtamo, Erkki (2004) 'Elements of Screenology: Toward an Archaeology of the Screen', *ICONICS: International Studies of the Modern Image* 7: 31–82.

Huhtamo, Erkki (2005) 'Slots of Fun, Slots of Trouble: An Archaeology of Arcade Gaming' in *Handbook of Computer Game Studies*, ed. Joost Raessens and Jeffrey H. Goldstein (Cambridge, MA: The MIT Press), 3–21.

Huhtamo, Erkki (2006) 'The Pleasures of the Peephole: An Archaeological Exploration of Peep Media' in *Book of Imaginary Media*, ed. Eric Kluitenberg (Amsterdam and Rotterdam: Debalie and NAi Publishers), 75–141.

Huhtamo, Erkki (2007) 'Twin-Touch-Test-Redux: Media Archaeological Approach to Art, Interactivity, and Tactility' in *Media Art Histories*, ed. Oliver Grau (Cambridge, MA: The MIT Press), 71–101.

Huhtamo, Erkki (2010) 'Thinkering with Media: On the Art of Paul DeMarinis' in Paul DeMarinis, *Buried in Noise* (Heidelberg and Berlin: Kehrer), 33–39.

Huhtamo, Erkki (2011) 'Dismantling the Fairy Engine: Media Archaeology as Topos Study' in *Media Archaeology. Approaches, Applications, Implications*, ed. Erkki Huhtamo and Jussi Parikka (Berkeley, CA: University of California Press), 27–47.

Huhtamo, Erkki (2012, forthcoming) *Illusions in Motion: Media Archaeology of the Moving Panorama and Related Spectacles* (Cambridge, MA: The MIT Press).

Huhtamo, Erkki and Parikka, Jussi (2011) 'Introduction: An Archaeology of Media Archaeology' in *Media Archaeology. Approaches, Applications, Implications*, ed. Erkki Huhtamo and Jussi Parikka (Berkeley, CA: University of California Press), 1–21.

James, Henry (1974/1898) 'In The Cage' in *In the Cage and Other Stories* (1898; repr., London: Penguin Books, 1974).

Jameson, Fredric (1989) 'Nostalgia for the Present', *South Atlantic Quarterly* 88(2), 517–537.

Johnston, John (2008) *The Allure of Machinic Life: Cybernetics, Artificial Life, and the New AI* (Cambridge, MA: The MIT Press).

Kahn, David (1967) *The Codebreakers: The Story of Secret Writing* (New York: Macmillan). [국역본] 데이비드 칸, 『(암호 해독의 역사)코드브레이커』, 김동현·전태언 옮김(이지북, 2005).

Kahn, Douglas (1999) *Noise Water Meat. A History of Sound in the Arts* (Cambridge, MA: The MIT Press).

Kahn, Douglas (2010) 'Some Artworks by Paul DeMarinis' in *Buried in Noise: Paul DeMarinis,* ed. Ingrid Beirer, Carsten Seiffarth and Sabine Himmelsbach (Heidelberg: Kehrer Verlag), 47~57.

Kapp, Ernst (1877) *Grundlinien einer Philosophie der Technik: Zur Entstehungsgeschichte der Cultur aus neuen Gesichtspunkten* (Braunschweig: Druck und verlag von George Westermann).

Kasprzak, Michelle (2005) 'Back to the Future: Ars Electronica at 25', *Mute Magazine*, 9 February, http://www.metamute.org, 2011년 11월 27일 접속.

Kern, Stephen (2003) *The Culture of Time and Space* (Cambridge, MA: Harvard University Press). [국역본] 스티븐 컨, 『시간과 공간의 문화사 1880-1918』, 박성관 옮김(휴머니스트, 2004).

Kirschenbaum, Matthew G. (2008) *Mechanisms. New Media and the Forensic Imagination* (Cambridge, MA: The MIT Press).

Kirschenbaum, Matthew G., Ovenden, Richard and Redwine, Gabriela (2010) *Digital Forensics and Born-Digital Content in Cultural Heritage Collections*, Council on Library and Information Resources (CLIR) 149, www.clir.org, Washington.

Kittler, Friedrich A. (1990) *Discourse Networks 1800/1900*, trans. Michael Metteer, with Chris Cullens (Stanford, CA: Stanford University Press). [국역본] 프리드리히 키틀러, 『기록시스템 1800 · 1900』, 윤원화 옮김(문학동네, 2015).

Kittler, Friedrich A. (1995) 'There is No Software', *Ctheory* (18 Oct.), www.ctheory.net.

Kittler, Friedrich A. (1996) 'The History of Communication Media', *Ctheory* (30 July), www.ctheory.net.

Kittler, Friedrich A. (1997) *Literature, Media, Information Systems*, ed. and intro. John Johnston (Amsterdam: G+B Arts).

Kittler, Friedrich A. (1999) *Gramophone, Film, Typewriter*, trans. Geoffrey Winthrop-Young and Michael Wutz (Stanford, CA: Stanford University Press). [국역본] 프리드리히 키틀러, 『축음기, 영화, 타자기』, 김남시 · 유현주 옮김(문학과지성사, 2019).

Kittler, Friedrich A. (2001) 'Computer Graphics: A Semi-Technical Introduction', trans. Sara Ogger *Grey Room* 2(Winter): 30–45.

Kittler, Friedrich A. (2009) 'Towards an Ontology of Media', *Theory, Culture*

& *Society* 26(2-3): 23–31.

Kittler, Friedrich A. (2010) *Optical Media*, trans. Anthony Enns (Cambridge:Polity). [국역본] 프리드리히 키틀러, 『광학적 미디어: 1999년 베를린 강의 : 예술, 기술, 전쟁』, 윤원화 옮김(현실문화연구, 2011).

Klein, Norman (2003) *The Vatican to Vegas. A History of Special Effects* (New York: The New Press).

Kluitenberg, Eric, ed. (2006a) *Book of Imaginary Media. Excavating the Dream of the Ultimate Communication Medium* (Amsterdam and Rotterdam: Debalie and NAi Publishers).

Kluitenberg, Eric (2006b) 'Second Introduction to an Archaeology of Imaginary Media' in *Book of Imaginary Media. Excavating the Dream of the Ultimate Communication Medium* (Amsterdam and Rotterdam: Debalie and NAi Publishers), 7–26.

Kluitenberg, Eric (2011) 'On the Archaeology of Imaginary Media' in *Media Archaeology. Approaches, Applications, Implications,* ed. Erkki Huhtamo and Jussi Parikka (Berkeley, CA: University of California Press), 48–69.

Kusahara, Machiko (2011) 'The " Baby Talkie ", Domestic Media and the Japanese Modern' in *Media Archaeology. Approaches, Applications, Implications,* ed. Erkki Huhtamo and Jussi Parikka (Berkeley, CA: University of California Press), 123–147.

Lazzarato, Maurizio (2008) 'Art, Work and Politics in Disciplinary Societies and Societies of Security', *Radical Philosophy* 149 (May/June): 26–32.

Lenoir, Timothy (2007) 'Making Studies in New Media Critical' in *MediaArtHistories*, ed. Oliver Grau (Cambridge, MA: The MIT Press), 355–380.

Levin, Thomas Y. (2003) "" Tones from out of Nowhere ": Rudolf Pfenninger and the Archaeology of Synthetic Sound', *Grey Room* 12 (Summer): 32–79.

Lichty, Patrick (2008) 'Reconfiguring Curation: Noninstitutional New Media

Curating and the Politics of Cultural Production' in *New Media in the White Cube and Beyond. Curatorial Models for Digital Art*, ed. Christiane Paul (Berkeley: University of California Press), 163–187.

Lightning Flashes and Electric Dashes: A Volume of Choice Telegraphic Literature, Humor, Fun, Wit and Wisdom (1877) (New York: W. J. Johnston).

Lovink, Geert (2003) *My First Recession: Critical Internet Culture in Transition* (Rotterdam: V2_NAi Publishers).

Lovink, Geert (2008) 'Whereabouts of German Media Theory' in *Zero Comments* (New York: Routledge), 83–98.

Lovink, Geert and Ernst, Wolfgang (2003) 'Archive Rumblings. Interview with German Media Theorist Wolfgang Ernst'. Originally posted on Nettime mailing list, online at http://laudanum.net/geert/files/1060043851/, 2011년 11월 27일 접속.

Ludovico, Alessandro (1998) 'Bruce Sterling: The Dead Media Interview' *Neural* (September), www.neural.it/english/brucesterlingdeadmedia.htm, 2011년 11월 27일 접속.

Lyons, James and Plunkett, John, eds. (2007) *Multimedia Histories. From the Magic Lantern to the Internet* (Exeter: University of Exeter Press).

Mackenzie, Adrian (2008) 'Codecs' in *Software Studies. A Lexicon*, ed.Matthew Fuller (Cambridge, MA: The MIT Press), 48–55.

Mackenzie, Adrian (2010) *Wirelessness: Radical Empiricism in Network Cultures* (Cambridge, MA: The MIT Press).

Maines, Rachel P. (1999) *The Technology of Orgasm: 'Hysteria', the Vibrator, and Women's Sexual Satisfaction* (Baltimore, MD: Johns Hopkins University Press).

Mannoni, Laurent (2000) *The Great Art of Light and Shadow. Archaeology of the Cinema, trans. Richard Crangle* (Exeter: University of Exeter Press).

Manovich, Lev (2001) *The Language of New Media* (Cambridge, MA: The MIT Press). [국역본] 레프 마노비치, 『뉴미디어의 언어』, 서정신 옮김(커뮤니케이션북스, 2014).

Mareschal, G. (1892) 'Le théatrophone', *La Nature* 20(2): 55–58.

Marks, Laura U. (2010) *Enfoldment and Infinity. An Islamic Genealogy of New Media Art* (Cambridge, MA: The MIT Press).

Marvin, Carolyn (1988) *When Old Technologies Were New. Thinking about Electric Communication in the Late Nineteenth Century* (Oxford: Oxford University Press).

Mason, Catherine (2008) *A Computer in the Art Room. The Origins of British Computer Art 1950–1980* (Shrewsbury: Quiller Press).

Mattelart, Armand (2001) *The Information Society: An Introduction*, trans. Susan G. Taponier and James A. Cohen (Thousand Oaks, CA: Sage).

Merewether, Charles, ed. (2006) *The Archive. Documents of Contemporary Art*. (London and Cambridge, MA: Whitechapel and MIT Press).

Michaud, Philippe-Alain (2007) *Aby Warburg and the Image in Motion*, trans. Sophie Hawkes (Cambridge, MA: The MIT Press).

Mindell, David A. (2002) *Between Human and Machine. Feedback, Control, and Computing before Cybernetics* (Baltimore, MD, and London: Johns Hopkins University Press).

Miyazaki, Shintaro (2011, forthcoming) 'AlgoRHYTHMS Everywhere – A Heuristic Approach to Everyday Technologies' in *Pluralizing Rhythm: Music, Arts, Politics*, ed. Jan Hein Hoogstad and Birgitte Stougaard (Amsterdam and New York: Rodopi).

Montfort, Nick and Bogost, Ian (2009) *Racing The Beam. The Atari Video Computer System* (Cambridge, MA: The MIT Press).

Mulvey, Laura (1975) 'Visual Pleasure and Narrative Cinema', *Screen* 16(3): 6–18. [국역본] 로라 멀비, 「시각적 쾌락과 내러티브 영화」, 서인숙 옮김, 유

지나·변재란 엮음, 『페미니즘/영화/여성』(여성사, 1993).

Musser, Charles (2006a) 'A Cinema of Contemplation, A Cinema of Discernment: Spectatorship, Intertextuality and Attractions in the 1890s' in *The Cinema of Attractions Reloaded*, ed. Wanda Strauven (Amsterdam: Amsterdam University Press), 159-179.

Musser, Charles (2006b) 'Rethinking Early Cinema: Cinema of Attractions and Narrativity' in *The Cinema of Attractions Reloaded*, ed. Wanda Strauven (Amsterdam: Amsterdam University Press), 389-416.

Nadarajan, Gunalan (2007) 'Islamic Automation: A Reading of al-Jazari's *The Book of Knowledge of Ingenious Mechanical Devices (1206)*' in *MediaArtHistories*, ed. Oliver Grau (Cambridge, MA: The MIT Press), 163-178.

Nollet, Jean Antoine (1749) *Recherches sur les causes particulières des phénomènes électriques* (Paris : Chez les frères Guérin).

Nyquist, Harry (1924) 'Certain Factors Affecting Telegraph Speed', *Bell Systems Technical Journal* 3 (July): 324-346.

Otis, Laura (2001) *Networking: Communicating With Bodies and Machines in the Nineteenth Century* (Ann Arbor: University of Michigan Press).

Parikka, Jussi (2007) *Digital Contagions. A Media Archaeology of Computer Viruses* (New York: Peter Lang).

Parikka, Jussi (2010) *Insect Media. An Archaeology of Animals and Technology* (Minneapolis: University of Minnesota Press).

Parikka, Jussi (2011a) 'Media Ecologies and Imaginary Media: Transversal Expansions, Contractions and Foldings' *Fibreculture* 17, http://seventeen. fibreculturejournal.org/, 2011년 11월 27일 접속.

Parikka, Jussi (2011b) 'Operative Media Archaeology: Wolfgang Ernst's Materialist Media Diagrammatics', *Theory, Culture & Society* 28(5): 52-74.

Parikka, Jussi and Hertz, Garnet (2010) 'Archaeologies of Media Art.

Ctheory Interview with Jussi Parikka', *CTheory* (April), www.ctheory.net.

Parikka, Jussi and Suominen, Jaakko (2006) 'Victorian Snakes? Towards a Cultural History of Mobile Games and the Experience of Movement', *Game Studies* 6 (December), http://gamestudies.org/0601/articles/parikka_ suominen, 2011년 11월 27일 접속.

Paul, Christiane (2009) 'Context and Archive: Presenting and Preserving Net Art' in *Net Pioneers 1.0*, ed. Dieter Daniels and Gunter Reisinger (Berlin: Sternberg Press), 101–120.

Peters, John Durham (1999) *Speaking Into the Air. A History of the Idea of Communication* (Chicago and London: University of Chicago Press).

Pias, Claus (2002) *Computer Spiel Welten* (Munich: Diaphanes).

Pias, Claus (2011) 'The Game Player's Duty: The User as the Gestalt of the Ports' in *Media Archaeology. Approaches, Applications, Implications*, ed. Erkki Huhtamo and Jussi Parikka (Berkeley, CA: University of California Press), 164–183.

Prel, Carl du (1889) *The Philosophy of Mysticism*, Vol I, trans. C. C. Massey (London: George Redway).

Prel, Carl du (1899) *Die Magie als Naturwissenschaft. Erster Teil* (Jena: Kostenoble).

Protevi, John (2009) *Political Affect: Connecting the Social and the Somatic* (Minneapolis: University of Minnesota Press).

Rabinovitz, Lauren (2004) 'More than the Movies. A History of the Somatic Visual Culture through Hale's Tours, Imax and Motion Simulation Rides' in *Memory Bytes*, ed. Lauren Rabinovitz and Abraham Geil (Durham: Duke University Press), 99–125.

Rabinovitz, Lauren and Geil, Abraham, eds. (2004) *Memory Bytes. History, Technology, and Digital Culture* (Durham: Duke University Press).

Reichardt, Jasia (1971) *The Computer in Art* (London: Studio Vista).

Reisinger, Gunther (2009) 'Digital Source Criticism: Net Art as a Methodological Case Study' in *Net Pioneers 1.0*, ed. Dieter Daniels and Gunter Reisinger (Berlin: Sternberg Press), 123–144.

Riskin, Jennifer (2003) 'The Defecating Duck, Or, The Ambigious Origins of Artificial Life', *Critical Inquiry* 20(4) (Summer): 599–633.

Roch, Axel (2010) *Claude E. Shannon: Spielzeug, Leben und die geheime Geschichte seiner Theorie der Information* (Berlin: gegenstalt).

Ross, Seamus and Gow, Ann (1999) *Digital Archaeology: Rescuing Neglected and Damaged Data Resources*, a JISC/NPO Study within the Electronic Libraries (eLib) Programme on the Preservation of Electronic Materials, February, www.ukoln.ac.uk/services/elib/, 2011년 11월 27일 접속.

Røssaak, Eivind, ed. (2010a) *The Archive in Motion. New Conceptions of the Archive in Contemporary Thought and New Media Practices* (Oslo: Novus Press).

Røssaak, Eivind (2010b) 'The Archive in Motion: An Introduction' in *The Archive in Motion*, ed. Eivind Røssaak (Oslo: Novus Press), 11–26.

Roussel, Raymond (2008 [1914]) *Locus Solus*, trans. Rupert Copeland Cunningham (Surrey: Oneworld Classics).

Schivelbusch, Wolfgang (1986) *The Railway Journey. The Industrialisation of Time and Space in the 19th Century*, 2nd edn (Berkeley, CA: University of California Press). [국역본] 볼프강 쉬벨부쉬, 『철도 여행의 역사』, 박진희 옮김(궁리, 1999).

Schmidgen, Henning (2002) 'Of Frogs and Men: The Origins of Psychophysiological Time Experiments, 1850–1865', *Endeavour* 26(4): 142–148.

Schreber, Daniel-Paul (1903/55) *Memoirs of My Nervous Illness*, trans. Ida Macalpine and Richard A. Hunter (London: W. M. Dawson &Sons). [국역본] 다니엘 파울 슈레버, 『한 신경병자의 회상록』, 김남시 옮김(자음과

모음, 2010).

Schrenck-Notzing, Baron von (1923) *Phenomena of Materialisation. A Contribution to the Investigation of Mediumistic Teleplastics*, trans. E. E. Fournier D'Albe (London: Kegan Paul).

Sconce, Jeffrey (2000) *Haunted Media. Electronic Presence from Telegraphy to Television* (Durham and London: Duke University Press).

Sconce, Jeffrey (2011) 'On the Origins of the Origins of the Influencing Machine' in *Media Archaeology. Approaches, Applications, Implications*, ed. Erkki Huhtamo and Jussi Parikka (Berkeley, CA: University of California Press), pp.70~94.

Serres, Michel (2007 [1982]) *The Parasite*, trans. Lawrence R. Schehr (Minneapolis: University of Minnesota Press). [국역본] 미셸 세르, 『기식자』, 김웅권 옮김(동문선, 2002).

Serres, Michel and Latour, Bruno (1995) *Conversations on Science, Culture, and Time*, trans. Roxanne Lapidus (Ann Arbor: University of Michigan Press).

Shannon, Claude E. and Weaver, Warren (1949) *The Mathematical Theory of Communication* (Urbana, IL: University of Illinois Press). [국역본] 클로드 섀넌·워런 위버, 『수학적 커뮤니케이션 이론』, 백영민 옮김(커뮤니케이션북스, 2016).

Shaviro, Steven (1998) 'Future Past: *Zoe Beloff's* Beyond', *ARTBYTE*, 1(3).

Siegert, Bernhard (1999) *Relays. Literature as an Epoch of the Postal System*, trans. Kevin Repp (Stanford, CA: Stanford University Press).

Siegert, Bernhard (2003) *Passage des Digitalen. Zeichenpraktiken der neuzeitlichen Wissenschaften 1500~1900* (Berlin: Brinkmann &Bose).

Siegert, Bernhard (2008) 'Cacography or Communication? Cultural Techniques in German Media Studies', trans. Geoffrey Winthrop-Young *Grey Room* 29 (Winter): 26–47.

Sly, A. J. (1976) *A Short History of Computing*, 2nd ed (St Albans: The Advisory Unit for Computer Based Education).

Spieker, Sven (2008) *The Big Archive: Art from Bureaucracy* (Cambridge, MA: The MIT Press).

Stafford, Barbara Maria and Terpak, Frances (2001) *Devices of Wonder. From the World in a Box to Images on a Screen* (Los Angeles: Getty Research Institute Publications).

Standage, Tom (1999) *The Victorian Internet* (London: Phoenix). [국역본] 톰 스탠디지, 『19세기 인터넷 텔레그래프 이야기』, 조용철 옮김(한울, 2001).

Sterling, Bruce (1994) *The Hacker Crackdown: Law and Disorder on the Electronic Frontier* (London: Penguin Books).

Sternberger, Dolf (1977) *Panorama of the 19th Century, trans. Joachim Neugroschel* (New York: Mole Editions).

Sterne, Jonathan (2003) *The Audible Past: Cultural Origins of Sound Reproduction* (Durham: Duke University Press). [국역본] 조너선 스턴, 『청취의 과거―청각적 근대성의 기원들』, 윤원화 옮김(현실문화연구, 2010).

Sterne, Jonathan (2009) 'The Times of Communication History'. Presented at 'Connections: The Future of Media Studies', University of Virginia, 4 April.

Stiegler, Bernard (2010) *For a New Critique of Political Economy, trans. Daniel Ross* (Cambridge: Polity).

Story, Alfred T. (1904) *The Story of Wireless Telegraphy* (London: George Newnes, Ltd).

Strauven, Wanda (2006) 'Introduction to an Attractive Concept' in *The Cinema of Attractions Reloaded*, ed. Wanda Strauven (Amsterdam: Amsterdam University Press, 2008), 11~27.

Strauven, Wanda, ed. (2008) *The Cinema of Attractions Reloaded* (Amsterdam: Amsterdam University Press).

Strauven, Wanda (2009) 'Futurist Images For Your Ear: Or, How to Listen to Visual Poetry, Painting, and Silent Cinema', *New Review of Film and Television Studies* 7(3) (September): 275–292.

Strauven, Wanda (2011) 'The Observer's Dilemma. To Touch or Not to Touch' in *Media Archaeology. Approaches, Applications, Implications,* ed. Erkki Huhtamo and Jussi Parikka (Berkeley, CA: University of California Press), 148–163.

Strauven, Wanda (2012, forthcoming) 'Media Archaeology: Where Film History, Media Art and New Media (Can) Meet' in *Preserving and Exhibiting Media Art: Challenges and Perspectives,* ed. Julia Noordegraaf, Cosetta Saba, Barbara Le Maître and Vinzenz Hediger (Amsterdam: Amsterdam University Press).

Suominen, Jaakko (2008) 'The Past as the Future? Nostalgia and Retrogaming in Digital Culture' *Fibreculture 11*, http://journal.fi breculture,org/issue11/ issue11_suominen.html.

Sutherland, Ivan (1965) 'The Ultimate Display', *Proceedings of IFIP Congress,* 506–508.

Sutherland, Ivan (1968) 'A Head-Mounted Three Dimensional Display' AFIPS '68 (Fall, Part I): *Proceedings of the December 9~11, 1968, Fall Joint Computer Conference, Part I,* 757–764.

Swade, Doron (1998) 'Preserving Software in an Object-Centred Culture' in *History and Electronic Artefacts,* ed. Edward Higgs (Oxford: Clarendon Press), 195–206.

Tarde, Gabriel (1890) *Les lois de l'imitation* (Paris: F. Alcan). [국역본] 가브리엘 타르드, 『모방의 법칙』, 이상률 옮김(문예출판사, 2012).

Terranova, Tiziana (2004) *Network Culture. Politics for the Information Age* (London: Pluto Press).

Tesla, Nikola (1961) *Tribute to Nikola Tesla. Presented in Articles, Letters,*

Documents (Beograd: Nikola Tesla Museum).

Thibodeau, Kenneth (2002) 'Overview of Technological Approaches to Digital Preservation and Challenges in Coming Years' in *The State of Digital Preservation: An International Perspective. Conference Proceedings*, Council on Library and Information Resources 107, www.clir.org/pubs/reports/pub107/thibodeau.html, 2011년 11월 27일 접속.

Thompson, Emily (2004) *The Soundscape of Modernity. Architectural Acoustics and the Culture of Listening in America, 1900–1933* (Cambridge, MA: The MIT Press).

Tomas, David (2004) *Beyond the Image Machine. A History of Visual Technologies* (London: Continuum).

Tuller, W. G. (1952) 'Use of Computing Machinery in Applications of Information Theory' in *Proceedings of the 1952 ACM National Meeting (Pittsburgh)* (New York: ACM Press), 111–112.

Turner, Fred (2010) 'The Pygmy Camelan as Technology of Consciousness' in *Paul DeMarinis, Buried in Noise* (Heidelberg and Berlin: Kehrer), 23–27.

Uricchio, William (2004) 'Historicizing Media in Transition' in *Rethinking Media Change: The Aesthetics of Transition,* ed. David Thorburn and Henry Jenkins (Cambridge, MA: The MIT Press), 23–38.

Uricchio, William (2009a) 'The Future of a Medium Once Known as Television' in *The Youtube Reader, ed.* Pelle Snickars and Patrick Vonderau (Stockholm: National Library of Sweden), 24–39.

Uricchio, William (2009b) 'Moving Beyond the Artefact: Lessons from Participatory Culture' in *Digital Material. Tracing New Media in Everyday Life and Technology*, ed. Marianne van den Boomen, Sybille Lammes and Ann-Sophie Lehmann (Amsterdam: Amsterdam University Press), 135–146.

Väliaho, Pasi (2010) *Mapping the Moving Image. Gesture, Thought and*

Cinema Circa 1900 (Amsterdam: Amsterdam University Press).

Virilio, Paul (2004) 'The Museum of Accidents' in *The Paul Virilio Reader,* ed. Steve Redhead (New York: Columbia University Press), 255–262.

Vismann, Cornelia (2008) *Files. Law and Media Technology,* trans. Geoffrey Winthrop-Young (Stanford, CA: Stanford University Press).

Volmar, Axel, ed. (2009) *Zeitkritische Medien* (Berlin: Kadmos).

Volmar, Axel (2010) 'Listening to the Body Electric. Electrophysiology and the Telephone in the Late 19th Century', *The Virtual Laboratory,* online essay at http://vlp.mpiwg-berlin.mpg.de/references?id=art76, 2011년 11월 27일 접속.

Wardrip-Fruin, Noah (2009) *Expressive Processing. Digital Fictions, Computer Games, and Software Studies* (Cambridge, MA: The MIT Press).

Wardrip-Fruin, Noah (2011) 'Digital Media Archaeology: Interpreting Computational Processes' in *Media Archaeology. Approaches, Applications, Implications,* ed. Erkki Huhtamo and Jussi Parikka (Berkeley, CA: University of California Press), 302–322.

Weaver, Warren (1949) 'Recent Contributions to the Mathematical Theory of Communication' in Claude E. Shannon and Warren Weaver, *Mathematical Theory of Communication* (Urbana, IL: University of Illinois Press), 94–117.

Wiener, Norbert (1948) *Cybernetics, or Control and Communication in the Animal and the Machine* (Cambridge, MA: The MIT Press). [국역본] 노버트 위너, 『사이버네틱스—동물과 기계의 제어와 커뮤니케이션』, 김재영 옮김(인다, 2023).

Williams, Raymond (2003 [1974]) *Television. Technology and Cultural Form* (London and New York: Routledge Classics). [국역본] 레이먼드 윌리엄스, 『텔레비전론』, 박효숙 옮김(현대미학사, 1996).

Wilson, Elizabeth A. (2004) *Psychosomatic: Feminism and the Neurological Body* (Durham and London: Duke University Press).

Winston, Brian (1998) *Media Technology and Society: A History from the Telegraph to the Internet* (London: Routledge).

Winthrop-Young, Geoffrey (2000) 'Silicon Sociology, or, Two Kings on Hegel's Throne? Kittler, Luhmann, and the Posthuman Merger of German Media Theory', *Yale Journal of Criticism* 13(2): 391–420.

Winthrop-Young, Geoffrey (2002) 'Drill and Distraction in the Yellow Submarine: On the Dominance of War in Friedrich Kittler's Media Theory', *Critical Inquiry* 28(4) (Summer): 825–854.

Winthrop-Young, Geoffrey (2005) *Friedrich Kittler zur Einführung* (Hamburg: Junius).

Winthrop-Young, Geoffrey (2006) 'Cultural Studies and German Media Theory', in *New Cultural Studies: Adventures in Theory*, ed. Gary Hall and Clare Birchall (Edinburgh: Edinburgh University Press).

Winthrop-Young, Geoffrey (2011) *Kittler and the Media* (Cambridge: Polity).

Winthrop-Young, Geoffrey and Wutz, Michael (1999) 'Translators' Introduction: Friedrich Kittler and Media Discourse Analysis' in *Friedrich A. Kittler, Gramophone, Film, Typewriter* (Stanford, CA: Stanford University Press), xi–xxxviii.

Zielinski, Siegfried (1999) *Audiovisions. Cinema and Television as Entr'actes in History*, trans. Gloria Custance (Amsterdam: Amsterdam University Press).

Zielinski, Siegfried (2006a) *Deep Time of the Media. Toward an Archaeology of Hearing and Seeing by Technical Means,* trans. Gloria Custance (Cambridge, MA: The MIT Press).

Zielinski, Siegfried (2006b) 'Modelling Media for Ignatius Loyola. A Case Study on Athanasius Kircher's World of Apparatus between the Imaginary and the Real' in *Book of Imaginary Media. Excavating the Dream of the Ultimate Communication Medium*, ed. Eric Kluitenberg (Amsterdam and

Rotterdam: Debalie and NAi Publishers), 29–55.

Zielinski, Siegfried and Fürlus, Eckhard, eds. (2010) *Variantology 4. On Deep Time Relations of Arts, Sciences and Technologies in the Arabic-Islamic World and Beyond* (Cologne: Walther König).

Zittrain, Jonathan (2008) *The Future of the Internet. And How to Stop It* (London: Penguin Books). [국역본] 조너선 지트레인, 『인터넷의 미래』, 박기순 옮김(커뮤니케이션북스, 2014).

Žižek, Slavoj (1992) *Looking Awry. An Introduction to Jacques Lacan through Popular Culture* (Cambridge, MA: The MIT Press). [국역본] 슬라보예 지젝, 『삐딱하게 보기』, 김소연 옮김(시각과언어, 1995).

찾아보기

옮긴이 소개

(가나다 순)

권수진

실험영화 작가이자 연구자. 중앙대학교에서 영화이론 박사를 취득한 이후 영화 미학을 중심으로 미디어 아트와 매체학을 연구하며 실험영화 작업을 병행하고 있다.

김고운

영화 연구자. 중앙대학교 BK21 인공지능—콘텐츠 미래산업 교육연구단 연구교수. 주요 연구 분야는 영화·미디어 미학, 정치성, 아카이브, 문화 기억이다. 최근에는 인공지능 이미지의 시각성을 연구하고 있으며, 관련 논문으로는 「참상을 기록하는 이미지와 구성적 기억: '위안부' 기억과 영상 매체의 변화를 중심으로」, 「예측된 시각성: 아포페니아와 비가시화된 노동의 감각정치」 등이 있다.

박영석

중앙대학교 영상콘텐츠융합연구소 연구교수. 연구 분야는 영화의 역사 쓰기와 기억의 문제, 미디어고고학, 포스트휴먼, SF 및 작가 연구다. 논문 「영화적 인용의 상호매체성과 미디어고고학적 특징」, 「난민의 역사성에 대한 영화적 형상화」, 「마인드 업로딩과 포스트휴먼 진화의 비전」, 단행본 『21세기 SF영화의 논점들』 등을 썼다.

심효원

미디어 연구자. 연세대학교 매체와예술연구소에서 학술연구교수로 있다. 주요 연구 분야는 포스트인간중심주의와 미디어 생태학이다. 유시 파리카의 『미디어의 지질학』을 번역했다.

정인선

한양대학교에서 영화이론으로 박사학위를 받았으며, 현재 국립군산대학교 미디어문화학부

조교수이다. 인간중심의 뉴미디어 제작과 미학, 가상현실 및 메타버스, 인공지능 등 첨단기술이 영화 매체와 융합하며 만들어내는 새로운 미학적 가능성에 주목해 왔다. 관련 논문으로 「생성형 인공지능을 이용한 영화제작과 그 미학적 가능성」(2024) 등이 있다. 현재는 급변하는 뉴미디어 환경 속 기술과 인간의 상호작용을 미디어고고학적 방법론으로 사유하는 연구를 진행하고 있다.

정찬철

국립부경대학교 미디어커뮤니케이션학부 교수. 영화 및 미디어학 연구자. 포스트시네마, 영화 기술, 디지털 시각효과, 미디어고고학 등에 관한 학술논문을 발표했다. 「디지털 시각효과에 관한 짧은 역사」(2018), 「키틀러의 『죽음기, 영화, 타자기』를 디코딩하다」(2019), 「21세기 사상의 최전선」(공저, 2020) 등을 쓰고, 「키틀러 이후: 최근 독일 미디어 이론으로서 문화기술학에 관하여」(2018)와 「과거의 기술이 부활하다: 미디어 아트 고고학으로의 초대」(2021) 등을 우리말로 옮겼다. 현재 단행본 『공간 이미지: 21세기 영화의 알고리듬』을 집필 중이다. 영화 기술이 영화 이미지의 존재론적 변화와 서사 구조에 끼친 영향을 미디어고고학적 하강을 통해 탐색하는 작업에 관심이 많다.

미디어고고학이란 무엇인가?

1판 1쇄 2026년 3월 25일

지은이 유시 파리카
옮긴이 권수진 · 김고운 · 박영석 · 심효원 · 정인선 · 정찬철
펴낸이 김수기

펴낸곳 현실문화연구
등록 1999년 4월 23일 / 제2015-000091호
주소 서울시 은평구 불광로 128, 302호
전화 02-393-1125 / **팩스** 02-393-1128 / **전자우편** hyunsilbook@daum.net
ⓗ blog.naver.com/hyunsilbook   ⓕ hyunsilbook   ⓧ hyunsilbook

ISBN 978-89-6564-316-6 (93300)

이 책은 국립부경대학교 자율창의학술연구비(2024년)에 의하여 연구되었음.